高等学校金融保险系列教材

U0963701

寿险精算学

（修订版）

Life Insurance Actuarial Science

■ 熊福生　沈治中　编著

武汉大学出版社
WUHAN UNIVERSITY PRESS

图书在版编目(CIP)数据

寿险精算学/熊福生,沈治中编著.—修订版.—武汉:武汉大学出版社,2006.9(2018.7重印)
高等学校金融保险系列教材
ISBN 978-7-307-05183-6

Ⅰ.寿…　Ⅱ.①熊…　②沈…　Ⅲ.人寿保险—精算学—高等学校—教材　Ⅳ.F840.62

中国版本图书馆CIP数据核字(2006)第095295号

责任编辑:柴　艺　　　责任校对:王　建　　　版式设计:支　笛

出版发行:**武汉大学出版社**　(430072　武昌　珞珈山)
(电子邮件:cbs22@whu.edu.cn　网址:www.wdp.com.cn)
印刷:北京虎彩文化传播有限公司
开本:720×1000　1/16　印张:22.25　字数:403千字
版次:2003年11月第1版　2006年9月修订版
2018年7月修订版第6次印刷
ISBN 978-7-307-05183-6/F·1001　定价:39.00元

前　　言

寿险精算是以概率论和数理统计为工具,研究人寿保险中的寿命分布规律,寿险赔付分布规律,保险费率的厘定,责任准备金的计提,保单现金价值的计算和养老保险计划的安排等问题的一门学科。随着我国保险业的飞速发展和全面对外开放,保险市场对精算专业人才和懂精算的保险从业人员的需求将大大增加,不仅如此,精算技术还广泛应用于金融、投资、财务管理、社会保障等方面。为了适应培养大批精算专业人才的需要、促进我国精算学教育的发展,我们特编写此教材。

本书是在我们几年前编写的《寿险精算学》教材的基础上,通过总结多年来的教学实践经验,重新修订、修改、编写而成的,并采用了国家保监局最新公布的《中国人寿保险业经验生命表(2000~2003年)》、(测试版)及其换算函数表。

本教材系统地介绍了寿险精算的基本知识、基本技能和基本方法。在阐述保险精算原理的同时,力求深入浅出、循序渐进、通俗易懂。本书可作为高等院校保险精算专业、社会保险、金融、投资、财务管理等其他相关专业的教材和参考书,也可作为商业保险、社会保险等从业人员和养老基金、企业年金等管理人员以及对此感兴趣的读者自学参考书。

本书共十章。第一章、第二章为基础部分,分别介绍了寿险精算中要考虑的两个重要因素——死亡率和利率。第三章至第七章是主干部分,分别讨论了寿险精算中保费的确定,责任准备金的计提,保单现金价值的计算等问题。第八章至第十章是更深层次的部分,主要讨论多元生命和多重因素条件下的寿险精算及养老保险精算等问题。对书中各章节的具体内容和练习题,读者可根据自己的学习目标和基础、兴趣作出相应取舍。

本教材由熊福生和沈治中编写,熊福生执笔撰写第一、三、四、八、九、十章,沈治中执笔撰写第二、五、六、七章。因水平所限,书中定有遗漏、缺陷甚至错误之处,敬请读者批评批正。

编者

2006年8月16日

目　录

第一章　生存分布理论基础

人寿保险是以人的寿命为保险标的，以被保险人在一定时期内的生存或死亡为保险金的给付条件的保险。因此，被保险人的寿命分布状况，也就是被保险人能存活多久，他在各个年龄段的死亡率有多大等情况是保险人所关心的问题。事实上，在人寿保险中，从保险费率的厘定，责任准备金的计提，保单现金价值的计算到保单红利的分配，等等，都必须考虑一个重要的因素——死亡率。而各个年龄段的死亡率就构成了一个生命表。这就是说，人寿保险中的所有相关计算都是建立在生命表的基础之上的。

寿险精算学的主要任务正是解决人寿保险中有关保险费率的厘定，责任准备金的计提，保单现金价值等计算问题的，因此，研究人类寿命的分布规律，讨论生命表构造情况是寿险精算学的基础。本章作为寿险精算学的基础之一，将对寿命的概率分布与生存函数，死亡率与生命表的构造方法，死(亡)力的概念以及非整数年龄的生存分布假设等问题展开讨论，为后面解决寿险产品的费率厘定，责任准备金的计算等问题作准备。

第一节　寿命与生存分布

如果算命先生真的能够预测一个人的寿命有多长，那么，人寿保险公司需要的不是精算师，而是算命先生。但事实并非如此，世界上没有那么神奇的人真正能够预测某个被保险人的确切寿命。然而，寿险公司的承保对象是数以万计的，在如此众多的人数中，必定存在着某种程度的统计规律性，这就是所谓的“大数法则”。寿险精算就是要利用这种大数法则，从概率论和数理统计的角度来研究和揭示这些统计规律性，用以解决寿险精算中的实际问题。

一、寿命的概率分布与生存函数

一个人的寿命是从出生到死亡的时间长度，它是无法事先确定的，这在概率论上称为随机变量，并可记为 X。这里 $X\geqslant 0$，且为连续型随机变量。

虽然不能确定一个人的寿命有多长，但是如果能够了解到有关寿命的某些信息,则是很有用的,例如:一个新生儿活过60岁的概率,x岁的人在未来一年内死亡的概率,人的平均寿命,等等。对于这两个概率可以分别用数学式子$\Pr\{X>60\}$,$\Pr\{x<X\leqslant x+1 \mid X>x\}$表示,平均寿命则可用$X$的数学期望$E(X)$表示。

要求这些概率和数学期望,关键在于了解X的分布。现将X的分布函数记为$F(x)$,即:

$$F(x) = \Pr\{X \leqslant x\}, \qquad x \geqslant 0 \tag{1-1}$$

这就是寿命X的概率分布函数,它表示0岁的人在x岁之前死亡的概率。我们总假定$F(0)=0$。如果将X的概率密度函数记为$f(x)$,则:

$$f(x) = F'(x), \quad x \geqslant 0 \tag{1-2}$$

它体现了某人在x岁时死亡的可能性。这样,平均寿命可表示为:

$$E(X) = \int_0^{\infty} xf(x)\,\mathrm{d}x \tag{1-3}$$

在寿险精算学中,经常用另一个函数来描述寿命的概率分布,这个函数定义为:

$$S(x) = \Pr\{X > x\}, \ x \geqslant 0 \tag{1-4}$$

称其为生存函数(survival function),表示0岁的人生存到x岁以后的概率。显然,生存函数与分布函数有如下关系:

$$S(x) = 1 - F(x), \quad x \geqslant 0 \tag{1-5}$$

X的概率密度也可表示为:

$$f(x) = -S'(x), \quad x \geqslant 0 \tag{1-6}$$

因为我们假定$F(0)=0$,所以$S(0)=1$,这意味着只对那些出生时是活着的婴儿进行统计。

任何人不可能长生不老,也就是说人的寿命是有限的。在寿险精算学中,用ω表示极限年龄,即人的寿命介于0与ω之间($0\leqslant X\leqslant\omega$),且$S(\omega)=0$。当$x>\omega$以后,也定义$S(\omega)=0$。通常假定$\omega=100$或$\omega=105$或$\omega=110$(本书根据我国最新生命表,假定为$\omega=105$)。根据$S(x)$的定义可知:$S(x)$是一个单调递减的连续函数。$S(x)$的一般图形如图1-1所示。

例【1-1】 用X的分布函数与生存函数表示:

(1)0岁的人活不过60岁的概率;

(2)0岁的人活过60岁的概率;

(3)0岁的人的寿命在60岁到80岁间的概率;

(4)60岁的人在未来一年内死亡的概率;

(5)60岁的人的寿命不超过80岁的概率。

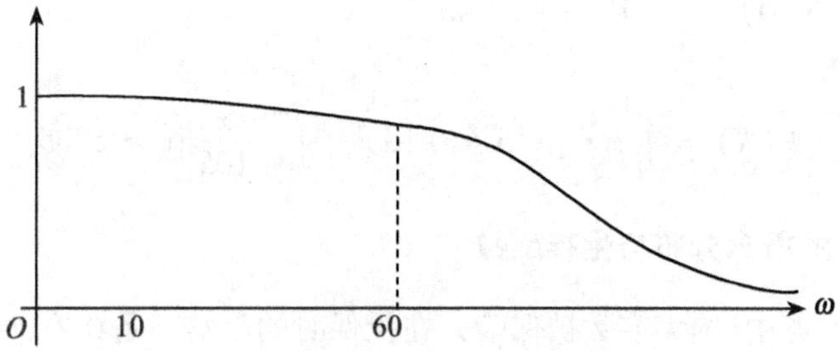

图 1-1　生存函数

解:(1) $\Pr\{X\leqslant 60\}=F(60)=1-S(60)$

(2) $\Pr\{X>60\}=S(60)=1-F(60)$

(3) $\Pr\{60<X<80\}=F(80)-F(60)=S(60)-S(80)$

(4) $$\Pr\{60<X\leqslant 61\mid X>60\}=\frac{\Pr\{60<X\leqslant 61\cap X>60\}}{\Pr\{X>60\}}=\frac{\Pr\{X\leqslant 61\}-\Pr\{X\leqslant 60\}}{1-\Pr\{X\leqslant 60\}}=\frac{F(61)-F(60)}{1-F(60)}=\frac{S(60)-S(61)}{S(60)}$$

(5) $$\Pr\{X\leqslant 80\mid X>60\}=\frac{\Pr\{X\leqslant 80\cap X>60\}}{\Pr\{X>60\}}=\frac{\Pr\{X\leqslant 80\}-\Pr\{X\leqslant 60\}}{1-\Pr\{X\leqslant 60\}}=\frac{F(80)-F(60)}{1-F(60)}=\frac{S(60)-S(80)}{S(60)}$$

例【1-2】　如果生存函数 $S(x)=1-\frac{x}{105}(0\leqslant x\leqslant 105)$,求上例中的值和平均寿命。

解:(1) $F(60)=1-S(60)=\frac{60}{105}=\frac{4}{7}$

(2) $S(60)=1-\frac{60}{105}=\frac{3}{7}$

(3) $S(60)-S(80)=\frac{80}{105}-\frac{60}{105}=\frac{4}{21}$

(4) $\frac{S(60)-S(61)}{S(60)}=\frac{61-60}{105-60}=\frac{1}{45}$

(5) $\dfrac{S(60)-S(80)}{S(60)}=\dfrac{80-60}{105-60}=\dfrac{20}{45}$

其平均寿命为：

$$E(X)=\int_0^{\omega}x\cdot[-S'(x)]\mathrm{d}x=\int_0^{105}\frac{x}{105}\mathrm{d}x=57.5$$

二、余命的概念分布与生存函数

在寿险实务中，绝大多数被保险人在投保时的年龄不是0岁，而往往是已经活到 x 岁的人，与其说寿险公司关心一个人的寿命 X 的分布，不如说更关心年龄为 x 岁的人剩余寿命 $X-x$ 的分布。我们用 (x) 表示一个 x 岁的人，$T(x)=X-x$ 表示这个人的剩余寿命，简称为余命(future lifetime)，在不致引起混淆的情况下也简记为 T。

在考虑 (x) 的余命 T 时，我们已经知道这个人活到了 x 岁，即已知 $X>x$。那么，T 的分布就是已知 $X>x$ 时 X 的条件分布，有关 T 的概率就是已知 $X>x$ 时相应的 X 的条件概率。若 T 的分布函数记为 $F_x(t)$，则有：

$$\begin{aligned}F_x(t)&=\Pr\{T\leqslant t\},\quad t\geqslant 0\\&=\Pr\{X-x\leqslant t\mid X>x\}\\&=\Pr\{x<X\leqslant x+t\mid X>x\}\\&=\frac{F(x+t)-F(x)}{1-F(x)}\\&=\frac{S(x)-S(x+t)}{S(x)},\quad t\geqslant 0\end{aligned}\tag{1-7}$$

若 T 的生存函数记为 $S_x(t)$，则有：

$$\begin{aligned}S_x(t)=1-F_x(t)&=\frac{1-F(x+t)}{1-F(x)}\\&=\frac{S(x+t)}{S(x)},\quad t\geqslant 0\end{aligned}\tag{1-8}$$

若 T 的概率密度函数记为 $f_x(t)$，则有：

$$\begin{aligned}f_x(t)&=F_x'(t)=-S_x'(t)\\&=-\frac{S'(x+t)}{S(x)},\quad t\geqslant 0\end{aligned}\tag{1-9}$$

若用 $\mathring{e}_x$ 表示 T 的平均余命，则：

$$\begin{aligned}\mathring{e}_x=E_x[T]&=\int_0^{\infty}t\cdot f_x(t)\mathrm{d}t\\&=\int_0^{\infty}t\cdot F_x'(t)\mathrm{d}t=-\int_0^{\infty}t\cdot S_x'(t)\mathrm{d}t\end{aligned}\tag{1-10}$$

可以证明：

$$\mathring{e}_x = \int_0^{\infty}[1 - F_x(t)]\mathrm{d}t = \int_0^{\infty} S_x(t)\mathrm{d}t$$

$$= \frac{1}{S(x)}\int_0^{\infty} S(x+t)\mathrm{d}t \qquad (1\text{-}11)$$

显然，当 $x=0$ 时，则有：

$$\mathring{e}_0 = E[x] = \int_0^{\omega}[1 - F(t)]\mathrm{d}t = \int_0^{\omega} S(t)\mathrm{d}t \qquad (1\text{-}12)$$

注意：式(1-10)与式(1-11)中的积分上限并不需要到 ∞，而只需要到 $\omega - x$ 即可。

例【1-3】 已知生存函数 $S(x) = 1 - \frac{x}{100}(0 \leqslant x \leqslant 100)$，求：

(1)(x)活过 t 年的概率；

(2)(x)的未来余命的概率密度函数；

(3)(30)在60岁内死亡的概率；

(4)(30)的寿命在60岁到80岁之间的概率；

(5)(0)的平均余命(寿命)；

(6)(30)的平均余命。

解：

(1)$S_x(t) = \frac{S(x+t)}{S(x)} = \frac{100 - x - t}{100 - x}$

(2)$f_x(t) = -\frac{S'(x+t)}{S(x)} = \frac{1}{100 - x}$

(3)$F_{30}(30) = 1 - S_{30}(30) = 1 - \frac{40}{70} = \frac{3}{7}$

(4)$\Pr\{30 < T < 50\} = F_{30}(50) - F_{30}(30) = \frac{50}{70} - \frac{30}{70} = \frac{2}{7}$

(5) $\mathring{e}_0 = E[X] = \int_0^{\omega} x \cdot \frac{1}{100 - 0}\mathrm{d}x = 50$

(6) $\mathring{e}_{30} = \int_0^{+\infty} t \cdot f_x(t)\mathrm{d}t = \int_0^{70} t \cdot \frac{1}{100 - 30}\mathrm{d}t = 35$

三、整数年龄的概率分布

我们已经知道人的寿命或余命是一个连续型的随机变量，但是它的生存函数的结构非常复杂，不能用简洁的解析式表述。这就为我们计算某些精算数据和处理某些精算问题带来极大的困难。例如，我们可以得到30岁的人在未来1

年内死亡的概率,但很难找到30岁的人在未来1年内各个时刻之内死亡的概率。因此,在寿险精算实务中,还需考虑(x)未来能够活过的整年数(即周岁数)的概率分布情况,并称这个整年数为(x)的取整余命(curtate future lifetime)或整数余命,记为$K(x)$,也可简记为K,那么:

$$K=K(x)=[T(x)]=[T]$$

这表示K是不超过T的最大整数,例如当$T=23.25$时,$K=[23.25]=23$,等等。

K是一个离散型随机变量,其所有可能取值为0,1,2,…我们要了解K的概率分布,就是要知道下面的概率:

$$\begin{aligned}\Pr\{K=k\}&=\Pr\{k\leqslant T<k+1\},\quad k=0,1,2,\cdots\\&=F_x(k+1)-F_x(k)\\&=S_x(k)-S_x(k+1)\\&=\frac{S(x+k)-S(x+k+1)}{S(x)}\end{aligned}\tag{1-13}$$

显然,当$k>[\omega-x]$时,上式的值为零。因此,K的实际取值范围为0,1,2,…,$[\omega-x]$,并称上式为整数余命K的概率分布律。

若用e_x表示K的平均余命,则:

$$\begin{aligned}e_x=E[K]&=\sum_{k=0}^{\infty}k\cdot\Pr\{K=k\}\\&=\sum_{k=1}^{\infty}k\cdot\Pr\{k\leqslant T<k+1\}\end{aligned}\tag{1-14}$$

可以证明:

$$e_x=\sum_{k=1}^{\infty}S_x(k)=\frac{1}{S(x)}\sum_{k=1}^{\infty}S(x+k)\tag{1-15}$$

显然,当$x=0$时,则有:

$$e_0=\sum_{k=1}^{\omega}S(k)\tag{1-16}$$

注意:式(1-14)与式(1-15)中和式的最后项数不必到∞,而只需到$[\omega-x]$即可。

四、国际通用的精算符号

为了计算的方便,国际上采用精算符号来代表某些概率分布。这些符号主要有:${}_tq_x$,${}_tp_x$,${}_{t|u}q_x$等,下面我们介绍这些符号的含义及其相互关系。

(1)用${}_tq_x$表示(x)在未来t年内死亡的概率:

$${}_tq_x=F_x(t)=\frac{S(x)-S(x+t)}{S(x)}\tag{1-17}$$

(2)用$_tp_x$ 表示(x)活过未来 t 年的概率：

$$_tp_x = S_x(t) = \frac{S(x+t)}{S(x)} \tag{1-18}$$

显然，$_tp_x = 1 - {_tq_x}$。

(3)用$_{t|u}q_x$ 表示(x)活过 t 年在其后 u 年内死亡的概率。

$$\begin{aligned} _{t|u}q_x &= \Pr\{t < T(x) \leqslant t+u\} \\ &= F_x(t+u) - F_x(t) \\ &= S_x(t) - S_x(t+u) \end{aligned} \tag{1-19}$$

从$_tp_x$ 的含义，容易得到如下乘法公式：

$$_{t+u}p_x = \frac{S(x+t+u)}{S(x)} = \frac{S(x+t)}{S(x)} \cdot \frac{S(x+t+u)}{S(x+t)} = {_tp_x} \cdot {_up_{x+t}} \tag{1-20}$$

上式表明(x)要想活过 $t+u$ 年，必须首先活过 t 年，再从$(x+t)$岁活过 u 年。

从$_{t|u}q_x$ 的含义，也容易得到如下公式：

$$_{t|u}q_x = {_{t+u}q_x} - {_tq_x} = {_tp_x} - {_{t+u}p_x} = {_tp_x} \cdot {_uq_{x+t}} \tag{1-21}$$

上式表明(x)要想在未来 t 年到 $t+u$ 年内死亡，必须首先活过 t 年，再从$(x+t)$岁开始在未来 u 年内死亡。

注意：式(1-20)和式(1-21)是两个重要公式，在后面会常常用到。

特别地，当 $t=1$ 时，或 $u=1$ 时，可将上述精算符号分别表示为：

$$_1q_x = q_x \quad _1p_x = p_x \quad _{t|1}q_x = {_{t|}q_x}$$

对于 K 的分布，显然有：

$$\begin{aligned} Pr\{K = k\} &= {_{k+1}q_x} - {_kq_x} \\ &= {_kp_x} - {_{k+1}p_x} = {_{k|}q_x} \end{aligned} \tag{1-22}$$

引入了精算符号后，式(1-11)、式(1-12)和式(1-15)、式(1-16)又可分别表示为：

$$\mathring{e}_x = \int_0^{\omega-x} {_tp_x}\,\mathrm{d}t \tag{1-23}$$

$$\mathring{e}_0 = \int_0^{\omega} {_tp_0}\,\mathrm{d}t \tag{1-24}$$

$$e_x = \sum_{k=1}^{\omega-x} {_kp_x} \tag{1-25}$$

$$e_0 = \sum_{k=1}^{\omega} {_kp_0} \tag{1-26}$$

例【1-4】　证明：$_kp_x = p_x \cdot p_{x+1} \cdot \cdots \cdot p_{x+k-1}$

证：右边 $=\frac{S(x+1)}{S(x)}\cdot\frac{S(x+2)}{S(x+1)}\cdots\frac{S(x+k)}{S(x+k-1)}=\frac{S(x+k)}{S(x)}={}_kp_x$

第二节 生 命 表

一、生命表的概念与类型

随着人寿保险业的发展,保险人获得了大量有关被保险人的死亡规律的统计数据。虽然还不能从这些数据中得到一个理想的生存函数解析表达式,但可以把这些相关数据列成表格来反映人的寿命分布,这种表格就是生命表。

生命表又称为死亡表,是一定时期一定数量的人口从生存到死亡的统计记录。它反映的是整数年龄的人在整数年龄内生存或死亡的概率分布状况。在寿险精算中,生命表是计算纯保费、理论责任准备金及保单现金价值的重要依据。

生命表与人群的性别、种族等多种因素有关,不同的划分标准可以得到不同的生命表。生命表通常有如下类型:

(1)国民生命表和经验生命表。国民生命表是根据全体国民或特定地区的人口统计资料编制的统计表;经验生命表是寿险公司根据被保险人的死亡记录所编制的生命表。国民生命表的资料来源于人口普查和抽样调查,而经验生命表的资料来源于被保险人的统计记录。由于被保险人要经体检合格后才予以承保,所以,经验生命表的死亡率通常会低于国民生命表的死亡率。政府和企业可以根据国民生命表制定社会保险和退休金计划,而保险公司的商业保险通常使用经验生命表。

(2)寿险生命表和年金生命表。由于逆选择现象的存在,选择年金的人一般对身体健康状况较为乐观,而选择寿险的人对身体健康状况不太乐观,这两类人群的死亡率是有明显区别的。寿险公司有必要对这两类人群分别统计,从而得出寿险生命表和年金生命表。

(3)男性生命表和女性生命表。统计表明,女性的寿命要高于男性寿命,同龄的男性的死亡率高于女性,对不同性别的统计就可得到男性生命表和女性生命表。保险实务中也有不分性别统计的男女混合表,一般男性的死亡率可直接采用混合表中的统计数据,女性的死亡率则采用年龄倒退法来确定,但年龄很小的女性不能适用此方法。

(4)选择表和终极表。在编制生命表时,需要引入选择期的概念,由选择期内的死亡率构成的生命表称为选择表。选择期之后的死亡率统计表称为终极表。关于选择表与终极表的详细讨论将在本节第三目进行。

二、生命表的构成要素

生命表考察的是一个确定的封闭式的生存人群体，这个群体一旦选定，就没有人退出，也没有新成员进入。因此，生命表具有如下特征：(1)设定了期初总人数。(2)随着年龄的增加，活着的人数越来越少，到最后活着的人数为零。死亡的总人数等于期初总人数。(3)有极限年龄。现实中，人群的寿命不可能是无限的，理论上假定最后一个死亡的人的寿命为极限年龄。

生命表通常由下列要素构成：

(1)生存人的年龄，用 x 表示。

生命表中的年龄取值为非负整数，最小值为 0 岁，最大值为 ω 岁，ω 为极限年龄。因此，生命表反映的是离散型的寿命分布规律。

(2)生存人数 l_x。

l_0 表示期初的总人数，即被考察的 0 岁婴儿总人数。根据大数法则，l_0 必须是一个相当大的数值才行，在人寿保险业的经验生命表中，通常取 $l_0 =$ 1 000 000。

l_x 表示被考察的人群中，在 $x(0 \leqslant x \leqslant \omega)$ 岁时还活着的人数。显然 l_x 随着 x 的增大而单调减少，并且有 $l_\omega = 0$。

(3)死亡人数 d_x。

d_x 表示被考察的人群中，在 $x(0 \leqslant x \leqslant \omega)$ 岁之内死亡的人数，即 x 岁的人在未来 1 年内死亡的人数。显然有关系式：

$$d_x = l_x - l_{x+1}, \quad 0 \leqslant x \leqslant \omega \tag{1-27}$$

其中：$d_{\omega-1} = l_{\omega-1} - l_\omega = l_{\omega-1}$，$d_\omega = l_\omega = 0$。这表明：在最后一年之初活着的人在这一年内会全部死亡。

由 l_x 和 d_x 的关系式(1-27)，可得：

$$l_x = d_x + d_{x+1} + \cdots + d_{\omega-1} = \sum_{k=0}^{\omega-x-1} d_{x+k} \tag{1-28}$$

如果用 ${}_k d_x$ 表示 x 岁的人在未来 k 年内死亡的人数，则：

$${}_k d_x = l_x - l_{x+k} \tag{1-29}$$

(4)死亡概率 q_x，或简称为死亡率。

q_x 表示的是(x)在未来 1 年内死亡的概率，由统计方法可得：

$$q_x = \frac{d_x}{l_x} = \frac{l_x - l_{x+1}}{l_x} \tag{1-30}$$

上式表明：已知各年龄初的生存人数和在该年龄内死亡的人数，就可以计算各年龄内的死亡率。

同理,(x)在未来 k 年内的死亡率为:

$$ {}_kq_x = \frac{{}_kd_x}{l_x} = \frac{l_x - l_{x+k}}{l_x} \tag{1-31} $$

(5)生存概率 p_x,或简称为存活率。

p_x 表示的是(x)活过未来 1 年的概率,由统计方法可得:

$$ p_x = \frac{l_{x+1}}{l_x} \tag{1-32} $$

显然,$p_x + q_x = 1$ 且 $p_{\omega-1} = 0, q_{\omega-1} = 1$。

同理,(x)在未来 k 年的存活率为:

$$ {}_kp_x = \frac{l_{x+k}}{l_x} \tag{1-33} $$

进一步地,(x)在存活 t 年后,在未来 u 年内的死亡率为:

$$ {}_{t|u}q_x = {}_tp_x \cdot {}_uq_{x+t} = \frac{l_{x+t}}{l_x} \cdot \frac{l_{x+t} - l_{x+t+u}}{l_{x+t}} = \frac{l_{x+t} - l_{x+t+u}}{l_x} \tag{1-34} $$

(6)生存人年数 L_x。

L_x 表示所有被考察的(x)在未来 1 年内存活的总时间数,其单位为"人年",因而,称这个总时间数为生存人年数。一个人年数表示一个人活过了一年。

在时间区间$[x, x+1]$内,有计算公式:

$$ L_x = \int_0^1 l_{x+t}\,\mathrm{d}t \tag{1-35} $$

(7)累计生存人年数 T_x。

T_x 表示所有被考察的(x)在将来整个人生中存活的总时间数,并称其为累计生存人年数。

由 T_x 的含义,有如下关系式:

$$ T_x = L_x + L_{x+1} + \cdots + L_{\omega-1} = \sum_{k=0}^{\omega-x-1} L_{x+k} \tag{1-36} $$

再由式(1-35),有计算公式:

$$ T_x = \int_0^{\omega-x} l_{x+t}\,\mathrm{d}t \tag{1-37} $$

(8)平均余命$\mathring{e}_x$与取整平均余命 e_x。

$\mathring{e}_x$表示的是所有被考察的(x)的平均余命,因而有:

$$ \mathring{e}_x = \frac{T_x}{l_x} = \int_0^{\omega-x} \frac{l_{x+t}}{l_x}\mathrm{d}t = \int_0^{\omega-x} {}_tp_x\,\mathrm{d}t \tag{1-38} $$

这与公式(1-23)相吻合。

e_x 表示的是所有被考察的(x)的取整平均余命,因而有:

$$e_x = E[K] = \sum_{k=0}^{\infty} k \cdot {}_{k|}q_x \tag{1-39}$$

$$= \sum_{k=1}^{\omega-x} k \cdot \frac{l_{x+k} - l_{x+k+1}}{l_x}$$

$$= \frac{1}{l_x} \sum_{k=1}^{\omega-x} l_{x+k} = \sum_{k=1}^{\omega-x} {}_kp_x \tag{1-40}$$

这与公式(1-25)相吻合。

表 1-1 是一个经验生命表的一部分。

表 1-1 **经验生命表(混合表)例表**

年龄 (x)	死亡率 q_x	生存人数 l_x	死亡人数 d_x	生存人年数 L_x	生存人年数 T_x	平均余命 $\mathring{e}_x$
40	0.001 650	966 271	1 594	965 474	36 355 056	37.62
41	0.001 812	964 676	1 748	963 802	35 389 583	36.69
42	0.001 993	962 928	1 919	961 969	34 425 781	35.75
43	0.002 193	961 009	2 107	959 955	33 463 812	34.82
44	0.002 409	958 902	2 310	957 747	32 503 856	33.90
45	0.002 658	956 592	2 543	955 320	31 546 110	32.98
46	0.002 933	954 049	2 798	952 650	30 590 789	32.06
47	0.003 231	951 251	3 073	949 714	29 638 139	31.16
48	0.003 558	948 177	3 374	946 491	28 688 425	30.26
49	0.003 925	944 804	3 708	942 950	27 741 935	29.36
50	0.004 322	941 095	4 067	939 062	26 798 985	28.48
51	0.004 770	937 028	4 470	934 793	25 859 923	27.60
52	0.005 263	932 558	4 908	930 104	24 925 130	26.73
53	0.005 790	927 650	5 371	924 965	23 995 026	25.87
54	0.006 367	922 279	5 872	919 343	23 070 061	25.01
55	0.007 005	916 407	6 419	913 197	22 150 718	24.17
56	0.007 735	909 988	7 039	906 468	21 237 520	23.34
57	0.008 524	902 949	7 697	899 101	20 331 052	22.52
58	0.009 386	895 252	8 403	891 051	19 431 952	21.71
59	0.010 349	886 849	9 178	882 260	18 540 901	20.91

例【1-5】 利用表 1-1 中的数据,计算下列概率:

(1)(45)活过 46 岁的概率;

(2)(45)在46岁之前死亡的概率;

(3)(45)活过10年的概率;

(4)(40)在50岁之前死亡的概率;

(5)(40)活过10年在其后1年内死亡的概率;

(6)(40)活过50岁在56岁之前死亡的概率。

解:(1)$p_{45}=\frac{l_{46}}{l_{45}}=\frac{954\ 049}{956\ 592}=0.997\ 34$

(2)$q_{45}=\frac{d_{45}}{l_{45}}=\frac{2\ 543}{956\ 592}=0.002\ 66$

(3)${}_{10}p_{45}=\frac{l_{55}}{l_{45}}=\frac{916\ 407}{956\ 592}=0.957\ 99$

(4)${}_{10}q_{40}=\frac{l_{40}-l_{50}}{l_{40}}=\frac{966\ 271-941\ 095}{966\ 271}=0.026\ 055$

(5)${}_{10|1}q_{40}=\frac{l_{50}-l_{51}}{l_{40}}=\frac{941\ 095-937\ 028}{966\ 271}=0.004\ 209$

(6)${}_{10|6}q_{40}=\frac{l_{50}-l_{56}}{l_{40}}=\frac{941\ 095-909\ 988}{966\ 271}=0.032\ 193$

三、选择-终极生命表

人们在构造生命表的实践中发现,考察某一年龄内的死亡率,如果从不同年龄开始考察,就会得到这一年龄的不同死亡率。

例如,如果分别对0岁、10岁、15岁、18岁的人群进行考察,要得到他们在20岁那一年的死亡率,则实践表明:不同人群在20岁那一年的死亡率是不同的。实际情况进一步表明:在0岁与10岁的人群中,20岁那一年的死亡率几乎完全相同,而与15岁的人群的差别也不太大,但与18岁的人群的差别较明显。这一现象说明:要得到人群在某一年龄内的死亡率,需要对这一人群提前若干年开始考察,如果提前的年数不同,则所得到的死亡率也不尽相同,但随着提前的年数增大,这种差别会越来越小,最后几乎相等,即提前的年数达到一定年限后,这种差别可以忽略不计。为了讨论问题的方便,我们把这种使差别消失的提前考察年限称为选择期(select period)。如果提前考察的年数在选择期内,则死亡率存在着差别;如果提前考察的年数超过了选择期,则其死亡率几乎相等。

由选择期内的死亡率构成的生命表称为选择表(select table)。由于表中的死亡率与选择开始考察的年龄和选择期间内的年龄两因素有关,所以,选择表是一个二维表。超过选择期之后考察到的死亡率统计表称为终极表(ultimate table)。

在选择表中,通常将选择开始考察的年龄记为$[x]$,选择期的年限设为h,当$0\leqslant k\leqslant h-1$时,$q_{[x]+k}$表示在选择期内第$k+1$年内的死亡概率。当$k\geqslant h$时,$q_{[x]+k}=q_{x+k}$进入终极表,表示选择期后,没有选择期影响的、较客观的$x+k$岁的人在未来一年内的死亡概率。习惯上将终极表并列在选择表的右边,这样的生命表就是选择-终极表(select and ultimate table)。

表1-2是一个选择-终极表的一部分。

表1-2　**选择-终极表例表**

选择表						终极表	
$[x]$	$q_{[x]}$	$q_{[x]+1}$	$q_{[x]+2}$	$q_{[x]+3}$	$q_{[x]+4}$	q_{x+5}	$x+5$
70	0.017 5	0.024 9	0.031 3	0.038 8	0.047 4	0.054 5	75
71	0.019 1	0.027 2	0.034 2	0.042 4	0.051 8	0.059 6	76
72	0.020 9	0.029 7	0.037 4	0.046 3	0.056 6	0.065 2	77
73	0.022 8	0.032 4	0.040 9	0.050 7	**0.062 0**	0.071 4	78
74	0.024 9	0.035 4	0.044 7	**0.055 4**	0.067 8	0.078 1	79
75	0.027 3	0.038 7	**0.048 9**	0.060 7	0.074 2	0.085 5	80
76	0.029 8	**0.042 4**	0.053 5	0.066 4	0.081 2	0.093 6	81
77	**0.032 6**	0.046 4	0.058 6	0.072 7	0.088 9	0.102 4	82
78	0.035 7	0.050 8	0.064 1	0.079 6	0.097 3	0.112 1	83
79	0.039 1	0.055 6	0.070 2	0.087 1	0.106 3	0.122 7	84

表1-2中的选择期限$h=5$年,即从选择年龄$[x]$开始5年以内必须承认选择的影响,采用选择表中的死亡率。例如,选择年龄为74岁的人在78岁时的死亡率为:

$$q_{[74]+4}=0.067\,8$$

这一数据可以从选择表中$[x]=74$所对应的行和$q_{[x]+4}$所对应的列查到。选择年龄经过5年以后就不计选择期的影响,采用终极表中的死亡率。例如,选择年龄分别为70岁、71岁、72岁和73岁的人,在78岁的死亡率均为0.071 4,即:

$$q_{[70]+8}=q_{78}=0.071\ 4$$

$$q_{[71]+7}=q_{78}=0.071\ 4$$

$$q_{[72]+6}=q_{78}=0.071\ 4$$

$$q_{[73]+5}=q_{78}=0.071\ 4$$

这些死亡率可从终极表中年龄 78 岁那一栏里查到。注意,同样是 78 岁的死亡率,但 $q_{[74]+4}\neq q_{78}$,这是因为 $q_{[74]+4}$还没有脱离选择期的影响。

从选择表的左下至右上我们可以画一条斜连线,同一斜连线上的数据表示同一到达年龄但不同选择年龄的死亡率。例如,在到达年龄 77 岁这条斜线上可以查到如下的死亡率:

$$q_{[77]}=0.032\ 6$$

$$q_{[76]+1}=0.042\ 4$$

$$q_{[75]+2}=0.048\ 9$$

$$q_{[74]+3}=0.055\ 4$$

$$q_{[73]+4}=0.062\ 0$$

这些数据表明,同一年龄的死亡率会随着选择年龄向前推移(即考察年限的延长)而增大。

在选择表中,产生上述现象的根本原因在于,考察期限越长,不确定的因素越多,其身体的变数越大,因而其死亡的可能性也会增大。但当考察期限达到一定长度后,不确定因素趋于稳定,其身体的变数也趋于稳定,因而其死亡率不会显著增大。这个使死亡率达到稳定的考察期限长度,就是前述的选择期限长度。

选择期限越长,所得到的终极生命表越准确,越符合客观实际。严格地讲,都应该从 0 岁的婴儿开始考察,但这需要 100 余年的时间才能编制出一部生命表来,这在实务中显然是行不通的。因此,我们必须选择若干个选择年龄和适当的选择期限,同时编制选择表与终极表,再从终极生命表中得到我们所需要的生命表。在寿险实务中,从 0 岁到极限年龄 ω 的每一个年龄段都可以作为选择年龄,选择期限一般为 5 ~ 8 年即可。

在选择表中也可列入各年龄的生存人数 $l_{[x]},l_{[x]+1},l_{[x]+2},\cdots$,也有如下关系式:

$$q_{[x]+k}=\frac{l_{[x]+k}-l_{[x]+k+1}}{l_{[x]+k}}=\frac{d_{[x]+k}}{l_{[x]+k}},\quad 0\leqslant k\leqslant h$$

$$p_{[x]+k}=1-q_{[x]+k}=\frac{l_{[x]+k+1}}{l_{[x]+k}},\quad 0\leqslant k\leqslant h$$

$$_{k|}q_{[x]}=\frac{l_{[x]+k}-l_{[x]+k+1}}{l_{[x]}},\quad 0\leqslant k\leqslant h$$

$$ {}_kp_{[x]} = p_{[x]} \cdot p_{[x]+1} \cdot p_{[x]+2} \cdots p_{[x]+k-1}, \quad 1 \leqslant k \leqslant h $$
$$ l_{[x]+k} = l_{x+k}, \quad k \geqslant h $$

上述各式中的 h 为选择期限长度。

例【1-6】 根据表 1-2,求 3 年前购买人寿保险,现年 76 岁的被保险人活过 80 岁的概率。

解:所求概率为:

$$
\begin{aligned}
{}_4p_{[73]+3} &= p_{[73]+3} \cdot p_{[73]+4} \cdot p_{[73]+5} \cdot p_{[73]+6} \\
&= p_{[73]+3} \cdot p_{[73]+4} \cdot p_{78} \cdot p_{79} \\
&= (1-q_{[73]+3})(1-q_{[73]+4})(1-q_{78})(1-q_{79}) \\
&= (1-0.0507)(1-0.0620)(1-0.0714)(1-0.0781) \\
&= 0.7623
\end{aligned}
$$

四、生命表的编制

生命表的编制程序大致分七个步骤。

(1)确定若干个选择年龄及其选择期,使计算出来的选择生命表和其后的终级生命表,能够覆盖整个从 0 岁到极限年龄之间的各个年龄段。

(2)确定各选择年龄期初被考察的人数,分别统计出其后各个年龄内死亡的人数,计算出其死亡概率,从而得到相应的各个选择生命表与终极生命表。

(3)对各终级生命表进行综合平衡,得一个未经修匀的生命表。将各年龄与其对应的死亡概率在坐标系中描绘成图,得到一条非光滑的曲线,并称其为非修匀的死亡概率曲线。

(4)未经修匀的死亡概率曲线可能会有异常波动的现象,这是由于在对人群考察时存在随机因素的干扰。因此,需要对这一非光滑曲线进行修匀,通过一定的方法使其成为光滑平缓曲线。修匀后的死亡概率曲线能更真实反映实际死亡率。需要说明的是,修匀方法也是精算学的理论之一,但超出本书的讨论范围。

(5)附加安全幅度调整。所谓附加安全幅度调整就是在修匀后的死亡概率之上加上或减去一个百分比,以此消除其他波动因素带来的影响。如年金生命表中的死亡率可在修匀后的死亡率上减去一个百分比,而寿险生命表中的死亡率应在修匀后的死亡率上加上一个百分比。经过附加安全幅度调整后的死亡率,才能成为具有实际利用价值的死亡率。

(6)由基期人数 l_0 和经修匀及附加安全调整后的各年龄的死亡概率 q_x,可确定各年龄的生存人数 l_x 和死亡人数 d_x,并将其值列成表,即可得一份完整的生命表。

(7)设置极限年龄。极限年龄就是被考察的人群的最高寿命。如果达到该年龄还有人活着,则也认为其死亡,因为达到这一年龄的人已所剩无几,他们对寿险公司不会产生太大的影响。

第三节 死 亡 力

一、死亡力的概念

从式(1-30)可以看到,q_x 反映的是(x)在未来 1 年内的死亡率,即在单位时间(1 年)的死亡率。这样可将式(1-30)表示为:

$$q_x = \frac{{}_1q_x}{1} = \frac{{}_1d_x}{1 \cdot l_x}$$

同样地,(x)在未来 h 时间长度上的死亡率可以表示为:

$$\frac{{}_hq_x}{h} = \frac{{}_hd_x}{h \cdot l_x}$$

进一步地,(x)在达到 x 岁的那一瞬间的死亡率可以表示为:

$$\lim_{h\to 0}\frac{{}_hq_x}{h} = \lim_{h\to 0}\frac{{}_hd_x}{h \cdot l_x}$$

如果上述极限存在,则将它记为 μ_x,即:

$$\mu_x = \lim_{h\to 0}\frac{{}_hd_x}{h \cdot l_x} = \lim_{h\to 0}\frac{l_x - l_{x+h}}{h \cdot l_x} \tag{1-41}$$

我们把这种一瞬间的死亡率称为死亡力(force of mortalty),或简称为死力,因为它体现了被考察的人群在刚到 x 岁时的死亡能力。

由式(1-41),死亡力有如下计算公式:

$$\mu_x = -\lim_{h\to 0}\frac{l_{x+h} - l_x}{h \cdot l_x} = -\frac{l'_x}{l_x} \tag{1-42}$$

$$\mu_x = \frac{F'(x)}{1 - F(x)} = \frac{f(x)}{1 - F(x)} \tag{1-43}$$

$$\mu_x = -\frac{S'(x)}{S(x)} = \frac{f(x)}{S(x)} \tag{1-44}$$

μ_x 的一般图形如图 1-2 所示。

图 1-2 表明:新生婴儿的死亡力有点高,随后迅速下降,在少年、青年时期处于低谷,到了中年之后开始上升,到了老年之后死亡力较高,80 岁以后急剧上升。

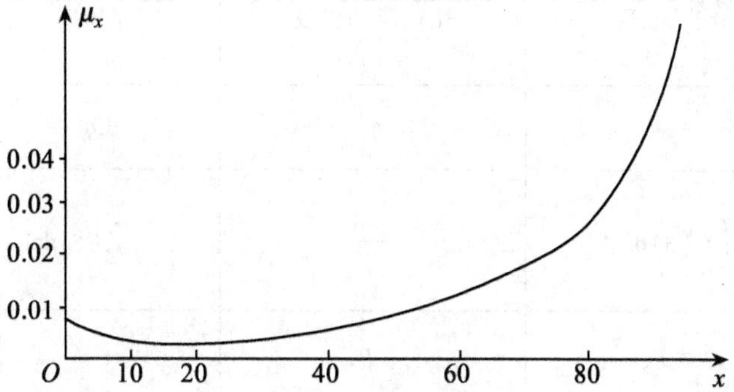

图 1-2　死亡力函数图形的范例

二、死亡力与生存分布的关系

在式(1-44)两边同时从 0 ~ x 积分有：

$$\int_0^x \mu_y \mathrm{d}y = \int_0^x \frac{S'(y)}{S(y)}\mathrm{d}y = -\ln S(y)\Big|_0^x = -\ln S(x)$$

于是：

$$S(x) = \mathrm{e}^{-\int_0^x \mu_y \mathrm{d}y} \tag{1-45}$$

同理可得：

$$S_x(t) = \exp\left(-\int_x^{x+t} \mu_y \mathrm{d}y\right) \tag{1-46}$$

或者：

$$_tp_x = \exp\left(-\int_0^t \mu_{x+S}\mathrm{d}S\right) \tag{1-47}$$

又由式(1-44)可得：

$$\mu_{x+t} = -\frac{S'(x+t)}{S(x+t)} = \frac{S(x)}{S(x+t)}\left(-\frac{S'(x+t)}{S(x)}\right) = \frac{1}{_tp_x}f_x(x)$$

于是：

$$f_x(t) = {_tp_x} \cdot \mu_{x+t} \tag{1-48}$$

死亡力 μ 与死亡概率(死亡率) $_tq_x$，死亡概率密度 $f_x(t)$，生存概率(存活率) $_tp_x$ 之间的关系，可归纳在表 1-3 中：

表 1-3 **死亡概率、死亡概率密度、生存概率、死亡力之间的关系**

	死亡概率 ${}_tq_x$	死亡概率密度 $f_x(t)$	生存概率 ${}_tp_x$	死亡力 μ_{x+t}
${}_tq_x$	—	${}_tq_x'$	$1-{}_tq_x$	$\dfrac{{}_tq_x'}{1-{}_tq_x}$
$f_x(t)$	$\int_0^t f_x(S)\mathrm{d}S$	—	$1-\int_0^t f_x(S)\mathrm{d}S$	$\dfrac{f_x(t)}{1-\int_0^t f_x(S)\mathrm{d}S}$
${}_tp_x$	$1-{}_tp_x$	$-{}_tp_x'$	—	$\dfrac{{}_tp_x'}{{}_tp_x}$
μ_{x+t}	$1-\exp(-\int_0^t \mu_{x+S}\mathrm{d}S)$	$\mu_{x+t}\cdot\exp(-\int_0^t \mu_{x+S}\mathrm{d}S)$	$\exp(-\int_0^t \mu_{x+S}\mathrm{d}S)$	—

表中：$x\geqslant 0, t\geqslant 0, x+t\leqslant\omega$。当 $x=0$ 时，上述余命之间的关系就是寿命之间的关系。

例【1-7】 设某种生物的死亡力 $\mu_x=\dfrac{1}{\omega-x}$，$0\leqslant x\leqslant\omega$，$\omega$ 为极限年龄，试求：

(1)寿命的分布函数、密度函数、生存函数。

(2)x 岁的余命分布函数、密度函数、生存函数。

解：(1)
$$F(x)=1-\exp(-\int_0^x \mu_t\mathrm{d}t)=1-\exp(-\int_0^x\frac{1}{\omega-t}\mathrm{d}t)$$
$$=1-\exp(\ln(\omega-x)-\ln\omega)$$
$$=1-(1-\frac{x}{\omega})=\frac{x}{\omega},\quad 0\leqslant x\leqslant\omega$$

$$f(x)=\mu_x\cdot\exp(-\int_0^x \mu_t\mathrm{d}t)=\frac{1}{\omega-x}\cdot(1-\frac{x}{\omega})=\frac{1}{\omega}$$

$$S(x)=\exp(-\int_0^x \mu_t\mathrm{d}t)=1-\frac{x}{\omega},\quad 0\leqslant x\leqslant\omega$$

(2)
$$F_x(t)=1-\exp\left(1-\int_0^t \mu_{x+S}\mathrm{d}S\right)$$
$$=1-\exp\left(-\int_0^t\frac{1}{\omega-x-S}\mathrm{d}S\right)$$
$$=1-\exp\left(\ln(\omega-x-t)-\ln(\omega-x)\right)$$
$$=1-(1-\frac{t}{\omega-x})=\frac{t}{\omega-x},\quad 0\leqslant t\leqslant\omega-x$$

$$f_x(t)=\mu_{x+t}\cdot\exp(-\int_0^t \mu_{x+S}\mathrm{d}S)$$

$$= \frac{1}{\omega - x - t} \cdot \left(1 - \frac{t}{\omega - x}\right)$$

$$= \frac{1}{\omega - x}, \quad 0 \leqslant t \leqslant \omega - x$$

$$S_x(t) = \exp\left(-\int_0^t \mu_{x+S} \mathrm{d}S\right)$$

$$= 1 - \frac{t}{\omega - x} = \frac{\omega - x - t}{\omega - x}, \quad 0 \leqslant t \leqslant \omega - x$$

三、死亡力的性质

死亡力还具有如下性质：

(1)对于任何$0 \leqslant x \leqslant \omega$，有$\mu_x \geqslant 0$；

(2)当$x \to \omega^-$时，$\mu_x \to +\infty$；

(3)对于任意$0 \leqslant x \leqslant \omega$，都有$\int_x^{\omega} \mu_t \mathrm{d}t = +\infty$；

(4)任一年龄$x(0 \leqslant x \leqslant \omega)$的死亡力$\mu_x$满足：

$$\int_0^{\omega - x} {}_tp_x \mu_{x+t} \mathrm{d}t = 1$$

性质(1)与性质(4)是显然成立的。由${}_tp_x$的含义可知，对于任何$0 \leqslant x \leqslant \omega$，有${}_{\omega-x}p_x = 0$，于是：

$$\int_x^{\omega} \mu_t \mathrm{d}t = -\ln S(t) \Big|_x^{\omega} = -\ln({}_{\omega-x}p_x) = +\infty$$

因此，性质(3)成立。由此，性质(2)也成立，因为如果性质(2)不成立，则性质(3)也不会成立。

四、死亡力的若干假设

尽管人类的生存函数及其死亡力函数的结构很复杂，不能用比较简洁的解析式表达，只能通过编制生命表将生存函数在整数年龄点的值表示出来，但人们还是在不断地研究和探讨寿命的分布规律，并且得到一些近似表达式，应用于理论分析和实践。下面列出几种死亡力及其生存函数的解析表达式假设。

(1)De Moivre 假设。

$$\mu_x = \frac{1}{\omega - x}, \ S(x) = 1 - \frac{x}{\omega}, \quad 0 \leqslant x \leqslant \omega$$

其中，ω为人的极限年龄。

(2)Gompertz 假设。

$$\mu_x = BC^x,\ S(x) = \exp[-\frac{B}{\ln C}(C^x - 1)],x \geqslant 0$$

其中,$B>0,C>1$。

(3)Makeham 假设。

$$\mu_x = A + BC^x,\ S(x) = \exp[-Ax - \frac{B}{\ln C}(C^x - 1)],x \geqslant 0$$

其中,$B>0,A \geqslant -B,C>1$。

(4)Weibull 假设。

$$\mu_x = kx^n,\ S(x) = \exp[-\frac{kx^{n+1}}{n+1}],x \geqslant 0$$

其中,$k>0,n>0$。

在上述假设中,有关参数 ω、B、C、A、k 和 n 都需要通过统计方法确定其取值。

De Moivre 假设是一个线性生存函数假设,虽然它与实际生存函数相差甚远,但是它的结构最简单,并且有:

$$f(x) = -S'(x) = \frac{1}{\omega},\ 0 \leqslant x \leqslant \omega$$

和

$$E(x) = \int_0^{\omega} x \cdot f(x)\,\mathrm{d}x = \frac{\omega}{2}$$

即具有常数死亡概率密度(又称其为均匀分布假设)和平均寿命是极限年龄的一半等优良特点。因此,这一假设有一定理论价值。

具有一定理论价值的假设还有:

(5)常数死亡力假设。

$$\mu_x = \lambda,\ S(x) = \exp(-\lambda x),\ x \geqslant 0$$

其中,参数 $\lambda>0$。

这是一个指数生存函数假设,各个时点的死亡力相同,其表达式不仅结构简单,而具有以下称为“无记忆性”的特点:

$$S_x(t) = Pr\{T > t \mid X > x\} = \frac{S(x+t)}{S(x)}$$

$$= \frac{\mathrm{e}^{-\lambda(x+t)}}{\mathrm{e}^{-\lambda t}} = \mathrm{e}^{-\lambda t} = S(t)$$

上式说明:存活了 x 年的生命,再存活 t 年以上的概率与新生命直接存活 t 年以上的概率相等,即对过去已存活的时间无记忆。

指数分布除了具有常数死亡力和无记忆性的特征外,还有死亡概率密度函数简单，平均寿命容易求出等特点，即：

$$f(x)=S'(x)=\lambda e^{-\lambda x},\quad x\geqslant 0$$

与

$$f_x(t)=-\frac{S'(x+t)}{S(x)}=\frac{\lambda e^{-\lambda(x+t)}}{e^{-\lambda x}}$$

$$=\lambda e^{-\lambda t}=f(x),\quad x\geqslant 0$$

和

$$E(X)=E(T)=\frac{1}{\lambda}$$

此生存模型显然不适合人类的寿命分布，但是，对于某些动植物、某些工业产品，例如某些电子元器件、灯泡、仪器等，用指数模型来描述它们的寿命分布还是比较合适的。因此，指数生存模型在可靠性理论中，有其应用价值。

第四节　非整数年龄的生存分布假设

生命表给出的是各整数年龄处的生存分布状况，那么，对于非整数年龄处的生存分布状况又如何表述呢？比较理想的方法是将所有相邻两整数间用一条近似线段连接起来，得到生存函数的近似表述。

线性分布（均匀分布）假设与指数分布假设虽然都不适合人类整个寿命的生存分布假设，但是在各相邻两整数间可作这两种假设，这是因为一方面，两相邻整数之间时间间隔不大，用它们作近似与实际的误差不会很大；另一方面，这两种假设具有一些良好的特性，会给有关数据的计算带来方便。

下面介绍非整数年龄的三种不同的生存分布假设。

一、算术加权平均假设

算术加权平均法假设生存函数在 $x+t$ 处的值由下式给出：

$$S(x+t)=(1-t)\cdot S(t)+t\cdot S(x+1)\quad 0\leqslant t\leqslant 1 \tag{1-49}$$

在这种假设下，容易得到如下公式：

$$_tq_x=\frac{S(x)-S(x+t)}{S(x)}=\frac{t\cdot[S(x)-S(x+1)]}{S(x)}$$

$$=t\cdot q_x,\quad 0\leqslant t\leqslant 1 \tag{1-50}$$

$$_tp_x=1-{}_tq_x=1-t\cdot q_x,\quad 0\leqslant t\leqslant 1 \tag{1-51}$$

$$_uq_{x+t}=\frac{S(x+t)-S(x+t+u)}{S(x+t)}$$

$$=\frac{u[S(x)-S(x+1)]}{S(x)-t[S(x)-S(x+1)]}$$

$$= \frac{u \cdot q_x}{1 - t \cdot q_x}, \quad 0 \leqslant t < 1, \quad 0 \leqslant u \leqslant 1, u + t \leqslant 1 \tag{1-52}$$

$$l_{x+t} = (1+t)l_x + tl_{x+1} = l_x - t \cdot \mathrm{d}_x, \quad 0 \leqslant t \leqslant 1 \tag{1-53}$$

$$f_x(t) = -\frac{S'(x+t)}{S(x)} = \frac{S(x) - S(x+1)}{S(x)} = q_x, \quad 0 < t < 1 \tag{1-54}$$

$$\mu_{x+t} = \frac{f_x(t)}{{}_tp_x} = \frac{q_x}{1 - t \cdot q_x}, \quad 0 < t < 1 \tag{1-55}$$

从式(1-49)可以看到,在区间$[x, x+1]$内的生存函数是连接这个区间两端的直线,因而也称这种假设为线性插值法。又从式(1-54)可以看到,在区间$(x, x+1)$内的死亡概率密度是一个常数,始终等于q_x,因此又称这种假设为常数死亡密度假设,或均匀死亡分布假设(uniform distribution of deaths),简称为UDD假设。

例【1-8】 设(x)在$[x, x+1]$上服从死亡均匀分布,试证:$\mathring{e}_x = e_x + \frac{1}{2}$,其中,$x$为非负整数。

证明:由式(1-35)与式(1-53),有:

$$L_x = \int_0^1 l_{x+t} \mathrm{d}t = l_x - \frac{1}{2} \cdot \mathrm{d}_x = \frac{1}{2}(l_x + l_{x+1})$$

再由式(1-38)、式(1-36)及式(1-40),有:

$$\begin{aligned} \mathring{e}_x &= \frac{T_x}{l_x} = \frac{1}{l_x}(L_x + L_{x+1} + L_{x+2} + \cdots) \\ &= \frac{1}{l_x}\left[\frac{1}{2}(l_x + l_{x+1}) + \frac{1}{2}(l_{x+1} + l_{x+2}) + \frac{1}{2}(l_{x+2} + l_{x+3}) + \cdots\right] \\ &= \frac{1}{2} + \frac{1}{l_x}(l_{x+1} + l_{x+2} + l_{x+3} + \cdots) \\ &= \frac{1}{2} + e_x \end{aligned}$$

例【1-9】 记$R(x) = T(x) - K(x)$,设$R = R(x)$服从均匀分布(其中,x是非负整数,$0 \leqslant R \leqslant 1$)。试证:

$$\Pr\{k < T(x) \leqslant k + r\} = \Pr\{K(x) = k\} \cdot \Pr\{R(x) \leqslant r\}$$

其中,r为非负整数,$0 \leqslant r \leqslant 1$。

证明:根据式(1-19)及式(1-21),有:

$$\Pr\{k < T(x) \leqslant k + r\} = {}_{k|r}q_x = {}_kp_x \cdot {}_rq_{x+k}$$

而$R = R(x)$服从均匀分布,由式(1-50),有:

$${}_rq_{x+k} = r \cdot q_{x+k}$$

又由 $R(x)$ 服从均匀分布，有：

$$\Pr\{R(x) \leqslant r\} = \int_0^r 1\mathrm{d}r = r$$

因此：

$$\begin{aligned}\Pr\{k < T(x) \leqslant k + r\} &= r \cdot {}_kp_x \cdot q_{x+k} \\ &= \Pr\{R(x) \leqslant r\} \cdot \Pr\{K(x) = k\}\end{aligned}$$

另外，事件 $\{k < T(x) \leqslant k + r\}$ 与事件 $\{(k(x) = k) \cap (R(x) \leqslant r)\}$ 是同一事件，则由 $\Pr\{(k(x) = k) \cap (R(x) \leqslant r)\} = \Pr\{K(x) = k\} \cdot \Pr\{R(x) \leqslant r\}$ 可知：当 $R = R(x)$ 服从均匀分布时，随机变量 $K(x)$ 与 $R(x)$ 是相互独立的。

二、几何加权平均假设

几何加权平均法假设生存函数在 $x+t$ 处的值由下式给出：

$$S(x + t) = [S(x)]^{1-t} \cdot [S(x + 1)]^t, \quad 0 \leqslant t \leqslant 1 \tag{1-56}$$

在这种假设下，容易得到如下公式：

$$\begin{aligned}{}_tp_x &= \frac{S(x + t)}{S(x)} = \left[\frac{S(x + 1)}{S(x)}\right]^t \\ &= (p_x)^t, \quad 0 \leqslant t \leqslant 1\end{aligned} \tag{1-57}$$

$${}_tq_x = 1 - {}_tp_x = 1 - (p_x)^t, \quad 0 \leqslant t \leqslant 1 \tag{1-58}$$

$$\begin{aligned}{}_uq_{x+t} &= \frac{S(x + t) - S(x + t + u)}{S(x + t)} \\ &= 1 - \frac{S(x + t + u)/S(x)}{S(x + t)/S(x)} \\ &= 1 - (p_x)^{t+u}/(p_x)^t \\ &= 1 - (p_x)^u, \quad 0 < t < 1, 0 \leqslant u \leqslant 1, u + t \leqslant 1\end{aligned} \tag{1-59}$$

$$l_{x+t} = l_x^{(1-t)} \cdot l_{x+1}^t = l_x \cdot (p_x)^t, 0 \leqslant t \leqslant 1 \tag{1-60}$$

$$\begin{aligned}f_x(t) &= -\frac{S'(x + t)}{S(x)} = -\left(\left[\frac{S(x + 1)}{S(x)}\right]^t\right)' \\ &= -[(p_x)^t]' \\ &= -(p_x)^t \cdot \ln(p_x), \quad 0 < t < 1\end{aligned} \tag{1-61}$$

$$\mu_{x+t} = \frac{f_x(t)}{{}_tp_x} = \frac{-(p_x)^t \cdot \ln(p_x)}{(p_x)^t} = -\ln(p_x) \tag{1-62}$$

从式(1-60)可以看到，在区间 $[x, x+1]$ 内的生存函数是连接这个区间两端的指数曲线，因而也称这种假设为指数曲线插值法。又从式(1-61)可以看到，在区间$(x,x+1)$内的死亡力是一个常数,始终等于$-\ln(p_x)$,因此又称这种假设为常数死亡力假设。

例【1-10】 设(x)在$[x,x+1]$上服从常数死亡力分布,试证:$f_{x+u}(t)=f_x(t)$,其中,x为非负整数,$0<u<1,0<t<1,u+t\leqslant 1$。

证明:由式(1-9)及式(1-56),有:

$$\begin{aligned}
f_{x+u}(t) &= -\frac{S'(x+u+t)}{S(x+u)} \\
&= -\frac{S'(x+u+t)}{S(x)}\cdot\frac{S(x)}{S(x+u)} \\
&= -\left[\left(\frac{S(x+1)}{S(x)}\right)^{u+t}\right]'\cdot\left(\frac{S(x)}{S(x+1)}\right)^{u} \\
&= -[(p_x)^{u+t}]'\cdot(p_x)^{-u} \\
&= -(p_x)^{u+t}\cdot\ln(p_x)\cdot(p_x)^{-u} \\
&= -(p_x)^{t}\cdot\ln(p_x) = f_x(t)
\end{aligned}$$

此结果说明:如果在区间$(x,x+1)$内(x)的生存分布为常数死亡力,则在该区间内具有无记忆性。

三、调和加权平均假设(Balolucci 假设)

调和加权平均法假设生存函数在$x+t$处的值由下式确定:

$$\frac{1}{S(x+t)}=\frac{1-t}{S(x)}+\frac{t}{S(x+1)},\quad 0\leqslant t\leqslant 1 \tag{1-63}$$

在这种假设下,可以得到如下公式:

$$l_{x+t}=\frac{l_x\cdot l_{x+1}}{t\cdot l_x+(1-t)l_{x+1}},\quad 0\leqslant t\leqslant 1 \tag{1-64}$$

$${}_tq_x=\frac{t\cdot q_x}{p_x+tq_x},\quad 0\leqslant t\leqslant 1 \tag{1-65}$$

$${}_tp_x=\frac{p_x}{p_x+tq_x},\quad 0\leqslant t\leqslant 1 \tag{1-66}$$

$${}_uq_{x+t}=\frac{u\cdot q_x}{p_x+(t+u)q_x},\quad 0<u<1,0<t<1,u+t\leqslant 1 \tag{1-67}$$

$$f_x(t)=\frac{p_x\cdot q_x}{(p_x+t\cdot q_x)^2},\quad 0\leqslant t\leqslant 1 \tag{1-68}$$

$$\mu_{x+t}=\frac{q_x}{p_x+t\cdot q_x},\quad 0\leqslant t\leqslant 1 \tag{1-69}$$

从式(1-64)可以看出,在区间$[x,x+1]$内的生存函数是连接这个区间两端的双曲线,因而也称这种假设为双曲线插值法。

相对于前面两种假设,第三种假设的结果要复杂得多,并且这种假设与客观实际的误差最大,因此,在实务中基本不用这种插值法。

相比之下,第一种假设是最有用的,正如前面指出的那样,它既与实际误差最小,形式又最简单,而且又具有诸如式(1-50)、式(1-54)和例1-8那样的良好特性。因此,在后面的章节中,将主要利用线性插法,即UDD假设。

习　题

1. 假设生存函数$S(x)=1-\frac{x}{110}$,$0\leqslant x\leqslant 110$。

   试求:(1)$F(x)$,$f(x)$,$F_x(t)$,$f_x(t)$;

   (2)$E(X)$,$E_x(T)$;

   (3)(30)在60周岁之前死亡的概率;

   (4)(30)在60周岁之后死亡的概率;

   (5)(30)在60周岁之后的那一年死亡的概率;

   (6)(30)在刚满60周岁那一时刻死亡的概率;

   (7)(30)在活过60周岁之后到80周岁之前死亡的概率;

   (8)0岁的人活过30岁的概率。

2. 用国际通用精算符号表示下列概率:

   (1)(40)在41岁前死亡的概率;

   (2)(40)在60岁前死亡的概率;

   (3)(40)活过41岁的概率;

   (4)(40)活过60岁的概率;

   (5)(40)活过60岁在61岁前死亡的概率;

   (6)(40)活过60岁在70岁前死亡的概率。

3. 如果生存函数$l_x=10\,000(100-x)^{\frac{1}{2}}$,$0\leqslant x\leqslant 100$。

   试求:(1)$S(x)$,$F(x)$,$f(x)$;

   (2)$S_x(t)$,$F_x(t)$,$f_x(t)$;

   (3)p_{50},q_{50},${}_{1|}q_{50}$;

   (4)${}_{10}p_{50}$,${}_{10}q_{50}$,${}_{10|18}q_{50}$。

4. (1)已知:${}_{5|}q_{50}=0.160\,6$,${}_{5}p_{50}=0.951\,3$,求:q_{55},${}_{6}p_{50}$。

   (2)已知:${}_{30}q_{20}=0.145\,2$,${}_{40}p_{20}=0.835\,2$,　${}_{20}q_{20}=0.101\,0$。

求：${}_{10}p_{50}$，${}_{10}p_{40}$，${}_{20}p_{40}$。

5. 证明：

$$\mathring{e}_x = \int_0^{\infty} [1 - F_x(t)]\mathrm{d}t = \int_0^{\infty} S_x(t)\mathrm{d}t$$

6. 证明下列等式：

(1) ${}_{t+u}p_x = {}_tp_x \cdot {}_up_{x+t}$ (2) ${}_{t+u}q_x = 1 - {}_up_x \cdot {}_tp_{x+u}$

(3) ${}_{u|t}q_x = {}_up_x \cdot {}_tq_{x+u}$ (4) ${}_{u|t}q_x = {}_{u+t}q_x - {}_uq_x$

(5) ${}_{u|t}q_x = {}_up_x - {}_{u+t}p_x$ (6) ${}_{u+t}q_x = {}_{u|t}q_x + {}_uq_x$

7. 证明：

$$e_x = \sum_{k=1}^{\infty} S_x(k)$$

8. 已知：$S(x) = \mathrm{e}^{-2x}$，求：$f(x)$，$f_x(t)$，μ_x，μ_{x+t}。

9. 利用附表中的基数表 CL1 计算：

(1) ${}_{20}q_{35}$ (2) ${}_{20|10}q_{35}$ (3) ${}_{20}p_{40}$

(4) q_{41} (5) p_{62} (6) ${}_{10|}q_{30}$

10. (1)已知：$d_{30} = 1\ 000$，$l_{30} = 304\ 050$，求：l_{31}，q_{30}。

(2)已知：${}_4d_{31} = 300$，$l_{31} = 6\ 320$，求：${}_4q_{31}$，l_{35}。

(3)已知：$l_{58} = 4\ 349$，$d_{58} = 62$，$d_{59} = 69$，求：l_{60}。

11. 证明：

(1) $\int_0^{\omega - x} l_{x+t}\,\mu_{x+t}\mathrm{d}t = l_x$

(2) $\int_0^{\omega - x} {}_tp_x\,\mu_{x+t}\mathrm{d}t = 1$

12. 设 l_{x+t} 在区间 $0 \leqslant t \leqslant 1$ 上是严格递减，试证：

(1)若 l_{x+t} 是凸的，则 $q_x > \mu_x$；

(2)若 l_{x+t} 是凹的，则 $q_x < \mu_x$。

13. 当 $0 < u < 1$，$0 < t < 1$，$0 < u + t < 1$ 时，证明：在非整数年龄内为 UDD 假设下有 ${}_{u|t}q_x = t \cdot q_x$。

14. 已知 55 岁的人在未来一年内死亡的概率为 0.015，56 岁的人在未来 4 年内死亡的概率为 0.065。若非整数年龄内为 UDD 假设，求：55.5 岁的人在 60 岁前死亡的概率。

15. 根据本章给出的选择-终级表(表 1-2)，计算现年 75 岁且在 2 年前被选择的人，活过 76 岁在 77 岁内死亡的概率。

16. 设生存函数 $S(x) = (1 - \frac{x}{\omega})^{\frac{1}{3}}$，$0 \leqslant x \leqslant \omega$，试计算 μ_x 和 $\mathring{e}_x$。

17. 在常数死力假设下证明：

$$\mathring{e}_x = \sum_{k=0}^{\infty} \frac{{}_{k+1}p_x - {}_kp_x}{\ln p_{x+k}}$$

18. 若非整数年龄内为 UDD 假设，试证：$L_x = \dfrac{l_x + l_{x+1}}{2}$

19. 我们称：

$$m_x = \frac{\int_0^1 l_{x+t}\,\mu_{x+t}\,\mathrm{d}t}{\int_0^1 l_{x+t}\,\mathrm{d}t}$$

为在 x 岁的中心死亡率，试证：在非整数年龄内为 UDD 假设条件下，有：

$$q_x = \frac{m_x}{1 + \frac{1}{2}m_x}$$

20. 设 $R = T - K$ 服从均匀分布，试证：

(1) $E(T) = E(K) + \dfrac{1}{2}$；

(2) $\mathrm{Var}(T) = \mathrm{Var}(K) + \dfrac{1}{12}$。

第二章 利息理论基础

寿险产品的期限通常较长,少则几年,多则几十年,因此,寿险产品的定价必须考虑利率的影响,考虑货币的时间价值。本章作为寿险精算学的基础之一,将主要介绍利息的基本理论和年金的计算方法,为解决后面寿险产品的定价、责任准备金的计算、现金价值的计算、红利的确定等问题做准备。

第一节 利息分析

一、利息与积累函数

1. 利息

利息是货币资本投资的收益,这种收益可以理解为货币的所有者将货币的使用权转让给他人而获取的报酬。

设年初以 $A(0)$ 的资本金进行投资,第一年末其价值为 $A(1)$,则第一年的利息为:

$$I_1 = A(1) - A(0)$$

若第二年以 $A(1)$ 为本金进行投资,第二年末其价值为 $A(2)$,则第二年的利息为:

$$I_2 = A(2) - A(1)$$

依此类推,如果用 $A(t-1)$ 表示第 t 年初的资本金,$A(t)$ 表示第 t 年末的价值,则第 t 年的利息为:

$$I_t = A(t) - A(t-1) \tag{2-1}$$

在利息的计算中,期初的资本金称为本金,利用本金的时间长度称为投资期。每次结算利息的时刻为计息时,相邻两次计息的时间间隔为计息期。计息期可以是一年,也可以是一个季度、一个月、一天等时间单位。

在一般情况下,利息、本金用货币形式表示。在特殊情况下,利息、本金也可表现为实物形式,但我们可以将实物形式的利息、本金转换成货币形式。

由于利息可以理解为借方向贷方补偿因资金转让而在某一段时间内不能使

用该笔资金导致的损失，所以利息可以解释为资本的时间价值，或称货币的时间价值。

利息的大小并不能反映资本获得报酬的能力。如对于甲投资，10 000 元的资本在一年末获得的利息为100元；对于乙投资，1 000 元的资本在一年末获得的利息也为 100 元，则两资本在一年内获得的利息相等。显然，10 000 元投资的获利能力低于 1 000 元投资的获利能力。

2. 利率

单位资本金在一定时期（单位时间）所产生的利息称为利率，用符号 i 表示。利率表示资本的获利水平或获利能力。其公式如下：

$$i_t = \frac{A(t) - A(t-1)}{A(t-1)} \tag{2-2}$$

所以：

第一年的利率为：

$$i_1 = \frac{A(1) - A(0)}{A(0)}$$

第二年的利率为：

$$i_2 = \frac{A(2) - A(1)}{A(1)}$$

第 n 年的利率为：

$$i_n = \frac{A(n) - A(n-1)}{A(n-1)}$$

以利率 i 计算的利息额可以理解为在期初资本金上的增加额，又因利息结转时间在期末，所以，该利息额又称滞后利息。

3. 积累函数

设 $A(t)$ 是资本金 $A(0)$ 经过 t 时间后的价值，定义积累函数为：

$$a(t) = \frac{A(t)}{A(0)} \tag{2-3}$$

积累函数假设有如下性质：

(1) $a(0)=1$，即期初存在本金；

(2) $a(t)$ 为连续函数。

$a(t)$ 称为单位资本金经过 t 时间后的积累额，是时间的函数。

t 年的总积累额为：

$$A(t) = A(0) \cdot a(t) \tag{2-4}$$

掌握了积累函数的概念后，我们可以用积累函数表示各年的利息。

第一年的利息：

$$I_1 = A(1) - A(0)$$
$$= A(0) \cdot [a(1) - 1]$$

第二年的利息：

$$I_2 = A(0)[a(2) - a(1)]$$

第 t 年的利息：

$$I_t = A(0)[a(t) - a(t-1)] \tag{2-5}$$

用积累函数表示利率：

第一年的利率：

$$i_1 = \frac{A(1) - A(0)}{A(0)}$$
$$= a(1) - 1$$

第二年的利率：

$$i_2 = \frac{A(2) - A(1)}{A(1)}$$
$$= \frac{a(2) - a(1)}{a(1)}$$

第 t 年的利率：

$$i_t = \frac{A(t) - A(t-1)}{A(t-1)}$$
$$= \frac{a(t) - a(t-1)}{a(t-1)} \tag{2-6}$$

例【2-1】 已知本金 $A(0) = 1\ 000$ 元，若按 $a(t) = 3t^2 + 1$ 积累，求：

(1) 10 年的积累值；

(2) 20 年的积累值；

(3) 第 10 年获得的利息及利率；

(4) 第 20 年获得的利息及利率。

解：

(1) $$A(10) = A(0) \cdot a(10)$$
$$= 1\ 000 \times (3 \times 10^2 + 1)$$
$$= 301\ 000(\text{元})$$

(2) $$A(20) = A(0) \cdot a(20)$$
$$= 1\ 000 \times (3 \times 20^2 + 1)$$
$$= 1\ 201\ 000(\text{元})$$

(3) $$A(9) = A(0) \cdot a(9)$$

$$=1\ 000\times(3\times 9^2+1)$$

$$=244\ 000(\text{元})$$

$$I_{10}=A(10)-A(9)$$

$$=301\ 000-244\ 000$$

$$=67\ 000(\text{元})$$

$$i_{10}=\frac{A(10)-A(9)}{A(9)}$$

$$=23.4\%$$

(4)　$$A(19)=A(0)\cdot a(19)$$

$$=1\ 000\times(3\times 19^2+1)$$

$$=1\ 084\ 000(\text{元})$$

$$I_{20}=A(20)-A(19)$$

$$=1\ 201\ 000-1\ 084\ 000$$

$$=117\ 000(\text{元})$$

$$i_{20}=\frac{A(20)-A(19)}{A(19)}$$

$$=10.8\%$$

二、单利与复利

1. 单利条件下的积累函数

设每年的利率为 i，因为单利条件下只有本金生息，各年的积累额为：

第一年：

$$A(1)=A(0)\cdot(1+i)$$

第二年：

$$A(2)=A(1)+A(0)i$$

$$=A(0)(1+2i)$$

第 t 年：

$$A(t)=A(t-1)+A(0)i$$

$$=A(0)(1+it) \tag{2-7}$$

所以，积累函数为：

$$a(t)=1+it \tag{2-8}$$

2. 复利条件下的积累函数

复利是除了本金生息外，利息也生息。设每年的利率为 i，则各年的积累额为：

第一年：

$$A(1)=A(0)\cdot(1+i)$$

第二年：

$$\begin{aligned}A(2)&=A(1)+A(1)i\\&=A(0)(1+i)^2\end{aligned}$$

第 t 年：

$$\begin{aligned}A(t)&=A(t-1)+A(t-1)i\\&=A(0)(1+i)^t\end{aligned}\tag{2-9}$$

所以，积累函数为：

$$a(t)=(1+i)^t\tag{2-10}$$

显然，积累方式不同，积累函数不同，积累额也不同。

当 $t\leqslant 1$ 时：

$$1+it\geqslant(1+t)^t$$

$$A(0)(1+it)\geqslant A(0)(1+t)^t$$

单利条件下的积累额大于复利条件下的积累额。

当 $t>1$ 时：

$$1+it<(1+i)^t$$

$$A(0)(1+it)<A(0)(1+i)^t$$

单利条件下的积累额小于复利条件下的积累额。

而且，常数单利并不表明实际利率不变：

$$\begin{aligned}i_t&=\frac{a(t)-a(t-1)}{a(t-1)}\\&=\frac{(1+it)-[1+(t-1)i]}{1+(t-1)i}\\&=\frac{i}{1+(t-1)}<i\end{aligned}$$

即单利条件下，实际利率随时间增加而减少。

我们再看复利条件下的利率：

$$\begin{aligned}i_t&=\frac{a(t)-a(t-1)}{a(t-1)}\\&=\frac{(1+i)^t-(1+i)^{t-1}}{(1+i)^{t-1}}\\&=i\end{aligned}$$

即在复利条件下，实际利率不随时间的变化而变化，保持常数不变。

所以，投资时间越长，复利越有利于投资者，大多数寿险为长期合同，在保费的计算中，一般采用复利。

三、贴现率与现值函数

1. 贴现率

通常，利息支付的方式有两种：一种是期末支付，它是本金的增加值，如：年初存入银行100元，一年后到期获得105元，5元就为利息，它是本金100元的增加值，且在年末支付，这种利息称为滞后利息或期末付利息，我们用 $i=\frac{A(t)-A(t-1)}{A(t-1)}$ 来衡量滞后利息的获利水平，这就是本节已经介绍的利率。另一种是期初支付，它是积累额的减少额，这种利息称为贴现，如：购买面额为100元的一年期国债，现时支付90元就可买到，则本期国债的利息为10元，是在100元基础上的减少额，而利息在购买时就已获得，10元称为贴现额。

用贴现率来衡量贴现水平，它是单位货币在单位时间内的贴现额。如果用符号 d 表示贴现率，则：

第 t 年的贴现率为：

$$d_t=\frac{A(t)-A(t-1)}{A(t)} \tag{2-11}$$

用积累函数表示为：

$$d_t=\frac{a(t)-a(t-1)}{a(t)} \tag{2-12}$$

在复利条件下，如果利率不变，有：

$$\begin{aligned} d_t &= \frac{(1+i)^t-(1+i)^{t-1}}{(1+i)^t} \\ &= \frac{i}{1+i} \end{aligned}$$

上式表示常数贴现率与常数利率的关系。

$$d=\frac{i}{1+i} \tag{2-13}$$

在常数贴现率条件下的积累值为：

第一年：

$$A(1)-A(0)=dA(1)$$
$$A(1)=A(0)\cdot(1-d)^{-1}$$

第二年：

$$A(2)-A(1)=dA(1)$$
$$A(2)=A(1)\cdot(1-d)^{-1}$$

$$=A(0)\cdot(1-d)^{-2}$$

第 t 年:

$$A(t)-A(t-1)=dA(t)$$

$$A(t)=A(t-1)\cdot(1-d)^{-1}$$

$$=A(0)\cdot(1-d)^{-t} \tag{2-14}$$

由式(2-14)得:

$$A(t)=A(0)\cdot(1-d)^{-t}$$

$$=A(0)\cdot\left(1-\frac{i}{1+i}\right)^{-t}$$

$$=A(0)\cdot(1+i)^{t}$$

上式表明:以利率 i 积累的积累值与以贴现率 d 积累的积累值是等价的。

2. 终值与现值

由于货币的时间价值,不同时期,相同的货币额其价值是不同的,为了实现货币在时间上的可比性,我们引入现值与终值的概念。终值是现在时期货币值在未来时期的价值;现值是未来时期货币值在现在时期的价值,下面讨论单位货币在复利条件下的终值和现值。

(1)终值。

设年初的本金为1,年利率为 i,则:

第一年末的价值为:

$$a(1)=1+i$$

第二年末的价值为:

$$a(2)=(1+i)^2$$

第 t 年末的价值为:

$$a(t)=(1+i)^t$$

所以,1 单位货币在 t 年的终值为:

$$a(t)=(1+i)^t \tag{2-15}$$

即为1单位货币在 t 年的积累额。上式可理解为期初1单位的货币与 t 年末 $(1+i)^t$ 的值等价。反过来,我们也可以讨论未来1单位货币在现在的值,即现值问题。

(2)现值。

由式(2-15),未来 t 年1单位货币的现值为:

$$v(t)=\frac{1}{(1+i)^t}$$

令:

$$v=\frac{1}{1+i}$$

则：
$$v(t)=v^t \tag{2-16}$$
我们把 v 称为折现因子(或贴现因子)，v^t 称为折现函数(或贴现函数)。

贴现率与折现因子的关系是：
$$v=\frac{1}{1+i}=1-\frac{i}{1+i}$$
$$=1-d \tag{2-17}$$

例【2-2】 某人在银行的存款为5 000元，求：

(1) 在单利条件下，5年后的积累额；

(2)在复利条件下，5年后的积累额。设年利率为10%。

解：(1) $A(5)=A(0)(1+5i)$
$$=5\,000(1+5\times0.1)$$
$$=7\,500(\text{元})$$
(2) $A(5)=A(0)(1+i)^5$
$$=5\,000(1+0.1)^5$$
$$=8\,052.55(\text{元})$$

例【2-3】 某人进行投资，预期10年后可以得到收益为100 000元，设年利率为6%，求其现值为多少？

解：
$$v(10)=100\,000\frac{1}{(1+i)^{10}}$$
$$=55\,839.48(\text{元})$$

四、一般复利与一般复贴现

利息可按年支付，也可以在一年多次支付，我们将一年多次支付利息的形式称为一般复利。在单利条件下，一年多次支付的总利息与年利息相等，而在复利条件下，一年多次支付的总利息与年利息不相等，由于利生利，一年多次支付的总利息额大于年利息额，实际利率大于年利率。如：本金为1元，年利率为20%，则年利息额为0.2元，如果一年支付4次，本利和为$\left(1+\frac{20\%}{4}\right)^4=1.2155$(元)，一年的总利息为0.215 5元，实际年利率为21.55%。

我们将一年支付 m 次的利率定义为名义利率，用 $i^{(m)}$ 表示，m 为一年内支付利息的次数。用 i 表示年实际利率，如果一年支付 m 次，每次的利率为$\frac{i^{(m)}}{m}$，年初的本金为1，一年末的积累额为$\left(1+\frac{i^{(m)}}{m}\right)^m$，则：

$$1+i=\left(1+\frac{i^{(m)}}{m}\right)^{m}$$

$$i=\left(1+\frac{i^{(m)}}{m}\right)^{m}-1 \tag{2-18}$$

由式(2-18)得：

$$i^{(m)}=m(1+i)^{\frac{1}{m}}-1 \tag{2-19}$$

当 $m=1$ 时，$i=i^{(m)}$，名义利率与实际利率相等。注意，年实际利率与年名义利率的区别是：年实际利率度量的是资本在一年内的获利能力，而年名义利率度量的是资本在 $\frac{1}{m}$ 区间内的获利能力。

名义利率下的积累函数为：

$$a(t)=\left(1+\frac{i^{(m)}}{m}\right)^{mt},t\geqslant 0 \tag{2-20}$$

我们将一年多次贴现的形式称为一般复贴现，在一般复贴现形式下，存在名义贴现率。类似于名义利率定义名义贴现率，设一年贴现 m 次的名义贴现率为 $d^{(m)}$，则每次的实际贴现率为 $\frac{d^{(m)}}{m}$，又设年实际贴现率为 d，年初本金为 1，则：

$$1-d=\left(1-\frac{d^{(m)}}{m}\right)^{m}$$

$$d=1-\left(1-\frac{d^{(m)}}{m}\right)^{m} \tag{2-21}$$

由式(2-21)得：

$$d^{(m)}=m\left[1-(1-d)^{\frac{1}{m}}\right] \tag{2-22}$$

当 $m=1$ 时，$d=d^{(m)}$，实际贴现率与名义贴现率相等。注意，名义贴现率度量的是资本在 $\frac{1}{m}$ 区间内的贴现能力。

名义贴现率下的现值函数为：

$$v(t)=\left(1-\frac{d^{(m)}}{m}\right)^{mt} \tag{2-23}$$

名义利率与名义贴现率有着一定的关系，下面讨论两者之间的关系。

设：一年支付 m 次利息的名义利率为 $i^{(m)}$，一年支付 m 次的名义贴现率为 $d^{(m)}$，年初的本金为 1，则年末的积累额有：

$$\left(1+\frac{i^{(m)}}{m}\right)^{m}=\left(1-\frac{d^{(m)}}{m}\right)^{-m}$$

整理得：

$$\frac{i^{(m)}}{m}-\frac{d^{(m)}}{m}=\frac{i^{(m)}}{m}\cdot\frac{d^{(m)}}{m} \tag{2-24}$$

或：

$$\frac{d^{(m)}}{m}=\frac{i^{(m)}/m}{1+i^{(m)}/m} \tag{2-25}$$

$\frac{d^{(m)}}{m}$为$\frac{1}{m}$区间的实际贴现率，$\frac{i^{(m)}}{m}$为$\frac{1}{m}$区间的实际利率，即在$\frac{1}{m}$区间内的实际贴现率与实际利率有类似式(2-13)的关系。

一般地，如果一年支付 m 次利息的名义利率为 $i^{(m)}$，一年支付 n 次的名义贴现率为 $d^{(n)}$，年初的本金为 1，则年末的积累额有：

$$\left(1+\frac{i^{(m)}}{m}\right)^{m}=\left(1-\frac{d^{(n)}}{n}\right)^{-n} \tag{2-26}$$

例【2-4】　已知：年名义利率为 10%，本金为 1。求：

(1)一年支付 2 次的实际利息、实际利率、实际贴现率、年名义贴现率；

(2)一年支付 4 次的实际利息、实际利率、实际贴现率、年名义贴现率；

(3)一年支付 12 次的实际利息、实际利率、实际贴现率、年名义贴现率。

解：

$i^{(m)}=10\%$，则：

(1)

$$1+i_1=\left(1+\frac{i^{(2)}}{2}\right)^2=\left(1+\frac{10\%}{2}\right)^2$$

$$i_1=10.25\%$$

$$I_1=0.1025$$

$$d_1=\frac{i_1}{1+i_1}=0.0929$$

$$\frac{i^{(2)}}{2}-\frac{d^{(2)}}{2}=\frac{i^{(2)}}{2}\cdot\frac{d^{(2)}}{2}$$

$$d^{(2)}=0.0952$$

(2)

$$1+i_2=\left(1+\frac{i^{(4)}}{4}\right)^4=\left(1+\frac{10\%}{4}\right)^4$$

$$i_2=10.38\%$$

$$I_2=0.1038$$

$$d_2=\frac{i_2}{1+i_2}=0.094\ 0$$

$$\frac{i^{(4)}}{4}-\frac{d^{(4)}}{4}=\frac{i^{(4)}}{4}\cdot\frac{d^{(4)}}{4}$$

$$d^{(4)}=0.097\ 6$$

(3)
$$1+i_3=\left(1+\frac{i^{(12)}}{12}\right)^{12}$$

$$=\left(1+\frac{10\%}{12}\right)^{12}$$

$$i_3=10.47\%$$

$$I_3=0.104\ 7$$

$$d_3=\frac{i_3}{1+i_3}=0.094\ 8$$

$$\frac{i^{(12)}}{12}-\frac{d^{(12)}}{12}=\frac{i^{(12)}}{12}\cdot\frac{d^{(12)}}{12}$$

$$d^{(12)}=0.099\ 1$$

五、利息力

利率、贴现率表示的是资本在某一时间内的获利能力，通常我们还需知道资本在某一时刻或某一瞬间的获利能力，这种瞬时获利能力称为利息力，简称利力。当 m 趋于无穷大时，名义利率趋于瞬时利率，如果用 δ 表示利息力，则：

$$\delta=\lim_{m\to\infty}i^{(m)} \tag{2-27}$$

当实际利率不变时，由式(2-27)得：

$$\begin{aligned}\delta&=\lim_{m\to\infty}m\left[(1+i)^{\frac{1}{m}}-1\right]\\&=\lim_{m\to\infty}\frac{(1+i)^{\frac{1}{m}}-1}{\frac{1}{m}}\\&=\lim_{m\to\infty}\frac{\left[(1+i)^{\frac{1}{m}}-1\right]'}{\left(\frac{1}{m}\right)'}\\&=\lim_{m\to\infty}(1+i)^{\frac{1}{m}}\cdot\ln(1+i)\\&=\ln(1+i)\end{aligned} \tag{2-28}$$

由式(2-28)得：

$$i = e^{\delta} - 1 \tag{2-29}$$

δ 亦称一年结转利息次数为无穷大的名义利率,可用符号 $i^{(\infty)}$ 表示。

我们也可以用利率的一般式来定义利息力:

$$\delta(t) = \lim_{\Delta t \to 0} \frac{a(t+\Delta t) - a(t)}{\Delta t \cdot a(t)}$$

$$= \frac{a'(t)}{a(t)} \tag{2-30}$$

两边积分得:

$$\int_0^t \delta(t)\,ds = \int_0^t d\ln a(t)$$

$$= \ln a(t)$$

$$a(t) = e^{\int_0^t \delta(s)\,ds} \tag{2-31}$$

当 $\delta(t) = \delta$ 为常数时,有:

$$a(t) = e^{\delta t} \tag{2-32}$$

当年利率 i 为常数时,有:

$$(1+i)^t = e^{\delta t}$$

$$1 + i = e^{\delta}$$

所以:

$$i = e^{\delta} - 1 \tag{2-33}$$

例【2-5】 证明: $\lim\limits_{m \to \infty} d^{(m)} = \delta$

证:
$$\lim_{m\to\infty} d^{(m)} = \lim_{m\to\infty} m\left[1 - (1-d)^{\frac{1}{m}}\right]$$

$$= \lim_{m\to\infty} \frac{1-(1-d)^{\frac{1}{m}}}{\frac{1}{m}}$$

$$= \lim_{m\to\infty} \frac{\left[1-(1-d)^{\frac{1}{m}}\right]'}{\left(\frac{1}{m}\right)'}$$

$$= \lim_{m\to\infty} \frac{-(1-d)^{\frac{1}{m}} \cdot \left(-\frac{1}{m^2}\right) \cdot \ln(1-d)}{-\frac{1}{m^2}}$$

$$= -\lim_{m\to\infty} (1-d)^{\frac{1}{m}} \cdot \ln(1-d)$$

$$= -\ln(1-d)$$

$$= -\ln\left(\frac{1}{1+i}\right)$$
$$= \ln(1+i)$$
$$= \delta$$

上式表明：当支付次数无限大时，利息率和贴现率趋近于利息力，两者之间的差异消失。

第二节 年金分析

年金是收付款的一种方式。收付款可以一次性收付，也可以分期定额收付，年金就是相等的时间间隔的一系列的收付。给付时间间隔可以是 1 年、半年、1 个月等，下面讨论给付时间间隔为一年的基本年金的现值与终值。

一、基本年金的现值与终值

1. 期初付年金的现值与终值

(1) 期初付 n 年定期年金的现值与终值。

设每年年初给付 1 元，给付时间为 n 年，用 $\ddot{a}_{\overline{n}|}$ 表示该年金的现值，用 $\ddot{s}_{\overline{n}|}$ 表示该年金的终值，则：

期初付 n 年定期年金的现值（图 2-1）为：

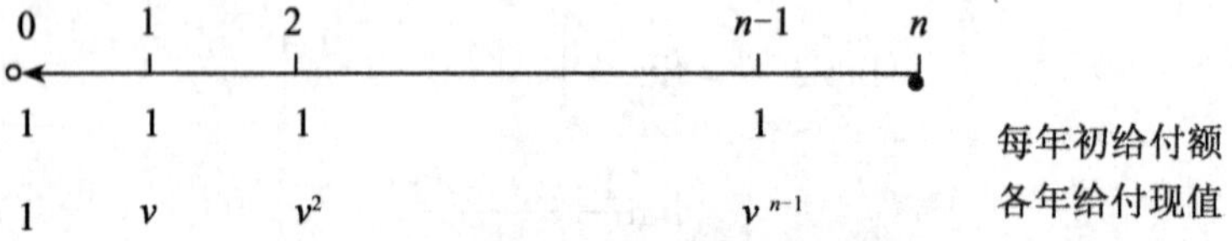

图 2-1 期初付 n 年定期年金的现值

$$\ddot{a}_{\overline{n}|} = 1 + v + v^2 + \cdots + v^{n-1}$$
$$= \frac{1-v^n}{d} \tag{2-34}$$

期初付 n 年定期年金的终值（图 2-2）为：

$$\ddot{s}_{\overline{n}|} = (1+i) + (1+i)^2 + \cdots + (1+i)^n$$
$$= \frac{(1+i)^n - 1}{d} \tag{2-35}$$

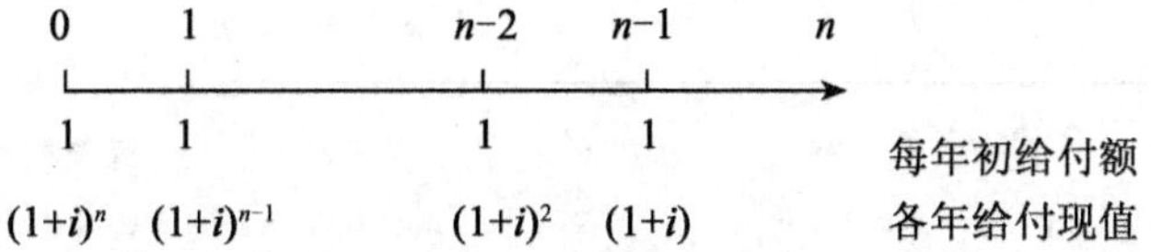

图 2-2　期初付 n 年定期年金的终值

期初付年金的终值与现值的关系：

$$\ddot{s}_{\overline{n}|} = (1+i)^n \cdot \ddot{a}_{\overline{n}|} \tag{2-36}$$

(2)期初付延期 m 年的 n 年定期年金的现值(图 2-3)和终值。

设年金额为 1，于 m 年年初开始支付，共付 n 年，用 ${}_{m|}\ddot{a}_{\overline{n}|}$ 表示该年金的现值，${}_{m|}\ddot{S}_{\overline{n}|}$ 表示该年金的终值。

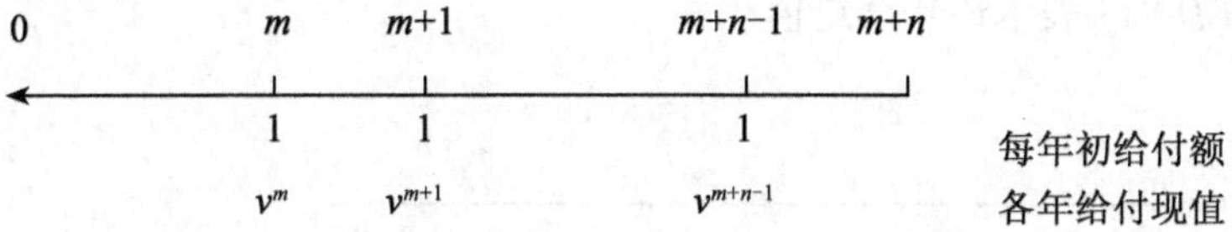

图 2-3　期初付延期 m 年的 n 年定期年金的现值

$$\begin{aligned} {}_{m|}\ddot{a}_{\overline{n}|} &= v^m + v^{m+1} + \cdots + v^{m+n-1} \\ &= v^m(1 + v + \cdots + v^{n-1}) = v^m \ddot{a}_{\overline{n}|} &(2\text{-}37) \\ &= \ddot{a}_{\overline{m+n}|} - \ddot{a}_{\overline{m}|} &(2\text{-}38) \end{aligned}$$

$${}_{m|}\ddot{s}_{\overline{n}|} = \ddot{s}_{\overline{n}|} = \frac{(1+i)^n - 1}{d} \tag{2-39}$$

(3)期初付递增型 n 年期年金的现值(图 2-4)与终值。

设第一年年初给付 1 元，以后每年年初增加 1 元，支付 n 年，用 $(I\ddot{a})_{\overline{n}|}$ 表示年金现值，$(I\ddot{s})_{\overline{n}|}$ 表示该年金终值：

$$(I\ddot{a})_{\overline{n}|} = 1 + 2v + 3v^2 + \cdots + nv^{n-1}$$

两边同乘 v：

$$v(I\ddot{a})_{\overline{n}|} = v + 2v^2 + 3v^3 + \cdots + nv^n$$

所以：

$$\begin{aligned} (1-v)(I\ddot{a})_{\overline{n}|} &= 1 + v + v^2 + \cdots + v^{n-1} - nv^n \\ &= \ddot{a}_{\overline{n}|} - nv^n \end{aligned}$$

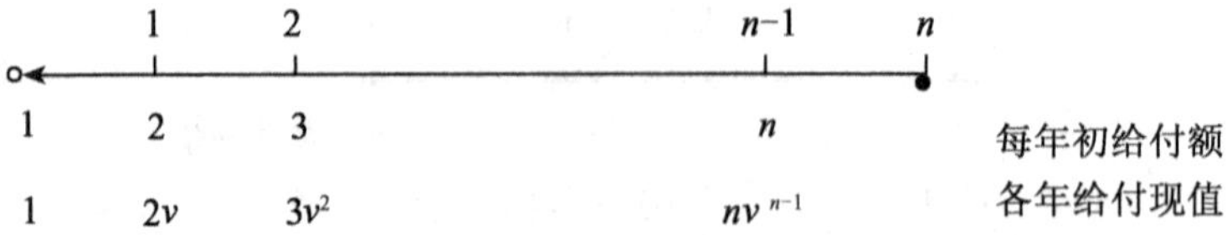

图 2-4 期初付递增型 n 年期年金的现值

$$(I\ddot{a})_{\overline{n|}}=\frac{\ddot{a}_{\overline{n|}}-nv^{n}}{d} \tag{2-40}$$

$$(I\ddot{s})_{\overline{n|}}=(I\ddot{a})_{\overline{n|}}(1+i)^{n}=\frac{\ddot{s}_{\overline{n|}}-n}{d} \tag{2-41}$$

(4)期初付递减型 n 年期年金的现值(图 2-5)与终值。

设第一年年初给付 n 元,以后每年减少 1 元,给付 n 年,用$(D\ddot{a})_{\overline{n|}}$表示该年金现值,$(D\ddot{S})_{\overline{n|}}$表示该年金终值。

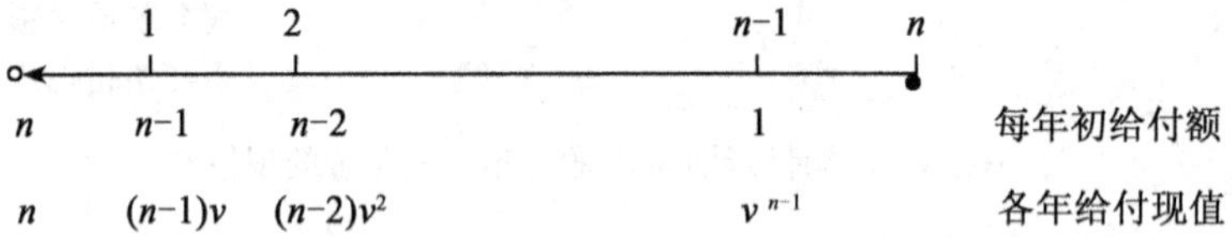

图 2-5 期初付递减型 n 年期年金的现值

$$(D\ddot{a})_{\overline{n|}}=n+(n-1)v+(n-2)v+\cdots+v^{n-1}$$

$$v(D\ddot{a})_{\overline{n|}}=nv+(n-1)v^{2}+(n-2)v^{3}+\cdots+v^{n}$$

$$(1-v)(D\ddot{a})_{\overline{n|}}=n-(v+v^{2}+\cdots+v^{n})$$

$$=n-a_{\overline{n|}}$$

$$(D\ddot{a})_{\overline{n|}}=\frac{n-a_{\overline{n|}}}{d} \tag{2-42}$$

$$(D\ddot{s})_{\overline{n|}}=(D\ddot{a})_{\overline{n|}}(1+i)^{n}=\frac{n(1+i)^{n}-s_{\overline{n|}}}{d} \tag{2-43}$$

2. 期末付年金的现值与终值

与期初付年金不同的是期末付年金给付的时间在期末。因对于期初付年金的现值与终值我们给了较详细的阐述,期末付年金的现值与终值的推导过程不再赘述,只给出相应公式。

(1)期末付 n 年定期年金的现值与终值。

现值：
$$a_{\overline{n}|}=\frac{1-v^n}{i} \tag{2-44}$$

终值：
$$s_{\overline{n}|}=\frac{(1+i)^n-1}{i} \tag{2-45}$$

期末付年金的终值与现值的关系：

$$s_{\overline{n}|}=(1+i)^n\cdot a_{\overline{n}|} \tag{2-46}$$

期初付年金现值与期末付年金现值的关系：

$$\ddot{a}_{\overline{n}|}=(1+i)\cdot a_{\overline{n}|} \tag{2-47}$$

期初付年金终值与期末付年金终值的关系：

$$\ddot{s}_{\overline{n}|}=(1+i)\cdot s_{\overline{n}|} \tag{2-48}$$

(2)期末付延期 m 年的 n 年定期年金的现值与终值。

现值：
$$_{m|}a_{\overline{n}|}=v^m a_{\overline{n}|}=a_{\overline{m+n}|}-a_{\overline{m}|} \tag{2-49}$$

终值：
$$_{m|}s_{\overline{n}|}=s_{\overline{n}|}=\frac{(1+i)^n-1}{i} \tag{2-50}$$

(3)期末付递增型 n 年期年金的现值与终值。

现值：
$$(Ia)_{\overline{n}|}=\frac{\ddot{a}_{\overline{n}|}-nv^n}{i} \tag{2-51}$$

终值：
$$(Is)_{\overline{n}|}=(Ia)_{\overline{n}|}(1+i)^n=\frac{\ddot{s}_{\overline{n}|}-n}{i} \tag{2-52}$$

(4) 期末付递减型 n 年期年金的现值与终值。

现值：
$$(Da)_{\overline{n}|}=\frac{n-a_{\overline{n}|}}{i} \tag{2-53}$$

终值：
$$(Ds)_{\overline{n}|}=(Da)_{\overline{n}|}(1+i)^n=\frac{n(1+i)^n-s_{\overline{n}|}}{i} \tag{2-54}$$

二、一般年金的现值与终值

在讨论基本年金时,利息结转周期与年金支付周期往往是一致的,也就是说,在每个支付周期内结转一次利息。如:年金每年末支付一次,利息每年结转一次;或年金每半年支付一次,利息也是每半年结转一次。利息结转周期与年金支付同步。实务中也有不同步的情况,即利息结转周期与年金支付周期不相等。如:年金每月支付一次,利息每年结转一次;或年金每年支付一次,利息每半年结转一次等。利息结转周期与年金支付不同步,这样的年金我们称为一般年金。

1. 一年支付 m 次的 n 年期年金

(1)期初付年金。

假设某投资者购买一年金，该年金一年支付 m 次，每次期初支付$\frac{1}{m}$，期限为 n 年，年利率为 i，则该年金的现值为：

$$\begin{aligned}\ddot{a}_{\overline{n}|}^{(m)} &= \frac{1}{m} + \frac{1}{m}v^{\frac{1}{m}} + \frac{1}{m}v^{\frac{2}{m}} + \cdots + \frac{1}{m}v^{\frac{mn}{m}-\frac{1}{m}} \\ &= \frac{1}{m}(1 + v^{\frac{1}{m}} + v^{\frac{2}{m}} + \cdots + v^{\frac{mn}{m}-\frac{1}{m}}) \\ &= \frac{1}{m}\frac{1-v^n}{1-v^{\frac{1}{m}}} = \frac{1-v^n}{m(1-v^{\frac{1}{m}})} \\ &= \frac{1-v^n}{d^{(m)}}\end{aligned} \tag{2-55}$$

该年金的终值为：

$$\ddot{s}_{\overline{n}|}^{(m)} = (1+i)^n \ddot{a}_{\overline{n}|}^{(m)} = \frac{(1+i)^n - 1}{d^{(m)}} \tag{2-56}$$

一般年金与基本年金的关系为：

$$\ddot{a}_{\overline{n}|}^{(m)} = \frac{1-v^n}{d^{(m)}} = \frac{d}{d^{(m)}}\frac{1-v^n}{d} = \frac{d}{d^{(m)}}\ddot{a}_{\overline{n}|} \tag{2-57}$$

$$\ddot{s}_{\overline{n}|}^{(m)} = \frac{(1+i)^n - 1}{d^{(m)}} = \frac{d}{d^{(m)}}\frac{(1+i)^n - 1}{d} = \frac{d}{d^{(m)}}\ddot{s}_{\overline{n}|} \tag{2-58}$$

(2)期末付年金。

假设某投资者购买一年金，该年金一年支付 m 次，每次期末支付$\frac{1}{m}$，期限为 n 年，年利率为 i，则该年金的现值为：

$$\begin{aligned}a_{\overline{n}|}^{(m)} &= \frac{1}{m}v^{\frac{1}{m}} + \frac{1}{m}v^{\frac{2}{m}} + \cdots + \frac{1}{m}v^{\frac{mn}{m}} \\ &= \frac{1}{m}(v^{\frac{1}{m}} + v^{\frac{2}{m}} + \cdots + v^{\frac{mn}{m}}) \\ &= \frac{1}{m}\frac{v^{\frac{1}{m}}(1-v^n)}{1-v^{\frac{1}{m}}} = \frac{1-v^n}{m(v^{-\frac{1}{m}}-1)} \\ &= \frac{1-v^n}{i^{(m)}}\end{aligned} \tag{2-59}$$

该年金的终值为：

$$s_{\overline{n}|}^{(m)} = (1+i)^n a_{\overline{n}|}^{(m)} = \frac{(1+i)^n - 1}{i^{(m)}} \tag{2-60}$$

一般年金与基本年金的关系为：

$$a_{\overline{n}|}^{(m)}=\frac{1-v^n}{i^{(m)}}=\frac{i}{i^{(m)}}\frac{1-v^n}{i}=\frac{i}{i^{(m)}}a_{\overline{n}|}\tag{2-61}$$

$$s_{\overline{n}|}^{(m)}=\frac{(1+i)^n-1}{i^{(m)}}=\frac{i}{i^{(m)}}\frac{(1+i)^n-1}{i}=\frac{i}{i^{(m)}}s_{\overline{n}|}\tag{2-62}$$

例【2-6】　张某向银行贷款200 000元买房，贷款利率为4%，期限为10年。试计算：

(1)如果每月初等额还款，求每月的还款额；

(2)如果每月末等额还款，求每月的还款额。

解：设每月还款额为P。

年名义利率为：$i^{(12)}=\frac{1}{12}[(1+i)^{\frac{1}{12}}-1]=0.039\ 28$

年名义贴现率由公式　$\frac{i^{(12)}}{12}-\frac{d^{(12)}}{12}=\frac{i^{(12)}}{12}\cdot\frac{d^{(12)}}{12}$

得：$d^{(12)}=0.039\ 16$

(1)由题意得：

$$200\ 000=P\,\ddot{a}_{\overline{10}|}^{(12)}=P\frac{1-v^{10}}{d^{(12)}}$$

$$P=24\ 140.37(元)$$

(2)

$$200\ 000=P\,a_{\overline{10}|}^{(12)}=P\frac{1-v^{(10)}}{i^{(12)}}$$

$$P=24\ 214.34(元)$$

例【2-7】　小王为孩子建立教育基金，计划每季末向银行存款1 000元，15年后一次性支取，年利率为5%。试求该年金的积累值。

解：由题意得：

年名义利率：$i^{(4)}=\frac{1}{12}[(1+i)^{\frac{1}{4}}-1]=0.049\ 09$

基金的积累值为：

$$1\ 000\times4\,s_{\overline{15}|}^{(4)}=4\ 000\frac{i}{i^{(4)}}s_{\overline{15}|}=4\ 000\times\frac{0.05}{0.049\ 09}\times21.578\ 56$$

$$=87\ 914.28(元)$$

2. 一年结转k次利息的年金

(1)期初付年金。

假设一年结转k次利息，每个利息结转周期的实际利率为i，对于每年年初支付为1的n年期年金，其现值为：

$$\ddot{a}_{\overline{n}|}(k)=1+v^k+v^{2k}+\cdots+v^{(n-1)k}$$

$$= \frac{1 - v^{nk}}{1 - v^{k}}$$

$$= \frac{a_{\overline{nk}|}}{a_{\overline{k}|}} \tag{2-63}$$

nk 为利息结转的总次数,如果假设 $m = nk$,上式可简化为:

$$\ddot{a}_{\overline{n}|}(k) = \frac{a_{\overline{m}|}}{a_{\overline{k}|}} \tag{2-64}$$

期初付年金的终值为:

$$\ddot{s}_{\overline{n}|}(k) = (1 + i)^{nk}\, \ddot{a}_{\overline{n}|}(k)$$

$$= \frac{s_{\overline{nk}|}}{a_{\overline{k}|}} \tag{2-65}$$

$$= \frac{s_{\overline{m}|}}{a_{\overline{k}|}} \tag{2-66}$$

(2)期末付年金。

假设一年结转 k 次利息,每个利息结转周期的实际利率为 i,对于每年年末支付为 1 的 n 年期年金,其现值为:

$$a_{\overline{n}|}(k) = v^{k} + v^{2k} + \cdots + v^{nk}$$

$$= \frac{v^{k}(1 - v^{nk})}{1 - v^{k}}$$

$$= \frac{a_{\overline{nk}|}}{s_{\overline{k}|}} \tag{2-67}$$

nk 为利息结转的总次数,如果假设 $m = nk$,上式可简化为:

$$a_{\overline{k}|}(k) = \frac{a_{\overline{m}|}}{s_{\overline{k}|}} \tag{2-68}$$

期末付年金的终值为:

$$s_{\overline{n}|}(k) = (1 + i)^{nk}\, a_{\overline{n}|}(k)$$

$$= \frac{s_{\overline{nk}|}}{s_{\overline{k}|}} \tag{2-69}$$

$$= \frac{s_{\overline{m}|}}{s_{\overline{k}|}} \tag{2-70}$$

(3)期初付年金。

假设一年结转 k 次利息,每个利息结转周期的实际利率为 i,对于每年年初支付为 1 的 n 年期年金,其现值为:

$$\ddot{a}_{\overline{n}|}(k) = 1 + v^{k} + v^{2k} + \cdots + v^{(n-1)k}$$

$$= \frac{1 - v^{nk}}{1 - v^{k}}$$

$$= \frac{a_{\overline{nk}|}}{a_{\overline{k}|}} \tag{2-71}$$

nk 为利息结转的总次数,如果假设 $m = nk$,上式可简化为:

$$\ddot{a}_{\overline{n}|}(k) = \frac{a_{\overline{m}|}}{a_{\overline{k}|}} \tag{2-72}$$

期初付年金的终值为:

$$\ddot{s}_{\overline{n}|}(k) = (1+i)^{nk}\ddot{a}_{\overline{n}|}(k)$$

$$= \frac{s_{\overline{nk}|}}{a_{\overline{k}|}} \tag{2-73}$$

$$= \frac{s_{\overline{m}|}}{a_{\overline{k}|}} \tag{2-74}$$

例【2-8】 某人向银行贷款 20 000 元,期限为 10 年,约定每年年初向银行还款,假设年利率为 5%,每年结转 4 次利息,试求每年的还款额。

解:已知 $n = 10, k = 4, i^{(4)} = 5\%$。

设每年的还款额为 P,每次结转的利率为 i,则:

$$i = \frac{i^{(4)}}{4} = 1.25\%$$

由题意得:

$$P\,\ddot{a}_{\overline{10}|}(4) = 20\ 000$$

$$P\frac{a_{\overline{40}|}}{a_{\overline{4}|}} = 20\ 000$$

$$P = 3\ 510.04(\text{元})$$

三、连续年金的现值与终值

当支付区间趋于无穷小时,有:

$$\bar{a}_{\overline{n}|} = \int_0^n v^t \mathrm{d}t$$

$$= \frac{1 - v^n}{\delta} \tag{2-75}$$

$$\bar{s}_{\overline{n}|} = \int_0^n (1+i)^t \mathrm{d}t$$

$$= \frac{(1+i)^n - 1}{\delta} \tag{2-76}$$

$\bar{a}_{\overline{n}|}$，$\bar{s}_{\overline{n}|}$分别表示连续年金的现值与终值。

四、永久年金的现值

收付时间趋于无穷大时的年金称为永久年金。

1. 基本年金的永久年金

(1)期初付永久年金。

因为：
$$\ddot{a}_{\overline{n}|}=\frac{1-v^n}{d}$$

所以：
$$\ddot{a}_{\overline{\infty}|}=\lim_{n\to\infty}\ddot{a}_{\overline{n}|}=\frac{1}{d} \tag{2-77}$$

上式可以理解为：如果期初投资$\frac{1}{d}$元，则每年期初可以获得1元的利息。

(2)期末付永久年金。

因为：
$$a_{\overline{n}|}=\frac{1-v^n}{i}$$

所以：
$$a_{\overline{\infty}|}=\lim_{n\to\infty}a_{\overline{n}|}=\frac{1}{i} \tag{2-78}$$

上式可以理解为：如果期初投资$\frac{1}{i}$元，则每年期末可以获得1元的利息。

例【2-9】 某人购买房屋向银行贷款40 000元，约定在今后10年等额还清，贷款年利率为15%，求每年年初的还款额。

解：设每年年初的还款额为b，则：

$$b\cdot\ddot{a}_{\overline{10}|}=40\ 000$$
$$b\cdot\left(\frac{1-v^{10}}{d}\right)=40\ 000$$
$$b=6\ 930.45(\text{元})$$

例【2-10】 某年金在第一年年初收付300元，以后每一年收付比前一年增加100元，直至1 200元止。若$i=0.06$，求此年金的现值。

解：此年金为：

$$200\ddot{a}_{\overline{10}|}+100(I\ddot{a})_{\overline{10}|}=200\frac{1-v^{10}}{d}+100\frac{\ddot{a}_{\overline{10}|}-10v^{10}}{d}$$
$$=200\frac{1-v^{10}}{d}+100\frac{\frac{1-v^{10}}{d}-10v^{10}}{d}$$

$= 5\ 479.63$(元)

2. 一般年金的永久年金

(1)一年支付 m 次的永久年金。

期初付永久年金：

因为：
$$\ddot{a}_{\overline{n}|}^{(m)} = \frac{1 - v^n}{d^{(m)}}$$

所以：
$$\ddot{a}_{\overline{\infty}|}^{(m)} = \lim_{n\to\infty} \ddot{a}_{\overline{n}|}^{(m)} = \frac{1}{d^{(m)}} \tag{2-79}$$

期末付永久年金：

因为：
$$a_{\overline{n}|}^{(m)} = \frac{1 - v^n}{i^{(m)}}$$

所以：
$$a_{\overline{\infty}|}^{(m)} = \lim_{n\to\infty} a_{\overline{n}|}^{(m)} = \frac{1}{i^{(m)}} \tag{2-80}$$

(2)一年结转 k 次利息的永久年金。

期初付永久年金：

因为：
$$\ddot{a}_{\overline{n}|}(k) = \frac{a_{\overline{nk}|}}{a_{\overline{k}|}}$$

所以：
$$\ddot{a}_{\overline{\infty}|}(k) = \lim_{n\to\infty} \frac{a_{\overline{nk}|}}{a_{\overline{k}|}} = \lim_{n\to\infty} \frac{1 - v^{nk}}{i\, a_{\overline{k}|}} = \frac{1}{i\, a_{\overline{k}|}} \tag{2-81}$$

期末付永久年金：

因为：
$$a_{\overline{n}|}(k) = \frac{a_{\overline{nk}|}}{s_{\overline{k}|}}$$

所以：
$$a_{\overline{\infty}|}(k) = \lim_{n\to\infty} \frac{a_{\overline{nk}|}}{s_{\overline{k}|}} = \lim_{n\to\infty} \frac{1 - v^{nk}}{i\, s_{\overline{k}|}} = \frac{1}{i\, s_{\overline{k}|}} \tag{2-82}$$

3. 连续支付的永久年金

因为：
$$\bar{a}_{\overline{n}|} = \frac{1 - v^n}{\delta}$$

所以：
$$\bar{a}_{\overline{\infty}|} = \lim_{n\to\infty} \bar{a}_{\overline{n}|} = \frac{1}{\delta} \tag{2-83}$$

例【2-11】 每月实际利率为 1%,甲在每季初在银行存款 1 000 元,共存 3 年,以后存款为永续年金,每季初存入 2 000 元,求其年金现值。

解:当 $k=3$ 时, $m=36$,年金的现值为:

$$1\ 000\frac{a_{\overline{36}|1\%}}{a_{\overline{3}|1\%}}+2\ 000\frac{1}{i\ a_{\overline{3}|1\%}}v^{36}$$

$$=1\ 000\frac{30.107\ 505}{2.940\ 985}+2\ 000\frac{1}{1\%\times 2.940\ 985}0.698\ 925$$

$$=57\ 767.21(\text{元})$$

习　题

1. 王礼于 2000 年 1 月 1 日向银行贷款 20 000 元,贷款利率为 $i=5\%$。如果 2010 年 1 月 1 日一次性还清银行本利,试求:
   (1)复利条件下的还款额;
   (2)单利条件下的还款额。
2. 小张购买了一个以贴现方式销售的国债,国债的面值为 100 元,期限为 15 年,年利率为 6%,试求购买时的价格。
3. 如果 3 000 元在 5 年半内积累到 5 000 元:
   (1) 若以单利方式积累,则其年利率为多少?
   (2) 若以每年复利一次的方式积累,则其年利率为多少?
   (3) 若以每月复利一次的方式积累,则其年利率为多少?
   (4) 若以连续复利的方式积累,则其年利率为多少?
   (5) 无论以什么复利方式积累,则其实际年利率为多少?
4. 200 元按年名义利率 5.8% 积累到 300 元,问:
   (1) 以单利计息经过多少年?
   (2) 以每年复利一次计息要经过多少年?
   (3) 以每季复利一次计息要经过多少年?
   (4) 以连续复利计息要经过多少年?
5. 已知投资 500 元,3 年后得到 120 元的利息,试分别确定以相同的单利年利率,每年复利一次的年利率投资 800 元在 5 年后的积累值。
6. 已知某笔投资每年复利一次在 3 年后的积累值为 1 000 元,第 1 年的利率为 $i_1=10\%$,第 2 年的利率为 $i_2=8\%$,第 3 年的利率为 $i_3=6\%$,求该笔投资的初始金额。
7. 假设 1 000 元在半年后成为 1 050 元,求:

（1）i　（2）$i^{(2)}$　（3）$d^{(4)}$　（4）$d^{(12)}$

8. 设年利率为 2%，试求下列各值：

（1）$\ddot{a}_{\overline{40|}}$，$\bar{a}_{\overline{40|}}$，$a_{\overline{40|}}$；

（2）$(I\ddot{a})_{\overline{30|}}$，$(I\bar{a})_{\overline{30|}}$，$(Ia)_{\overline{30|}}$，$(Da)_{\overline{30|}}$；

（3）${}_{10|}\ddot{a}_{\overline{25|}}$，${}_{10|}a_{\overline{25|}}$；

（4）$\ddot{s}_{\overline{10|}}$，$\bar{s}_{\overline{10|}}$，$s_{\overline{10|}}$；

（5）${}_{5|}\ddot{s}_{\overline{10|}}$，${}_{5|}\bar{s}_{\overline{10|}}$，${}_{5|}s_{\overline{10|}}$。

9. 一个期初付 30 年期年金，如果前 10 年每年年初支付的金额为 5 元，中间 10 年每年年初支付的金额为 8 元，后 10 年每年年初支付的金额为 12 元，试写出该年金的现值表达式。

10. 写出习题 9 中的年金终值表达式。

11. 已知：$\bar{a}_{\overline{n|}}=8$，$\bar{s}_{\overline{n|}}=24$，求：$\delta$。

12. 已知：$i^{(m)}=0.1381$，$d^{(m)}=0.1322$，求：m。

13. 证明：（1）$\int_0^n \delta_t \mathrm{d}t = -\ln v^n$

（2）$\int_0^t a(s)\delta_s \mathrm{d}s = a(t)-a(0)$

（3）$\int_0^n A(t)\delta_t \mathrm{d}t = A(n)-A(0)$

14. 证明：（1）$\ddot{a}_{\overline{n|}} = a_{\overline{n|}} + 1 - v^n$　　（2）$\ddot{s}_{\overline{n|}} = s_{\overline{n|}} - 1 + (1+i)^n$

15. 证明：（1）$a_{\overline{m+n|}} = a_{\overline{m|}} + (1+i)^m a_{\overline{n|}} = (1+i)^n a_{\overline{m|}} + a_{\overline{n|}}$

（2）$s_{\overline{m+n|}} = s_{\overline{m|}} + (1+i)^m s_{\overline{n|}} = (1+i)^n s_{\overline{m|}} + s_{\overline{n|}}$

16. 证明：（1）$a_{\overline{m-n|}} = a_{\overline{m|}} - v^m s_{\overline{n|}} = (1+i)^n a_{\overline{m|}} - s_{\overline{n|}}$，$0<n<m$

（2）$s_{\overline{m-n|}} = s_{\overline{m|}} - (1+i)^m a_{\overline{n|}} = v^n s_{\overline{m|}} - a_{\overline{n|}}$，$0<n<m$

17. 证明：（1）$\dfrac{\ddot{s}_{\overline{2n|}}}{\ddot{s}_{\overline{n|}}} + \dfrac{\ddot{s}_{\overline{n|}}}{\ddot{s}_{\overline{2n|}}} - \dfrac{\ddot{s}_{\overline{3n|}}}{\ddot{s}_{\overline{2n|}}} = 1$　　（2）$\dfrac{\ddot{a}_{\overline{2n|}}}{\ddot{a}_{\overline{n|}}} + \dfrac{\ddot{a}_{\overline{n|}}}{\ddot{a}_{\overline{2n|}}} - \dfrac{\ddot{a}_{\overline{3n|}}}{\ddot{a}_{\overline{2n|}}} = 1$

18. 已知下列年金值：$a_{\overline{7|}}=5.153$，$a_{\overline{11|}}=7.036$，$a_{\overline{18|}}=9.180$，试确定 i。

19. 化简：$\dfrac{a_{\overline{n-m|}}}{a_{\overline{n|}}} + \dfrac{s_{\overline{m|}}}{s_{\overline{n|}}}$，$0<n<m$

20. 证明：如果 $i>0$，则：（1）$s_{\overline{n|}} \cdot \ddot{a}_{\overline{n|}} > n^2$；（2）$\ddot{s}_{\overline{n|}} \cdot a_{\overline{n|}} > n^2$。

21. 李某购买一种 20 年期的年金，银行每月月末支付李某 500 元，设年利率为 2%，试求李某购买该年金的金额。

22. 石某在 20 年内每年年末存入银行 1 000 元，20 年后的每年年末支取一定数额的现金，支取的时间为10年，假设前10年的年利率是10%，后20年的年利率为5%，求每年支取的金额。

23. 某人向银行贷款，其还款计划为第一年末还600元，以后每年年末比前一年多100元，20年还清，设年利率为5%，试求此人的贷款金额。

24. 某期初付年金每隔2年付款2 000元，共付8次，年名义利率为7%。利息每半年转换一次，求该年金的现值。

25. 一笔在20年内每年年末支付400元的年金，与另一笔在10年内每年年末支付500元的年金的现值相等，试求年实际利率。

26. 证明：

(1) $\bar{a}_{\overline{n}|}=\dfrac{1-e^{-n\delta}}{\delta}$

(2) $\bar{s}_{\overline{n}|}=\dfrac{e^{n\delta}-1}{\delta}$

27. 某人向银行贷款，原打算在每月月末向银行支付1 000元，用5年的时间还清。现在他想一次性支付60 000元还清贷款，求还款的时间。设年名义利率为12%。

28. 在今后20年内，每年年初向一基金存入1 000元，30年以后开始每年年末从该基金中取出等额款项，且永久持续下去，并假定该基金以不变的年实际利率$i(i>0)$复利积累，试确定每次取款金额的表达式。

29. 某人给其三个孩子留下一笔遗产，这笔遗产以永久年金的形式支付给他的三个孩子。前两个孩子在第$1\sim n$年内每年年末平分所领取的年金，n年后所有年金只支付给第三个孩子，若三个孩子所领取的年金现值相等，试确定n的值。

30. 某人给其三个孩子留下一笔遗产，这笔遗产以永久年金的形式支付给他的三个孩子。前m年内每年年末由第一个孩子领取，接下来的n年里由第二个孩子领取，到$m+n$年后，由第三个孩子领取。若三个孩子所领取的年金现值相等，试确定m和n的值。

31. 已知$a_{\overline{20}|}=11.196$，$(Ia)_{\overline{20}|}=95.360$，计算$i$。

32. 仿照公式$\dfrac{1}{a_{\overline{n}|}}=\dfrac{1}{s_{\overline{n}|}}+i$和公式$\dfrac{1}{\ddot{a}_{\overline{n}|}}=\dfrac{1}{\ddot{s}_{\overline{n}|}}+d$推导下列公式：

(1) $\dfrac{1}{a_{\overline{n}|}^{(m)}}=\dfrac{1}{s_{\overline{n}|}^{(m)}}+i^{(m)}$

(2) $\dfrac{1}{\ddot{a}_{\overline{n}|}^{(m)}}=\dfrac{1}{\ddot{s}_{\overline{n}|}^{(m)}}+d^{(m)}$

33. 仿照公式$\ddot{a}_{\overline{n}|}=a_{\overline{n}|}(1+i)$与$\ddot{s}_{\overline{n}|}=s_{\overline{n}|}(1+i)$推导下列公式：

(1) $\ddot{a}_{\overline{n}|}^{(m)} = a_{\overline{n}|}^{(m)}(1+i)^{\frac{1}{m}}$　　(2) $\ddot{s}_{\overline{n}|}^{(m)} = s_{\overline{n}|}^{(m)}(1+i)^{\frac{1}{m}}$

34. 一项年金按下列形式付款,第 5 年年末付 10,第 6 年年末付 9,如此每年减少 1 直至无钱可付,求其现值的表达式。

35. 设某项年金每 4 个月月初付 5,共支付 12 年,年名义利率 $i=4\%$,求此项年金的现值与终值。

36. 有一项年金在 10 年内每 3 个月月初付 3,假设每 4 个月计息一次,其年名义利率为 6%,计算该项年金的现值与终值。

37. 设有一项 8 年定期年金,每年的总支付量为 1 万元,年金期间的利息是连续转换的,其利息力 $\delta=5\%$。

(1) 如果每年年初支付一次,求此年金的现值和终值;

(2) 如果每个季度末支付一次,求此年金的现值和终值;

(3) 如果连续均匀支付,求此年金的现值和终值。

第三章　寿险的趸缴纯保费

寿险保费是寿险产品的价格,是投保人转移风险所付出的代价,也是保险人进行经营活动的物质基础。一方面投保人通过投保、缴纳一定的保费,可以获得死亡、生存或养老等方面的保险保障;另一方面保险人通过获得保费,建立保险基金,一部分作为保险金的给付,另一部分作为保险人在经营管理上的必要开支,使得保险公司能够正常运营。通常,寿险保费由两部分组成,用于保险给付的称为纯保费(net premium),用于保险公司经营费用的称为附加保费(loading),纯保费与附加保费之和称为总保费(gross premium)或营业保费。

保费缴纳的方式通常有三种:趸缴保费法、均衡保费法、自然保费法。投保时一次性缴清的,不考虑费用的保费称为趸缴纯保费。均衡保费、自然保费的概念与计算将在后续章节介绍,本章只讨论寿险趸缴纯保费的计算问题。

计算保费时应考虑三个因素:一是死亡率,这是因为人寿保险是以人的寿命为标的,以被保险人的生存或死亡为给付条件的保险;二是利率,由于人寿保险多为长期合同,资金具有时间价值,保险基金的收益、价值的变化是投保人、保险人都必需考虑的因素;三是费用率,经营寿险业务的保险公司所必需的各项费用开支、利润、税收等,应该分摊到保费中去,所以计算保险费时要考虑费用因素。预定的死亡率、预定的利率、预定的费用率是寿险保费计算的三要素。纯保费的计算只考虑死亡率和利率因素,而不考虑费用因素。

人寿保险费的计算遵循收支平衡原理,亦称等价原理,即所缴纳的纯保费现值要等于未来给付保险金的现值,但保险金的给付是以被保险人生存或死亡为给付条件的,而生存与死亡又是事先不能确定的,保险金的给付是随机的。因此,我们应该用未来给付保险金的数学期望现值来代表未来可能的实际保险金给付的现值,并把这种数学期望现值称为精算现值(actuarial present value)。对于只考虑保险金给付的寿险趸缴纯保费,其平衡原理如下:

寿险趸缴纯保费 = 未来保险金给付的精算现值

在人寿保险中,保险金的给付通常采用两种方式:一种是死亡时即时给付,所谓死亡即付方式,就是规定在保险期限内,被保险人一旦发生保险责任范围内的死亡,由保险人立即给付保险金额;另一种是死亡年末给付的方式,所谓死亡年度末给付方式，就是规定在保险期限内，被保险人发生保险责任范围内的死亡，由保险人在其死亡的保单年度末给付保险金额。被保险人的死亡时间是一个连续型的随机变量，因此我们可以把死亡即付方式的寿险称为连续型寿险，相对应，我们可以把死亡年度末给付方式的寿险称为离散型寿险。本章将对连续型寿险与离散型寿险分别进行讨论，并建立它们之间的联系。

第一节　连续型寿险的趸缴纯保费

在寿险实务中，绝大多数人寿保险都采用死亡即付方式承保，即大多数是连续型寿险。

设 x 为被保险人在投保及签单时的年龄，保险金给付函数为 b_t，利息贴现函数为 v_t，其中 t 是保单签单生效到保险给付时的时间长度，则未来给付的保险金在签单时的现值 Z_t 为：

$$Z_t = b_t v_t$$

它是未来给付时间 t 的函数，称其为现值函数。

但在寿险中，未来给付时间是一个随机变量，它直接与被保险人的余命 T 有关。因此，未来给付保险金在签单时的现值：

$$Z_T = b_T v_T \tag{3-1}$$

也是一个随机变量，并称为未来给付现值随机变量。可将 Z_T 简记为 Z。其数学期望值：

$$E(Z) = E(b_T v_T) \tag{3-2}$$

就是未来保险金给付的精算现值。根据平衡原理，寿险的趸缴纯保费应该等于这个精算现值。

下面具体讨论一些常用的连续型寿险趸缴纯保费计算模型。

一、即期寿险的趸缴纯保费

我们把保险责任期从保单签单时就开始的寿险品种称为即期寿险。

下面介绍几种最常见的即期寿险趸缴纯保费的计算公式。

1. 终身寿险

终身寿险(whole life insurance)意味着被保险人在保单生效后任何时刻，发生保险责任范围内的死亡，保险人均有给付保险金的责任。

根据利息理论和保险实务，合理的利息贴现方式应该采用标准的复贴现方式，即贴现函数采用：

$$v_t = v^t, \quad t \geqslant 0$$

其中，$v=\frac{1}{1+i}(i>0)$是贴现因子，i 是预定年利率。

为了方便计算，可以假定保险金额 b_t 为一个单位金额，即取：

$$b_t=1$$

这样，当被保险人的未来余命为 T 时，死亡即付的终身寿险的未来保险金给付现值随机变量 Z 为：

$$Z=b_T v_T=v^T,\quad T>0$$

其精算现值为：

$$E(Z)=\int_0^\infty v^t\cdot f_x(t)\,\mathrm{d}t=\int_0^{w-x} v^t\cdot f_x(t)\,\mathrm{d}t$$

其中，x 为被保险人在签单时的年龄，w 为极限年龄。

如果用精算符号 $\bar{A}_x$ 表示这种终身寿险的趸缴纯保费，则根据平衡原理有公式：

$$\bar{A}_x=E(Z)=\int_0^\infty v^t\cdot f_x(t)\,\mathrm{d}t=\int_0^\infty e^{-\delta t}{}_tp_x\,\mu_{x+t}\,\mathrm{d}t \tag{3-3}$$

其中，$\delta=-\ln v=\ln(1+i)$为利力。

上式表示：当 x 岁的被保险人投保了一份连续型即期终身寿险后，在签单时缴纳纯保费 $\bar{A}_x$，如果(x)在某时刻发生了保险责任范围内的死亡，则可立即获得保险人一个单位金额的给付。由于是终身寿险，受益人最终可以得到这个单位金额的给付。

如果用${}^2\bar{A}_x$ 表示 $E(Z^2)$，则 Z 的方差为：

$$\mathrm{Var}(Z)=E(Z^2)-[E(Z)]^2={}^2\bar{A}_x-(\bar{A}_x)^2 \tag{3-4}$$

其中：

$${}^2\bar{A}_x=E(Z^2)=\int_0^\infty v^{2t}\cdot f_x(t)\,\mathrm{d}t=\int_0^\infty \mathrm{e}^{-2\delta t}{}_tp_x\,\mu_{x+t}\,\mathrm{d}t$$

上式表明：${}^2\bar{A}_x$ 是用 2 倍利力计算的趸缴纯保费。

计算 $E(Z)$的意义在于得到趸缴纯保费，计算 $\mathrm{Var}(Z)$的意义在于衡量这个趸缴纯保费与其实际保险金给付现值之间的差异。如果 $\mathrm{Var}(Z)$的值较大，则用 $E(Z)$作为这种寿险的趸缴纯保费，其财务风险也较大，给付能力的稳定性亦较差。因此，计算 $\mathrm{Var}(Z)$对于考察人寿保险企业财务的稳定性具有重要作用。

例【3-1】 已知被保险人的 $F(x)=\frac{x}{100}$，$0\leqslant x\leqslant 100$，并假定 $\delta=0.05$，求：$\bar{A}_{40}$ 和 $\mathrm{Var}(Z)$。

解：因为：

$${}_tq_x=\frac{F(x+t)-F(x)}{1-F(x)}=\frac{t}{100-x}$$

所以：
$$f_x(t) = {}_tq'_x = \frac{1}{100-x}$$

当 $x=40$ 时：
$$f_x(t) = \frac{1}{60},\ 0 \leqslant t \leqslant 100-40=60$$

于是：
$$\begin{aligned}\bar{A}_{40} &= E(Z) = \int_0^{\infty} e^{-\delta t} f_x(t)\,dt \\ &= \int_0^{60} \frac{1}{60} e^{-0.05t}\,dt = -\frac{1}{60\times 0.05} e^{-0.05t}\Big|_0^{60} \\ &= \frac{1}{3}(1-e^{-3}) = 0.316\ 74\end{aligned}$$

$$\begin{aligned}{}^2\bar{A}_{40} = E(Z^2) &= \int_0^{\infty} e^{-2\delta t} f_x(t)\,dt \\ &= \int_0^{60} \frac{1}{60} e^{-0.1t}\,dt = -\frac{1}{60\times 0.1} e^{-0.1t}\Big|_0^{60} \\ &= \frac{1}{6}(1-e^{-6}) = 0.166\ 254\end{aligned}$$

从而：　$\mathrm{Var}(Z) = {}^2\bar{A}_{40} - (\bar{A}_{40})^2 = 0.166\ 254 - 0.100\ 324 = 0.065\ 93$

2. n 年定期寿险

n 年定期寿险（n-year term life insurance）又称为 n 年期死亡保险，指保险人只对被保人在签单之后的 n 年期限内发生的保险责任范围内的死亡负有保险金给付的责任。

同终身寿险比较，n 年定期寿险只有保险责任期限与之不同，因此，死亡即付的 n 年定期寿险的未来保险金给付现值随机变量 Z 为：

$$Z = b_T v_T = \begin{cases} v^T, & 0 < T \leqslant n \\ 0, & T > n \end{cases}$$

其精算现值为：

$$E(Z) = \int_0^n v^t \cdot f_x(t)\,dt$$

其中，x 为被保险人在签单时的年龄。

如果用精算符号 $\bar{A}^1_{x:\overline{n}|}$ 表示这种 n 年定期寿险的趸缴纯保费，则根据平衡原理有公式：

$$\bar{A}^1_{x:\overline{n}|} = E(Z) = \int_0^n v^t \cdot f_x(t)\,dt = \int_0^n e^{-\delta t}\,{}_tp_x \mu_{x+t}\,dt \qquad (3\text{-}5)$$

上式表明：当 x 岁的被保人投保了一份连续型即期的 n 年定期寿险后，在签单时缴纳纯保费 $\bar{A}^1_{x:\overline{n}|}$，如果 (x) 在其后的 n 年内某时刻发生了保险责任范围内的死亡，则可立即获得保险人一个单位金额的给付。

如果用${}^2\bar{A}^1_{x:\overline{n}|}$表示$E(Z^2)$，则$Z$的方差为：

$$\operatorname{Var}(Z) = {}^2\bar{A}^1_{x:\overline{n}|} - (\bar{A}^1_{x:\overline{n}|})^2 \tag{3-6}$$

其中：

$${}^2\bar{A}^1_{x:\overline{n}|} = E(Z^2) = \int_0^n v^{2t} f_x(t)\,\mathrm{d}t = \int_0^n \mathrm{e}^{-2\delta t}\,{}_tp_x\,\mu_{x+t}\,\mathrm{d}t$$

3. n 年定期生存保险

n 年定期生存保险（n-year term pure endowment）是指签单后，当被保险人生存至n年期满时，保险人即时向被保险人给付保险金的保险。这种生存保险的未来保险金给付现值随机变量Z为：

$$Z = b_T v_T = \begin{cases} 0, & 0 < T < n \\ v^n, & T \geqslant n \end{cases}$$

其精算现值为：

$$\begin{aligned} E(Z) &= \int_0^\infty Z \cdot f_x(t)\,\mathrm{d}t = \int_n^\infty v^n f_x(t)\,\mathrm{d}t \\ &= v^n \cdot \int_n^\infty f_x(t)\,\mathrm{d}t = v^n \cdot (1 - F_x(n)) \\ &= v^n \cdot S_x(n) = v^n \cdot {}_np_x \end{aligned}$$

如果用精算符号$A_{x:\overline{n}|}^{\ \ 1}$表示这种$n$年定期生存保险的趸缴纯保费，则根据平衡原理有公式：

$$A_{x:\overline{n}|}^{\ \ 1} = E(Z) = \int_n^\infty v^n \cdot f_x(t)\,\mathrm{d}t = v^n \cdot {}_np_x \tag{3-7}$$

同理可得：

$$E(Z^2) = v^{2n} \cdot {}_np_x$$

如果用${}^2A_{x:\overline{n}|}^{\ \ 1}$表示$E(Z^2)$，则$Z$的方差为：

$$\operatorname{Var}(Z) = {}^2A_{x:\overline{n}|}^{\ \ 1} - (A_{x:\overline{n}|}^{\ \ 1})^2 = v^{2n} \cdot {}_np_x \cdot {}_nq_x \tag{3-8}$$

4. n 年定期两全保险

n 年定期两全保险（n-year term endowment insurance）是n年定期寿险和n年定期生存保险的合二为一，即为生死合一的保险。如果在n年内被保险人发生保险责任范围内的死亡，则保险人即时给付死亡保险金；如果被保险人生存满n年，则保险人在第n年末给付生存保险金。

如果用精算符号$\bar{A}_{x:\overline{n}|}$表示生死给付都是一个单位金额的这种两全保险的趸缴纯保费，则显然有公式：

$$\bar{A}_{x:\overline{n}|} = \bar{A}^1_{x:\overline{n}|} + A_{x:\overline{n}|}^{\ \ 1} \tag{3-9}$$

此公式也可以从两全保险的未来保险金给付的现值随机变量：

$$Z = b_T v_T = \begin{cases} v^T, & T \leqslant n \\ v^n, & T > n \end{cases}$$

的精算现值：

$$\begin{aligned} E(Z) &= \int_0^n v^t \cdot f_x(t)\mathrm{d}t + \int_n^{+\infty} v^n \cdot f_x(t)\mathrm{d}t \\ &= \int_0^n \mathrm{e}^{-\delta t} \cdot {}_tp_x \cdot \mu_{x+t}\mathrm{d}t + v^n \cdot {}_np_x \\ &= \bar{A}^1_{x:\overline{n}|} + A_{x:\overset{1}{\overline{n}|}} \end{aligned}$$

直接得到。

如果用${}^2\bar{A}_{x:\overline{n}|}$表示$E(Z^2)$,则$Z$的方差为：

$$\mathrm{Var}(Z) = {}^2\bar{A}_{x:\overline{n}|} - (\bar{A}_{x:\overline{n}|})^2 \tag{3-10}$$

而：

$${}^2\bar{A}_{x:\overline{n}|} = {}^2\bar{A}^1_{x:\overline{n}|} + {}^2A_{x:\overset{1}{\overline{n}|}} \tag{3-11}$$

所以：

$$\begin{aligned} \mathrm{Var}(Z) &= {}^2\bar{A}^1_{x:\overline{n}|} - (\bar{A}^1_{x:\overline{n}|})^2 + {}^2A_{x:\overset{1}{\overline{n}|}} - (A_{x:\overset{1}{\overline{n}|}})^2 - 2\bar{A}^1_{x:\overline{n}|} \cdot A_{x:\overset{1}{\overline{n}|}} \\ &= \mathrm{Var}(Z_1) + \mathrm{Var}(Z_2) - 2E(Z_1) \cdot E(Z_2) \end{aligned} \tag{3-12}$$

其中,$Z = Z_1 + Z_2$,Z_1为死亡给付的现值,Z_2为生存给付的现值。

式(3-12)说明:两全保险的方差小于生死各自保险的方差之和,即两全保险产品的定价风险小于生死保险产品各自定价的风险之和。

式(3-9)表明:当x岁的被保人投保了一份连续型即期的n年定期两全保险后,在签单时缴纳纯保费$\bar{A}_{x:\overline{n}|}$,如果$(x)$在其后的$n$年内某时刻发生了保险责任范围内的死亡,则可立即获得保险人一个单位金额的给付;如果(x)活过其后的n年,则在第n年末同样可获得保险人一个单位金额的给付。这样,保险受益人或迟或早总是能够获得这个单位金额的给付。这相当于投保人在期初向保险公司存入保费$\bar{A}_{x:\overline{n}|}$,受益人到期末总是能够获得一个单位金额的回报。因此,又可将两全保险称为储蓄保险。

例【3-2】　已知利力$\delta = 0.03$,生存函数的死力$\mu = 0.04$为常数,有一现年40岁的被保险人,投保了20年定期的连续型两全保险,保险金额为2 000元,试求:

(1)趸缴纯保费;

(2)未来保险金给付的现值方差。

解:设未来保险金给付的现值为Z,则:

$$(1)E(Z) = 2\,000\bar{A}_{40:\overline{20}|} = 2\,000\left(\int_0^n \mathrm{e}^{-\delta t}{}_tp_x \cdot \mu_{x+t}\mathrm{d}t + v^n \cdot {}_np_x\right)$$

$$= 2\ 000\left(\int_0^{20} e^{-0.03t} \cdot 0.04e^{-0.04t}dt + e^{-0.03\times20} \cdot e^{-0.04\times20}\right)$$

$$= 2\ 000\left[\frac{0.04}{0.03+0.04}(1 - e^{-0.07\times20}) + e^{-0.07\times20}\right]$$

$$= \frac{2\ 000}{0.07}(0.04 + 0.03e^{-1.4}) = 1\ 354.226(\text{元})$$

(2) $\mathrm{Var}(Z) = 2\ 000^2[{}^2\bar{A}_{40:\overline{20|}} - (\bar{A}_{40:\overline{20|}})^2]$

$${}^2\bar{A}_{40:\overline{20|}} = \int_0^n e^{-2\delta t}{}_tp_x \cdot \mu_{x+t}dt + v^{2n} \cdot {}_np_x$$

$$= \int_0^{20} e^{-0.06t} \cdot 0.04e^{-0.04t}dt + e^{-0.06\times20} \cdot e^{-0.04\times20}$$

$$= \frac{0.04}{0.1}(1 - e^{-0.1\times20}) + e^{-0.1\times20}$$

$$= 0.4 + 0.6 \times e^{-2}$$

$$= 0.481\ 2$$

$$\mathrm{Var}(Z) = 4\ 000\ 000 \times (0.4812 - 0.4585)$$

$$= 90\ 800$$

二、延期寿险的趸缴纯保费

我们把保险责任期不是从保单签单时就开始，而是在签单生效之后推迟一段时期才开始的寿险品种称为延期寿险，并把这个推迟时间段称为延期期限。

下面介绍几种最常见的延期寿险趸缴纯保费的计算公式。

1. 延期 m 年的终身寿险

延期 m 年的终身寿险(m-year deferred whole life insurance)意味着在投保满 $m(m>0)$ 年之后的任何时刻，被保险人发生了保险责任范围内的死亡时，保险人才给付保险金。

这种寿险的未来给付保险金的现值随机变量为：

$$Z = b_Tv_T = \begin{cases} 0, & T \leqslant m \\ v^T, & T > m \end{cases}$$

其精算现值为：

$$E(Z) = \int_m^\infty v^tf_x(t)\,dt = \int_m^\infty e^{-\delta t} \cdot {}_tp_x \cdot \mu_{x+t}dt$$

其中，x 为被保险人在签单时的年龄。

如果用精算符号 ${}_{m|}\bar{A}_x$ 表示这种寿险的趸缴纯保费，则根据平衡原理有公式：

$${}_{m|}\bar{A}_x = \int_m^\infty v^t{}_tp_x \cdot \mu_{x+t}dt \tag{3-13}$$

如果在上式中，令 $t=m+r$，则：

$$
\begin{aligned}
{}_{m|}\bar{A}_x &= \int_0^{\infty} v^{m+r}\,{}_{m+r}p_x\,\mu_{x+m+r}\,\mathrm{d}r \\
&= v^m\,{}_mp_x\int_0^{\infty} v^r\,{}_rp_{x+m}\,\mu_{x+m+r}\,\mathrm{d}r \\
&= v^m\,{}_mp_x\cdot\bar{A}_{x+m} \qquad (3\text{-}14)
\end{aligned}
$$

由前一目的讨论可知 $v^m\,{}_mp_x=A_{x:\overset{\ 1}{\overline{m|}}}$，但在寿险精算学，通常又将 $v^m\,{}_mp_x$ 记为 ${}_mE_x$，即 ${}_mE_x=v^m\cdot{}_mp_x$，这样，式(3-14)可表示为：

$$
{}_{m|}\bar{A}_x = A_{x:\overset{\ 1}{\overline{m|}}}\cdot\bar{A}_{x+m} = {}_mE_x\cdot\bar{A}_{x+m} \qquad (3\text{-}15)
$$

我们称 ${}_mE_x$ 为精算贴现因子，上式可以理解为：(x) 投保延期 m 年的终身寿险的精算现值相当于 m 年后 $(x+m)$ 投保终身寿险的精算现值，再在 m 年处精算贴现到现在的精算现值。

式(3-13)还可以表示为：

$$
\begin{aligned}
{}_{m|}\bar{A}_x &= \int_0^{\infty} v^t\,{}_tp_x\mu_{x+t}\,\mathrm{d}t - \int_0^{m} v^t\,{}_tp_x\mu_{x+t}\,\mathrm{d}t \\
&= \bar{A}_x - \bar{A}^1_{x:\overline{m|}} \qquad (3\text{-}16)
\end{aligned}
$$

即 (x) 投保延期 m 年终身寿险的精算现值等于 (x) 投保即期的终身寿险的精算现值与 m 年定期寿险的精算现值之差。

2. 延期 m 年的 n 年定期寿险

延期 m 年的 n 年定期寿险（m-year deferred n-year term life insurance）是指在保单签单生效满 m 年之后的 n 年期间内，被保险人发生了保险责任范围内的死亡时，保险人才给付保险金。

这种寿险的未来给付保险金的现值随机变量为：

$$
Z=b_Tv_T=\begin{cases}0, & T\leqslant m\\ v^T, & m<T\leqslant m+n\\ 0, & T>m+n\end{cases}
$$

其精算现值为：

$$
E(Z) = \int_m^{m+n} v^t f_x(t)\,\mathrm{d}t = \int_m^{m+n} \mathrm{e}^{-\delta t}\cdot{}_tp_x\cdot\mu_{x+t}\,\mathrm{d}t
$$

如果用精算符号 ${}_{m|}\bar{A}^1_{x:\overline{n|}}$ 表示这种寿险的趸缴纯保费，则根据平衡原理有公式：

$$
{}_{m|}\bar{A}^1_{x:\overline{n|}} = \int_m^{m+n} v^t\,{}_tp_x\cdot\mu_{x+t}\,\mathrm{d}t \qquad (3\text{-}17)
$$

与式(3-14)、式(3-15)、式(3-16)类似，有如下公式：

$$
{}_{m|}\bar{A}^1_{x:\overline{n|}} = v^m\,{}_mp_x\cdot\bar{A}^1_{x+m:\overline{n|}} \qquad (3\text{-}18)
$$

$$ {}_{m|}\bar{A}^{1}_{x:\overline{n}|} = A_{x:\frac{1}{\overline{m}|}} \cdot \bar{A}^{1}_{x+m:\overline{n}|} = {}_{m}E_{x} \cdot \bar{A}^{1}_{x+m:\overline{n}|} \tag{3-19} $$

$$ {}_{m|}\bar{A}^{1}_{x:\overline{n}|} = \bar{A}^{1}_{x:\overline{m+n}|} - \bar{A}^{1}_{x:\overline{m}|} \tag{3-20} $$

3. 延期 m 年的 n 年定期生存保险

延期 m 年的 n 年定期生存保险（m-year deferred n-year term pure endowment）是指在签单生效满 m 年之后的 n 年末，若被保险人仍然存活着，则保险人才给付保险金。

这种生存保险的未来给付保险金的现值随机变量为：

$$ Z = b_T v_T = \begin{cases} 0, & T \leqslant m \\ 0, & m < T \leqslant m+n \\ v^{m+n}, & T > m+n \end{cases} $$

其精算现值为：

$$ \begin{aligned} E(Z) &= \int_{m+n}^{+\infty} v^{m+n} f_x(t)\,\mathrm{d}t \\ &= v^{m+n}\int_{m+n}^{+\infty} f_x(t)\,\mathrm{d}t = v^{m+n} \cdot {}_{m+n}p_x \end{aligned} $$

如果用精算符号 ${}_{m|}A_{x:\frac{1}{\overline{n}|}}$ 表示这种生存保险的趸缴纯保费，则根据平衡原理有公式：

$$ {}_{m|}A_{x:\frac{1}{\overline{n}|}} = v^{m+n} \cdot {}_{m+n}p_x = A_{x:\frac{1}{\overline{m+n}|}} \tag{3-21} $$

上式表明：延期的生存保险与即期的生存保险没有本质的区别。因此，在保险实务中，没有单纯的延期生存保险。

对于这种生存保险，显然还有下式成立：

$$ \begin{aligned} {}_{m|}A_{x:\frac{1}{\overline{n}|}} &= v^{m} \cdot {}_{m}p_x \cdot v^{n} \cdot {}_{n}p_{x+m} = A_{x:\frac{1}{\overline{m}|}} \cdot A_{x+m:\frac{1}{\overline{n}|}} \\ &= {}_{m}E_x \cdot A_{x+m:\frac{1}{\overline{n}|}} = {}_{m}E_x \cdot {}_{n}E_{x+m} \end{aligned} \tag{3-22} $$

4. 延期 m 年的 n 年定期两全保险

延期 m 年的 n 年定期两全保险（m-year deferred n-year term endowment insurance）是指保单签单生效满 m 年之后的 n 年期间内，被保险人发生了保险责任范围内的死亡，保险人立即给付保险金，或者被保险人生存到 $m+n$ 年后，保险人在第 $m+n$ 年末给付保险金。

如果用精算符号 ${}_{m|}\bar{A}_{x:\overline{n}|}$ 表示生死给付都是一个单位金额的这种两全保险的趸缴纯保费，则显然有公式：

$$ {}_{m|}\bar{A}_{x:\overline{n}|} = {}_{m|}\bar{A}^{1}_{x:\overline{n}|} + {}_{m|}A_{x:\frac{1}{\overline{n}|}} \tag{3-23} $$

与式(3-18)、式(3-19)、式(3-20)类似，有如下公式：

$$ {}_{m|}\bar{A}_{x:\overline{n}|} = v^{m}{}_{m}p_x \cdot \bar{A}_{x+m:\overline{n}|} \tag{3-24} $$

$$ {}_{m|}\bar{A}_{x:\overline{n}|} = A_{x:\frac{1}{\overline{m}|}} \cdot \bar{A}_{x+m:\overline{n}|} = {}_{m}E_x \cdot \bar{A}_{x+m:\overline{n}|} \tag{3-25} $$

$$ {}_{m|}\bar{A}_{x:\overline{n}|} = \bar{A}_{x:\overline{m+n}|} - \bar{A}^{1}_{x:\overline{m}|} \tag{3-26} $$

式(3-19)、式(3-20)和式(3-25)、式(3-26)也有与式(3-15)、式(3-16)类似的解释。

三、变额寿险的趸缴纯保费

前面讨论的是被保险人在保险期间内无论什么时候发生保险责任范围内的死亡,保险人都给付同样多的保险金额,我们可称之为等额寿险。但在寿险实务中,可能会出现被保险人在不同的时间死亡,需要不同金额的保险给付的情况,即给付的保险金额随给付的时间不同而有所变化。为此,我们把这种类型的寿险称为变额寿险。在通常情况下,保险金额是随给付时间的推移而匀速变化的,即保险金额是给付时间的线性函数。下面就线性函数递增或递减进行讨论。

1. 递增型终身寿险

标准的连续递增型寿险的给付保险金额函数为 $b_t = t$,这种终身寿险的未来给付保险金的现值随机变量为:

$$ Z = b_T v_T = T \cdot v^T, \quad T > 0 $$

如果用精算符号 $(\bar{I}\bar{A})_x$ 表示这种寿险的趸缴纯保费,则:

$$ \begin{aligned} (\bar{I}\bar{A})_x &= E(Z) = \int_0^{+\infty} t \cdot v^t \cdot f_x(t)\,\mathrm{d}t \\ &= \int_0^{+\infty} t \cdot v^t \cdot {}_tp_x \mu_{x+t}\,\mathrm{d}t \end{aligned} \tag{3-27} $$

由于:

$$ \begin{aligned} \int_0^{+\infty} t v^t f_x(t)\,\mathrm{d}t &= \int_0^{+\infty} \left(\int_0^t \mathrm{d}s\right) \cdot v^t f_x(t)\,\mathrm{d}t \\ &= \int_0^{+\infty} \left(\int_0^t v^t f_x(t)\,\mathrm{d}s\right)\mathrm{d}t \\ &= \int_0^{+\infty} \left(\int_s^{+\infty} v^t f_x(t)\,\mathrm{d}t\right)\mathrm{d}s \end{aligned} $$

所以,又有:

$$ \begin{aligned} (\bar{I}\bar{A})_x &= \int_0^{+\infty} \left(\int_s^{+\infty} v^t f_x(t)\,\mathrm{d}t\right)\mathrm{d}s \\ &= \int_0^{+\infty} {}_{s|}\bar{A}_x\,\mathrm{d}s \end{aligned} \tag{3-28} $$

此外,还有非连续递增的、每隔一年递增一次或每隔 $\frac{1}{m}$ 年递增 $\frac{1}{m}$ 个单位金额一次、一年递增 m 次的离散递增型寿险。这种寿险的给付保险金函数为

$b_t=\frac{[1+tm]}{m}$。其终身寿险的趸缴纯保费用符号$(I^{(m)}\bar{A})_x$表示，于是：

$$(I^{(m)}\bar{A})_x=\int_0^{+\infty}\frac{[1+tm]}{m}v^t f_x(t)\mathrm{d}t \tag{3-29}$$

当$m=1$时，用符号$(I\bar{A})_x$表示，即：

$$\begin{aligned}(I\bar{A})_x&=\int_0^{+\infty}[1+t]v^t f_x(t)\mathrm{d}t\\&=\sum_{k=1}^{\infty}k\int_{k-1}^{k}v^t\cdot{}_tp_x\mu_{x+t}\mathrm{d}t\end{aligned} \tag{3-30}$$

2. 递增型n年定期寿险

如果用精算符号$(\bar{I}\bar{A})^1_{x:\overline{n|}}$表示连续递增型$n$年定期寿险的趸缴纯保费，则：

$$\begin{aligned}(\bar{I}\bar{A})^1_{x:\overline{n|}}&=\int_0^n t\cdot v^t\cdot f_x(t)\mathrm{d}t\\&=\int_0^n t\cdot v^t\cdot{}_tp_x\mu_{x+t}\mathrm{d}t\end{aligned} \tag{3-31}$$

与式(3-28)类似，有：

$$(\bar{I}\bar{A})^1_{x:\overline{n|}}=\int_0^n{}_{s|}\bar{A}^1_{x:\overline{n-s|}}\mathrm{d}s \tag{3-32}$$

如果分别用符号$(I\bar{A})^1_{x:\overline{n|}}$、$(I^{(m)}\bar{A})^1_{x:\overline{n|}}$表示每隔一年增加一个单位金额、每隔$\frac{1}{m}$年增加$\frac{1}{m}$个单位金额的离散递增型$n$年定期寿险的趸缴纯保费，则与式(3-29)、式(3-30)类似，有：

$$(I^{(m)}\bar{A})^1_{x:\overline{n|}}=\int_0^n\frac{[1+tm]}{m}v^t f_x(t)\mathrm{d}t \tag{3-33}$$

$$\begin{aligned}(I\bar{A})^1_{x:\overline{n|}}&=\int_0^n[1+t]v^t f_x(t)\mathrm{d}t\\&=\sum_{k=1}^{n}k\cdot\int_{k-1}^{k}v^t{}_tp_x\,\mu_{x+t}\mathrm{d}t\end{aligned} \tag{3-34}$$

3. 递减型n年定期寿险

标准的连续增减型n年定期寿险的给付保险金函数为$b_t=n-t(0\leqslant t\leqslant n)$。如果用精算符号$(\bar{D}\bar{A})^1_{x:\overline{n|}}$表示这种寿险的趸缴纯保费，则：

$$\begin{aligned}(\bar{D}\bar{A})^1_{x:\overline{n|}}&=\int_0^n(n-t)\cdot v^t f_x(t)\mathrm{d}t\\&=\int_0^n(n-t)v^t{}_tp_x\,\mu_{x+t}\mathrm{d}t\end{aligned} \tag{3-35}$$

与式(3-32)类似，有：

$$(\bar{D}\bar{A})^{1}_{x:\overline{n}|} = \int_0^n \bar{A}^{1}_{x:\overline{s}|}\,\mathrm{d}s \tag{3-36}$$

如果分别用符号$(D\bar{A})^{1}_{x:\overline{n}|}$、$(D^{(m)}\bar{A})^{1}_{x:\overline{n}|}$表示每隔一年减少一个单位金额、每隔$\frac{1}{m}$年减少$\frac{1}{m}$个单位金额的离散递减型 n 年定期寿险的趸缴纯保费，则与式(3-33)、式(3-34)类似，有：

$$(D^{(m)}\bar{A})^{1}_{x:\overline{n}|} = \int_0^n \left(n - \frac{[tm]}{m}\right) v^t f_x(t)\,\mathrm{d}t \tag{3-37}$$

$$\begin{aligned}(D\bar{A})^{1}_{x:\overline{n}|} &= \int_0^n (n - [t]) v^t \cdot f_x(t)\,\mathrm{d}t \\ &= \sum_{k=0}^{n-1} (n-k) \int_k^{k+1} v^t \cdot {}_tp_x\mu_{x+t}\,\mathrm{d}t \end{aligned} \tag{3-38}$$

对于递增与递减的 n 年定期寿险，容易得到如下关系式：

$$(\bar{I}\bar{A})^{1}_{x:\overline{n}|} + (\bar{D}\bar{A})^{1}_{x:\overline{n}|} = n \cdot \bar{A}^{1}_{x:\overline{n}|} \tag{3-39}$$

$$(I\bar{A})^{1}_{x:\overline{n}|} + (D\bar{A})^{1}_{x:\overline{n}|} = (n+1)\bar{A}^{1}_{x:\overline{n}|} \tag{3-40}$$

$$(I^{(m)}\bar{A})^{1}_{x:\overline{n}|} + (D^{(m)}\bar{A})^{1}_{x:\overline{n}|} = \left(n + \frac{1}{m}\right)\bar{A}^{1}_{x:\overline{n}|} \tag{3-41}$$

此外，我们还可以从式(3-29)、式(3-33)、式(3-37)及式(3-41)看到，当 $m\to\infty$ 时，每隔$\frac{1}{m}$年增加(或减少)$\frac{1}{m}$个单位的离散变额寿险，便成为连续递增(或递减)的变额寿险，即：

$$\lim_{m\to\infty}(I^{(m)}\bar{A})_x = (\bar{I}\bar{A})_x \tag{3-42}$$

$$\lim_{m\to\infty}(I^{(m)}\bar{A})^{1}_{x:\overline{n}|} = (\bar{I}\bar{A})^{1}_{x:\overline{n}|} \tag{3-43}$$

$$\lim_{m\to\infty}(D^{(m)}\bar{A})^{1}_{x:\overline{n}|} = (\bar{D}\bar{A})^{1}_{x:\overline{n}|} \tag{3-44}$$

第二节　离散型寿险的趸缴纯保费

由于生存函数与死亡概率密度函数不能用比较简洁的解析式表达，所以前一节中关于连续型寿险的所有计算公式，都不能直接应用到寿险精算实务中去。

虽然离散型寿险产品在人寿保险实务中不多见，但是利用生命表可以建立起离散型寿险的有关计算公式。然后再通过非整数的寿命分布的适当假设，能够导出离散型与连续型计算公式的转换关系，从而可以完全解决连续型寿命的有关计算问题。因此，讨论离散型寿命的有关计算问题是很有必要的。

一、即期寿险的趸缴纯保费

1. 终身寿险

离散型寿险与连续型寿险的区别在于保险金的给付时间点不同，一般情况下，离散型寿险在死亡年度末支付保险金，就在被保险人的未来整数余命 $K=[T]$ 的随后 1 年给付，即给付时间点为 $K+1=[T]+1$。因此，这种寿险的未来给付保险金的现值随机变量为：

$$Z=b_{K+1}v_{K+1}$$

对于等额终身寿险和标准复贴现方式，其现值随机变量为：

$$Z=1\cdot v^{K+1},\quad K=0,1,2,\cdots$$

其精算现值为：

$$\begin{aligned}E(Z)&=\sum_{k=0}^{\infty}v^{k+1}P_r\{K=k\}\\&=\sum_{k=0}^{\infty}v^{k+1}{}_{k|}q_x=\sum_{k=0}^{w-x}v^{k+1}{}_{k|}q_x\end{aligned}\tag{3-45}$$

其中，x 为被保险人在签单时的年龄，ω 为极限年龄。

如果用精算符号 A_x 表示这种终身寿险的趸缴纯保费，则根据平衡原理有公式：

$$\begin{aligned}A_x=E(Z)&=\sum_{k=0}^{\infty}v^{k+1}{}_{k|}q_x\\&=\sum_{k=0}^{\infty}v^{k+1}{}_kp_x\cdot q_{x+k}\end{aligned}\tag{3-46}$$

如果用 ${}^2A_x$ 表示 $E(Z^2)$，则 Z 的方差为：

$$\mathrm{Var}(Z)={}^2A_x-(A_x)^2\tag{3-47}$$

其中：

$${}^2A_x=E(Z^2)=\sum_{k=0}^{\infty}v^{2(k+1)}{}_kp_x\cdot q_{x+k}$$

2. n 年定期寿险

n 年定期寿险的未来给付保险金的现值随机变量为：

$$Z=1\cdot v^{k+1},\quad k=0,1,2,\cdots,n-1$$

其精算现值为：

$$\begin{aligned}E(Z)&=\sum_{k=0}^{n-1}v^{k+1}P_r\{K=k\}\\&=\sum_{k=0}^{n-1}v^{k+1}{}_{k|}q_x\end{aligned}\tag{3-48}$$

如果用精算符号 $A^1_{x:\overline{n}|}$ 表示这种 n 年定期寿险的趸缴纯保费，则根据平衡原理有公式：

$$A^1_{x:\overline{n}|} = E(Z) = \sum_{k=0}^{n-1} v^{k+1}\ {}_{k|}q_x$$

$$= \sum_{k=0}^{n-1} v^{k+1}\ {}_kp_x \cdot q_{x+k} \tag{3-49}$$

如果用 ${}^2A^1_{x:\overline{n}|}$ 表示 $E(Z^2)$，则 Z 的方差为：

$$\mathrm{Var}(Z) = {}^2A^1_{x:\overline{n}|} - (A^1_{x:\overline{n}|})^2 \tag{3-50}$$

其中：

$${}^2A^1_{x:\overline{n}|} = E(Z^2) = \sum_{k=0}^{n-1} v^{2(k+1)}\ {}_{k|}q_x$$

例【3-3】 设(40)投保了5年定期寿险，保险金额为10万元，在死亡年度末给付，试利用第一章的生命表(表1-1)和 $i=0.04$ 计算趸缴纯保费。

解： $$A^1_{40:\overline{5}|} = \sum_{k=0}^{4} v^{k+1}_{k|}q_{40} = \sum_{k=0}^{4} v^{k+1}\frac{d_{40+k}}{l_{40}}$$

$$= \frac{1}{l_{40}}\left[\frac{d_{40}}{1+i} + \frac{d_{41}}{(1+i)^2} + \frac{d_{42}}{(1+i)^3} + \frac{d_{43}}{(1+i)^4} + \frac{d_{44}}{(1+i)^5}\right]$$

$$= \frac{1}{966\ 271}\left[\frac{1\ 594}{1.04} + \frac{1\ 728}{1.04^2} + \frac{1\ 919}{1.04^3} + \frac{2\ 107}{1.04^4} + \frac{2\ 310}{1.04^5}\right]$$

$$= 0.008\ 834$$

$$100\ 000A^1_{40:\overline{5}|} = 100\ 000 \times 0.008\ 834 = 883.40(\text{元})$$

特别地，当 $n=1$ 时，即现年 x 岁的人，一年定期寿险的趸缴纯保费为：

$$\overline{A}^1_{x:\overline{n}|} = v \cdot q_x = v \cdot \frac{d_x}{l_x} \tag{3-51}$$

其中，贴现因子 $v = \frac{1}{1+i}$ 可由预定年利率 i 确定，死亡概率 q_x 或死亡人数 d_x 与生存人数 l_x 可从生命表中查找得到。

如果一项寿险(终身寿险或定期寿险)的纯保费不是趸缴，而是每年年初缴一次，每一次的缴费量正好平衡当年的赔付责任，则对于一个 x 岁的被保险人，他逐年的纯保费缴费额度为：$\overline{A}^1_{x:\overline{1}|}$，$\overline{A}^1_{x+1:\overline{1}|}$，$\overline{A}^1_{x+2:\overline{1}|}$，…在人寿保险中通常将这种方式的缴费额度 $\overline{A}^1_{x:\overline{1}|}$ 称为自然保费(natural premium)，并以符号 c_x 表示，即：

$$c_x = v \cdot q_x = v \cdot \frac{d_x}{l_x} \tag{3-52}$$

从生命表中的数据不难发现，由上式所确定的自然保费是随着年龄增长而提高的，即年龄越大，自然保费就越高。这种缴费方式显然不能适应人们的实际经济生活,因为对于年龄大的人来说,其经济收入会减少,其缴费能力随之下降。为了弥补这一缺陷,在寿险实务中,对于保险期限较长、趸缴保费额度较大的寿险保费,通常采用均衡纯保费制的期缴保费的方法。关于这方面的详细讨论将在第五章中进行。

3. n 年定期生存保险

由于 n 年定期的生存保险是被保险人生存至 n 年期满时,保险人即时向被保险人给付保险金,所以,定期生存保险没有连续型和离散型之分。因此,这里的 n 年定期生存保险与第一节中的 n 年定期生存保险完全一样,无需重复。

4. n 年定期两全保险

如果用精算符号 $A_{x:\overline{n|}}$ 表示生死给付都是一个单位金额的离散型两全保险的趸缴纯保费,则与公式(3-9)类似,有:

$$A_{x:\overline{n|}} = A^{1}_{x:\overline{n|}} + A_{x:\overline{n|}}^{\ \ 1} \tag{3-53}$$

此公式也可以从两全保险的未来保险金给付的现值随机变量:

$$Z = \begin{cases} v^{K+1}, & 0 \leqslant K < n \\ v^{n}, & K \geqslant n \end{cases}$$

的精算现值:

$$\begin{aligned} E(Z) &= \sum_{k=0}^{n-1} v^{k+1} P_r[K = k] + v^n P_r[K \geqslant n] \\ &= \sum_{k=0}^{n-1} v^{k+1}{}_{k|}q_x + v^n P_r[T \geqslant n] \\ &= \sum_{k=0}^{n-1} v^{k+1}{}_{k}p_x \cdot q_{x+k} + v^n{}_{n}p_x \\ &= A^{1}_{x:\overline{n|}} + A_{x:\overline{n|}}^{\ \ 1} \end{aligned}$$

直接得到。

如果用 ${}^{2}A_{x:\overline{n|}}$ 表示 $E(Z^2)$,则 Z 的方差为:

$$\mathrm{Var}(Z) = {}^{2}A_{x:\overline{n|}} - (A_{x:\overline{n|}})^2 \tag{3-54}$$

而:

$${}^{2}A_{x:\overline{n|}} = {}^{2}A^{1}_{x:\overline{n|}} + {}^{2}A_{x:\overline{n|}}^{\ \ 1} \tag{3-55}$$

所以:

$$\begin{aligned} \mathrm{Var}(Z) &= {}^{2}A^{1}_{x:\overline{n|}} - (A^{1}_{x:\overline{n|}})^2 + {}^{2}A_{x:\overline{n|}}^{\ \ 1} - (A_{x:\overline{n|}}^{\ \ 1})^2 - 2\overline{A}^{1}_{x:\overline{n|}} \cdot A_{x:\overline{n|}}^{\ \ 1} \\ &= \mathrm{Var}(Z_1) + \mathrm{Var}(Z_2) - 2E(Z_1)E(Z_2) \end{aligned} \tag{3-56}$$

其中,$Z = Z_1 + Z_2$,Z_1 为死亡给付的现值,Z_2 为生存给付的现值。

式(3-56)与式(3-12)有相同的意义,这里就不复述了。

二、延期寿险的趸缴纯保费

1. 延期 m 年的终身寿险

延期 m 年的终身寿险的死亡年度末给付保险金的现值随机变量为：

$$Z=\begin{cases}0, & K<m\\ v^{K+1}, & K\geqslant m\end{cases}$$

其精算现值为：

$$E(Z)=\sum_{k=m}^{\infty}v^{k+1}P_r[K=k]=\sum_{k=m}^{\infty}v^{k+1}{}_{k|}q_x$$

其中，x 为被保险人在签单时的年龄。

如果用精算符号 ${}_{m|}A_x$ 表示这种寿险的趸缴纯保费，则根据平衡原理有公式：

$${}_{m|}A_x=\sum_{k=m}^{\infty}v^{k+1}{}_{k|}q_x=\sum_{k=m}^{\infty}v^{k+1}{}_kp_x\cdot q_{x+k} \tag{3-57}$$

如果在上式中，令 $K=m+l$，则：

$$\begin{aligned}{}_{m|}A_x&=\sum_{l=0}^{\infty}v^{m+l+1}{}_{m+l}p_x\cdot q_{x+m+l}\\&=v^m{}_mp_x\sum_{l=0}^{\infty}v^{l+1}{}_lp_{x+m}\cdot q_{x+m+l}\\&=v^m{}_mp_x\cdot A_{x+m}\end{aligned} \tag{3-58}$$

也可将上式表示为：

$${}_{m|}A_x=A_{x:\overset{1}{\overline{m|}}}\cdot A_{x+m}={}_mE_x\cdot A_{x+m} \tag{3-59}$$

与式(3-16)类似，有：

$${}_{m|}A_x=A_x-\overline{A}^1_{x:\overline{m|}} \tag{3-60}$$

式(3-59)与式(3-15)、式(3-60)与式(3-16)分别有相同的理解，这里就不复述了。

2. 延期 m 年的 n 年定期寿险

延期 m 年的 n 年定期寿险的死亡年度末支付保险金的现值随机变量为：

$$Z=\begin{cases}0, & K<m\\ v^{K+1}, & m\leqslant K<m+n\\ 0, & K\geqslant m+n\end{cases}$$

其精算现值为：

$$E(Z)=\sum_{k=m}^{m+n+1}v^{k+1}P_r[K=k]=\sum_{k=m}^{m+n+1}v^{k+1}\cdot{}_{k|}q_x$$

如果用精算符号 ${}_{m|}A^1_{x:\overline{n|}}$ 表示这种寿险的趸缴纯保费，则根据平衡原理有公

式：

$$ {}_{m|}A^{1}_{x:\overline{n}|} = \sum_{k=m}^{m+n+1} v^{k+1} \cdot {}_{k|}q_x \qquad (3\text{-}61) $$

与式(3-58)、式(3-59)、式(3-60)类似，有如下公式：

$$ {}_{m|}A^{1}_{x:\overline{n}|} = v^m {}_m p_x \cdot A^{1}_{x+m:\overline{n}|} \qquad (3\text{-}62) $$

$$ {}_{m|}A^{1}_{x:\overline{n}|} = A_{x:\overline{m}|}^{\ \ \ 1} \cdot A^{1}_{x+m:\overline{n}|} = {}_mE_x \cdot A^{1}_{x+m:\overline{n}|} \qquad (3\text{-}63) $$

$$ {}_{m|}A^{1}_{x:\overline{n}|} = A^{1}_{x:\overline{m+n}|} - A^{1}_{x:\overline{m}|} \qquad (3\text{-}64) $$

3. 延期 m 年的 n 年定期生存保险

这里的延期 m 年的 n 年定期生存保险与第一节中的延期 m 年的 n 年定期生存保险完全一样，无需重复。

4. 延期 m 年的 n 年定期两全保险

如果用精算符号 ${}_{m|}A_{x:\overline{n}|}$ 表示生死给付都是一个单位金额的这种两全保险的趸缴纯保费，则与公式(3-23)类似，有：

$$ {}_{m|}A_{x:\overline{n}|} = {}_{m|}A^{1}_{x:\overline{n}|} + {}_{m|}A_{x:\overline{n}|}^{\ \ \ 1} \qquad (3\text{-}65) $$

与式(3-62)、式(3-63)、式(3-64)类似，有如下公式：

$$ {}_{m|}A_{x:\overline{n}|} = v^m {}_m p_x \cdot A_{x+m:\overline{n}|} \qquad (3\text{-}66) $$

$$ {}_{m|}A_{x:\overline{n}|} = A_{x:\overline{m}|}^{\ \ \ 1} \cdot A_{x+m:\overline{n}|} = {}_mE_x \cdot A_{x+m:\overline{n}|} \qquad (3\text{-}67) $$

$$ {}_{m|}A_{x:\overline{n}|} = A_{x:\overline{m+n}|} - A^{1}_{x:\overline{m}|} \qquad (3\text{-}68) $$

式(3-63)、式(3-64)和式(3-67)、式(3-68)也有与式(3-59)、式(3-60)类似的解释。

三、变额寿险的趸缴纯保费

对于离散型变额寿险，一般是按每隔一年递增一个单位金额或递减一个单位金额变化的。

1. 递增型终身寿险

递增型终身寿险的死亡年度末支付保险金的现值随机变量为：

$$ Z = (K+1)v^{K+1}, \quad K = 0,1,2,\cdots $$

如果用精算符号 $(IA)_x$ 表示这种寿险的趸缴纯保费，则：

$$ (IA)_x = E(Z) = \sum_{k=0}^{\infty} (k+1)v^{k+1} \cdot P_r[K=k] $$

$$ = \sum_{k=0}^{\infty} (k+1)\, v^{k+1}\, {}_{k|}q_x = \sum_{k=0}^{\infty} (k+1)\, v^{k+1}\, {}_k p_x \cdot q_{x+k} \qquad (3\text{-}69) $$

2. 递增型 n 年定期寿险

如果用精算符号 $(IA)^{1}_{x:\overline{n}|}$ 表示递增型 n 年定期离散型寿险的趸缴纯保费，

则：

$$(IA)_{x:\overline{n|}}^{1} = \sum_{k=0}^{n-1}(k+1)v^{k+1}\cdot{}_{k|}q_x$$

$$= \sum_{k=0}^{n-1}(k+1)\,v^{k+1}{}_kp_x\cdot q_{x+k} \tag{3-70}$$

3. 递减型 n 年定期寿险

如果用精算符号 $(DA)_{x:\overline{n|}}^{1}$ 表示递减型 n 年定期离散型寿险的趸缴纯保费，则：

$$(DA)_{x:\overline{n|}}^{1} = \sum_{k=0}^{n-1}(n-k)v^{k+1}\cdot{}_{k|}q_x$$

$$= \sum_{k=0}^{n-1}(n-k)\,v^{k+1}{}_kp_x\cdot q_{x+k} \tag{3-71}$$

对于递增与递减的 n 年定期寿险，容易得到如下关系式：

$$(IA)_{x:\overline{n|}}^{1} + (DA)_{x:\overline{n|}}^{1} = (n+1)A_{x:\overline{n|}}^{1} \tag{3-72}$$

第三节　两种类型寿险趸缴纯保费的转换

正如前两节讨论的那样，对于离散型寿险，其趸缴纯保费的计算要容易和简便很多，但是连续型寿险与实务更接近。因此，我们希望能够将连续型寿险趸缴纯保费的计算转化为离散型寿险趸缴纯保费的计算。

人们发现如果假设在非整数年龄上的寿命分布为均匀分布，则能够得到连续型与离散型之间较满意的计算趸缴纯保费的转换公式。

一、即期寿险趸缴纯保费的转换

因为在非整数年龄内死亡概率密度服从均匀分布的假设情况下，对于非负整数 x 与 k，其概率密度 $f_{x+k}(s)=q_{x+k}(0<s<1)$，所以连续型终身寿险与离散型终身寿险的趸缴纯保费有如下关系式：

$$\bar{A}_x = \int_0^{\infty} v^t\cdot f_x(t)\,\mathrm{d}t$$

$$= \int_0^{\infty} v^t{}_tp_x\cdot\mu_{x+t}\,\mathrm{d}t$$

$$= \sum_{k=0}^{\infty}\int_k^{k+1} v^t{}_tp_x\cdot\mu_{x+t}\,\mathrm{d}t$$

$$= \sum_{k=0}^{\infty}\int_0^{1} v^{k+s}{}_kp_x\cdot{}_sp_{x+k}\cdot\mu_{x+k+s}\,\mathrm{d}s$$

$$= \sum_{k=0}^{\infty} v^{k+1}{}_{k}p_{x}\int_{0}^{1} v^{s-1} f_{x+k}(s)\,\mathrm{d}s$$

$$= \sum_{k=0}^{\infty} v^{k+1}{}_{k}p_{x} \cdot \int_{0}^{1} v^{s-1} q_{x+k}\,\mathrm{d}s$$

$$= \sum_{k=0}^{\infty} v^{k+1}{}_{k}p_{x} \cdot q_{x+k} \cdot \int_{0}^{1} v^{s-1}\,\mathrm{d}s$$

$$= \sum_{k=0}^{\infty} v^{k+1}{}_{k|}q_{x} \cdot \frac{i}{\delta}$$

即有转换式：

$$\bar{A}_{x} = \frac{i}{\delta} A_{x} \tag{3-73}$$

同理，对于 n 年定期寿险有转换式：

$$\bar{A}^{1}_{x:\overline{n}|} = \frac{i}{\delta} A^{1}_{x:\overline{n}|} \tag{3-74}$$

对于 n 年定期两全保险有转换式：

$$\bar{A}_{x:\overline{n}|} = \frac{i}{\delta} A^{1}_{x:\overline{n}|} + A_{x:\overline{n}|}^{\ \ 1} \tag{3-75}$$

例【3-4】 在例 3-3 中，如果把死亡年度给付换成死亡即付，计算其趸缴纯保费。

解： $i = 0.04 \quad \delta = \ln(1+i) = \ln 1.04 = 0.039\ 22$

由转换式(3-74)，有：

$$\bar{A}^{1}_{40:\overline{5}|} = \frac{i}{\delta} A^{1}_{40:\overline{5}|} = \frac{0.04}{0.039\ 22} \times 0.008\ 834 = 0.009\ 01$$

所以：

$$100\ 000\bar{A}^{1}_{40:\overline{5}|} = 100\ 000 \times 0.009\ 01 = 901(\text{元})$$

例【3-5】 若将每一年分为 r 个相等的时间段，即每一段为 $\frac{1}{r}$ 年，且规定：如果被保险人在某一时间段内死亡，则保险金就在该 $\frac{1}{r}$ 年度末给付，并把保险金给付额为一个单位金额的这种终身寿险的趸缴纯保费记为 $A_{x}^{(r)}$。证明：在非整数年龄内死亡概率密度服从均匀分布的假设下，有转换公式：

$$A_{x}^{(r)} = \frac{i}{i^{(r)}} A_{x}$$

证明：设 (x) 的未来余命 T 有整数 L 个 $\frac{1}{r}$ 年的时间段，则由 $A_{x}^{(r)}$ 的定义有：

$$
\begin{aligned}
A_x^{(r)} &= \sum_{j=0}^{\infty} v^{\frac{j}{r}+\frac{1}{r}} \cdot {}_{\frac{j}{r}|\frac{1}{r}}q_x \\
&= \sum_{k=0}^{\infty} \sum_{j=0}^{r-1} v^{k+\frac{j}{r}+\frac{1}{r}} \cdot {}_{k+\frac{j}{r}|\frac{1}{r}}q_x \\
&= \sum_{k=0}^{\infty} \sum_{j=0}^{r-1} v^{k} \cdot v^{\frac{j}{r}+\frac{1}{r}} \cdot {}_{k+\frac{j}{r}}p_x \cdot {}_{\frac{1}{r}}q_{x+k+\frac{j}{r}} \\
&= \sum_{k=0}^{\infty} v^{k}{}_{k}p_x \sum_{j=0}^{r-1} v^{\frac{j}{r}+\frac{1}{r}} {}_{\frac{j}{r}|\frac{1}{r}}q_{x+k} \\
&= \sum_{k=0}^{\infty} v^{k}{}_{k}p_x \cdot \sum_{j=0}^{r-1} v^{\frac{j}{r}+\frac{1}{r}} \cdot \frac{1}{r} \cdot q_{x+k} \\
&= \sum_{k=0}^{\infty} v^{k}{}_{k}p_x \cdot q_{x+k} \cdot \frac{v^{\frac{1}{r}}}{r} \sum_{j=0}^{r-1} v^{\frac{j}{r}} \\
&= \sum_{k=0}^{\infty} v^{k}{}_{k}p_x \cdot q_{x+k} \cdot v \frac{i}{i^{(r)}} \\
&= \frac{i}{i^{(r)}} \sum_{k=0}^{\infty} v^{k+1}{}_{k|}q_x \\
&= \frac{i}{i^{(r)}} A_x
\end{aligned}
$$

二、延期寿险趸缴纯保费的转换

在非整数年龄内死亡概率密度服从均匀分布的假设情况下，与式(3-73)类似，有转换公式：

$$
\begin{aligned}
{}_{m|}\bar{A}_x &= {}_{m}E_x \bar{A}_{x+m} \\
&= \frac{i}{\delta}\, {}_{m}E_x A_{x+m} \\
&= \frac{i}{\delta}\, {}_{m|}A_x
\end{aligned}
\tag{3-76}
$$

$$
\begin{aligned}
{}_{m|}\bar{A}^{1}_{x:\overline{n|}} &= {}_{m}E_x \bar{A}^{1}_{x+m:\overline{n|}} \\
&= \frac{i}{\delta}\, {}_{m}E_x A^{1}_{x+m:\overline{n|}} \\
&= \frac{i}{\delta}\, {}_{m|}A^{1}_{x:\overline{n|}}
\end{aligned}
\tag{3-77}
$$

$$
\begin{aligned}
{}_{m|}\bar{A}_{x:\overline{n|}} &= {}_{m}E_x \cdot \bar{A}_{x+m:\overline{n|}} \\
&= {}_{m}E_x \left(\frac{i}{\delta} A^{1}_{x+m:\overline{n|}} + A_{x+m:\overline{n|}}^{\ \ \ \ 1} \right)
\end{aligned}
$$

$$= \frac{i}{\delta}\ {}_{m|}A^{1}_{x:\overline{n|}} + {}_{m|}A_{x:\overline{n|}}^{\ \ 1} \tag{3-78}$$

三、变额寿险趸缴纯保费的转换

在非整数年龄内死亡概率密度服从均匀分布的假设情况下，对于变额寿险也容易得到与式(3-73)类似的转换式：

$$(I\bar{A})_x = \frac{i}{\delta}(IA)_x \tag{3-79}$$

$$(I\bar{A})^{1}_{x:\overline{n|}} = \frac{i}{\delta}(IA)^{1}_{x:\overline{n|}} \tag{3-80}$$

$$(D\bar{A})^{1}_{x:\overline{n|}} = \frac{i}{\delta}(DA)^{1}_{x:\overline{n|}} \tag{3-81}$$

第四节　递推公式与微分方程式

在前几节我们讨论了各种寿险趸缴纯保费的概念和计算，以及离散型和连续型之间的转换关系。那么，在同一种寿险中，对于不同年龄的趸缴纯保费之间，是否存在相互关系呢？本节将以终身寿险为例，推导其趸缴纯保费在离散型下的递推公式和在连续型下的微分方程式。

一、离散型终身寿险趸缴纯保费的递推公式

对于离散型的保险金额为一个单位的终身寿险，我们有：

$$\begin{aligned}
A_x &= \sum_{k=0}^{\infty} v^{k+1}\ {}_kp_x \cdot q_{x+k} \\
&= v \cdot q_x + \sum_{k=1}^{\infty} v^{k+1}\ {}_kp_x \cdot q_{x+k} \\
&= vq_x + vp_x \cdot \sum_{k=1}^{\infty} v^{k}\ {}_{k-1}p_{x+1} \cdot q_{x+k} \\
&= vq_x + vp_x \sum_{l=0}^{\infty} v^{l+1}\ {}_lp_{x+1} \cdot q_{x+1+l} \\
&= vq_x + vp_xA_{x+1}
\end{aligned}$$

这样，我们得到递推公式：

$$A_x = vq_x + vp_xA_{x+1} \tag{3-82}$$

这个递推公式有如下直观解释：(x)缴纳终身寿险趸缴纯保费 A_x，可得到如下保险利益：若(x)在第一年内死亡，则在保单年度末可获得一个单位金额的保

险金。若(x)活过第一年，则可获得$(x+1)$的保险金为一个单位金额、死亡年度末给付的终身寿险。这两部分保险利益的精算现值之和即为(x)的趸缴纯保费。

若将$p_x=1-q_x$代入式(3-82)，则又有关系式：

$$A_x = vA_{x+1} + v(1-A_{x+1})q_x \tag{3-83}$$

上式可理解为：一年后，不论生死，必须为被保险人准备A_{x+1}，若被保险人在一年内死亡，则在年末还需拿出$1-A_{x+1}$给付死亡保险金，这两部分的精算现值之和即为(x)的趸缴纯保费。

对于$x+k$岁的人，由式(3-83)，有：

$$A_{x+k} - vA_{x+k+1} = v(1-A_{x+k+1})q_{x+k} \tag{3-84}$$

上式两边同乘v^k并求和，得：

$$A_x = \sum_{k=0}^{\infty} v^{k+1}(1-A_{x+k+1})q_{x+k} \tag{3-85}$$

上式表明：(x)投保终身寿险的趸缴纯保费等于一系列一年期保险金给付的精算现值之和。

利用$v=1-d$，公式(3-83)可改写为：

$$dA_{x+1} = (A_{x+1} - A_x) + v(1-A_{x+1})q_x \tag{3-86}$$

这表明：趸缴纯保费赚得的利息具有双重效应，一方面增加了趸缴纯保费（由年龄x岁至$x+1$岁），另一方面，它承担了设想的1年期保险给付的精算现值。

二、连续型终身寿险趸缴纯保费的微分方程式

考虑函数$\bar{A}_x=E(v^T)$，对$h>0$，有：

$$\bar{A}_x = E[v^T \mid T\leqslant h]\Pr[T\leqslant h] + E[v^T \mid T>h]\Pr[T>h]$$

而$\Pr[T\leqslant h]={}_hq_x$，$\Pr[T>h]={}_hp_x$。

给定$T\leqslant h$时，T的条件概率密度为：

$$f(t \mid T\leqslant h) = \frac{f_x(t)}{F_x(h)} = \frac{{}_tp_x \cdot \mu_{x+t}}{{}_hq_x},\quad 0\leqslant t\leqslant h$$

从而：

$$E(v^T \mid T\leqslant h) = \int_0^h v^t \frac{{}_tp_x \cdot \mu_{x+t}}{{}_hq_x}\mathrm{d}t$$

此外：

$$E(v^T \mid T>h) = v^h E[v^{T-h} \mid (T-h)>0] = v^h \bar{A}_{x+h}$$

于是：

$$\bar{A}_x = \int_0^h v^t {}_tp_x \mu_{x+t} \mathrm{d}t + v^h {}_hp_x \cdot \bar{A}_{x+h}$$

因此,有:

$$\frac{\bar{A}_{x+h} - \bar{A}_x}{h} = -\frac{1}{h}\int_0^h v^t {}_tp_x \mu_{x+t} \mathrm{d}t + \bar{A}_{x+h} \frac{1 - v^h {}_hp_x}{h}$$

又因为:

$$\lim_{h\to 0} \frac{1 - v^h {}_hp_x}{h} = -\frac{\mathrm{d}}{\mathrm{d}t}(v^t {}_tp_x)\Big|_{t=0}$$

$$= [(\mu_{x+t} + \delta) v^t {}_tp_x]\Big|_{t=0} = \mu_x + \delta$$

$$\lim_{h\to 0} \frac{1}{h}\int_0^h v^t {}_tp_x \mu_{x+t} \mathrm{d}t = \frac{\mathrm{d}}{\mathrm{d}h}\int_0^h v^t {}_tp_x \mu_{x+t} \mathrm{d}t \,\Big|_{h=0}$$

$$= [v^h {}_hp_x \cdot \mu_{x+h}]_{h=0} = \mu_x$$

所以:

$$\frac{\mathrm{d}\bar{A}_x}{\mathrm{d}x} = \lim_{h\to 0} \frac{\bar{A}_{x+h} - A_x}{h} = -\mu_x + A_x(\mu_x + \delta) \tag{3-87}$$

这个方程还可改写成:

$$\delta A_x = \frac{\mathrm{d}}{\mathrm{d}x}\bar{A}_x + \mu_x(1 - \bar{A}_x) \tag{3-88}$$

公式(3-88)有类似于公式(3-86)的直观解释:趸缴纯保费在瞬间所赚得的利息具有双重效应:一方面体现了瞬间趸缴纯保费的增加,另一方面体现了瞬间保险金的给付情况。

以上仅以终身寿险为例讨论了递推公式与微分方程。在其他寿险中也可推导出相应的递推公式和微分方程式,并且也有相应的解释。

第五节 利用换算函数计算趸缴纯保费

前面,我们讨论了人寿保险中常见险种的趸缴纯保费,并用了相应的精算符号来表示。尽管对离散型寿险趸缴纯保费,可以通过生命表中的数值 l_x, d_{x+k} $(k=0,1,2,\cdots)$ 与预定年利率 i 及其贴现因子 v 来计算。但是,对于终身寿险和期限较长的定期寿险,其计算量是相当大的。为了简化其繁复的计算量,本节将引入换算函数(commutation function)(也称换算符号),并通过换算函数建立起较简洁的趸缴纯保费计算公式。

如果将不同预定年利率下的换算函数的数值,按年龄大小依次排列,编制成表的形式,则称之为换算函数表(见附表5)。

一、换算函数的概念

换算函数的定义如下：

（1）$D_x = v^x l_x$

（2）$N_x = D_x + D_{x+1} + D_{x+2} + \cdots + D_\omega$

（3）$S_x = N_x + N_{x+1} + N_{x+2} + \cdots + N_\omega$

（4）$C_x = v^{x+1} \mathrm{d}_x$

（5）$M_x = C_x + C_{x+1} + C_{x+2} + \cdots + C_\omega$

（6）$R_x = M_x + M_{x+1} + M_{x+2} + \cdots + M_\omega$

其中，$0 \leqslant x < \omega$，ω 为极限年龄（本书附表 5 中 $\omega = 105$ 岁）。当 $x \geqslant \omega$ 时，这些换算函数的值都等于零。

容易证明，换算函数有如下关系式：

$$M_x - C_x = M_{x+1} \tag{3-89}$$

$$R_x - M_x = R_{x+1} \tag{3-90}$$

$$R_x = C_x + 2C_{x+1} + 3C_{x+2} + \cdots + (\omega - x) C_{\omega-1} = \sum_{k=1}^{\omega-x} k C_{x+k-1} \tag{3-91}$$

$$M_x - M_{x+n} = \sum_{k=0}^{n-1} C_{x+k} \tag{3-92}$$

$$R_x - R_{x+n} = \sum_{R=0}^{n-1} M_{x+k} = \sum_{k=0}^{n-1} (k+1) C_{x+k} + n M_{x+n} \tag{3-93}$$

$$N_x - D_x = N_{x+1} \tag{3-94}$$

$$S_x - N_x = S_{x+1} \tag{3-95}$$

$$S_x = D_x + 2D_{x+1} + 3D_{x+2} + \cdots + (\omega - x) C_{\omega-1} = \sum_{k=1}^{\omega-x} k D_{x+k-1} \tag{3-96}$$

$$N_x - N_{x+n} = \sum_{k=0}^{n-1} D_{x+k} \tag{3-97}$$

$$S_x - S_{x+n} = \sum_{k=0}^{n-1} N_{x+k} = \sum_{k=0}^{n-1} (k+1) D_{x+k} + n N_{x+n} \tag{3-98}$$

本章只需要利用换算函数 D_x，C_x，M_x 和 R_x，下一章以后还需要利用 N_x 和

S_x。

二、利用换算函数计算离散型寿险的趸缴纯保费

有了上述换算函数后,可得:

$$A_x = \sum_{k=0}^{\infty} v^{k+1}{}_{k|}q_x = \sum_{k=0}^{\infty} v^{k+1}\frac{d_{x+k}}{l_x}$$
$$= \frac{1}{v^x l_x}\sum_{k=0}^{\infty} v^{x+k+1}\cdot d_{x+k} = \frac{1}{D_x}\sum_{k=0}^{\infty} C_{x+k}$$

即:

$$A_x = \frac{\sum_{k=0}^{\infty} C_{x+k}}{D_x} = \frac{M_x}{D_x} \tag{3-99}$$

同理有:

$$A^1_{x:\overline{n|}} = \frac{M_x - M_{x+n}}{D_x} \tag{3-100}$$

$$A_{x:\overset{1}{\overline{n|}}} = \frac{D_{x+n}}{D_x} \tag{3-101}$$

$$A_{x:\overline{n|}} = \frac{M_x - M_{x+n} + D_{x+n}}{D_x} \tag{3-102}$$

$${}_{m|}A_x = \frac{M_{x+m}}{D_x} \tag{3-103}$$

$${}_{m|}A^1_{x:\overline{n|}} = \frac{M_{x+m} - M_{x+m+n}}{D_x} \tag{3-104}$$

$${}_{m|}A_{x:\overline{n|}} = \frac{D_{x+m+n}}{D_x} \tag{3-105}$$

$${}_{m|}A_{x:\overline{n|}} = \frac{M_{x+m} - M_{x+m+n} + D_{x+m+n}}{D_x} \tag{3-106}$$

$$(IA)_x = \frac{R_x}{D_x} \tag{3-107}$$

$$(IA)^1_{x:\overline{n|}} = \frac{R_x - R_{x+n} - nM_{x+n}}{D_x} \tag{3-108}$$

$$(DA)^1_{x:\overline{n|}} = \frac{nM_x - R_{x+1} + R_{x+n+1}}{D_x} \tag{3-109}$$

其中,式(3-108)和式(3-109)的证明需要利用式(3-93)。

例【3-6】 利用换算函数计算下列保单在被保险人(女性)50岁时签单的趸

缴纯保费,其中保险金额为5 000元,并在死亡年度末给付,年利率为4%。(1)终身寿险;(2)20年定期寿险;(3)20年定期两全保险;(4)延期10年后的终身保险;(5)延期10年后的20年定期寿险;(6)延期10年后的20年定期两全保险。

解:利用书后的附表5查换算函数表,所求趸缴纯保费分别为:

$$(1)5\,000A_{50}=5\,000\frac{M_{50}}{D_{50}}=5\,000\frac{41.435\,539}{137.093\,770}=1\,511.21(\text{元})$$

$$(2)5\,000A^{1}_{50:\overline{20|}}=5\,000\frac{M_{50}-M_{70}}{D_{50}}=5\,000\frac{41.435\,539-31.224\,544}{137.093\,770}=372.41(\text{元})$$

$$(3)5\,000A_{50:\overline{20|}}=5\,000\frac{M_{50}-M_{70}+D_{70}}{D_{50}}=5\,000\frac{41.435\,539-31.224\,544+54.720\,123}{137.093\,770}=2\,368.13(\text{元})$$

$$(4)5\,000_{10|}A_{50}=5\,000\frac{M_{60}}{D_{50}}=5\,000\frac{38.038\,123}{137.093\,770}=1\,387.30(\text{元})$$

$$(5)5\,000_{10|}A^{1}_{50:\overline{20|}}=5\,000\frac{M_{60}-M_{80}}{D_{50}}=5\,000\frac{38.038\,123-19.287\,690}{137.093\,770}=683.85(\text{元})$$

$$(6)5\,000_{10|}A_{50:\overline{20|}}=5\,000\frac{M_{60}-M_{80}+D_{80}}{D_{50}}=5\,000\frac{38.038\,123-19.287\,690+26.757\,102}{137.093\,770}=1\,659.72(\text{元})$$

例【3-7】 某人(男性)现年40岁,为自己购买一份寿险保单,保单利益为:若他在未来20年内死亡,则受益人在他死亡年度末获得保险金8 000元;若在20年之后死亡,则获保险金10 000元,试求其趸缴纯保费($i=4\%$)。

解:此寿险可分解为两部分,一部分为前20年的定期寿险,保险金额为8 000元,另一部分为延期20年后的终身寿险,其保险金额为10 000元,因此,其趸缴纯保费为:

$$8\,000A^{1}_{40:\overline{20|}}+10\,000_{20|}A_{40}=8\,000\frac{M_{40}-M_{60}}{D_{40}}+10\,000\frac{M_{60}}{D_{40}}$$

$$=8\ 000\frac{49.711\ 857-40.368\ 142}{202.665\ 108}$$

$$+10\ 000\frac{40.368\ 142}{202.665\ 108}$$

$$=2\ 360.70(\text{元})$$

例【3-8】 某人为现年 60 岁的父亲购买了一份终身寿险保单，保单利益为：若被保险人在保险期第一年内死亡，则在年末给付保险金 7 000 元，若在第二年内死亡，则在年末给付保险金 7 100 元，即在以后，死亡时间每推迟一年，保险金额增加 100 元。试求这种寿险的趸缴纯保费（$i=2\%$）。

解：此寿险可分解为两部分，一部分为给付保险金不变的寿险，不论被保险人什么时候死亡保险金给付都是 6 900 元，另一部分为变额寿险，保险金的给付按死亡时间推移，每年递增 100 元，即这种寿险的趸缴纯保费为：

$$6\ 900A_{60}+100(IA)_{60}=6\ 900\frac{M_{60}}{D_{60}}+100\frac{R_{60}}{D_{60}}$$

$$=6\ 900\frac{184.857\ 509}{274.336\ 777}$$

$$+100\frac{3\ 538.387\ 666}{274.336\ 777}$$

$$=5\ 939.25(\text{元})$$

三、利用换算函数计算连续型寿险的趸缴纯保费

有了离散型寿险的换算函数，以及离散型与连续型的转换关系，我们就可以利用换算函数较容易地计算连续型寿险的趸缴纯保费了。

下面直接列出连续型寿险的计算公式：

$$\bar{A}_x=\frac{i}{\delta}\frac{M_x}{D_x} \tag{3-110}$$

$$\bar{A}^1_{x:\overline{n|}}=\frac{i}{\delta}\frac{M_x-M_{x+n}}{D_x} \tag{3-111}$$

$$\bar{A}_{x:\overline{n|}}=\frac{i}{\delta}\frac{M_x-M_{x+n}}{D_x}+\frac{D_{x+n}}{D_x} \tag{3-112}$$

$${}_{m|}\bar{A}_x=\frac{i}{\delta}\frac{M_{x+m}}{D_x} \tag{3-113}$$

$${}_{m|}\bar{A}^1_{x:\overline{n|}}=\frac{i}{\delta}\frac{M_{x+m}-M_{x+m+n}}{D_x} \tag{3-114}$$

$$_{m|}\bar{A}_{x:\overline{n|}} = \frac{i}{\delta}\frac{M_{x+m}-M_{x+m+n}}{D_x}+\frac{D_{x+m+n}}{D_x} \tag{3-115}$$

$$(I\bar{A})_x = \frac{i}{\delta}\frac{R_x}{D_x} \tag{3-116}$$

$$(I\bar{A})^1_{x:\overline{n|}} = \frac{i}{\delta}\frac{R_x-R_{x+n}-nM_{x+n}}{D_x} \tag{3-117}$$

$$(D\bar{A})^1_{x:\overline{n|}} = \frac{i}{\delta}\frac{nM_x-R_{x+1}+R_{x+n+1}}{D_x} \tag{3-118}$$

例【3-9】　将例3-6中的死亡年度末给付保险金改为死亡即付，重做此例题。

解：$\delta=\ln(1+i)=0.039\,22$，根据连续型寿险的换算函数表示趸缴纯保费的公式有：

(1) $5\,000\bar{A}_{50}=5\,000\,\frac{i}{\delta}\frac{M_{50}}{D_{50}}=1\,511.21\,\frac{0.04}{0.039\,22}$
$=1\,541.24$(元)

(2) $5\,000\bar{A}^1_{50:\overline{20|}}=5\,000\,\frac{i}{\delta}\frac{M_{50}-M_{70}}{D_{50}}=372.41\,\frac{0.04}{0.039\,22}$
$=379.82$(元)

(3) $5\,000\bar{A}_{50:\overline{20|}}=5\,000\left[\frac{i}{\delta}\frac{M_{50}-M_{70}}{D_{50}}+\frac{D_{70}}{D_{50}}\right]=379.82+1\,995.72$
$=2\,375.54$(元)

(4) $5\,000_{10|}\bar{A}^1_{50:\overline{20|}}=5\,000\,\frac{i}{\delta}\cdot\frac{M_{50}}{D_{50}}=1\,387.30\,\frac{0.04}{0.039\,22}$
$=1\,414.89$(元)

(5) $5\,000_{10|}\bar{A}^1_{50:\overline{20|}}=5\,000\,\frac{i}{\delta}\frac{M_{60}-M_{80}}{D_{50}}=683.85\,\frac{0.04}{0.039\,22}$
$=697.45$(元)

(6) $5\,000_{10|}\bar{A}_{50:\overline{20|}}=5\,000\left[\frac{i}{\delta}\frac{M_{60}-M_{80}}{D_{50}}+\frac{D_{80}}{D_{50}}\right]$
$=697.45+975.87=1\,673.32$(元)

例【3-10】　将例3-7中的死亡年度末给付保险金改为死亡即付，重做此例题。

解：根据例3-7的分析，其趸缴纯保费为：

$$8\,000\bar{A}^1_{40:\overline{20|}}+10\,000_{20|}\bar{A}_{40}=8\,000\,\frac{i}{\delta}\frac{M_{40}-M_{60}}{D_{40}}+10\,000\,\frac{i}{\delta}\frac{M_{60}}{D_{40}}$$

$$=2\ 360.70\frac{0.04}{0.039\ 22}$$

$$=2\ 407.65(\text{元})$$

例【3-11】 将例 3-8 中的死亡年度末给付保险金改为死亡即付,重做此例题。

解:$\delta=\ln(1+i)=0.019\ 803$,根据例 3-8 的分析,其趸缴纯保费为:

$$6\ 900\bar{A}_{60}+100(I\bar{A})_{60}=6\ 900\frac{i}{\delta}\frac{M_{60}}{D_{60}}+100\frac{i}{\delta}\frac{R_{60}}{D_{60}}$$

$$=5\ 939.25\frac{0.02}{0.019\ 803}$$

$$=5\ 998.45(\text{元})$$

例【3-12】 利用换算函数给出 $A_x^{(r)}$ 的计算公式。

解:由例 3-5 可知:

$$A_x^{(r)}=\frac{i}{i^{(r)}}A_x=\frac{i}{i^{(r)}}\frac{M_x}{D_x}$$

习　题

1. 若生存函数 $S(x)=1-\frac{x}{100}$, $0\leqslant x\leqslant 100$,年利率 $i=4\%$,设 Z 为其死亡即付单位金额的寿险给付在投保时的现值随机变量,求:

   (1) $E(Z_1)=\bar{A}_{40}$　　(2) $\mathrm{Var}(Z_1)={}^2\bar{A}_{40}-(\bar{A}_{40})^2$

   (3) $E(Z_2)=\bar{A}^1_{40:\overline{30}|}$　　(4) $\mathrm{Var}(Z_2)={}^2\bar{A}^1_{40:\overline{30}|}-(\bar{A}^1_{40:\overline{30}|})^2$

2. 已知:$A_x=0.25$, $A_{x+20}=0.40$, $A_{x:\overline{20}|}=0.55$。

   求:$A^1_{x:\overline{20}|}$, $A_{x:\overset{1}{\overline{20}|}}$。

3. 若生存人函数 $l_x=1\ 000\ 000\left(1-\frac{x}{100}\right)$,$0\leqslant x\leqslant 100$,年利率 $\delta=3\%$,求:$(\bar{I}\bar{A})_{50}$, $(\bar{I}\bar{A})^1_{50:\overline{40}|}$,$(\bar{D}\bar{A})^1_{50:\overline{40}|}$。

4. 利用换算函数表计算下列各趸缴纯保费($i=2\%$,女性):

   (1) A_{30}, $A^1_{30:\overline{50}|}$, $A_{30:\overset{1}{\overline{50}|}}$, $A_{30:\overline{50}|}$;

   (2) $(IA)_{50}$, $(IA)^1_{50:\overline{20}|}$, $(DA)^1_{50:\overline{20}|}$。

5. 证明在非整数年龄内死亡概率密度服从均匀分布的假设下,有:

   (1) $(I\bar{A})_x=\frac{i}{\delta}(IA)_x$

(2) $(I\bar{A})^{1}_{x:\overline{n|}}=\dfrac{i}{\delta}(IA)^{1}_{x:\overline{n|}}$

(3) $(D\bar{A})^{1}_{x:\overline{n|}}=\dfrac{i}{\delta}(DA)^{1}_{x:\overline{n|}}$

6. 利用换算函数表计算下列各趸缴纯保费($i=2\%$,女性)。

(1) $\bar{A}_{30}$, $\bar{A}^{1}_{30:\overline{50|}}$, $\bar{A}_{30:\overline{50|}}$;

(2) $(I\bar{A})_{50}$, $(I\bar{A})^{1}_{50:\overline{20|}}$, $(D\bar{A})^{1}_{50:\overline{20|}}$。

7. 利用换算函数表($i=2\%$,男性)计算:A_{40}, $A^{1}_{40:\overline{40|}}$, $A_{40:\overline{40|}}$。

并利用换算函数表($i=4\%$)近似计算:${}^{2}A_{40}$, ${}^{2}A^{1}_{40:\overline{40|}}$, ${}^{2}A_{40:\overline{40|}}$。

从而计算出这三种寿险未来给付现值的方差。

8. 考虑在被保险人死亡时那个$\dfrac{1}{r}$年时间段末给付一个单位金额的 n 年定期寿险,设 k 是自保单生效起存活的完整年数,j 是死亡那年存活的完整$\dfrac{1}{r}$年时段数。用精算符号 $A^{1(r)}_{x:\overline{n|}}$ 表示该保险的趸缴纯保费。

(1)写出 $A^{1(r)}_{x:\overline{n|}}$ 的表达式;

(2)证明:在非整数年龄内 UDD 假设的条件下,有 $A^{1(r)}_{x:\overline{n|}}=\dfrac{i}{i^{(r)}}A^{1}_{x:\overline{n|}}$。

9. 将上一题中的 n 年期寿险改为 n 年定期两全保险,并用精算符号 $A^{(r)}_{x:\overline{n|}}$ 表示这种死亡$\dfrac{1}{r}$年度末给付一个单位金额的 n 年定期两全保险的趸缴纯保费。(1)写出 $A^{(r)}_{x:\overline{n|}}$ 的表达式;(2)证明 $A^{(r)}_{x:\overline{n|}}=\dfrac{i}{i^{(r)}}A^{1}_{x:\overline{n|}}+A_{x:\overset{\ \ 1}{\overline{n|}}}$。

10. 现年 45 岁的男人,欲购买一份保险金额为 8 000 元的寿险保单,利用换算函数表($i=4\%$)计算:

(1)死亡年度末付的终身寿险的趸缴纯保费;

(2)死亡即付的终身寿险的趸缴纯保费;

(3)死亡年度末付的 20 年定期两全保险的趸缴纯保费;

(4)死亡即付的 20 年定期两全保险的趸缴纯保费。

11. 某女性现年 40 岁,购买了一份 20 年定期两全保险,保单规定:如被保险人在 20 年内死亡,则在死亡年度末给付保险金 5 000 元;若被保险人活过 20 年,则归还所缴纳的纯保费,试利用换算函数表($i=4\%$)求该保单的趸缴纯保费。

12. 某现年 50 岁的被保险人,投保一份终身寿险,保单规定,若他在第一年内死亡,给付保险金 5 000 元,以后每多活一年死亡,保险金额增加 100 元,保险金死亡即付。利用换算函数表($i=4\%$,女性),求其趸缴纯保费。

13. 在上题中,若规定当保险金额达到7 000元时,保险金保持不变,求该保险的趸缴纯保费。

14. 设(30)投保20年定期递减型保险、保单规定被保险人在第一保单年度内死亡,给付保险金5 000元,以后每多活一年死亡,保险金减少100元,保险金死亡即付,利用换算函数表($i=2\%$,女性)求其趸缴纯保费。

15. 现年30岁的人,付趸缴纯保费10 000元,购买一张20年定期寿险保单,保单规定,被保险人无论在保险期内什么时期死亡,等额给付保险金,并于死亡所在的保单年度末支付,试用换算函数表($i=2\%$,男性)求该保单的保险金额。

16. 在习题15中,如果规定后10年内死亡的给付保险金额是前10年的$\frac{3}{2}$倍,试分别求出前10年与后10年的保险金额。

17. 年龄为40岁的人,以纯保费20 000元购买一张终身寿险保单。保单规定,如果被保险人在前20年内死亡,则在其死亡的年度末给付金额25 000元,如果在20年后死亡,则在其死亡的年度末给付保险金额P元。利用换算函数表($i=4\%$,男性)求P值。

18. 现年60岁的人投保了某种保额为10 000元的终身寿险,试利用换算函数表($i=4\%$,男性)计算下列各给付时间的趸缴纯保费。

(1)死亡年度末支付; (2)死亡季度末支付;

(3)死亡月度末支付; (4)死亡即付。

19. 在习题18中,如果(60)用10 000元的纯保费购买了此类终身寿险,分别求出题中的四种给付时间情况下的保额。

20. 设年龄为x岁者,其未来寿命$T=T(x)$服从于参数为α和$\beta(\alpha>0,\beta>0)$的伽玛分布,即$T\sim\Gamma(\alpha,\beta)$,试证:

(1)$\bar{A}_x=\left(\dfrac{\beta}{\delta+\beta}\right)^{\alpha}$; (2)${}^2\bar{A}_x=\left(\dfrac{\beta}{2\delta+\beta}\right)^{\alpha}$。

其中$\delta(\delta>0)$为利力。

第四章　生存年金的趸缴纯保费

在第二章我们讨论了确定型年金的现值和终值等计算问题,对年金的概念、年金的符号及年金的理论都有所了解。本章将要讨论的生存年金,不是确定型年金,而是一种或有年金。生存年金保险的保险金给付是以被保险人生存为条件的,按年金的形式支付,当被保险人在保险期中途死亡,则给付停止,生存年金结束。为了表达的方便,我们将生存年金保险简称为生存年金。

本章将分别讨论连续型生存年金与离散型生存年金的趸缴纯保费的计算问题。生存年金的趸缴纯保费的计算仍然遵循平衡原理,即:

生存年金的趸缴纯保费 = 生存年金给付的精算现值

第一节　连续型生存年金的趸缴纯保费

连续型生存年金是以被保险人生存为给付条件的,按连续年金形式支付的年金保险。虽然连续型生存年金在保险实务中几乎没有,但对它的讨论是有一定理论价值的。下面对即期生存年金、延期生存年金、变额生存年金的趸缴纯保费分别进行讨论。

一、即期生存年金的趸缴纯保费

即期生存年金就是年金期从保单签单时就开始的生存年金。如果年金的给付期限无限制,直至被保险人死亡为止,则为终身生存年金;如果年金的给付期限有限制,期满后即使被保险人仍然存活着,其年金的给付也会停止,则为定期生存年金。

1. 终身生存年金

考虑被保险人(x)购买了一份保额为一个单位金额的连续型终身生存年金保险,即只要被保险人(x)活着,保险人就要按连续方式每年向被保险人给付一个单位金额的保险金。这样,在标准复贴现方式下,当被保险人的未来余命为T时,这种生存年金的未来保险金给付现值随机变量Y为:

$$Y=\bar{a}_{\overline{T|}}=\frac{1-v^T}{\delta},T>0$$

其中,$\delta=\ln(1+i)$ 为利力,i 为年利率。

其精算现值为:

$$E(Y)=E[\bar{a}_{\overline{T|}}]=\int_0^{\infty}\bar{a}_{\overline{t|}}\cdot f_x(t)\mathrm{d}t$$

如果用精算符号 $\bar{a}_x$ 表示这种生存年金的趸缴纯保费,则根据平衡原理有公式:

$$\bar{a}_x=E(Y)=\int_0^{\infty}\bar{a}_{\overline{t|}}\cdot f_x(t)\mathrm{d}t \tag{4-1}$$

运用分部积分法,可将上式化简:

$$\begin{aligned}\int_0^{\infty}\bar{a}_{\overline{t|}}\cdot f_x(t)\mathrm{d}t&=\int_0^{\infty}\bar{a}_{\overline{t|}}\cdot \mathrm{d}F_x(t)=-\int_0^{\infty}\bar{a}_{\overline{t|}}\mathrm{d}({}_tp_x)\\&=-\bar{a}_{\overline{t|}}\cdot{}_tp_x\Big|_0^{\infty}+\int_0^{\infty}{}_tp_x\mathrm{d}(\bar{a}_{\overline{t|}})\\&=0+\int_0^{\infty}{}_tp_x\cdot\mathrm{d}\left(\frac{1-v^t}{\delta}\right)\\&=\int_0^{\infty}{}_tp_x\cdot v^t\mathrm{d}t\end{aligned}$$

因此,又有公式:

$$\bar{a}_x=\int_0^{\infty}v^t{}_tp_x\mathrm{d}t \tag{4-2}$$

式(4-2)的解释是:先将每一时刻 t 处的年金给付额精算贴现至签单时,得到各时点的年金给付额的精算现值,然后再将所有时点的精算现值相加(积分),得到整个年金给付额的精算现值。我们把这种计算生存年金的趸缴纯保费的方法叫做现时支付法。

而式(4-1)的解释是:先求出在未来寿命期限与年金期限内所有可能的生存年金整个给付额的在签单时的现值,然后再取现值的数学期望,即为整个年金给付额的精算现值,我们把这种计算生存年金的趸缴纯保费的方法叫做总额支付法。

式(4-1)与式(4-2)说明了,对于连续型终身生存年金,总额支付法与现时支付法是等价的。在后面,我们还会看到,对于其他的生存年金,这两种计算趸缴纯保费的方法也是等价的。

为了衡量连续型终身生存年金的定价风险,我们需要考虑生存年金给付额现值 $\bar{a}_{\overline{T|}}$ 的方差。

$$\mathrm{Var}(Y)=\mathrm{Var}(\bar{a}_{\overline{T|}})=\mathrm{Var}\left(\frac{1-v^T}{\delta}\right)$$

$$= \frac{\mathrm{Var}(v^T)}{\delta^2} = \frac{1}{\delta^2}\mathrm{Var}(Z)$$

$$= \frac{1}{\delta^2}[{}^2\bar{A}_x - (\bar{A}_x)^2] \tag{4-3}$$

其中,Z 为连续型终身寿险的未来保险金给付现值随机变量。

由于 δ 很小,所以,终身生存年金的定价风险要比终身寿险的定价风险大得多。

值得注意的是,如果记:

$${}^2\bar{a}_x = \int_0^\infty v^{2t}\, {}_tp_x \mathrm{d}t$$

则:

$$\mathrm{Var}(Y) = \frac{2}{\delta}(\bar{a}_x - {}^2\bar{a}_x) - (\bar{a}_x)^2 \tag{4-4}$$

例【4-1】　假设生存函数中的死亡力是常数 $\mu = 0.02$,年金中的利力 $\delta = 0.03$,求:(1) 终身生存年金的趸缴纯保费 $\bar{a}_x$;(2) 终身生存年金现值 $\bar{a}_{\overline{T|}}$ 的标准差;(3) $\bar{a}_{\overline{T|}}$ 超过 $\bar{a}_x$ 的概率。

解:(1) 利用现时支付法,则:

$$\bar{a}_x = \int_0^{+\infty} v^t {}_tp_x \mathrm{d}t = \int_0^{+\infty} \exp(-\delta t) \cdot \exp(-\mu t)\mathrm{d}t$$

$$= -\frac{1}{\delta+\mu}\exp[-(\delta+\mu)t]\Big|_0^{+\infty} = \frac{1}{\delta+\mu} = 20$$

(2) 因为:$\bar{A}_x = \int_0^{+\infty} v^t f_x(t)\mathrm{d}t = \int_0^{+\infty} \exp(-\delta t)\cdot \mu\exp(-\mu t)\mathrm{d}t$

$$= -\frac{\mu}{\delta+\mu}\exp[-(\delta+\mu)t]\Big|_0^{+\infty} = \frac{\mu}{\delta+\mu} = 0.4$$

$${}^2\bar{A}_x = \int_0^{+\infty} \exp(-2\delta t)\cdot \mu\exp(-\mu t)\mathrm{d}t$$

$$= -\frac{\mu}{2\delta+\mu}\exp[-(2\delta+\mu)t]\Big|_0^{+\infty} = \frac{\mu}{2\delta+\mu} = 0.25$$

所以:$\mathrm{Var}(\bar{a}_{\overline{T|}}) = \frac{1}{\delta^2}\cdot[{}^2\bar{A}_x - (\bar{A}_x)^2] = 100$

其标准差为:$\sqrt{\mathrm{Var}(\bar{a}_{\overline{T|}})} = 10$

(3) $\Pr\{\bar{a}_{\overline{T|}} > \bar{a}_x\} = \Pr\left\{\frac{1-v^T}{\delta} > 20\right\}$

$$= \Pr\{v^T < 0.4\} = \Pr\left\{T > \frac{\ln 0.4}{-\delta}\right\}$$

$$= \Pr\{T > 30.543\}$$

$$= \int_{30.543}^{+\infty} \mu \cdot \exp(-\mu t)\,\mathrm{d}t$$

$$= \exp(-\mu t)\Big|_{30.543}^{+\infty} = 0.542\,9$$

此题表明:在死亡力是常数$\mu = 0.02$,利力$\delta = 0.03$的假设条件下,用生存年金未来给付的精算现值作为趸缴纯保费,其定价风险较大,因为年金未来给付现值的方差(标准差)较大,并且所收取的趸缴纯保费$\bar{a}_x = 20$将不足以支付每年给付1的终身生存年金的实际给付的概率较大,约为54.29%,即入不敷出的概率为54.29%。

2. n 年定期生存年金

类似于终身生存年金,n年定期生存年金的未来保险金给付现值随机变量Y为:

$$Y = \begin{cases} \bar{a}_{\overline{T}|}, & 0 \leqslant T \leqslant n \\ \bar{a}_{\overline{n}|}, & T > n \end{cases}$$

其精算现值为:

$$\begin{aligned} E(Y) &= \int_0^n \bar{a}_{\overline{t}|} \cdot f_x(t)\,\mathrm{d}t + \bar{a}_{\overline{n}|}\Pr\{T > n\} \\ &= -\int_0^n \bar{a}_{\overline{t}|}\,\mathrm{d}({}_tp_x) + \bar{a}_{\overline{n}|} \cdot {}_np_x \\ &= -\bar{a}_{\overline{t}|} \cdot {}_tp_x\Big|_0^n + \int_0^n {}_tp_x\,\mathrm{d}(\bar{a}_{\overline{t}|}) + \bar{a}_{\overline{n}|} \cdot {}_np_x \\ &= -\bar{a}_{\overline{n}|} \cdot {}_np_x + 0 + \int_0^n {}_tp_x\,\mathrm{d}\left(\frac{1-v^t}{\delta}\right) + \bar{a}_{\overline{n}|} \cdot {}_np_x \\ &= \int_0^n v^t{}_tp_x\,\mathrm{d}t \end{aligned}$$

如果用精算符号$\bar{a}_{x:\overline{n}|}$表示这种生存年金的趸缴纯保费,则根据平衡原理有公式:

$$\bar{a}_{x:\overline{n}|} = \int_0^n \bar{a}_{\overline{t}|} \cdot f_x(t)\,\mathrm{d}t + \bar{a}_{\overline{n}|} \cdot {}_np_x \tag{4-5}$$

公式(4-5)是总额支付法公式,其等价的现时支付法公式为:

$$\bar{a}_{x:\overline{n}|} = \int_0^n v^t{}_tp_x\,\mathrm{d}t \tag{4-6}$$

为了计算这种生存年金给付额现值Y的方差,我们需要利用连续型n年定期两全保险的未来给付额现值随机变量Z,即:

$$Z = \begin{cases} v^T, & 0 \leqslant T \leqslant n \\ v^n, & T > n \end{cases}$$

那么：

$$Y = \frac{1-Z}{\delta}$$

于是 Y 的方差为：

$$\mathrm{Var}(Y) = \mathrm{Var}\left(\frac{1-Z}{\delta}\right) = \frac{1}{\delta^2}\mathrm{Var}(Z)$$

$$= \frac{1}{\delta^2}\left[{}^2\bar{A}_{x:\overline{n}|} - (A_{x:\overline{n}|})^2\right] \tag{4-7}$$

式(4-7) 也有与式(4-3) 类似的解释。

值得注意的是，如果记：

$${}^2\bar{a}_{x:\overline{n}|} = \int_0^n v^{2t} \cdot {}_tp_x \mathrm{d}t$$

则：

$$\mathrm{Var}(Y) = \frac{2}{\delta}(\bar{a}_{x:\overline{n}|} - {}^2\bar{a}_{x:\overline{n}|}) - (\bar{a}_{x:\overline{n}|})^2 \tag{4-8}$$

二、延期生存年金的趸缴纯保费

延期生存年金的年金期并不是从保单签单时就开始的，而是在签单后延迟一段时间才开始的，在延迟的这段时间内没有保险金给付。

1. 延期 m 年的终身生存年金

延期 m 年的终身生存年金的未来保险金给付的现值随机变量 Y 为：

$$Y = \begin{cases} 0, & T \leqslant m \\ v^m \bar{a}_{\overline{T-m}|}, & T > m \end{cases}$$

如果用精算符号 ${}_{m|}\bar{a}_x$ 表示这种生存年金的趸缴纯保费，则根据总额支付法，有公式：

$${}_{m|}\bar{a}_x = E(Y) = \int_m^\infty v^m \bar{a}_{\overline{t-m}|} f_x(t)\mathrm{d}t$$

$$= v^m \int_m^\infty \bar{a}_{\overline{t-m}|} \cdot {}_tp_x \cdot \mu_{x+t} \mathrm{d}t \tag{4-9}$$

同样可得到现时支付法的公式为：

$${}_{m|}\bar{a}_x = \int_m^\infty v^t \cdot {}_tp_x \mathrm{d}t \tag{4-10}$$

显然，还有公式：

$${}_{m|}\bar{a}_x = v^m \cdot {}_mp_x \cdot \int_0^\infty v^s \, {}_sp_{x+m} \mathrm{d}s$$

$$= {}_mE_x \cdot \bar{a}_{x+m} \tag{4-11}$$

$${}_{m|}\bar{a}_x = \int_0^\infty v^t {}_tp_x \mathrm{d}t - \int_0^m v^t \cdot {}_tp_x \mathrm{d}t$$

$$= \bar{a}_x - \bar{a}_{x:\overline{m}|} \tag{4-12}$$

2. 延期 m 年的 n 年定期生存年金

延期 m 年的 n 年定期生存年金的未来保险金给付的现值随机变量 Y 为：

$$Y = \begin{cases} 0, & T \leqslant m \\ v^m \bar{a}_{\overline{T-m}|}, & m < T \leqslant m+n \\ v^m \bar{a}_{\overline{n}|}, & T > m+n \end{cases}$$

如果用精算符号 ${}_{m|}\bar{a}_{x:\overline{n}|}$ 表示这种生存年金的趸缴纯保费，则根据总额支付法，有公式：

$$\begin{aligned} {}_{m|}\bar{a}_{x:\overline{n}|} &= E(Y) = \int_m^{m+n} v^m \bar{a}_{\overline{t-m}|} f_x(t)\,\mathrm{d}t + v^m \bar{a}_{\overline{n}|} \cdot \Pr\{T > m+n\} \\ &= v^m \int_m^{m+n} \bar{a}_{\overline{t-m}|} + p_x \cdot \mu_{x+t}\mathrm{d}t + v^m \bar{a}_{\overline{n}|} \cdot {}_{m+n}p_x \end{aligned} \tag{4-13}$$

同样可得到现时支付法的公式：

$${}_{m|}\bar{a}_{x:\overline{n}|} = \int_m^{m+n} v^t \cdot {}_t p_x \mathrm{d}t \tag{4-14}$$

显然，还有公式：

$$\begin{aligned} {}_{m|}\bar{a}_{x:\overline{n}|} &= v^m \cdot {}_m p_x \cdot \int_0^n v^s_s p_{x+m} \mathrm{d}s \\ &= {}_m E_x \cdot \bar{a}_{x+m:\overline{n}|} \end{aligned} \tag{4-15}$$

$$\begin{aligned} {}_{m|}\bar{a}_{x:\overline{n}|} &= \int_0^{m+n} v^t \cdot {}_t p_x \mathrm{d}t - \int_0^m v^t \cdot {}_t p_x \mathrm{d}t \\ &= \bar{a}_{x:\overline{m+n}|} - \bar{a}_{x:\overline{m}|} \end{aligned} \tag{4-16}$$

例【4-2】 求例 4-1 中的：(1) 延期 10 年后的终身生存年金的趸缴纯保费 ${}_{10|}\bar{a}_x$；(2) 延期 10 年后的 20 年定期生存年金的趸缴纯保费 ${}_{10|}\bar{a}_{x:\overline{20}|}$。

解：(1) 利用现时支付法计算：

$$\begin{aligned} \bar{a}_{x+m} &= \int_0^{+\infty} v^t_t p_{x+m} \mathrm{d}t = \int_0^{+\infty} \exp(-\delta t) \cdot \exp(-\mu t)\mathrm{d}t \\ &= -\frac{1}{\delta+\mu}\exp[-(\delta+\mu)t]\Big|_0^{+\infty} = \frac{1}{\delta+\mu} = 20 \end{aligned}$$

而：$v^m_m p_x = \exp(-\delta m) \cdot \exp(-\mu m) = \exp[-m(\delta+\mu)]$

所以，由公式(4-11) 得：

$$\begin{aligned} {}_{10|}\bar{a}_x &= {}_{10}E_x \cdot \bar{a}_{x+10} = \mathrm{e}^{-10\times(0.03+0.02)} \cdot 20 \\ &= 20 \cdot \mathrm{e}^{-0.5} = 12.130\,6 \end{aligned}$$

(2) 利用现时支付法计算：

$$\bar{a}_{x+m:\overline{n}|} = \int_0^n v^t_t p_{x+m} \mathrm{d}t = \int_0^n \exp(-\delta t) \cdot \exp(-\mu t)\mathrm{d}t$$

$$= -\frac{1}{\delta+\mu}\exp[-(\delta+\mu)t]\Big|_0^n = \frac{1-e^{-(\delta+\mu)n}}{\delta+\mu}$$

所以,由公式(4-15)得:

$$_{10|}\bar{a}_{x:\overline{20|}} = {}_{10}E_x \cdot \bar{a}_{x+10:\overline{20|}} = e^{-10\times(0.03+0.02)} \times \frac{1-e^{-20\times(0.03+0.02)}}{0.03+0.02}$$

$$= 20(e^{-0.5} - e^{-1.5}) = 7.668$$

三、变额生存年金的趸缴纯保费

前面讨论的是等额生存年金,即被保险人在保险期内无论生存到什么时候,每期的保险给付金额都一样,但在年金保险实务中,也会出现年金给付额度随给付时间的不同而有所不同的情况,这就是变额年金。在通常情况下,保险金额是随给付时间的推移而匀速变化的,即变额生存年金是均匀递增或者均匀递减的年金。

1. 递增型终身生存年金

对于通常的连续递增型终身生存年金,如果用精算符号$(\bar{I}\bar{a})_x$表示其趸缴纯保费,则总额支付法的计算公式为:

$$(\bar{I}\bar{a})_x = \int_0^{\infty} (\bar{I}\bar{a})_{\overline{t|}} \cdot f_x(t)\,dt \tag{4-17}$$

现时支付法的计算公式为:

$$(\bar{I}\bar{a})_x = \int_0^{\infty} t \cdot v^t \cdot {}_tp_x\,dt \tag{4-18}$$

与公式(3-28)的推导类似,有:

$$(\bar{I}\bar{a})_x = \int_0^{\infty} {}_{s|}\bar{a}_x\,ds \tag{4-19}$$

2. 递增型 n 年定期生存年金

如果用精算符号$(\bar{I}\bar{a})_{x:\overline{n|}}$表示连续递增型 n 年定期生存年金的趸缴纯保费,则总额支付法的计算公式为:

$$(\bar{I}\bar{a})_{x:\overline{n|}} = \int_0^{n} (\bar{I}\bar{a})_{\overline{t|}} \cdot f_x(t)\,dt + (\bar{I}\bar{a})_{\overline{n|}} \cdot {}_np_x \tag{4-20}$$

现时支付法的计算公式为:

$$(\bar{I}\bar{a})_{x:\overline{n|}} = \int_0^{n} t \cdot v^t \cdot {}_tp_x\,dt \tag{4-21}$$

与公式(3-32)类似,有:

$$(\bar{I}\bar{a})_{x:\overline{n|}} = \int_0^{n} {}_{s|}\bar{a}_{x:\overline{n-s|}}\,ds \tag{4-22}$$

3. 递减型 n 年定期生存年金

因为通常的连续递减型 n 年定期生存年金在期限内 t 时刻($t < n$) 的总额支付量的现值为 $n\bar{a}_{\overline{t|}} - (\bar{I}\bar{a})_{\overline{t|}}$,所以如果用精算符号$(\bar{D}\bar{a})_{x:\overline{n|}}$ 表示这种生存年金的趸缴纯保费,则总额支付法的计算公式为:

$$(\bar{D}\bar{a})_{x:\overline{n|}} = \int_0^n [n\bar{a}_{\overline{t|}} - (\bar{I}\bar{a})_{\overline{t|}}] \cdot f_x(t)\mathrm{d}t + (\bar{D}\bar{a})_{\overline{n|}} \cdot {}_n p_x \tag{4-23}$$

现时支付法的计算公式为:

$$(\bar{D}\bar{a})_{x:\overline{n|}} = \int_0^n (n - t) \cdot {}_t p_x \mathrm{d}t \tag{4-24}$$

与公式(3-36) 类似,有:

$$(\bar{D}\bar{a})_{x:\overline{n|}} = \int_0^n \bar{a}_{x:\overline{s|}}\mathrm{d}s \tag{4-25}$$

对于递增与递减的 n 年定期生存年金,容易得到如下关系式:

$$(\bar{I}\bar{a})_{x:\overline{n|}} + (\bar{D}\bar{a})_{x:\overline{n|}} = n \cdot \bar{a}_{x:\overline{n|}} \tag{4-26}$$

四、连续型寿险与连续型生存年金的关系

由于终身生存年金给付现值随机变量 Y 与终身寿险给付现值随机变量 Z 之间有关系式:

$$Y = \bar{a}_{\overline{T|}} = \frac{1 - v^T}{\delta} = \frac{1 - Z}{\delta}$$

所以它们的趸缴纯保费之间有关系式:

$$\bar{a}_x = E(Y) = \frac{1 - E(Z)}{\delta} = \frac{1 - \bar{A}_x}{\delta} \tag{4-27}$$

或者:

$$\bar{A}_x = 1 - \delta \cdot \bar{a}_x$$

由于 n 年定期生存年金给付现值随机变量 Y 与 n 年定期两全保险给付现值随机变量 Z 之间也有关系式:

$$Y = \frac{1 - Z}{\delta}$$

所以它们的趸缴纯保费之间也有关系式:

$$\bar{a}_{x:\overline{n|}} = E(Y) = \frac{1 - E(Z)}{\delta} = \frac{1 - \bar{A}_{x:\overline{n|}}}{\delta} \tag{4-28}$$

或者:

$$\bar{A}_{x:\overline{n|}} = 1 - \delta \cdot \bar{a}_{x:\overline{n|}}$$

事实上,式(4-3) 和式(4-7) 已分别给出了终身生存年金与终身寿险方差之

间的关系和 n 年定期生存年金与 n 年定期两全保险方差之间的关系。

此外,对于延期的终身生存年金,有:

$$
\begin{aligned}
{}_{m|}\bar{a}_x &= \bar{a}_x - \bar{a}_{x:\overline{m}|} = \frac{1-\bar{A}_x}{\delta} - \frac{1-\bar{A}_{x:\overline{m}|}}{\delta} \\
&= \frac{\bar{A}_{x:\overline{m}|} - \bar{A}_x}{\delta}
\end{aligned}
\tag{4-29}
$$

对于延期的 n 年定期生存年金,有:

$$
\begin{aligned}
{}_{m|}\bar{a}_{x:\overline{n}|} &= \bar{a}_{x:\overline{m+n}|} - \bar{a}_{x:\overline{m}|} \\
&= \frac{1}{\delta}(\bar{A}_{x:\overline{m}|} - \bar{A}_{x:\overline{m+n}|})
\end{aligned}
\tag{4-30}
$$

由于连续型的生存年金在保险实务中几乎看不到,所以,我们只对这类生存年金在理论上作简单地介绍,不过多地讨论。

第二节　离散型生存年金的趸缴纯保费

离散型生存年金是以被保险人生存为给付条件的,按离散年金形式支付的年金保险。生存年金一般是每年支付一次,但也有一年支付多次的。本节主要讨论一年支付一次的各种生存年金,并分别推导出期初支付与期末支付的趸缴纯保费计算公式。

一、即期生存年金的趸缴纯保费

1. 期初支付的终身生存年金

设被保险人(x)购买了一份保额为一个单位金额的离散型终身生存年金保险,并且保险金在年初支付,则在标准复贴现方式下,当被保险人的未来余命为 T,整数余命为 $K=[T]$ 时,这种生存年金的未来保险金给付现值随机变量 Y 为:

$$Y = \ddot{a}_{\overline{k+1}|}\ ,\ k \geqslant 0$$

其精算现值为:

$$E(Y) = \sum_{k=0}^{\infty} \ddot{a}_{\overline{k+1}|} \cdot {}_{k|}q_x$$

如果用精算符号 $\ddot{a}_x$ 表示这种生存年金的趸缴纯保费,则其总额支付法的计算公式为:

$$\ddot{a}_x = \sum_{k=0}^{\infty} \ddot{a}_{\overline{k+1}|} \cdot {}_{k|}q_x \tag{4-31}$$

由于:

$$\sum_{k=0}^{\infty}\ddot{a}_{\overline{k+1}|}\cdot{}_{k|}q_x=\sum_{k=0}^{\infty}\ddot{a}_{\overline{k+1}|}({}_kp_x-{}_{k+1}p_x)$$
$$=\ddot{a}_{\overline{1}|}\cdot{}_0p_x+\sum_{k=1}^{\infty}(\ddot{a}_{\overline{k+1}|}-\ddot{a}_{\overline{k}|})\cdot{}_kp_x$$
$$=\sum_{k=0}^{\infty}v^k{}_kp_x$$

所以,其现时支付法的计算公式为:

$$\ddot{a}_x=\sum_{k=0}^{\infty}v^k\cdot{}_kp_x \tag{4-32}$$

为了衡量离散型生存年金的定价风险,我们也需要考虑生存年金给付额现值 $\ddot{a}_{\overline{k+1}|}$ 的方差:

$$\mathrm{Var}(Y)=\mathrm{Var}(\ddot{a}_{\overline{K+1}|})=\mathrm{Var}(\frac{1-v^{K+1}}{d})$$
$$=\frac{1}{d^2}\mathrm{Var}(v^{K+1})=\frac{1}{d^2}\cdot\mathrm{Var}(Z)$$
$$=\frac{1}{d^2}[{}^2A_x-(A_x)^2] \tag{4-33}$$

其中 Z 为离散型终身寿险的未来保险金给付现值随机变量。

式(4-33)有与式(4-3)类似的解释。

值得注意的是,如果记:

$${}^2\ddot{a}_x=\sum_{k=0}^{\infty}v^{2k}\cdot{}_kp_x$$

则:

$$\mathrm{Var}(Y)=\frac{2}{d}(\ddot{a}_x-{}^2\ddot{a}_x)+{}^2\ddot{a}_x-(\ddot{a}_x)^2 \tag{4-34}$$

2. 期初支付的 n 年定期生存年金

期初支付的 n 年定期生存年金的未来保险金给付现值随机变量 Y 为:

$$Y=\begin{cases}\ddot{a}_{\overline{K+1}|}, & 0\leqslant K<n\\ \ddot{a}_{\overline{n}|}, & K\geqslant n\end{cases}$$

其精算现值为:

$$E(Y)=\sum_{k=0}^{n-1}\ddot{a}_{\overline{k+1}|}\cdot{}_{k|}q_x+\ddot{a}_{\overline{n}|}\cdot{}_np_x$$
$$=\sum_{k=0}^{n-1}\ddot{a}_{\overline{k+1}|}\cdot({}_kp_x-{}_{k+1}p_x)+\ddot{a}_{\overline{n}|}\cdot{}_np_x$$
$$=\ddot{a}_{\overline{1}|}\cdot{}_0p_x+\sum_{k=1}^{n-1}(\ddot{a}_{\overline{k+1}|}-\ddot{a}_{\overline{k}|})\cdot{}_kp_x$$

$$= \sum_{k=0}^{n-1} v^k \cdot {}_k p_x$$

如果用精算符号 $\ddot{a}_{x:\overline{n}|}$ 表示这种生存年金的趸缴纯保费，则总额支付法的计算公式为：

$$\ddot{a}_{x:\overline{n}|} = \sum_{k=0}^{n-1} \ddot{a}_{\overline{k+1}|} \cdot {}_{k|}q_x + \ddot{a}_{\overline{n}|} \cdot {}_n p_x \tag{4-35}$$

其现时支付法的计算公式为：

$$\ddot{a}_{x:\overline{n}|} = \sum_{k=0}^{n-1} v^k \cdot {}_k p_x \tag{4-36}$$

为了计算这种生存年金给付额现值 Y 的方差，我们需要利用离散型 n 年定期两全保险的未来给付额现值随机变量 Z，即：

$$Z = \begin{cases} v^{K+1}, & 0 \leqslant K < n \\ v^n, & K \geqslant n \end{cases}$$

那么：

$$Y = \frac{1-Z}{d}$$

于是 Y 的方差为：

$$\begin{aligned} \mathrm{Var}(Y) &= \mathrm{Var}\left(\frac{1-Z}{d}\right) = \frac{1}{d^2}\mathrm{Var}(Z) \\ &= \frac{1}{d^2}\left[{}^2A_{x:\overline{n}|} - (A_{x:\overline{n}|})^2\right] \end{aligned} \tag{4-37}$$

式(4-34)也有与式(4-7)类似的解释。

值得注意的是，如果记：

$${}^2\ddot{a}_{x:\overline{n}|} = \sum_{k=0}^{n-1} v^{2k} \cdot {}_k p_x$$

则：

$$\mathrm{Var}(Y) = \frac{2}{d}\left(\ddot{a}_{x:\overline{n}|} - {}^2\ddot{a}_{x:\overline{n}|}\right) + {}^2\ddot{a}_{x:\overline{n}|} - (\ddot{a}_{x:\overline{n}|})^2 \tag{4-38}$$

3. 期末支付的终身生存年金

尽管期末支付的生存年金在实务中很少见，但讨论它还是有一定的理论意义。

与期初支付的终身生存年金类似，期末支付的终身生存年金的未来保险金给付现值随机变量 Y 为：

$$Y = a_{\overline{K}|}, \quad K \geqslant 0$$

其精算现值为：

$$E(Y)=\sum_{k=0}^{\infty}a_{\overline{k}|}\cdot{}_{k|}q_x$$

如果用精算符号 a_x 表示其趸缴纯保费，则总额支付法的计算公式为：

$$a_x=E(Y)=\sum_{k=0}^{\infty}a_{\overline{k}|}\cdot{}_{k|}q_x \tag{4-39}$$

现时支付法的计算公式为：

$$a_x=\sum_{k=1}^{\infty}v^k{}_kp_x \tag{4-40}$$

容易得到关系式：

$$a_x=\ddot{a}_x-1 \tag{4-41}$$

4. 期末支付的 n 年定期生存年金

与期初支付的 n 年定期生存年金类似，期末支付的 n 年定期生存年金的未来保险金给付现值随机变量 Y 为：

$$Y=\begin{cases}a_{\overline{K}|}, & 0\leqslant K<n\\ a_{\overline{n}|}, & K\geqslant n\end{cases}$$

其精算现值为：

$$E(Y)=\sum_{k=0}^{n-1}a_{\overline{k}|}\cdot{}_{k|}q_x+a_{\overline{n}|}\cdot{}_np_x$$

如果用精算符号 $a_{x:\overline{n}|}$ 表示其趸缴纯保费，则总额支付法的计算公式为：

$$a_{x:\overline{n}|}=E(Y)=\sum_{k=0}^{n-1}a_{\overline{k}|}\cdot{}_{k|}q_x+a_{\overline{n}|}\cdot{}_np_x \tag{4-42}$$

现时支付法的计算公式为：

$$a_{x:\overline{n}|}=\sum_{k=1}^{n}v^k\cdot{}_kp_x \tag{4-43}$$

容易得到关系式：

$$a_{x:\overline{n}|}=\ddot{a}_{x:\overline{n}|}-1+{}_nE_x \tag{4-44}$$

二、延期生存年金的趸缴纯保费

离散型的延期生存年金在养老保险的实务中比较普遍。

1. 期初支付的延期 m 年的终身生存年金

期初支付的延期 m 年的终身生存年金的未来保险金给付的现值随机变量 Y 为：

$$Y=\begin{cases}0, & 0\leqslant K\leqslant m-1\\ \ddot{a}_{\overline{K+1}|}-\ddot{a}_{\overline{m}|}, & K\geqslant m\end{cases}$$

如果用精算符号 ${}_{m|}\ddot{a}_x$ 表示这种生存年金的趸缴纯保费，则其总额支付法的计算公式为：

$$ {}_{m|}\ddot{a}_x = \sum_{k=m}^{\infty}(\ddot{a}_{\overline{k+1}|} - \ddot{a}_{\overline{m}|})\,{}_{k|}q_x \tag{4-45} $$

现时支付法的计算公式为：

$$ {}_{m|}\ddot{a}_x = \sum_{k=m}^{\infty} v^k\,{}_kp_x \tag{4-46} $$

显然，还有公式：

$$ \begin{aligned} {}_{m|}\ddot{a}_x &= v^m\,{}_mp_x \cdot \sum_{l=0}^{\infty} v^l\,{}_lp_{x+m} \\ &= {}_mE_x \cdot \ddot{a}_{x+m} \end{aligned} \tag{4-47} $$

$$ \begin{aligned} {}_{m|}\ddot{a}_x &= \sum_{k=0}^{\infty} v^k \cdot {}_kp_x - \sum_{k=0}^{m-1} v^k \cdot {}_kp_x \\ &= \ddot{a}_x - \ddot{a}_{x:\overline{m}|} \end{aligned} \tag{4-48} $$

2. 期初支付的延期 m 年的 n 年定期生存年金

期初支付的延期 m 年的 n 年定期生存年金的未来保险金给付的现值随机变量 Y 为：

$$ Y = \begin{cases} 0, & 0 \leqslant K \leqslant m-1 \\ \ddot{a}_{\overline{K+1}|} - \ddot{a}_{\overline{m}|}, & m \leqslant K \leqslant m+n-1 \\ \ddot{a}_{\overline{m+n}|} - \ddot{a}_{\overline{m}|}, & K \geqslant m+n \end{cases} $$

如果用精算符号 ${}_{m|}\ddot{a}_{x:\overline{n}|}$ 表示这种生存年金的趸缴纯保费，则其总额支付法的计算公式为：

$$ {}_{m|}\ddot{a}_{x:\overline{n}|} = \sum_{k=m}^{m+n-1}(\ddot{a}_{\overline{k+1}|} - \ddot{a}_{\overline{m}|}) \cdot {}_{k|}q_x + (\ddot{a}_{\overline{m+n}|} - \ddot{a}_{\overline{m}|}) \cdot {}_{m+n}p_x \tag{4-49} $$

现时支付法的计算公式为：

$$ {}_{m|}\ddot{a}_{x:\overline{n}|} = \sum_{k=m}^{m+n-1} v^k\,{}_kp_x \tag{4-50} $$

显然，还有公式：

$$ \begin{aligned} {}_{m|}\ddot{a}_{x:\overline{n}|} &= v^m\,{}_mp_x \cdot \sum_{l=0}^{n-1} v^l\,{}_lp_{x+m} \\ &= {}_mE_x \cdot \ddot{a}_{x+m:\overline{n}|} \end{aligned} \tag{4-51} $$

$$ \begin{aligned} {}_{m|}\ddot{a}_{x:\overline{n}|} &= \sum_{k=0}^{m+n-1} v^k\,{}_kp_x - \sum_{k=0}^{m-1} v^k\,{}_kp_x \\ &= \ddot{a}_{x:\overline{m+n}|} - \ddot{a}_{x:\overline{m}|} \end{aligned} \tag{4-52} $$

3. 期末支付的延期 m 年的终身生存年金

与期初支付的延期 m 年的终身生存年金类似，期末支付的延期 m 年的终身生存年金的未来保险金给付现值随机变量 Y 为：

$$Y=\begin{cases}0, & 0\leqslant K\leqslant m-1\\ a_{\overline{K|}}-a_{\overline{m|}}, & K\geqslant m\end{cases}$$

如果用精算符号 ${}_{m|}a_x$ 表示这种生存年金的趸缴纯保费，则其总额支付法的计算公式为：

$$ {}_{m|}a_x=\sum_{k=m}^{\infty}(a_{\overline{k|}}-a_{\overline{m|}})\cdot {}_{k|}q_x \tag{4-53}$$

现时支付法的计算公式为：

$$ {}_{m|}a_x=\sum_{k=m+1}^{\infty}v^k\,{}_kp_x \tag{4-54}$$

显然，还有公式：

$$ {}_{m|}a_x={}_mE_x\cdot a_{x+m} \tag{4-55}$$

$$ {}_{m|}a_x=a_x-a_{x:\overline{m|}} \tag{4-56}$$

4. 期末支付的延期 m 年的 n 年定期生存年金

与期初支付的延期 m 年的 n 年定期生存年金类似，期末支付的延期 m 年的 n 年定期生存年金的未来保险金给付现值随机变量 Y 为：

$$Y=\begin{cases}0, & 0\leqslant K\leqslant m-1\\ a_{\overline{K|}}-a_{\overline{m|}}, & m\leqslant K\leqslant m+n-1\\ a_{\overline{m+n|}}-a_{\overline{m|}}, & K\geqslant m+n\end{cases}$$

如果用精算符号 ${}_{m|}a_{x:\overline{n|}}$ 表示这种生存年金的趸缴纯保费，则总额支付法的计算公式为：

$$ {}_{m|}a_{x:\overline{n|}}=\sum_{k=m}^{m+n-1}(a_{\overline{k|}}-a_{\overline{m|}})\cdot {}_{k|}q_x+(a_{\overline{m+n|}}-a_{\overline{m|}})\cdot {}_{m+n}p_x \tag{4-57}$$

现时支付法的计算公式为：

$$ {}_{m|}a_{x:\overline{n|}}=\sum_{k=m+1}^{m+n}v^k\,{}_kp_x \tag{4-58}$$

显然，还有公式：

$$\begin{aligned} {}_{m|}a_{x:\overline{n|}}&=v^m\,{}_mp_x\cdot\sum_{l=1}^{n}v^l\cdot{}_lp_{x+m}\\ &={}_mE_x\cdot a_{x+m:\overline{n|}} \end{aligned}\tag{4-59}$$

$$ {}_{m|}a_{x:\overline{n|}}=\sum_{k=1}^{m+n}v^k\,{}_kp_x-\sum_{k=1}^{m}v^k\,{}_kp_x$$

$$= a_{x:\overline{m+n}|} - a_{x:\overline{m}|} \tag{4-60}$$

期初支付的生存年金在年金保险的实务中比较普遍，而期末支付的生存年金在实务中则不多见。

例【4-3】 (50) 投保了延期 10 年的 8 年定期生存年金保险，每年给付金额为 5 000 元。试用本书附表 4 中的数据，分别计算期初支付与期末支付的趸缴纯保费($i = 0.04$，男性)。

解：(1) 期初支付的趸缴纯保费为：

$$\begin{aligned}
5\,000 \cdot {}_{10|}\ddot{a}_{50:\overline{8}|} &= 500\,0\, {}_{10}E_{50} \cdot \ddot{a}_{60:\overline{8}|} \\
&= 5\,000 \cdot v^{10}\ {}_{10}p_{50} \cdot \sum_{k=0}^{7} v^k \cdot {}_kp_{60} \\
&= 5\,000 \times (1.04)^{-10} \cdot \frac{l_{60}}{l_{50}} \cdot \sum_{k=0}^{7} (1.04)^{-k} \cdot \frac{l_{60+k}}{l_{60}} \\
&= 5\,000 \times \frac{(1.04)^{-10}}{l_{50}} \cdot \sum_{k=0}^{7} (1.04)^{-k} \cdot l_{60+k} \\
&= \frac{500\,0}{(1.04)^{10} \cdot 960.178\,19}\Big[922.903\,01 + \frac{916.452\,84}{1.04} \\
&\quad + \frac{909.243\,1}{(1.04)^2} + \frac{901.309\,96}{(1.04)^3} + \frac{892.587\,98}{(1.04)^4} + \frac{883.009\,62}{(1.04)^5} \\
&\quad + \frac{872.501\,8}{(1.04)^6} + \frac{860.959\,48}{(1.04)^7}\Big] \\
&= 22\,087.49(\text{元})
\end{aligned}$$

(2) 期末支付的趸缴纯保费为：

$$\begin{aligned}
5\,000 \cdot {}_{10|}a_{50:\overline{8}|} &= 5\,000 \cdot {}_{10}E_{50} \cdot a_{60:\overline{8}|} \\
&= 5\,000 \cdot v^{10}\ {}_{10}p_{50} \cdot \sum_{k=1}^{8} v^k_k p_{60} \\
&= 5\,000 \times (1.04)^{-10} \cdot \frac{l_{60}}{l_{50}} \cdot \sum_{k=1}^{8} (1.04)^{-k} \cdot \frac{l_{60+k}}{l_{60}} \\
&= 5\,000 \times \frac{(1.04)^{-10}}{l_{50}} \cdot \sum_{k=1}^{8} (1.04)^{-k} \cdot l_{60+k} \\
&= \frac{5\,000}{(1.04)^{10} \cdot 960.178\,19}\Big[\frac{916.452\,84}{1.04} + \frac{909.243\,1}{(1.04)^2} \\
&\quad + \frac{901.309\,96}{(1.04)^3} + \frac{892.587\,98}{(1.04)^4} + \frac{883.009\,62}{(1.04)^5} + \frac{872.501\,8}{(1.04)^6} \\
&\quad + \frac{860.959\,48}{(1.04)^7} + \frac{848.290\,7}{(1.04)^8}\Big]
\end{aligned}$$

$= 21\ 021.33$(元)

三、变额生存年金的趸缴纯保费

对于离散型的变额生存年金,在通常情况下,保险金额是随给付时间的推移而匀速变化的,即给付时间每推移一个单位时间,其给付金额将增加或减少相同的额度。

1. 期初支付的递增型终身生存年金

对于通常的离散递增型终身生存年金,如果用精算符号$(I\ddot{a})_x$表示其期初支付的趸缴纯保费,则总额支付法的计算公式为:

$$(I\ddot{a})_x = \sum_{k=0}^{\infty}(I\ddot{a})_{\overline{k+1|}}\ {}_{k|}q_x \tag{4-61}$$

现时支付法的计算公式为:

$$(I\ddot{a})_x = \sum_{k=0}^{\infty}(k+1)v^k \cdot {}_kp_x \tag{4-62}$$

此外,还有公式:

$$\begin{aligned}(I\ddot{a})_x &= \sum_{k=0}^{\infty}(k+1)v^k\ {}_kp_x = \sum_{k=0}^{\infty}\sum_{l=0}^{k}v^k \cdot {}_kp_x \\ &= \sum_{\rho=0}^{\infty}\sum_{k=l}^{\infty}v^k\ {}_kp_x = \sum_{l=0}^{\infty}{}_{l|}\ddot{a}_x\end{aligned} \tag{4-63}$$

2. 期初支付的递增型n年定期生存年金

对于通常的离散递增型n年定期生存年金,如果用精算符号$(I\ddot{a})_{x:\overline{n|}}$表示其期初支付的趸缴纯保费,则总额支付法的计算公式为:

$$(I\ddot{a})_{x:\overline{n|}} = \sum_{k=0}^{n-1}(I\ddot{a})_{\overline{k+1|}}\ {}_{k|}q_x + (I\ddot{a})_{\overline{n|}} \cdot {}_np_x \tag{4-64}$$

现时支付法的计算公式为:

$$(I\ddot{a})_{x:\overline{n|}} = \sum_{k=0}^{n-1}(k+1)v^k \cdot {}_kp_x \tag{4-65}$$

此外,还有与式(4-63)类似的公式:

$$(I\ddot{a})_{x:\overline{n|}} = \sum_{l=0}^{n-1}{}_{l|}\ddot{a}_{x:\overline{n-l|}} \tag{4-66}$$

3. 期初支付的递减型n年定期生存年金

对于通常的离散递减型n年定期生存年金,如果用精算符号$(D\ddot{a})_{x:\overline{n|}}$表示其期初支付的趸缴纯保费,则总额支付法的计算公式为:

$$(D\ddot{a})_{x:\overline{n|}} = \sum_{k=0}^{n-1}[(n+1)\ddot{a}_{\overline{k+1|}} - (I\ddot{a})_{\overline{k+1|}}]\ {}_{k|}q_x + (D\ddot{a})_{\overline{n|}}\ {}_np_x \tag{4-67}$$

现时支付法的计算公式为：

$$(D\ddot{a})_{x:\overline{n}|} = \sum_{k=0}^{n-1}(n-k)v^k\,{}_kp_x \tag{4-68}$$

此外，还有与式(4-66)类似的公式：

$$(D\ddot{a})_{x:\overline{n}|} = \sum_{l=0}^{n-1}\ddot{a}_{x:\overline{l+1}|} \tag{4-69}$$

显然，有关系式：

$$(I\ddot{a})_{x:\overline{n}|} + (D\ddot{a})_{x:\overline{n}|} = (n+1)\ddot{a}_{x:\overline{n}|} \tag{4-70}$$

4. 期末支付的递增型终身生存年金

对于通常的离散递增型终身生存年金，如果用精算符号$(Ia)_x$表示其期末支付的趸缴纯保费，则有与式(4-61)、式(4-62)、式(4-63)类似的公式：

$$(Ia)_x = \sum_{k=1}^{\infty}(Ia)_{\overline{k}|}\cdot{}_{k|}q_x \tag{4-71}$$

$$(Ia)_x = \sum_{k=1}^{\infty}k\cdot v^k\,{}_kp_x \tag{4-72}$$

$$(Ia)_x = \sum_{l=0}^{\infty}{}_{l|}a_x \tag{4-73}$$

5. 期末支付的递增型 n 年定期生存年金

对于通常的离散递增型 n 年定期生存年金，如果用精算符号$(Ia)_{x:\overline{n}|}$表示其期末支付的趸缴纯保费，则有与式(4-64)、式(4-65)、式(4-66)类似的公式：

$$(Ia)_{x:\overline{n}|} = \sum_{k=1}^{n}(Ia)_{\overline{k}|}\cdot{}_{k|}q_x + (Ia)_{\overline{n}|}\cdot{}_np_x \tag{4-74}$$

$$(Ia)_{x:\overline{n}|} = \sum_{k=1}^{n}kv^k\,{}_kp_x \tag{4-75}$$

$$(Ia)_{x:\overline{n}|} = \sum_{l=0}^{n-1}{}_{l|}a_{x:\overline{n-l}|} \tag{4-76}$$

6. 期末支付的递减型 n 年定期生存年金

对于通常的离散递减型 n 年定期生存年金，如果用精算符号$(Da)_{x:\overline{n}|}$表示其期末支付的趸缴纯保费，则有与式(4-67)、式(4-68)、式(4-69)类似的公式：

$$(Da)_{x:\overline{n}|} = \sum_{k=1}^{n}\left[(n+1)a_{\overline{k}|} - (Ia)_{\overline{k}|}\right]{}_{k|}q_x + (Da)_{\overline{n}|}\cdot{}_np_x \tag{4-77}$$

$$(Da)_{x:\overline{n}|} = \sum_{k=1}^{n}(n+1-k)v^k\,{}_kp_x \tag{4-78}$$

$$(Da)_{x:\overline{n}|} = \sum_{l=1}^{n}a_{x:\overline{l}|} \tag{4-79}$$

显然,有关系式:

$$(Ia)_{x:\overline{n|}} + (Da)_{x:\overline{n|}} = (n+1)a_{x:\overline{n|}} \tag{4-80}$$

例【4-4】 某人现年60周岁,其子女为他购买了即期终身生存年金保险,保单规定第一年支付保险金额6 000元,以后每年递增100元,直到他80周岁时,保险金额保持不变。年金在期初支付,试用精算符号表示出该生存年金的趸缴纯保费。

解:此生存年金的趸缴纯保费可表示为:

$$8\,000\ddot{a}_{60} - 100(D\ddot{a})_{60:\overline{20|}}$$

或:

$$6\,000\ddot{a}_{60} + 100(Ia)_{60:\overline{20|}} + 2\,000{}_{20|}a_{60}$$

四、离散型寿险与离散型生存年金的关系

1. $\ddot{a}$ 与 A 的关系

由于期初支付的终身生存年金给付现值随机变量 Y 与离散型终身寿险给付现值随机变量 Z 之间有关系式:

$$Y = \ddot{a}_{\overline{k+1|}} = \frac{1-v^{K+1}}{d} = \frac{1-Z}{d}$$

所以它们的趸缴纯保费之间有关系式:

$$\ddot{a}_x = E(Y) = \frac{1-E(Z)}{d} = \frac{1-A_x}{d} \tag{4-81}$$

或者:

$$A_x = 1 - d\cdot\ddot{a}_x$$

由于期初支付的 n 年定期生存年金给付现值随机变量 Y 与离散型 n 年定期两全保险给付现值随机变量 Z 之间也有关系式:

$$Y = \frac{1-Z}{d}$$

所以它们的趸缴纯保费之间也有关系式:

$$\ddot{a}_{x:\overline{n|}} = E(Y) = \frac{1-E(Z)}{d} = \frac{1-A_{x:\overline{n|}}}{d} \tag{4-82}$$

或者:

$$A_{x:\overline{n|}} = 1 - d\cdot\ddot{a}_{x:\overline{n|}}$$

事实上,式(4-33)和式(4-37)已分别给出了终身生存年金与终身寿险方差之间的关系和 n 年定期生存年金与 n 年定期两全保险方差之间的关系。

此外,对于延期的终身生存年金,有:

$$
{}_{m|}\ddot{a}_x = \ddot{a}_x - \ddot{a}_{x:\overline{m|}} = \frac{1-A_x}{d} - \frac{1-A_{x:\overline{m|}}}{d}
$$

$$
= \frac{A_{x:\overline{m|}} - A_x}{d} \tag{4-83}
$$

对于延期的 n 年定期生存年金,有:

$$
{}_{m|}\ddot{a}_{x:\overline{n|}} = \ddot{a}_{x:\overline{m+n|}} - \ddot{a}_{x:\overline{m|}}
$$

$$
= \frac{1}{d}(A_{x:\overline{m|}} - A_{x:\overline{m+n|}}) \tag{4-84}
$$

2. a 与 A 的关系

由于:

$$
a_x = \ddot{a}_x - 1
$$

所以:

$$
a_x = \frac{1-A_x}{d} - 1 = \frac{1}{i}[(1-(1+i)A_x] \tag{4-85}
$$

或:

$$
1 = ia_x + (1+i)A_x
$$

又由于:

$$
a_{x:\overline{n|}} = \ddot{a}_{x:\overline{n|}} - 1 + {}_nE_x
$$

所以:

$$
a_{x:\overline{n|}} = \frac{1-A_{x:\overline{n|}}}{d} - 1 + {}_nE_x
$$

$$
= \frac{1}{i}[1-(1+i)A_{x:\overline{n|}} + i\,{}_nE_x] \tag{4-86}
$$

或:

$$
1 + i \cdot {}_nE_x = ia_{x:\overline{n|}} + (1+i)A_{x:\overline{n|}}
$$

此外,由 $a_x = \ddot{a}_x - 1$ 和 $a_{x:\overline{n|}} = \ddot{a}_{x:\overline{n+1|}} - 1$ 可得:

$$
{}_{m|}a_x = a_x - a_{x:\overline{m|}} = \ddot{a}_x - \ddot{a}_{x:\overline{n+1|}}
$$

$$
= \frac{A_{x:\overline{n+1|}} - A_x}{d} \tag{4-87}
$$

$$
{}_{m|}a_{x:\overline{n|}} = a_{x:\overline{m+n|}} - a_{x:\overline{m|}} = \ddot{a}_{x:\overline{m+n+1|}} - \ddot{a}_{x:\overline{m+1|}}
$$

$$
= \frac{A_{x:\overline{n+1|}} - A_{x:\overline{m+n+1|}}}{d} \tag{4-88}
$$

第三节　利用换算函数计算生存年金的趸缴纯保费

换算函数的概念已经在上一章介绍了,这一章将利用换算函数 D_x,N_x 和 S_x

等来简化各种生存年金的趸缴纯保费的有关计算公式。

一、计算期初支付的生存年金

利用换算函数 D_x,N_x 和 S_x 后,可得:

$$\ddot{a}_x = \sum_{k=0}^{\infty} v^k \, {}_kp_x = \sum_{k=0}^{\infty} v^k \cdot \frac{l_{x+k}}{l_x}$$

$$= \frac{1}{v^x l_x}\sum_{k=0}^{\infty} v^{x+k} l_{x+k} = \frac{1}{D_x}\sum_{k=0}^{\infty} D_{x+k}$$

即:

$$\ddot{a}_x = \frac{\sum_{k=0}^{\infty} D_{x+k}}{D_x} = \frac{N_x}{D_x} \tag{4-89}$$

同理有:

$$\ddot{a}_{x:\overline{n}|} = \frac{N_x - N_{x+n}}{D_x} \tag{4-90}$$

$${}_{m|}\ddot{a}_x = \frac{N_{x+m}}{D_x} \tag{4-91}$$

$${}_{m|}\ddot{a}_{x:\overline{n}|} = \frac{N_{x+m} - N_{x+m+n}}{D_x} \tag{4-92}$$

$$(I\ddot{a})_x = \frac{S_x}{D_x} \tag{4-93}$$

$$(I\ddot{a})_{x:\overline{n}|} = \frac{S_x - S_{x+n} - nN_{x+n}}{D_x} \tag{4-94}$$

$$(D\ddot{a})_{x:\overline{n}|} = \frac{nN_x - S_{x+1} + S_{x+n+1}}{D_x} \tag{4-95}$$

例【4-5】 利用本书附表 5(女性, 利率:4%)中换算函数的值, 计算:(1)$\ddot{a}_{60}$;(2)$\ddot{a}_{60:\overline{20}|}$;(3)${}_{20|}\ddot{a}_{40}$;(4)${}_{20|}\ddot{a}_{40:\overline{20}|}$。

解:根据有关公式,有:

(1)$\ddot{a}_{60} = \dfrac{N_{60}}{D_{60}} = \dfrac{1\ 446.373\ 024}{90.927\ 827} = 15.906\ 825$

(2)$\ddot{a}_{60:\overline{20}|} = \dfrac{N_{60} - N_{80}}{D_{60}} = \dfrac{1\ 446.373\ 024 - 252.530\ 983}{90.927\ 827} = 13.129\ 556$

(3)${}_{20|}\ddot{a}_{40} = \dfrac{N_{60}}{D_{40}} = \dfrac{1\ 446.373\ 024}{205.832\ 078} = 7.026\ 956$

(4) $_{20|}\ddot{a}_{40:\overline{20|}} = \dfrac{N_{60} - N_{80}}{D_{40}} = \dfrac{1\,446.373\,024 - 252.530\,983}{205.832\,078} = 5.800\,078$

二、计算期末支付的生存年金

$$a_x = \sum_{k=1}^{\infty} v^k\,{}_kp_x = \sum_{k=1}^{\infty} v^k \frac{l_{x+k}}{l_x}$$
$$= \frac{1}{v^x l_x}\sum_{k=1}^{\infty} v^{x+k} l_{x+k} = \frac{1}{D_x}\sum_{k=1}^{\infty} D_{x+k}$$

即：

$$a_x = \frac{\sum_{k=1}^{\infty} D_{x+k}}{D_x} = \frac{N_{x+1}}{D_x} \tag{4-96}$$

同理有：

$$a_{x:\overline{n|}} = \frac{N_{x+1} - N_{x+n-1}}{D_x} \tag{4-97}$$

$${}_{m|}a_x = \frac{N_{x+m+1}}{D_x} \tag{4-98}$$

$${}_{m|}a_{x:\overline{n|}} = \frac{N_{x+m+1} - N_{x+m+n+1}}{D_x} \tag{4-99}$$

$$(Ia)_x = \frac{S_{x+1}}{D_x} \tag{4-100}$$

$$(Ia)_{x:\overline{n|}} = \frac{S_{x+1} - S_{x+n+1} - nN_{x+n+1}}{D_x} \tag{4-101}$$

$$(Da)_{x:\overline{n|}} = \frac{nN_{x+1} - S_{x+2} + S_{x+n+2}}{D_x} \tag{4-102}$$

例【4-6】　利用本书附表 5 中的换算函数重做例 4-3。

解：(1) $5\,000 \cdot {}_{10|}\ddot{a}_{50:\overline{8|}} = 5000 \cdot \dfrac{N_{60} - N_{68}}{D_{50}}$

$= 5\,000 \times \dfrac{1\,296.067\,343 - 699.222\,814}{135.109\,184}$

$= 5\,000 \times 4.417\,498 = 22\,087.49$(元)

(2) $5\,000 \cdot {}_{10|}a_{50:\overline{8|}} = 5\,000 \cdot \dfrac{N_{61} - N_{69}}{D_{50}}$

$= 5\,000 \times \dfrac{1\,208.335\,813 - 640.300\,212}{135.109\,184}$

$$= 5\ 000 \times 4.204\ 271 = 21\ 021.35(\text{元})$$

例【4-7】 利用本书附表5(男性,利率:2%)中的换算函数计算例4-4中的趸缴纯保费。

解:根据例4-4的结果,其趸缴纯保费为:

$$\begin{aligned}8\ 000\ \ddot{a}_{60} - 100(D\ddot{a})_{60:\overline{20}|} &= 8000\frac{N_{60}}{D_{60}} - 100\frac{20N_{60} - S_{61} + S_{81}}{D_{60}} \\ &= \frac{1}{D_{60}}[6\ 000N_{60} + 100S_{61} - 100S_{81}] \\ &= \frac{1}{281.284\ 470}[6\ 000 \times 5\ 122.456\ 112 \\ &\quad + 100 \times 58\ 735.502\ 436 - 100 \times 5\ 149.150\ 806] \\ &= 90\ 215.08(\text{元})\end{aligned}$$

或:

$$\begin{aligned}&6\ 000\ddot{a}_{60} + 100(Ia)_{60:\overline{19}|} + 2\ 000_{20|}a_{60} \\ &= 6\ 000\frac{N_{60}}{D_{60}} + 100\frac{S_{61} - S_{81} - 20N_{81}}{D_{60}} + 2\ 000\frac{N_{81}}{D_{60}} \\ &= \frac{1}{D_{60}}[6\ 000N_{60} + 100S_{61} - 100S_{81}] \\ &= 90\ 215.08(\text{元})\end{aligned}$$

三、计算连续型的生存年金

在非整数年龄内死亡概率密度为均匀分布的情况下,可以用换算函数来表示连续型生存年金的趸缴纯保费。根据公式(4-27)、式(4-28)、式(4-29)及式(4-30),容易得到如下近似计算公式:

$$\begin{aligned}\bar{a}_x &= \frac{1 - \bar{A}_x}{\delta} = \frac{1}{\delta}(1 - \frac{i}{\delta}A_x) \\ &= \frac{1}{\delta} - \frac{i}{\delta^2}\frac{M_x}{D_x}\end{aligned} \tag{4-103}$$

$$\begin{aligned}\bar{a}_{x:\overline{n}|} &= \frac{1 - \bar{A}_{x:\overline{n}|}}{\delta} = \frac{1}{\delta}(1 - \frac{i}{\delta}A^1_{x:\overline{n}|} - A_{x:\overset{1}{\overline{n}|}}) \\ &= \frac{1}{\delta} - \frac{1}{\delta^2}\frac{M_x - M_{x+n}}{D_x} - \frac{1}{\delta}\frac{D_{x+n}}{D_x}\end{aligned} \tag{4-104}$$

$$\begin{aligned}{}_{m|}\bar{a}_x &= \frac{1}{\delta}(\bar{A}_{x:\overline{m}|} - \bar{A}_x) \\ &= \frac{1}{\delta}\left[\frac{i}{\delta}\frac{M_x - M_{x+m}}{D_x} + \frac{D_{x+m}}{D_x} - \frac{i}{\delta}\frac{M_x}{D_x}\right]\end{aligned}$$

$$= \frac{1}{\delta}\left[\frac{D_{x+m}}{D_x} - \frac{i}{\delta}\frac{M_{x+m}}{D_x}\right] \tag{4-105}$$

$$\begin{aligned} {}_{m|}\bar{a}_{x:\overline{n|}} &= \frac{1}{\delta}(\bar{A}_{x:\overline{m|}} - \bar{A}_{x:\overline{m+n|}}) \\ &= \frac{1}{\delta}\left[\frac{i}{\delta}\frac{M_x - M_{x+m}}{D_x} + \frac{D_{x+m}}{D_x} - \frac{i}{\delta}\frac{M_x - M_{x+m+n}}{D_x} - \frac{D_{x+m+n}}{D_x}\right] \\ &= \frac{1}{\delta}\left[\frac{D_{x+m} - D_{x+m+n}}{D_x} - \frac{i}{\delta}\frac{M_{x+m} - M_{x+m+n}}{D_x}\right] \end{aligned} \tag{4-106}$$

例【4-8】 证明：在非整数年龄内死亡密度为均匀分布的条件下，有：

$$\bar{a}_x = \frac{1}{\delta}\left[1 - \frac{d}{\delta}\ddot{a}_x + \frac{i}{\delta}a_x\right]$$

证：

$$\begin{aligned} \bar{a}_x &= \frac{1}{\delta}(1 - \bar{A}_x) = \frac{1}{\delta}(1 - \frac{i}{\delta}A_x) \\ &= \frac{1}{\delta}\left[1 - \frac{i}{\delta}(1 - d\ddot{a}_x)\right] \\ &= \frac{1}{\delta}\left[1 - \frac{i}{\delta} + \frac{id}{\delta}\ddot{a}_x\right] \\ &= \frac{1}{\delta}\left[1 - \frac{i}{\delta} + \frac{i-d}{\delta}\ddot{a}_x\right] \\ &= \frac{1}{\delta}\left[1 + \frac{i}{\delta}(\ddot{a}_x - 1) - \frac{d}{\delta}\ddot{a}_x\right] \\ &= \frac{1}{\delta}\left[1 + \frac{i}{\delta}a_x - \frac{d}{\delta}\ddot{a}_x\right] \end{aligned}$$

第四节 每年给付多次的生存年金

在实务中，生存年金可以按年给付，也可以按季、按月、按周、按天给付，因此，我们需要讨论每年给付多次的生存年金的趸缴纯保费的计算问题。

一、每年给付 r 次的期初支付的生存年金

1. 终身生存年金

设被保险人(x) 投保每年支付 r 次的期初支付终身生存年金，在每个$\frac{1}{r}$ 年间隔期初支付，每次给付额度为$\frac{1}{r}$ 个单位金额，一年共给付 1 个单位金额，如采用精算符号 $\ddot{a}_x^{(r)}$ 表示此种生存年金的趸缴纯保费，则由现时支付法，有：

$$\begin{aligned}\ddot{a}_x^{(r)} &= \frac{1}{r} + \frac{1}{r}v^{\frac{1}{r}}\ {}_{\frac{1}{r}}p_x + \frac{1}{r}v^{\frac{2}{r}}\ {}_{\frac{2}{r}}p_x + \frac{1}{r}v^{\frac{3}{r}}\ {}_{\frac{3}{r}}p_x + \cdots \\ &= \frac{1}{r}\sum_{t=0}^{\infty} v^{\frac{t}{r}}\ {}_{\frac{t}{r}}p_x \end{aligned} \tag{4-107}$$

在非整数年龄内 UDD 假设下，可得到上式的一个近似计算公式：

$$\begin{aligned}\ddot{a}_x^{(r)} &= \frac{1}{r}\sum_{t=0}^{\infty} v^{\frac{t}{r}}\ {}_{\frac{t}{r}}p_x = \frac{1}{r}\sum_{k=0}^{\infty}\sum_{t=0}^{r-1} v^{k+\frac{t}{r}}\ {}_{k+\frac{t}{r}}p_x \\ &= \sum_{k=0}^{\infty} v^k\ {}_kp_x \cdot \frac{1}{r}\sum_{t=0}^{r-1} v^{\frac{t}{r}}\ {}_{\frac{t}{r}}p_{x+k} \\ &= \sum_{k=0}^{\infty} v^k\ {}_kp_x \cdot \frac{1}{r}\sum_{t=0}^{r-1} v^{\frac{t}{r}}(1 - \frac{t}{r}\cdot q_{x+k}) \\ &= \sum_{k=0}^{\infty} v^k\ {}_kp_x \left[\frac{1}{r}\sum_{t=0}^{r-1} v^{\frac{t}{r}} - \frac{1}{r^2}q_{x+k}\sum_{t=1}^{r-1} t\cdot v^{\frac{t}{r}}\right] \\ &= \sum_{k=0}^{\infty} v^k\ {}_kp_x [\frac{d}{d^{(r)}} + q_{x+k}\frac{v}{d^{(r)}}(1 - \frac{i}{i^{(r)}})] \\ &= \frac{d}{d^{(r)}}\ddot{a}_x + \frac{1}{d^{(r)}}(1 - \frac{i}{i^{(r)}})A_x \\ &= \frac{d}{d^r}\ddot{a}_x + \frac{i^{(r)} - i}{i^{(r)}d^{(r)}}(1 - d\ddot{a}_x) \\ &= \frac{id}{i^{(r)}d^{(r)}}\ddot{a}_x + \frac{i^{(r)} - i}{i^{(r)}d^{(r)}}\end{aligned}$$

如果记：

$$\alpha(r) = \frac{id}{i^{(r)}d^{(r)}} = \frac{i-d}{i^{(r)}\cdot d^{(r)}}$$

$$\beta(r) = \frac{i - i^{(r)}}{i^{(r)}\cdot d^{(r)}}$$

则：

$$\ddot{a}_x^{(r)} \approx \alpha(r)\ddot{a}_x - \beta(r) \tag{4-108}$$

当 i 很小时有近似程度很高的约等式 $\alpha(r)\approx 1$，$\beta(r)\approx \frac{r-1}{2r}$。因此，在实际中常采用近似计算公式：

$$\ddot{a}_x^{(r)} \approx \ddot{a}_x - \frac{r-1}{2r} = \frac{N_x}{D_x} - \frac{r-1}{2r} \tag{4-109}$$

2. n 年定期生存年金

对于每年支付 r 次的期初支付 n 年定期生存年金，如果用精算符号 $\ddot{a}_{x:\overline{n|}}^{(r)}$ 表示其趸缴纯保费，则由现时支付法，有：

$$\ddot{a}^{(r)}_{x:\overline{n|}} = \frac{1}{r} + \frac{1}{r}v^{\frac{1}{r}}\ {}_{\frac{1}{r}}p_x + \frac{1}{r}v^{\frac{2}{r}}\ {}_{\frac{2}{r}}p_x + \cdots + \frac{1}{r}v^{\frac{nr-1}{r}}\ {}_{\frac{nr-1}{r}}p_x$$

$$= \frac{1}{r}\sum_{t=0}^{nr-1} v^{\frac{t}{r}}\ {}_{\frac{t}{r}}p_x \tag{4-110}$$

在非整数年龄内 UDD 假设下,有近似计算公式:

$$\ddot{a}^{(r)}_{x:\overline{n|}} = \ddot{a}^{(r)}_x - {}_nE_x\ddot{a}^{(r)}_{x+n}$$

$$= \alpha(r)\ddot{a}_x - \beta(r) - {}_nE_x[\alpha(r)\ddot{a}_{x+n} - \beta(r)]$$

$$= \alpha(r)\ddot{a}_{x:\overline{n|}} - \beta(r)(1 - {}_nE_x) \tag{4-111}$$

与式(4-109) 同理,有更简洁的近似公式:

$$\ddot{a}^{(r)}_{x:\overline{n|}} \approx \ddot{a}_{x:\overline{n|}} - \frac{r-1}{2r}(1 - {}_nE_x)$$

$$= \frac{N_x - N_{x+n}}{D_x} - \frac{r-1}{2r}\frac{D_x - D_{x+n}}{D_x} \tag{4-112}$$

3. 延期 m 年的终身生存年金

若用精算符号 ${}_{m|}\ddot{a}^{(r)}_x$ 表示每年支付 r 次期初支付延期 m 年的终身生存年金的趸缴纯保费,则:

$${}_{m|}\ddot{a}^{(r)}_x = {}_mE_x\ddot{a}^{(r)}_{x+m} = \ddot{a}^{(r)}_x - \ddot{a}^{(r)}_{x:\overline{m|}} \tag{4-113}$$

与式(4-108) 类似,有近似计算公式:

$${}_{m|}\ddot{a}^{(r)}_x \approx {}_mE_x[\alpha(r)\ddot{a}_{x+m} - \beta(r)]$$

$$= \alpha(r)\,{}_{m|}\ddot{a}_x - \beta(r)\cdot{}_mE_x \tag{4-114}$$

与式(4-109) 同理,有更简洁的近似公式:

$${}_{m|}\ddot{a}^{(r)}_x \approx {}_{m|}\ddot{a}_x - \frac{r-1}{2r}\,{}_mE_x$$

$$= \frac{N_{x+m}}{D_x} - \frac{r-1}{2r}\frac{D_{x+m}}{D_x} \tag{4-115}$$

4. 延期 m 年的 n 年定期生存年金

用精算符号 ${}_{m|}\ddot{a}^{(r)}_{x:\overline{n|}}$ 表示每年支付 r 次期初支付延期 m 年的 n 年定期生存年金的趸缴纯保费,则:

$${}_{m|}\ddot{a}^{(r)}_{x:\overline{n|}} = {}_mE_x\cdot\ddot{a}^{(r)}_{x+m:\overline{n|}} = \ddot{a}^{(r)}_{x:\overline{m+n|}} - \ddot{a}^{(r)}_{x:\overline{n|}} \tag{4-116}$$

与式(4-111) 类似,有近似计算公式:

$${}_{m|}\ddot{a}^{(m)}_{x:\overline{n|}} = {}_mE_x[\alpha(r)\ddot{a}_{x+m:\overline{n|}} - \beta(r)(1 - {}_nE_{x+m})]$$

$$= \alpha(r)\,{}_{m|}\ddot{a}_{x:\overline{n|}} - \beta(r)({}_mE_x - {}_{m+n}E_x) \tag{4-117}$$

与式(4-112) 同理,有更简洁的近似公式

$${}_{m|}\ddot{a}^{(r)}_{x:\overline{n|}} \approx {}_{m|}\ddot{a}_{x:\overline{n|}} - \frac{r-1}{2r}({}_mE_x - {}_{m+n}E_x)$$

$$= \frac{N_{x+m} - N_{x+m+n}}{D_x} - \frac{r-1}{2r}\frac{D_{x+m} - D_{x+m+n}}{D_x} \qquad (4\text{-}118)$$

例【4-9】 某人现年50岁,购买一份生存年金保险,保单规定在他60岁后,年金于每月初给付,每次给付1 000元,直到终身。

(1) 年利率$i = 2\%$,利用本书附表5(男性)的换算函数,求其趸缴纯保费的近似值。

(2) 只利用换算函数,求其趸缴纯保费的近似值。

解:所求年金的趸缴纯保费为:

$$(1)1\,000 \times 12_{10|}\ddot{a}_{50}^{(12)} \approx 12\,000[\alpha(12)_{10|}\ddot{a}_{50} - \beta(12)_{10}E_{50}]$$

$$= 12\,000\left[\frac{i-d}{i^{(12)} \cdot d^{(12)}} \cdot \frac{N_{60}}{D_{50}} - \frac{i - i^{(12)}}{i^{(12)} \cdot d^{(12)}}\frac{D_{60}}{D_{50}}\right]$$

$$= 12\,000\left(0.999\,646\frac{5\,122.456\,112}{356.732\,968} - 0.461\,571\frac{281.284\,47}{356.732\,968}\right)$$

$$= 167\,883.90(\text{元})$$

$$(2)1\,000 \times 12_{10|}\ddot{a}_{50}^{(12)} \approx 12\,000[\frac{N_{60}}{D_{50}} - \frac{12-1}{2\times 12}\frac{D_{60}}{D_{50}}]$$

$$= 12\,000\left(\frac{5\,122.456\,112}{356.732\,968} - 0.458\,333\frac{281.284\,47}{356.732\,968}\right)$$

$$= 167\,975.53(\text{元})$$

二、每年给付 r 次的期末支付的生存年金

类似于期初支付的生存年金,期末支付的每年给付r次的生存年金有下列几种,其有关计算公式也相似。

1. 终身生存年金

如果用精算符号$a_x^{(r)}$表示期末支付的每年给付r次的终身生存年金的趸缴纯保费,则:

$$a_x^{(r)} = \frac{1}{r}\sum_{t=1}^{\infty} v^{\frac{t}{r}}\,{}_{\frac{t}{r}}p_x \qquad (4\text{-}119)$$

其近似公式为:

$$a_x^{(r)} \approx a_x + \frac{r-1}{2r} = \frac{N_{x+1}}{D_x} + \frac{r-1}{2r} \qquad (4\text{-}120)$$

2. n 年定期生存年金

如果用精算符号 $a_{x:\overline{n}|}^{(r)}$ 表示期末支付的每年给付 r 次的 n 年定期生存年金的趸缴纯保费,则:

$$a_{x:\overline{n}|}^{(r)} = \frac{1}{r}\sum_{t=1}^{nr} v^{\frac{t}{r}} \cdot {}_{\frac{t}{r}}p_x \tag{4-121}$$

其近似公式为:

$$\begin{aligned} a_{x:\overline{n}|}^{(r)} &\approx a_{x:\overline{n}|} + \frac{r-1}{2r}(1 - {}_nE_x) \\ &= \frac{N_{x+1} - N_{x+m+1}}{D_x} + \frac{r-1}{2r}\frac{D_x - D_{x+n}}{D_x} \end{aligned} \tag{4-122}$$

3. 延期 m 年的终身生存年金

如果用精算符号 ${}_{m|}a_x^{(r)}$ 表示期末支付的每年给付 r 次的延期 m 年的终身生存年金的趸缴纯保费,则:

$${}_{m|}a_x^{(r)} = {}_mE_x \cdot a_{x+m}^{(r)} = a_x^{(r)} - a_{x:\overline{m}|}^{(r)} \tag{4-123}$$

其近似公式为:

$$\begin{aligned} {}_{m|}a_x^{(r)} &\approx {}_{m|}a_x + \frac{r-1}{2r}{}_mE_x \\ &= \frac{N_{x+m+1}}{D_x} + \frac{r-1}{2r}\frac{D_{x+m}}{D_x} \end{aligned} \tag{4-124}$$

4. 延期 m 年的 n 年定期生存年金

如果用精算符号 ${}_{m|}a_{x:\overline{n}|}^{(r)}$ 表示期末支付的每年给付 r 次的延期 m 年的 n 年定期生存年金的趸缴纯保费,则:

$${}_{m|}a_{x:\overline{n}|}^{(r)} = {}_mE_x \cdot a_{x+m:\overline{n}|}^{(r)} = a_{x:\overline{m+n}|}^{(r)} - a_{x:\overline{m}|}^{(r)} \tag{4-125}$$

其近似公式为:

$$\begin{aligned} {}_{m|}a_{x:\overline{n}|}^{(r)} &\approx {}_{m|}a_{x:\overline{n}|} + \frac{r-1}{2r}({}_mE_x - {}_{m+n}E_x) \\ &= \frac{N_{x+m+1} - N_{x+m+n+1}}{D_x} + \frac{r-1}{2r}\frac{D_{x+m} - D_{x+m+n}}{D_x} \end{aligned} \tag{4-126}$$

例【4-10】　证明:(1) $\bar{a}_x \approx \ddot{a}_x - \frac{1}{2}$

(2) $\bar{a}_x \approx a_x + \frac{1}{2}$

(3) $\bar{a}_x = \frac{N_x + N_{x+1}}{2D_x}$

证:(1) $\bar{a}_x = \lim\limits_{r\to\infty}\ddot{a}_x^{(r)} = \lim\limits_{r\to\infty}(\ddot{a}_x - \frac{r-1}{2r}) = \ddot{a}_x - \frac{1}{2}$

(2) $\bar{a}_x = \lim\limits_{r\to\infty} a_x^{(r)} = \lim\limits_{r\to\infty}\left(a_x + \dfrac{r-1}{2r}\right) = a_x + \dfrac{1}{2}$

(3) $\bar{a}_x = \dfrac{1}{2}(\ddot{a}_x + a_x) = \dfrac{N_x + N_{x+1}}{2D_x}$

例【4-11】 某人现年60岁,欲购买一份终身生存年金保险,利用附表5(女性,利率:2%)的换算函数计算下列险种的趸缴纯保费。

(1) 每月初支付,每次给付1 000元;

(2) 每季度初支付,每次给付3 000元;

(3) 每月末支付,每次给付1 000元;

(4) 每季度末支付,每次给付3 000元。

解:(1) $1\,000 \times 12\ddot{a}_{60}^{(12)} = 1\,000 \times 12\left(\ddot{a}_{60} - \dfrac{12-1}{2\times 12}\right)$

$= 12\,000\left(\dfrac{N_{60}}{D_{60}} - \dfrac{11}{24}\right)$

$= 12\,000\left(\dfrac{5\,813.201\,362}{291.532\,424} - \dfrac{11}{24}\right)$

$= 233\,781.85$(元)

(2) $3\,000 \times 4\ddot{a}_{60}^{(4)} = 3\,000 \times 4\left(\ddot{a}_{60} - \dfrac{4-1}{2\times 4}\right)$

$= 12\,000\left(\dfrac{N_{60}}{D_{60}} - \dfrac{3}{8}\right)$

$= 12\,000(19.940\,154 - 0.375)$

$= 234\,781.85$(元)

(3) $1\,000 \times 12a_{60}^{(12)} = 1\,000 \times 12\left(a_{60} + \dfrac{12-1}{2\times 12}\right)$

$= 12\,000\left(\dfrac{N_{61}}{D_{60}} + \dfrac{11}{24}\right)$

$= 12\,000 + \left(\dfrac{5\,521.668\,939}{291.532\,424} + \dfrac{11}{24}\right)$

$= 2\,327\,818.84$(元)

(4) $3\,000 \times 4a_{60}^{(4)} = 3\,000 \times 4\left(a_{60} + \dfrac{4-1}{2\times 4}\right)$

$= 12\,000\left(\dfrac{N_{61}}{D_{60}} + \dfrac{3}{8}\right)$

$= 12\,000(18.940\,154 + 0.375)$

$= 231\,781.85$(元)

例【4.12】　证明：$d^{(r)}\ddot{a}_x^{(r)} + A_x^{(r)} = 1$

其中 $A_x^{(r)}$ 为死亡所在的 $\frac{1}{r}$ 年度末支付保险金的终身寿险的趸缴纯保费。

证：设 (x) 的未来余命 T 有整数 k 个 $\frac{1}{r}$ 年的时间段，则 (x) 的每年支付 r 次、每个 $\frac{1}{r}$ 年年初支付 $\frac{1}{r}$ 个单位金额的终身生存年金的现值随机变量为：

$$Y = \frac{1}{r}(1 + v^{\frac{1}{r}} + v^{\frac{2}{r}} + \cdots + v^{\frac{k}{r}})$$

$$= \frac{1 - v^{\frac{1}{r}(k+1)}}{r(1 - r^{\frac{1}{r}})} = \frac{1 - (v^{\frac{1}{r}})^{k+1}}{d^{(r)}}$$

其精算现值为：

$$\ddot{a}_x^{(r)} = E(Y) = \frac{1 - E[(v^{\frac{1}{r}})^{k+1}]}{d^{(r)}} = \frac{1 - A_x^{(r)}}{d^{(r)}}$$

于是：

$$d^{(r)}\ddot{a}_x^{(r)} + A_x^{(r)} = 1$$

习　题

1. 若生存函数 $S(x) = 1 - \frac{x}{100}, 0 \leqslant x \leqslant 100$，年利率 $\delta = 4\%$，设 Y 为其每年支付单位金额的连续型生存年金保险给付在投保时的现值随机变量，求：
   (1) $E(Y_1) = \bar{a}_{40}$；　(2) $\mathrm{Var}(Y_1)$；
   (3) $E(Y_2) = \bar{a}_{40:\overline{30|}}$；　(4) $\mathrm{Var}(Y_2)$。
2. 设 $\bar{a}_x = 10, {}^2\bar{a}_x = 7.375, \mathrm{Var}(\bar{a}_{\overline{T|}}) = 50$，试求：
   (1) δ　(2) $\bar{A}_x$　(3) ${}^2\bar{A}_x$
3. 设 $\bar{A}_x = 0.06, {}^2\bar{A}_x = 0.01, \delta = 0.05$，试求：
   (1) $\bar{a}_x$　(2) $\mathrm{Var}(\bar{a}_{\overline{T|}})$　(3) ${}^2\bar{a}_x$
4. 利用换算函数表（$i = 4\%$，女性）分别计算现年 60 岁的人购买每年年末付与年初付保险金额 10 000 元的终身生存年金保险的趸缴纯保费。
5. 设 $i = 2\%$，试利用换算函数表（女性）计算：
   (1) a_{20}　(2) $\ddot{a}_{20}$　(3) $(I\ddot{a})_{20:\overline{20|}}$　(4) $(D\ddot{a})_{20:\overline{20|}}$　(5) $(Ia)_{20}$　(6) ${}_{20|}\ddot{a}_{20}$
6. 某妇女现年 60 岁，以 5 000 元购买了于 61 岁开始给付的终身生存年金，利用换算函数表（$i = 4\%$）求其每年所得的保险年金额。

7. 一位年龄为 50 岁的男人,购买下列生存年金,每年给付年金额为 5 000 元,利用换算函数表($i = 0.04$) 分别求其应缴纳的趸缴纯保费:

(1) 期初付 20 年定期生存年金;

(2) 期末付 20 年定期生存年金;

(3) 期初付终身生存年金;

(4) 期末付终身生存年金;

(5) 在刚到 60 岁时开始支付的 20 年定期生存年金;

(6) 在年满 60 岁时开始支付的 20 年定期生存年金;

(7) 在刚到 60 岁时开始支付的终身生存年金;

(8) 在年满 60 岁时开始支付的终身生存年金。

8. 某男人现年 35 岁,约定于 25 年内每年年初缴纳 2 000 元给某人寿保险公司,如果中途死亡,则立即停止,所缴纳的保费也不退还。而当此人到 60 岁时,人寿保险公司便开始给付年金,每年年初一次等额给付,根据换算函数表($i = 2\%$),求其每年所获得的保险金额。

9. 某男人在 45 岁时购买了一份终身生存年金,保单规定,在 15 年内每年年初等额缴纳保费,如果中途死亡,所缴保费不退还,15 年后每年年末可获得 10 000 元的生存年金,试利用换算函数表($i = 4\%$) 计算每年应缴纳的保费。

10. 一位 40 岁的男人购买了一份生存年金与寿险组合的保单,保单规定,若被保险人在 20 年内死亡,则即付保险金 10 000 元,若活过 20 年,则每年年初可获得 10 000 元的生存年金,直至他死亡为止。试利用换算函数表($i = 4\%$),求该保险的趸缴纯保费(注意:需分别运用非年金和年金换算函数)。

11. 某人为其 65 岁的父亲购买了一份终身生存年金,保单规定,每年年初支付保险金,第一年的支付额度为 5 000 元,以后每活过一年,保险金额增加 500 元,利用换算函数表($i = 0.02$),求趸缴纯保费。

12. 在上一题中,若保单规定保险金额达到 10 000 元时,不再增加了,求其趸缴纯保费。

13. 利用换算函数表($i = 4\%$,女性),计算下列每年支付多次的生存年金趸缴纯保费的近似值及在实务中常采用的近似值。

(1) $\ddot{a}_{60}^{(12)}$; (2) $\ddot{a}_{60}^{(4)}$; (3) $\ddot{a}_{60:\overline{30|}}^{(12)}$; (4) $\ddot{a}_{60:\overline{30|}}^{(4)}$。

14. 现年 50 岁的男人,投保 10 年后每年领取年金额 12 000 元的期初付终身生存年金保险。在 UDD 假设下,利用换算函数表($i = 0.04$),求下列支付方式的趸缴纯保费(实务中常采用的近拟值):

(1) 按年;(2) 按半年;(3) 按季;(4) 按月。

15. 将上题中的终身生存年金改为 20 年的定期生存年金,重做此题。

16. 在 UDD 假设条件下，证明：

(1) $\bar{a}_x = \frac{d}{\delta}\ddot{a}_x - \frac{i-\delta}{\delta^2}A_x = \frac{id}{\delta^2}\ddot{a}_x - \frac{i-\delta}{\delta^2}$

(2) $\bar{a}_{x:\overline{n}|} = \frac{d}{\delta}\ddot{a}_{x:\overline{n}|} - \frac{i-\delta}{\delta^2}A'_{x:\overline{n}|} = \frac{id}{\delta^2}\ddot{a}_{x:\overline{n}|} - \frac{i-\delta}{\delta^2}(1 - {}_nE_x)$

17. 在 UDD 假设条件下，证明：

(1) $\delta\bar{a}_x + \frac{i}{\delta}A_x = 1$

(2) $i^{(r)}a_x^{(r)} + (1 + \frac{i^{(r)}}{r})A_x^{(r)}$

18. 在 UDD 假设条件下，证明：

(1) $a_x^{(r)} = \frac{i}{i^{(r)}}a_x + (1+i)\frac{d^{(r)} - d}{i^{(r)}d^{(r)}}A_x$

(2) $a_x^{(r)} = \alpha(r)a_x + \gamma(r)$

其中：$\gamma(r) = \frac{d^{(r)} - d}{i^{(r)}d^{(r)}}$

19. 根据 $\alpha(r)$，$\beta(r)$ 及 $\gamma(r)$ 的表达式，证明：

$$\alpha(r) + \beta(r) = \gamma(r) + \frac{1}{r}$$

并分别计算 $i = 0.04$ 时的：

(1) $\alpha(2)$，$\beta(2)$，$\gamma(2)$；

(2) $\alpha(4)$，$\beta(4)$，$\gamma(4)$；

(3) $\alpha(12)$，$\beta(12)$，$\gamma(12)$。

20. 试证：当 r 很大时，有近似等式：

(1) $\ddot{a}_x^{(r)} \approx \frac{\delta}{i^{(r)}}\bar{a}_x$　　(2) $\ddot{a}_{x:\overline{n}|}^{(r)} \approx \frac{\delta}{i^{(r)}}\bar{a}_{x:\overline{n}|}$

当 $r \to \infty$ 时，有等式：

(3) $\lim\limits_{r\to\infty}\ddot{a}_x^{(r)} = \bar{a}_x$　　(4) $\lim\limits_{r\to\infty}\ddot{a}_{x:\overline{n}|}^{(r)} = \bar{a}_{x:\overline{n}|}$

第五章　均衡保费

趸缴保费法因一次性缴纳保费数目过大,可能导致投保人难以承担过高的保费而失去保险保障。因此,在保险实务中,人寿保险主要采用均衡保费法。均衡保费法早在18世纪中叶由詹姆斯·德桑提出,其思想是把总保费按精算的方法分摊到年、月、日等时间内,通俗地说,分摊的保费可以按年缴纳,按月缴纳,通常每次缴纳相同数额的保费,这种缴纳保费的方法,称为均衡保费法,也称为分期保费法。

均衡保费的缴纳方式与生存年金支付方式一致,投保人签单后,只要被保险人生存,就应该按合同的约定缴纳保费,所以,均衡保费法可称为年金式保费法。

按均衡保费法计算保费时,遵循收支平衡原理。如果保费按年金方式缴纳,每年缴纳的保费为P,死亡给付的精算现值为A,由收支平衡原理知:

保费的精算现值=死亡给付的精算现值

用符号表示:

$$P \cdot a = A \tag{5-1}$$

因为没有考虑保险公司的费用问题,上式计算出的保费为均衡纯保费。本章前四节主要讨论各种常见类型均衡纯保费的计算,在第五节讨论均衡毛保费的计算。

第一节　全连续型均衡纯保费

连续型寿险均衡纯保费的特点是保费按年金的方式连续缴纳,保险金在被保险人死亡时立即给付。由收支平衡原理:

$$\bar{P} \cdot \bar{a} = \bar{A} \tag{5-2}$$

所以:

$$\bar{P} = \frac{\bar{A}}{\bar{a}} \tag{5-3}$$

一、全期缴纳的均衡纯保费

均衡保费的缴费期限通常有两种：一是全期缴费，整个保险期为缴费期；二是限期缴费，在不大于保险期的一个确定时间内缴费。

1. 终身寿险

设(x)投保终身寿险，保费在保险期内按年金方式连续缴纳，保险金在被保险人死亡时立即给付，保险金额为1元，则：

$$\bar{P}_x \cdot \bar{a}_x = \bar{A}_x$$

所以：

$$\bar{P}_x = \frac{\bar{A}_x}{\bar{a}_x} \tag{5-4}$$

$\bar{P}_x$ 为连续型全期缴费的终身寿险均衡纯保费。式(5-4)可变为：

$$\bar{P}_x = \frac{1 - \delta \cdot \bar{a}_x}{\bar{a}_x} = \frac{1}{\bar{a}_x} - \delta \tag{5-5}$$

或：

$$\bar{P}_x = \frac{\bar{A}_x}{\dfrac{1 - \bar{A}_x}{\delta}} = \frac{\delta \cdot \bar{A}_x}{1 - \bar{A}_x} \tag{5-6}$$

2. n 年定期寿险

设(x)投保n年定期寿险，保费在n年期内按年金方式连续缴纳，保险金在被保险人死亡立即给付，保险金额为1元，则：

$$\bar{P}^1_{x:\overline{n}|} \cdot \bar{a}_{x:\overline{n}|} = \bar{A}^1_{x:\overline{n}|}$$

所以：

$$\bar{P}^1_{x:\overline{n}|} = \frac{\bar{A}^1_{x:\overline{n}|}}{\bar{a}_{x:\overline{n}|}} \tag{5-7}$$

$\bar{P}^1_{x:\overline{n}|}$ 为连续型全期缴费n年定期寿险均衡纯保费。

3. n 年定期生存保险

设(x)投保n年定期生存保险，保费在n年期内按年金的方式连续缴纳，如果被保险人活过n年，给付生存保险金1元，则：

$$\bar{P}_{x:\overline{n}|}^{\ \ 1} \cdot \bar{a}_{x:\overline{n}|} = A_{x:\overline{n}|}^{\ \ 1}$$

所以：

$$\bar{P}_{x:\overline{n}|}^{\ \ 1} = \frac{A_{x:\overline{n}|}^{\ \ 1}}{\bar{a}_{x:\overline{n}|}} \tag{5-8}$$

4. n 年期两全保险

设(x)投保n年期两全保险，保费在n年期内按年金的方式连续缴纳，如果

被保险人在 n 年内死亡，立即给付死亡保险金 1 元；如果被保险人活过 n 年，给付生存保险金 1 元，则：

$$\bar{P}_{x:\overline{n|}} \cdot \bar{a}_{x:\overline{n|}} = \bar{A}_{x:\overline{n|}}$$

所以：

$$\bar{P}_{x:\overline{n|}} = \frac{\bar{A}_{x:\overline{n|}}}{\bar{a}_{x:\overline{n|}}} \tag{5-9}$$

$\bar{P}_{x:\overline{n|}}$ 为连续型全期缴费 n 年期两全保险均衡纯保费。由式(5-9)可得：

$$\bar{P}_{x:\overline{n|}} = \frac{1 - \delta \cdot \bar{a}_{x:\overline{n|}}}{\bar{a}_{x:\overline{n|}}} = \frac{1}{\bar{a}_{x:\overline{n|}}} - \delta \tag{5-10}$$

或：

$$\bar{P}_{x:\overline{n|}} = \frac{\bar{A}_{x:\overline{n|}}}{\dfrac{1 - \bar{A}_{x:\overline{n|}}}{\delta}} = \frac{\delta \cdot \bar{A}_{x:\overline{n|}}}{1 - \bar{A}_{x:\overline{n|}}} \tag{5-11}$$

二、延期期间全期缴费的均衡纯保费

1. 延期 m 年的终身寿险

设(x)投保延期 m 年的终身寿险，保费在 m 年内按年金方式连续缴纳，保险金在 m 年后被保险人死亡时立即给付，保险金额为 1 元，则：

$$\bar{P}({}_{m|}\bar{A}_x) \cdot \bar{a}_{x:\overline{m|}} = {}_{m|}\bar{A}_x$$

所以：

$$\bar{P}({}_{m|}\bar{A}_x) = \frac{{}_{m|}\bar{A}_x}{\bar{a}_{x:\overline{m|}}} \tag{5-12}$$

2. 延期 m 年的 n 年定期寿险

设(x)投保延期 m 年的 n 年定期寿险，保费在 m 年内按年金方式连续缴纳，保险金在 m 年后被保险人死亡时立即给付，保险金额为 1 元，则：

$$\bar{P}({}_{m|}\bar{A}^1_{x:\overline{n|}}) \cdot \bar{a}_{x:\overline{m|}} = {}_{m|}\bar{A}^1_{x:\overline{n|}}$$

所以：

$$\bar{P}({}_{m|}\bar{A}^1_{x:\overline{n|}}) = \frac{{}_{m|}\bar{A}^1_{x:\overline{n|}}}{\bar{a}_{x:\overline{m|}}} \tag{5-13}$$

3. 延期 m 年的 n 年定期两全保险

设(x)投保延期 m 年的 n 年定期两全保险，保费在 m 年内按年金的方式连续缴纳，m 年后，如果被保险人在 n 年内死亡，立即给付死亡保险金 1 元；如果被保险人活过 n 年，给付生存保险金 1 元，则：

$$\bar{P}({}_{m|}\bar{A}_{x:\overline{n|}}) \cdot \bar{a}_{x:\overline{m|}} = {}_{m|}\bar{A}_{x:\overline{n|}}$$

所以：

$$\overline{P}({}_{m|}\overline{A}_{x:\overline{n|}}) = \frac{{}_{m|}\overline{A}_{x:\overline{n|}}}{\overline{a}_{x:\overline{m|}}} \tag{5-14}$$

4. 延期 m 年的终身生存年金

设(x)投保延期 m 年的终身生存年金,保费在 m 年内按年金方式连续缴纳,m 年后,若被保险人活着,可获得连续支付的生存年金,直到死亡为止,年金的年给付额为 1 元,则:

$$\overline{P}({}_{m|}\overline{a}_x) \cdot \overline{a}_{x:\overline{m|}} = {}_{m|}\overline{a}_x$$

所以:

$$\overline{P}({}_{m|}\overline{a}_x) = \frac{{}_{m|}\overline{a}_x}{\overline{a}_{x:\overline{m|}}} \tag{5-15}$$

$\overline{P}({}_{m|}\overline{a}_x)$为连续型全期缴费的延期 m 年终身生存年金的均衡纯保费。

5. 延期 m 年的 n 年定期生存年金

设(x)投保延期 m 年的 n 年定期生存年金,保费在 m 年内按年金方式连续缴纳,m 年后的 n 年期内,若被保险人活着,可获得连续支付的生存年金,年金的年给付额为 1 元,则:

$$\overline{P}({}_{m|}\overline{a}_{x:\overline{n|}}) \cdot \overline{a}_{x:\overline{m|}} = {}_{m|}\overline{a}_{x:\overline{n|}}$$

所以:

$$\overline{P}({}_{m|}\overline{a}_{x:\overline{n|}}) = \frac{{}_{m|}\overline{a}_{x:\overline{n|}}}{\overline{a}_{x:\overline{m|}}} \tag{5-16}$$

例【5-1】　设生存函数 $l_x = 1 - \frac{x}{100}\ (x \geqslant 0)$,$\delta = 0.05$,试求 40 岁的人投保终身寿险的均衡纯保费。

解:

因为:
$$l_x = 1 - \frac{x}{100}\ (x \geqslant 0)$$

所以:
$$l_{x+t} = 1 - \frac{x+t}{100}$$

$$ {}_tp_x = \frac{l_{x+t}}{l_x} = \frac{100-x-t}{100-x}$$

$$f_x(t) = -{}_tp_x' = \frac{1}{100-x}$$

当 $x = 40$ 时:

$$f_x(t) = \frac{1}{60}$$

所以：

$$\begin{aligned}\bar{A}_{40} &= \int_0^{60} v^t f_x(t)\,\mathrm{d}t \\ &= \frac{1}{60}\int_0^{60} \mathrm{e}^{\delta \cdot t}\mathrm{d}t \\ &= -\frac{1}{60\delta}\mathrm{e}^{-\delta \cdot t}\Big|_0^{60} \\ &= \frac{1-\mathrm{e}^{-60\delta}}{60\delta} \\ &= \frac{1-\mathrm{e}^{-3}}{3} \\ &= 0.316\ 7\end{aligned}$$

所以：

$$\bar{P}_{40} = \frac{\bar{A}_{40}}{\bar{a}_{40}} = \frac{\delta \cdot \bar{A}_{40}}{1-\bar{A}_{40}} = 0.023\ 2$$

三、限期缴费的均衡纯保费

假设保费缴纳的期限限定在 h 年内，并从签单时开始缴纳，各寿险的均衡纯保费计算如下：

1. 限期 h 年的终身寿险

设(x)投保终身寿险，保费在 h 年内限期缴纳，保险金在被保险人死亡时立即给付，保险金额为 1 元，则：

$${}_h\bar{P}_x \bar{a}_{x:\overline{h}|} = \bar{A}_x \qquad (h \geqslant 0)$$

所以：

$${}_h\bar{P}_x = \frac{\bar{A}_x}{\bar{a}_{x:\overline{h}|}} \tag{5-17}$$

${}_h\bar{P}_x$ 为 h 年限期缴费的终身寿险均衡纯保费。

2. 限期 h 年的 n 年定期寿险

设(x)投保 n 年定期寿险，保费在 h 年内限期缴纳，若被保险人在 n 年内死亡，立即给付保险金，保险金额为 1 元，则：

$${}_h\bar{P}^1_{x:\overline{n}|} \cdot \bar{a}_{x:\overline{h}|} = \bar{A}^1_{x:\overline{n}|} \qquad (0 \leqslant h \leqslant n)$$

所以：

$${}_h\bar{P}^1_{x:\overline{n}|} = \frac{\bar{A}^1_{x:\overline{n}|}}{\bar{a}_{x:\overline{h}|}} \tag{5-18}$$

${}_h\bar{P}^1_{x:\overline{n}|}$ 为连续型 h 年限期缴费的 n 年定期寿险均衡纯保费。

3. 限期 h 年的 n 年期生存保险

设 (x) 投保 n 年期生存保险，保费在 h 年内按年金的方式连续缴纳，如果被保险人活过 n 年，给付生存保险金 1 元，则：

$$ {}_h\overline{P}_{x:\overset{\ 1}{\overline{n}|}} \cdot \bar{a}_{x:\overline{h}|} = A_{x:\overset{\ 1}{\overline{n}|}} \qquad (0 \leqslant h \leqslant n) $$

所以：

$$ {}_h\overline{P}_{x:\overset{\ 1}{\overline{n}|}} = \frac{A_{x:\overset{\ 1}{\overline{n}|}}}{\bar{a}_{x:\overline{h}|}} \tag{5-19} $$

4. 限期 h 年的 n 年期两全保险

设 (x) 投保 n 年期两全保险，保费在 h 年内限期缴纳，若被保险人在 n 年内死亡，立即给付保险金，保险金额为 1 元；若被保险人活过 n 年，给付生存保险金 1 元，则：

$$ {}_h\overline{P}_{x:\overline{n}|} \cdot \bar{a}_{x:\overline{h}|} = \overline{A}_{x:\overline{n}|} \qquad (0 \leqslant h \leqslant n) $$

所以：

$$ {}_h\overline{P}_{x:\overline{n}|} = \frac{\overline{A}_{x:\overline{n}|}}{\bar{a}_{x:\overline{h}|}} \tag{5-20} $$

${}_h\overline{P}_{x:\overline{n}|}$ 为连续型 h 年限期缴费的 n 年期两全保险均衡纯保费。

四、延期期间限期缴费的均衡纯保费

1. 限期 h 年延期 m 年的终身寿险

设 (x) 投保延期 m 年的终身寿险，保费在 h 年内按年金方式连续缴纳，保险金在 m 年后被保险人死亡时立即给付，保险金额为 1 元，则：

$$ {}_h\overline{P}({}_{m|}\overline{A}_x) \cdot \bar{a}_{x:\overline{h}|} = {}_{m|}\overline{A}_x \qquad (0 \leqslant h \leqslant m) $$

所以：

$$ {}_h\overline{P}({}_{m|}\overline{A}_x) \cdot = \frac{{}_{m|}\overline{A}_x}{\bar{a}_{x:\overline{h}|}} \tag{5-21} $$

2. 限期 h 年延期 m 年的 n 年定期寿险

设 (x) 投保延期 m 年的 n 年定期寿险，保费在 h 年内按年金方式连续缴纳，保险金在 m 年后的 n 年内，被保险人死亡时立即给付，保险金额为 1 元，则：

$$ {}_h\overline{P}({}_{m|}\overline{A}^1_{x:\overline{n}|}) \cdot \bar{a}_{x:\overline{h}|} = {}_{m|}\overline{A}^1_{x:\overline{n}|} \qquad (0 \leqslant h \leqslant m) $$

所以：

$$ {}_h\overline{P}({}_{m|}\overline{A}^1_{x:\overline{n}|}) = \frac{{}_{m|}\overline{A}^1_{x:\overline{n}|}}{\bar{a}_{x:\overline{h}|}} \tag{5-22} $$

3. 限期 h 年延期 m 年的 n 年定期两全保险

设 (x) 投保延期 m 年的 n 年定期两全保险，保费在 h 年内按年金的方式连续缴纳，m 年后，如果被保险人在 n 年内死亡，立即给付死亡保险金 1 元；如果被

保险人活过 n 年，给付生存保险金 1 元，则：

$${}_h\overline{P}({}_{m|}\overline{A}_{x:\overline{n}|})\cdot\overline{a}_{x:\overline{h}|}={}_{m|}\overline{A}_{x:\overline{n}|}\qquad(0\leqslant h\leqslant m)$$

所以：

$${}_h\overline{P}({}_{m|}\overline{A}_{x:\overline{n}|})=\frac{{}_{m|}\overline{A}_{x:\overline{n}|}}{\overline{a}_{x:\overline{h}|}}\tag{5-23}$$

4. 限期 h 年延期 m 年的终身生存年金

设 (x) 投保延期 m 年的终身生存年金，保费在 h 年内限期缴纳，若被保险人活过 m 年，可获得连续给付的生存年金，直到死亡为止，年给付额为 1 元，则：

$${}_h\overline{P}({}_{m|}\overline{a}_x)\cdot\overline{a}_{x:\overline{h}|}={}_{m|}\overline{a}_x\qquad(0\leqslant h\leqslant m)$$

所以：

$${}_h\overline{P}({}_{m|}\overline{a}_x)=\frac{{}_{m|}\overline{a}_x}{\overline{a}_{x:\overline{h}|}}\tag{5-24}$$

${}_h\overline{P}({}_{m|}\overline{a}_x)$ 为连续型 h 年限期缴费的延期 m 年终身生存年金均衡纯保费。

5. 限期 h 年延期 m 年的 n 年定期生存年金

设 (x) 投保延期 m 年的 n 年定期生存年金，保费在 h 年内按年金方式连续缴纳，m 年后的 n 年期内，若被保险人活着，可获得连续支付的生存年金，年金的年给付额为 1 元，则：

$${}_h\overline{P}({}_{m|}\overline{a}_{x:\overline{n}|})\cdot\overline{a}_{x:\overline{h}|}={}_{m|}\overline{a}_{x:\overline{n}|}\qquad(0\leqslant h\leqslant m)$$

所以：

$${}_h\overline{P}({}_{m|}\overline{a}_{x:\overline{n}|})=\frac{{}_{m|}\overline{a}_{x:\overline{n}|}}{\overline{a}_{x:\overline{h}|}}\tag{5-25}$$

第二节　全离散型均衡纯保费

离散型均衡纯保费的特点是保费按年金方式在每年年初缴纳，保险金在被保险人死亡年末给付。由平衡原理：

$$P\cdot\ddot{a}=A$$

所以，离散型均衡纯保费的一般公式为：

$$P=\frac{A}{\ddot{a}}\tag{5-26}$$

一、全期缴纳的均衡纯保费

1. 死亡年末给付的终身寿险

设 (x) 投保终身寿险，保费在每年年初被保险人生存时缴纳，保险金在被保险人死亡年末给付，保险金额为 1 元，则：

$$P_x \cdot \ddot{a}_x = A_x$$

所以：

$$P_x = \frac{A_x}{\ddot{a}_x} \tag{5-27}$$

用换算函数表示 P_x，由式(5-27)得：

$$P_x = \frac{M_x}{N_x}$$

P_x 表示全期缴费的死亡年末给付终身寿险均衡纯保费。由式(5-27)得：

$$P_x = \frac{1 - d\ddot{a}_x}{\ddot{a}_x}$$

$$= \frac{1}{\ddot{a}_x} - d \tag{5-28}$$

或：

$$P_x = \frac{dA_x}{1 - A_x} \tag{5-29}$$

2. 死亡年末付的 n 年定期寿险

设(x)投保 n 年定期寿险，保费在每年年初被保险人生存时缴纳，保险金在被保险人死亡年末给付，保险金额为 1 元，则：

$$P^1_{x:\overline{n|}} \cdot \ddot{a}_{x:\overline{n|}} = A^1_{x:\overline{n|}}$$

所以：

$$P^1_{x:\overline{n|}} = \frac{A^1_{x:\overline{n|}}}{\ddot{a}_{x:\overline{n|}}} \tag{5-30}$$

$P^1_{x:\overline{n|}}$ 为全期缴费的死亡年末给付 n 年定期寿险均衡纯保费。

用换算函数表示 $P^1_{x:\overline{n|}}$，由式(5-30)得：

$$P^1_{x:\overline{n|}} = \frac{M_x - M_{x+n}}{N_x - N_{x+n}} \tag{5-31}$$

3. n 年期定期生存保险

设(x)投保 n 年期生存保险，保费在每年年初被保险人生存时缴纳，如果被保险人活过 n 年，给付生存保险金 1 元，则：

$$P_{x:\overset{1}{\overline{n|}}} \cdot \ddot{a}_{x:\overline{n|}} = A_{x:\overset{1}{\overline{n|}}}$$

所以：

$$P_{x:\overset{1}{\overline{n|}}} = \frac{A_{x:\overset{1}{\overline{n|}}}}{\ddot{a}_{x:\overline{n|}}}$$

用换算函数表示 $P_{x:\overset{1}{\overline{n|}}}$，由上式得：

$$P_{x:\overset{1}{n|}} = \frac{D_{x+n}}{N_x - N_{x+n}} \tag{5-32}$$

4. 死亡年末给付的 n 年期定期两全保险

设(x)投保 n 年期两全保险,保费在每年年初被保险人生存时缴纳,若被保险人在 n 年内死亡,则在死亡年末给付保险金,保险金额为 1 元;若被保险人活过 n 年,则给付生存保险金,保险金额为 1 元,则:

$$P_{x:\overline{n|}} \cdot \ddot{a}_{x:\overline{n|}} = A_{x:\overline{n|}}$$

所以:

$$P_{x:\overline{n|}} = \frac{A_{x:\overline{n|}}}{\ddot{a}_{x:\overline{n|}}} \tag{5-33}$$

$P_{x:\overline{n|}}$为全期缴费 n 年期两全保险的均衡纯保费。由式(5-31)得:

$$P_{x:\overline{n|}} = \frac{1}{\ddot{a}_{x:\overline{n|}}} - d \tag{5-34}$$

或:

$$P_{x:\overline{n|}} = \frac{dA_{x:\overline{n|}}}{1 - A_{x:\overline{n|}}} \tag{5-35}$$

用换算函数表示 $P_{x:\overline{n|}}$:

$$P_{x:\overline{n|}} = \frac{M_x - M_{x+n} + D_{x+n}}{N_x - N_{x+n}} \tag{5-36}$$

二、延期期间全期缴费的均衡纯保费

1. 死亡年末给付的终身寿险

设(x)投保终身寿险,保费在每年年初被保险人生存时缴纳,缴费期为 m 年。保险金在 m 年后被保险人死亡年末给付,保险金额为 1 元,则:

$$P({}_{m|}A_x) \cdot \ddot{a}_{x:\overline{m|}} = {}_{m|}A_x$$

所以:

$$P({}_{m|}A_x) = \frac{{}_{m|}A_x}{\ddot{a}_{x:\overline{m|}}} \tag{5-37}$$

$P({}_{m|}A_x)$表示延期 m 年缴费的死亡年末给付终身寿险均衡纯保费。

用换算函数表示 $P({}_{m|}A_x)$,由式(5-37)得:

$$P({}_{m|}A_x) = \frac{M_{x+m}}{N_x - N_{x+m}} \tag{5-38}$$

2. 死亡年末给付的 n 年定期寿险

设(x)投保 n 年定期寿险,保费在每年年初被保险人生存时缴纳,缴费期为 m 年。若被保险人活过 m 年后在 n 年内死亡,则在死亡年末给付保险金,保险金额为 1 元，则：

$$P({}_{m|}A^1_{x:\overline{n}|}) \cdot \ddot{a}_{x:\overline{m}|} = {}_{m|}A^1_{x:\overline{n}|}$$

所以：

$$P({}_{m|}A^1_{x:\overline{n}|}) = \frac{{}_{m|}A^1_{x:\overline{n}|}}{\ddot{a}_{x:\overline{m}|}} \tag{5-39}$$

$P({}_{m|}A^1_{x:\overline{n}|})$为延期缴费的死亡年末给付 n 年定期寿险均衡纯保费。

用换算函数表示 $P({}_{m|}A^1_{x:\overline{n}|})$，由式(5-39)得：

$$P({}_{m|}A^1_{x:\overline{n}|}) = \frac{M_{x+m} - M_{x+m+n}}{N_x - N_{x+m}}$$

3. 死亡年末给付 n 年期两全保险

设(x)投保 n 年期两全保险，保费在每年年初被保险人生存时缴纳，缴费期为 m 年。若被保险人活过 m 年后在 n 年内死亡，则在死亡年末给付保险金，保险金额为 1 元；若被保险人活过 $m+n$ 年，则给付生存保险金，保险金额为 1 元，则：

$$P \cdot ({}_{m|}A_{x:\overline{n}|})\ddot{a}_{x:\overline{m}|} = {}_{m|}A_{x:\overline{n}|}$$

所以：

$$P({}_{m|}A_{x:\overline{n}|}) = \frac{{}_{m|}A_{x:\overline{n}|}}{\ddot{a}_{x:\overline{m}|}} \tag{5-40}$$

用换算函数表示 $P({}_{m|}A_{x:\overline{n}|})$：

$$P({}_{m|}A_{x:\overline{n}|}) = \frac{M_{x+m} - M_{x+m+n} + D_{x+m+n}}{N_x - N_{x+m}} \tag{5-41}$$

4. 延期 m 年的终身生存年金

设(x)投保延期 m 年的期初付终身生存年金，保费在每年年初被保险人生存时缴纳，缴费期为 m 年。m 年后，若被保险人活着，可在活着的每年年初获得生存年金，给付金额为 1 元，则：

$$P({}_{m|}\ddot{a}_x) \cdot \ddot{a}_{x:\overline{m}|} = {}_{m|}\ddot{a}_x$$

所以：

$$P({}_{m|}\ddot{a}_x) = \frac{{}_{m|}\ddot{a}_x}{\ddot{a}_{x:\overline{m}|}} \tag{5-42}$$

$P({}_{m|}\ddot{a}_x)$为全期缴费的延期 m 年的期初付终身生存年金的均衡纯保费。

用换算函数表示 $P({}_{m|}\ddot{a}_x)$，由式(5-42)得：

$$P({}_{m|}\ddot{a}_x) = \frac{N_{x+m}}{N_x - N_{x+m}} \tag{5-43}$$

同理，全期缴费的延期 m 年的期末付终身生存年金的均衡纯保费为：

$$P({}_{m|}a_x) = \frac{{}_{m|}a_x}{\ddot{a}_{x:\overline{m}|}} \tag{5-44}$$

$$= \frac{N_{x+m+1}}{N_x - N_{x+m}} \tag{5-45}$$

5. 延期 m 年的 n 年定期生存年金

设(x)投保延期 m 年的 n 年定期生存年金,保费在每年年初被保险人生存时缴纳,缴费期为 m 年。m 年后,若被保险人活着,可在活着的 n 年内每年年初获得生存年金,给付金额为 1 元,则:

$$P({}_{m|}\ddot{a}_{x:\overline{n}|}) \cdot \ddot{a}_{x:\overline{m}|} = {}_{m|}\ddot{a}_{x:\overline{n}|}$$

所以:

$$P({}_{m|}\ddot{a}_{x:\overline{n}|}) = \frac{{}_{m|}\ddot{a}_{x:\overline{n}|}}{\ddot{a}_{x:\overline{m}|}} \tag{5-46}$$

$P({}_{m|}\ddot{a}_{x:\overline{n}|})$为全期缴费的延期 m 年的期初付 n 年定期生存年金的均衡纯保费。

用换算函数表示 $P({}_{m|}\ddot{a}_{x:\overline{n}|})$,由式(5-46)得:

$$P({}_{m|}\ddot{a}_{x:\overline{n}|}) = \frac{N_{x+m} - N_{x+m+n}}{N_x - N_{x+m}} \tag{5-47}$$

同理,全期缴费的延期 m 年的期末付 n 年定期生存年金的均衡纯保费为:

$$P({}_{m|}a_{x:\overline{n}|}) = \frac{{}_{m|}a_{x:\overline{n}|}}{\ddot{a}_{x:\overline{m}|}} \tag{5-48}$$

$$= \frac{N_{x+m+1} - N_{x+m+n+1}}{N_x - N_{x+m}} \tag{5-49}$$

三、限期 h 年缴费的均衡纯保费

1. 限期 h 年的终身寿险

若限期 h 年缴费,有:

$${}_hP_x \cdot \ddot{a}_{x:\overline{h}|} = A_x \qquad (h \geqslant 0)$$

所以:

$${}_hP_x = \frac{A_x}{\ddot{a}_{x:\overline{h}|}} \qquad (h \geqslant 0) \tag{5-50}$$

${}_hP_x$ 为限期 h 年缴费的死亡年末付终身寿险均衡纯保费。

用换算函数表示${}_hP_x$,由式(5-50)得:

$${}_hP_x = \frac{M_x}{N_x - N_{x+h}} \qquad (h \geqslant 0) \tag{5-51}$$

2. 限期 h 年的 n 年定期寿险

若限期 h 年缴费，有：

$$ {}_hP^1_{x:\overline{n}|} \cdot \ddot{a}_{x:\overline{h}|} = A^1_{x:\overline{n}|} $$

所以：

$$ {}_hP^1_{x:\overline{n}|} = \frac{A^1_{x:\overline{n}|}}{\ddot{a}_{x:\overline{h}|}} \qquad (0 \leqslant h \leqslant n) \tag{5-52} $$

${}_hP^1_{x:\overline{n}|}$ 为限期 h 年缴费的死亡年末付 n 年定期寿险均衡纯保费。

用换算函数表示 ${}_hP^1_{x:\overline{n}|}$，由式(5-52)得：

$$ {}_hP^1_{x:\overline{n}|} = \frac{M_x - M_{x+n}}{N_x - N_{x+h}} \qquad (0 \leqslant h \leqslant n) \tag{5-53} $$

3. 限期 h 年的 n 年期生存保险

设(x)投保 n 年期生存保险，缴费期为 h 年，保费在每年年初被保险人生存时缴纳，如果被保险人活过 n 年，给付生存保险金 1 元，则：

$$ {}_hP_{x:\overline{n}|}^{\ \ 1} \cdot \ddot{a}_{x:\overline{h}|} = A_{x:\overline{n}|}^{\ \ 1} $$

所以：

$$ {}_hP_{x:\overline{n}|}^{\ \ 1} = \frac{A_{x:\overline{n}|}^{\ \ 1}}{\ddot{a}_{x:\overline{h}|}} \qquad (0 \leqslant h \leqslant n) \tag{5-54} $$

用换算函数表示 ${}_hP_{x:\overline{n}|}^{\ \ 1}$，由上式得：

$$ {}_hP_{x:\overline{n}|}^{\ \ 1} = \frac{D_{x+n}}{N_x - N_{x+h}} \qquad (0 \leqslant h \leqslant n) \tag{5-55} $$

4. 限期 h 年的 n 年期两全保险

若限期 $h(0 \leqslant h \leqslant n)$ 年缴费，有：

$$ {}_hP_{x:\overline{n}|} \cdot \ddot{a}_{x:\overline{h}|} = A_{x:\overline{n}|} $$

所以：

$$ {}_hP_{x:\overline{n}|} = \frac{A_{x:\overline{n}|}}{\ddot{a}_{x:\overline{h}|}} \qquad (0 \leqslant h \leqslant n) \tag{5-56} $$

${}_hP_{x:\overline{n}|}$ 为限期 h 年缴费的 n 年期两全保险的均衡纯保费。

用换算函数表示 ${}_hP_{x:\overline{n}|}$，由式(5-56)得：

$$ {}_hP_{x:\overline{n}|} = \frac{M_x - M_{x+n} + D_{x+n}}{N_x - N_{x+h}} \qquad (0 \leqslant h \leqslant n) \tag{5-57} $$

四、延期期间限期缴费的均衡纯保费

1. 限期 h 年的延期 m 年的终身寿险

若限期 $h(0 \leqslant h \leqslant m)$ 年缴费，有：

$$ {}_hP({}_{m|}A_x) \cdot \ddot{a}_{x:\overline{h}|} = {}_{m|}A_x $$

所以：

$$ {}_{h}P({}_{m|}A_{x}) = \frac{{}_{m|}A_{x}}{\ddot{a}_{x:\overline{h}|}} \tag{5-58} $$

${}_{h}P({}_{m|}A_{x})$表示限期 h 年缴费的延期 m 年的死亡年末付终身寿险均衡纯保费。

用换算函数表示${}_{h}P({}_{m|}A_{x})$，由式(5-58)得：

$$ {}_{h}P({}_{m|}A_{x}) = \frac{M_{x+m}}{N_{x} - N_{x+h}} \tag{5-59} $$

2. 限期 h 年的延期 m 年的 n 年期定期寿险

若限期 $h(0\leqslant h\leqslant m)$年缴费，有：

$$ {}_{h}P({}_{m|}A^{1}_{x:\overline{n}|}) \cdot \ddot{a}_{x:\overline{h}|} = {}_{m|}A^{1}_{x:\overline{n}|} $$

所以：

$$ {}_{h}P({}_{m|}A^{1}_{x:\overline{n}|}) = \frac{{}_{m|}A^{1}_{x:\overline{n}|}}{\ddot{a}_{x:\overline{h}|}} \tag{5-60} $$

${}_{h}P({}_{m|}A^{1}_{x:\overline{n}|})$为限期 h 年缴费的延期 m 年的死亡年末付 n 年定期寿险均衡纯保费。

用换算函数表示${}_{h}P({}_{m|}A^{1}_{x:\overline{n}|})$，由式(5-60)得：

$$ {}_{h}P({}_{m|}A^{1}_{x:\overline{n}|}) = \frac{M_{x+m} - M_{x+m+n}}{N_{x} - N_{x+h}} \tag{5-61} $$

3. 限期 h 年的延期 m 年的 n 年期两全保险

若限期 $h(0\leqslant h\leqslant m)$年缴费，有：

$$ {}_{h}P({}_{m|}A_{x:\overline{n}|}) \cdot \ddot{a}_{x:\overline{h}|} = {}_{m|}A_{x:\overline{n}|} $$

所以：

$$ {}_{h}P({}_{m|}A_{x:\overline{n}|}) = \frac{{}_{m|}A_{x:\overline{n}|}}{\ddot{a}_{x:\overline{h}|}} \tag{5-62} $$

用换算函数表示${}_{h}P({}_{m|}A_{x:\overline{n}|})$：

$$ {}_{h}P({}_{m|}A_{x:\overline{n}|}) = \frac{M_{x+m} - M_{x+m+n} + D_{x+m+n}}{N_{x} - N_{x+h}} $$

4. 限期 h 年的延期 m 年的终身生存年金

若限期 $h(0\leqslant h\leqslant m)$年缴费，有：

$$ {}_{h}P({}_{m|}\ddot{a}_{x}) \cdot \ddot{a}_{x:\overline{h}|} = {}_{m|}\ddot{a}_{x} $$

所以：

$$ {}_{h}P({}_{m|}\ddot{a}_{x}) = \frac{{}_{m|}\ddot{a}_{x}}{\ddot{a}_{x:\overline{h}|}} \qquad (0 \leqslant h \leqslant m) \tag{5-63} $$

${}_{h}P({}_{m|}\ddot{a}_{x})$为限期 h 年缴费的延期 m 年的期初付终身生存年金的均衡纯保费。

用换算函数表示${}_hP({}_{m|}\ddot{a}_x)$，由式(5-63)得：

$$ {}_hP({}_{m|}\ddot{a}_x)=\frac{N_{x+m}}{N_x-N_{x+h}}\qquad(0\leqslant h\leqslant m) \tag{5-64}$$

同理，限期 h 年缴费的延期 m 年的期末付终身生存年金的均衡纯保费为：

$$ {}_hP({}_{m|}a_x)=\frac{{}_{m|}a_x}{\ddot{a}_{x:\overline{h|}}} \tag{5-65}$$

用换算函数表示${}_hP({}_{m|}a_x)$：

$$ {}_hP({}_{m|}a_x)=\frac{N_{x+m+1}}{N_x-N_{x+h}} \tag{5-66}$$

5. 限期 h 年的延期 m 年的 n 年定期生存年金

若限期 $h(0\leqslant h\leqslant m)$年缴费，有：

$$ {}_hP({}_{m|}\ddot{a}_{x:\overline{n|}})\cdot\ddot{a}_{x:\overline{h|}}={}_{m|}\ddot{a}_{x:\overline{n|}}$$

所以：

$$ {}_hP({}_{m|}\ddot{a}_{x:\overline{n|}})=\frac{{}_{m|}\ddot{a}_{x:\overline{n|}}}{\ddot{a}_{x:\overline{h|}}} \tag{5-67}$$

${}_hP({}_{m|}\ddot{a}_{x:\overline{n|}})$为限期 h 年缴费的延期 m 年的期初付 n 年定期生存年金的均衡纯保费。

用换算函数表示${}_hP({}_{m|}\ddot{a}_{x:\overline{n|}})$，由式(5-67)得：

$$ {}_hP({}_{m|}\ddot{a}_{x:\overline{n|}})=\frac{N_{x+m}-N_{x+m+n}}{N_x-N_{x+h}} \tag{5-68}$$

同理，限期缴费的延期 m 年的期末付 n 年定期生存年金的均衡纯保费为：

$$ {}_hP({}_{m|}a_{x:\overline{n|}})=\frac{{}_{m|}a_{x:\overline{n|}}}{\ddot{a}_{x:\overline{h|}}}=\frac{N_{x+m+1}-N_{x+m+n+1}}{N_x-N_{x+h}} \tag{5-69}$$

例【5-2】　李华现年 40 岁，投保一死亡年末给付的终身寿险，保险金额为 20 万元，$i=4\%$，试用 CL1 换算函数表计算：

(1)趸缴纯保费；

(2)全期缴纳的均衡纯保费；

(3)限期 10 年缴纳的均衡纯保费。

解：

(1)$20A_{40}=20\dfrac{M_{40}}{D_{40}}$

$$=20\times\frac{49.711\,857}{202.665\,108}$$

$$=4.905\,813(\text{万元})$$

$$(2)\ P_{40}=20\frac{A_{40}}{\ddot{a}_{40}}$$

$$=20\frac{M_{40}}{N_{40}}$$

$$=20\times\frac{49.711\,857}{3\,976.784\,530}$$

$$=0.250\,02(\text{万元})$$

$$(3)\ {}_{10}P_{40}=20\frac{A_{40}}{\ddot{a}_{40:\overline{10|}}}$$

$$=20\frac{M_{40}}{N_{40}-N_{50}}$$

$$=20\times\frac{49.711\,857}{3\,976.784\,530-2\,281.977\,229}$$

$$=0.586\,637(\text{万元})$$

例【5-3】 (45)购买了一份寿险，若在第一年内死亡，给付保险金 8000 元，以后每多活一年后死亡，保险金减少 500 元，保险金额减少到零时，合同终止，若保险金在死亡年末给付，保费在 5 年内缴清，试利用 CL1 换算函数表求年缴纯保费（$i=4\%$）。

解：

$$ {}_5P\cdot\ddot{a}_{45:\overline{5|}}=500(DA)^{1}_{45:\overline{16|}}$$

$$ {}_5P=\frac{(DA)^{1}_{45:\overline{16|}}}{\ddot{a}_{45:\overline{5|}}}\times 500$$

$$=\frac{16M_{45}-R_{46}+R_{62}}{N_{45}-N_{50}}\times 500$$

$$=\frac{16\times 47.940\,640.1-1\,333.419\,038+629.432\,294}{2\,876.852\,223-2\,281.977\,229}\times 500$$

$$=53.005671(\text{元})$$

第三节 半连续型均衡纯保费

半连续型均衡纯保费的特点是保费按年金方式在被保险人生存的年初缴

纳,保险金在被保险人死亡时立即给付。连续型寿险均衡纯保费与完全离散型寿险均衡纯保费在精算理论上有着重要的地位,但与保险实务有一定的距离,实务中采用半连续型均衡纯保费模型。

一、全期缴费的均衡纯保费

1. 终身寿险

对于(x),如果保费在被保险人生存的年初缴纳,保险金在被保险人死亡时立即给付。用$P(\bar{A}_x)$表示该寿险的均衡纯保费,则:

$$P(\bar{A}_x)\cdot\ddot{a}_x=\bar{A}_x$$

$$P(\bar{A}_x)=\frac{\bar{A}_x}{\ddot{a}_x}\tag{5-70}$$

通常,在UDD假设下,将$\bar{A}_x$换成A_x,因为:

$$\bar{A}_x=\frac{i}{\delta}A_x$$

所以:

$$P(\bar{A}_x)=\frac{i}{\delta}\cdot\frac{A_x}{\ddot{a}_x}=\frac{i}{\delta}P_x\tag{5-71}$$

用换算函数表示$P(\bar{A}_x)$,由式(5-71)得:

$$P(\bar{A}_x)=\frac{i}{\delta}\cdot\frac{M_x}{N_x}\tag{5-72}$$

这样,可以利用生命表计算半连续型寿险的均衡纯保费。

2. 定期寿险

用$P(\bar{A}^1_{x:\overline{n}|})$表示全期缴费的该寿险的均衡纯保费,则:

$$P(\bar{A}^1_{x:\overline{n}|})\cdot\ddot{a}_{x:\overline{n}|}=\bar{A}^1_{x:\overline{n}|}$$

所以:

$$P(\bar{A}^1_{x:\overline{n}|})=\frac{\bar{A}^1_{x:\overline{n}|}}{\ddot{a}_{x:\overline{n}|}}\tag{5-73}$$

在UDD假设下:

$$P(\bar{A}^1_{x:\overline{n}|})=\frac{i}{\delta}\cdot\frac{A^1_{x:\overline{n}|}}{\ddot{a}_{x:\overline{n}|}}\tag{5-74}$$

用换算函数表示,由式(5-74)得:

$$P(\bar{A}^1_{x:\overline{n}|})=\frac{i}{\delta}\cdot\frac{M_x-M_{x+n}}{N_x-N_{x+n}}$$

3. n年期两全保险

用 $P(\bar{A}_{x:\overline{n}|})$ 表示全期缴费的该保险的均衡纯保费，则：

$$P(\bar{A}_{x:\overline{n}|}) \cdot \ddot{a}_{x:\overline{n}|} = \bar{A}_{x:\overline{n}|}$$

所以：

$$P(\bar{A}_{x:\overline{n}|}) = \frac{\bar{A}_{x:\overline{n}|}}{\ddot{a}_{x:\overline{n}|}} \tag{5-75}$$

在 UDD 假设下：

$$P(\bar{A}_{x:\overline{n}|}) = \frac{\frac{i}{\delta}A^{1}_{x:\overline{n}|} + A_{x:\overline{n}|}^{\ \ 1}}{\ddot{a}_{x:\overline{n}|}}$$

$$= \frac{i}{\delta}P(A^{1}_{x:\overline{n}|}) + P(A_{x:\overline{n}|}^{\ \ 1}) \tag{5-76}$$

用换算函数表示，由式(5-76)得：

$$P(\bar{A}_{x:\overline{n}|}) = \frac{i(M_x - M_{x+n}) + \delta \cdot D_{x+n}}{\delta \cdot (N_x - N_{x+n})} \tag{5-77}$$

二、延期期间全期缴费的均衡纯保费

1. 延期 m 年的终身寿险

用 $P({}_{m|}\bar{A}_x)$ 表示该寿险的均衡纯保费，则：

$$P({}_{m|}\bar{A}_x) \cdot \ddot{a}_{x:\overline{m}|} = {}_{m|}\bar{A}_x$$

$$P({}_{m|}\bar{A}_x) = \frac{{}_{m|}\bar{A}_x}{\ddot{a}_{x:\overline{m}|}} \tag{5-78}$$

在 UDD 假设下：

$$P({}_{m|}\bar{A}_x) = \frac{i}{\delta} \cdot \frac{{}_{m|}A_x}{\ddot{a}_{x:\overline{m}|}} \tag{5-79}$$

用换算函数表示 $P({}_{m|}\bar{A}_x)$，由式(5-79)得：

$$P({}_{m|}\bar{A}_x) = \frac{i}{\delta} \cdot \frac{M_{x+m}}{N_x - N_{x+m}} \tag{5-80}$$

2. 延期 m 年的 n 年定期寿险

用 $P({}_{m|}\bar{A}^{1}_{x:\overline{n}|})$ 表示该寿险的均衡纯保费，则：

$$P({}_{m|}\bar{A}^{1}_{x:\overline{n}|}) \cdot \ddot{a}_{x:\overline{m}|} = {}_{m|}\bar{A}^{1}_{x:\overline{n}|}$$

所以：

$$P({}_{m|}\bar{A}^{1}_{x:\overline{n}|}) = \frac{{}_{m|}\bar{A}^{1}_{x:\overline{n}|}}{\ddot{a}_{x:\overline{m}|}} \tag{5-81}$$

在 UDD 假设下：

$$P(_{m|}\bar{A}^1_{x:\overline{n}|}) = \frac{i}{\delta} \cdot \frac{_{m|}\bar{A}^1_{x:\overline{n}|}}{\ddot{a}_{x:\overline{m}|}} \tag{5-82}$$

用换算函数表示,由式(5-82)得:

$$P(_{m|}\bar{A}^1_{x:\overline{n}|}) = \frac{i}{\delta} \cdot \frac{M_{x+m} - M_{x+m+n}}{N_x - N_{x+m}} \tag{5-83}$$

3. 延期 m 年的 n 年定期两全保险

用 $P(_{m|}\bar{A}_{x:\overline{n}|})$ 表示该保险的均衡纯保费,则:

$$P(_{m|}\bar{A}_{x:\overline{n}|}) \cdot \ddot{a}_{x:\overline{m}|} = {}_{m|}\bar{A}_{x:\overline{n}|}$$

所以:

$$P(_{m|}\bar{A}_{x:\overline{n}|}) = \frac{_{m|}\bar{A}_{x:\overline{n}|}}{\ddot{a}_{x:\overline{m}|}} \tag{5-84}$$

在 UDD 假设下:

$$P(_{m|}\bar{A}_{x:\overline{n}|}) = \frac{\frac{i}{\delta}\,{}_{m|}A_{x:\overline{n}|}^{\;\;1} + {}_{m|}A^1_{x:\overline{n}|}}{\ddot{a}_{x:\overline{m}|}}$$

$$= \frac{i}{\delta}P(_{m|}A^1_{x:\overline{n}|}) + P(_{m|}A_{x:\overline{n}|}^{\;\;1}) \tag{5-85}$$

用换算函数表示,由式(5-85)得:

$$_hP(\bar{A}_{x:\overline{n}|}) = \frac{i(M_{x+m} - M_{x+m+n}) + \delta \cdot D_{x+m+n}}{\delta \cdot (N_x - N_{x+m})} \tag{5-86}$$

三、限期缴费的均衡纯保费

1. 限期 h 年缴费的终身寿险

用 $_hP(\bar{A}_x)$ 表示该寿险的均衡纯保费,则:

$$_hP(\bar{A}_x) \cdot \ddot{a}_{x:\overline{h}|} = \bar{A}_x$$

$$_hP(\bar{A}_x) = \frac{\bar{A}_x}{\ddot{a}_{x:\overline{h}|}} \tag{5-87}$$

在 UDD 假设下:

$$_hP(\bar{A}_x) = \frac{i}{\delta} \cdot \frac{A_x}{\ddot{a}_{x:\overline{h}|}} \tag{5-88}$$

用换算函数表示 $_hP(\bar{A}_x)$,由式(5-88)得:

$$_hP(\bar{A}_x) = \frac{i}{\delta} \cdot \frac{M_x}{N_x - N_{x+h}} \tag{5-89}$$

2. 限期 h 年缴费的 n 年定期寿险

用 $_hP(\bar{A}^1_{x:\overline{n}|})$ 表示该寿险的均衡纯保费,则:

$$ {}_hP(\bar{A}^1_{x:\overline{n}|}) \cdot \ddot{a}_{x:\overline{h}|} = \bar{A}^1_{x:\overline{n}|} \qquad (0 \leqslant h \leqslant n) $$

所以：

$$ {}_hP(\bar{A}^1_{x:\overline{n}|}) = \frac{\bar{A}^1_{x:\overline{n}|}}{\ddot{a}_{x:\overline{h}|}} \tag{5-90} $$

在 UDD 假设下：

$$ {}_hP(\bar{A}^1_{x:\overline{n}|}) = \frac{i}{\delta} \cdot \frac{A^1_{x:\overline{n}|}}{\ddot{a}_{x:\overline{h}|}} \tag{5-91} $$

用换算函数表示，由式(5-59)得：

$$ {}_hP(\bar{A}^1_{x:\overline{n}|}) = \frac{i}{\delta} \cdot \frac{M_x - M_{x+n}}{N_x - N_{x+h}} \tag{5-92} $$

3. 限期 h 年缴费的 n 年定期两全保险

用${}_hP(\bar{A}_{x:\overline{n}|})$表示该寿险的均衡纯保费，则：

$$ {}_hP(\bar{A}_{x:\overline{n}|}) \cdot \ddot{a}_{x:\overline{h}|} = \bar{A}_{x:\overline{n}|} $$

所以：

$$ {}_hP(\bar{A}_{x:\overline{n}|}) = \frac{\bar{A}_{x:\overline{n}|}}{\ddot{a}_{x:\overline{h}|}} \tag{5-93} $$

在 UDD 假设下：

$$ {}_hP(\bar{A}_{x:\overline{n}|}) = \frac{\frac{i}{\delta}A^1_{x:\overline{n}|} + A_{x:\overline{n}|}^{\ \ 1}}{\ddot{a}_{x:\overline{h}|}} $$

$$ = \frac{i}{\delta}\, {}_hP(A^1_{x:\overline{n}|}) + {}_hP(A_{x:\overline{n}|}^{\ \ 1}) \tag{5-94} $$

用换算函数表示，由式(5-94)得：

$$ {}_hP(\bar{A}_{x:\overline{n}|}) = \frac{i(M_x - M_{x+n}) + \delta \cdot D_{x+n}}{\delta \cdot (N_x - N_{x+h})} \tag{5-95} $$

四、延期期间限期缴费的均衡纯保费

1. 限期 h 年缴费的延期 m 年的终身寿险

用${}_hP({}_{m|}\bar{A}_x)$表示该寿险的均衡纯保费，则：

$$ {}_hP({}_{m|}\bar{A}_x) \cdot \ddot{a}_{x:\overline{h}|} = {}_{m|}\bar{A}_x \qquad (0 \leqslant h \leqslant m) $$

$$ {}_hP({}_{m|}\bar{A}_x) = \frac{{}_{m|}\bar{A}_x}{\ddot{a}_{x:\overline{h}|}} \tag{5-96} $$

在 UDD 假设下：

$$ {}_hP({}_{m|}\bar{A}_x) = \frac{i}{\delta} \cdot \frac{{}_{m|}A_x}{\ddot{a}_{x:\overline{h}|}} \tag{5-97} $$

用换算函数表示${}_hP({}_{m|}\bar{A}_x)$,由式(5-97)得:

$$ {}_hP({}_{m|}\bar{A}_x) = \frac{i}{\delta} \cdot \frac{M_{x+m}}{N_x - N_{x+h}} \tag{5-98} $$

2. 限期 h 年缴费的延期 m 年的 n 年定期寿险

用${}_hP({}_{m|}\bar{A}^1_{x:\overline{n|}})$表示该寿险的均衡纯保费,则:

$$ {}_hP({}_{m|}\bar{A}^1_{x:\overline{n|}}) \cdot \ddot{a}_{x:\overline{h|}} = {}_{m|}\bar{A}^1_{x:\overline{n|}} \qquad (0 \leqslant h \leqslant m) $$

所以:

$$ {}_hP({}_{m|}\bar{A}^1_{x:\overline{n|}}) = \frac{{}_{m|}\bar{A}^1_{x:\overline{n|}}}{\ddot{a}_{x:\overline{h|}}} \tag{5-99} $$

在 UDD 假设下:

$$ {}_hP({}_{m|}\bar{A}^1_{x:\overline{n|}}) = \frac{i}{\delta} \cdot \frac{{}_{m|}A^1_{x:\overline{n|}}}{\ddot{a}_{x:\overline{h|}}} \tag{5-100} $$

用换算函数表示,由式(5-100)得:

$$ {}_hP({}_{m|}\bar{A}^1_{x:\overline{n|}}) = \frac{i}{\delta} \cdot \frac{M_{x+m} - M_{x+m+n}}{N_x - N_{x+h}} \tag{5-101} $$

3. 限期 h 年缴费的延期 m 年的 n 年定期两全保险

用${}_hP({}_{m|}\bar{A}_{x:\overline{n|}})$表示该保险的均衡纯保费,则:

$$ {}_hP({}_{m|}\bar{A}_{x:\overline{n|}}) \cdot \ddot{a}_{x:\overline{h|}} = {}_{m|}\bar{A}_{x:\overline{n|}} \qquad (0 \leqslant h \leqslant m) $$

所以:

$$ {}_hP({}_{m|}\bar{A}_{x:\overline{n|}}) = \frac{{}_{m|}\bar{A}_{x:\overline{n|}}}{\ddot{a}_{x:\overline{h|}}} \tag{5-102} $$

在 UDD 假设下:

$$ \begin{aligned} {}_hP({}_{m|}\bar{A}_{x:\overline{n|}}) &= \frac{\frac{i}{\delta}\,{}_{m|}A^1_{x:\overline{n|}} + {}_{m|}A_{x:\overline{n|}}^{\ \ 1}}{\ddot{a}_{x:\overline{h|}}} \\ &= \frac{i}{\delta}\,{}_hP({}_{m|}A^1_{x:\overline{n|}}) + {}_hP({}_{m|}A_{x:\overline{n|}}^{\ \ 1}) \end{aligned} \tag{5-103} $$

用换算函数表示,由式(5-103)得:

$$ {}_hP({}_{m|}\bar{A}_{x:\overline{n|}}) = \frac{i(M_{x+m} - M_{x+m+n}) + \delta \cdot D_{x+m+n}}{\delta \cdot (N_x - N_{x+h})} \tag{5-104} $$

第四节 每年缴纳 m 次的均衡纯保费

每年缴纳 m 次的均衡纯保费的特点是每年的保费分 m 次在期初缴纳,保险金在死亡年末给付。

用 $P^{(m)}$ 表示每年缴付 m 次的年均衡纯保费。

一、全期缴费的均衡保费

1. 终身寿险

用 $P_x^{(m)}$ 表示该寿险每年缴付 m 次的年均衡纯保费，$\ddot{a}_x^{(m)}$ 表示每年支付 m 次的期初付终身生存年金，保险金在死亡年末给付，保险金额为 1 元，则：

$$P_x^{(m)} \cdot \ddot{a}_x^{(m)} = A_x$$

所以：

$$P_x^{(m)} = \frac{A_x}{\ddot{a}_x^{(m)}} \tag{5-105}$$

或：

$$P_x^{(m)} = \frac{\ddot{a}_x}{\ddot{a}_x^{(m)}} \cdot \frac{A_x}{\ddot{a}_x} = \frac{\ddot{a}_x}{\ddot{a}_x^{(m)}} P_x \tag{5-106}$$

在 UDD 假设下，由式(5-106)得：

$$P_x^{(m)} = \frac{\ddot{a}_x}{\ddot{a}_x - \dfrac{m-1}{2m}} P_x = \frac{1}{1 - \dfrac{m-1}{2m\ddot{a}_x}} P_x \tag{5-107}$$

所以：

$$P_x^{(m)} > P_x$$

不等式表明，一年缴费 m 次的年均衡纯保费大于年缴均衡纯保费。

用换算函数表示 $P_x^{(m)}$，由式(5-107)得：

$$P_x^{(m)} = \frac{M_x}{N_x - \dfrac{m-1}{2m} D_x} \tag{5-108}$$

对于死亡立即给付的终身寿险，用 $P_x^{(m)}(\bar{A}_x)$ 表示该寿险一年缴付 m 次的年均衡纯保费，则：

$$P_x^{(m)}(\bar{A}_x) = \frac{\bar{A}_x}{\ddot{a}_x^{(m)}} \tag{5-109}$$

在 UDD 假设下：

$$P_x^{(m)}(\bar{A}_x) = \frac{i}{\delta}\frac{A_x}{\ddot{a}_x^{(m)}} \tag{5-110}$$

$$= \frac{i}{\delta}P_x^{(m)} \tag{5-111}$$

用换算函数表示,由式(5-111)得:

$$P_x^{(m)}(\bar{A}_x) = \frac{i}{\delta}\frac{M_x}{N_x - \frac{m-1}{2m}D_x} \tag{5-112}$$

2. n 年定期寿险

用 $P^{(m)}(A_{x:\overline{n}|}^{1})$ 表示该寿险每年缴付 m 次的年均衡纯保费,$\ddot{a}_{x:\overline{n}|}^{(m)}$ 表示每年支付 m 次的 n 年期期初付生存年金,若被保险人在 n 年内死亡,在死亡年末给付保险金,保险金额为 1 元,则:

$$P^{(m)}(A_{x:\overline{n}|}^{1})\cdot\ddot{a}_{x:\overline{n}|}^{(m)} = A_{x:\overline{n}|}^{1}$$

所以:

$$P^{(m)}(A_{x:\overline{n}|}^{1}) = \frac{A_{x:\overline{n}|}^{1}}{\ddot{a}_{x:\overline{n}|}^{(m)}} \tag{5-113}$$

或:

$$P^{(m)}(A_{x:\overline{n}|}^{1}) = \frac{\ddot{a}_{x:\overline{n}|}}{\ddot{a}_{x:\overline{n}|}^{(m)}}\cdot\frac{A_{x:\overline{n}|}^{1}}{\ddot{a}_{x:\overline{n}|}}$$

$$= \frac{\ddot{a}_{x:\overline{n}|}}{\ddot{a}_{x:\overline{n}|}^{(m)}}P_{x:\overline{n}|}^{1} \tag{5-114}$$

在 UDD 假设下,由式(5-114)得:

$$P^{(m)}(A_{x:\overline{n}|}^{1}) = \frac{\ddot{a}_{x:\overline{n}|}}{\ddot{a}_{x:\overline{n}|} - \frac{m-1}{2m}(1-{}_nE_x)}P_{x:\overline{n}|}^{1}$$

$$= \frac{1}{1 - \frac{m-1}{2m\ddot{a}_{x:\overline{n}|}}(1-{}_nE_x)}P_{x:\overline{n}|}^{1} \tag{5-115}$$

同理:

$$P^{(m)}(A_{x:\overline{n}|}^{1}) > P_{x:\overline{n}|}^{1}$$

用换算函数表示 $P^{(m)}(A_{x:\overline{n}|}^{1})$,由式(5-115)得:

$$P^{(m)}(A_{x:\overline{n}|}^{1}) = \frac{M_x - M_{x+n}}{N_x - N_{x+n} - \frac{m-1}{2m}(D_x - D_{x+n})} \tag{5-116}$$

对于死亡立即给付的半连续型定期寿险,用 $P^{(m)}(\bar{A}_{x:\overline{n}|}^{1})$ 表示该寿险每年缴

付 m 次的年均衡纯保费，则：

$$P^{(m)}(\bar{A}^{1}_{x:\overline{n|}}) \cdot \ddot{a}^{(m)}_{x:\overline{n|}} = \bar{A}^{1}_{x:\overline{n|}} \tag{5-117}$$

在 UDD 假设下：

$$P^{(m)}(\bar{A}^{1}_{x:\overline{n|}}) = \frac{i}{\delta}\frac{A^{1}_{x:\overline{n|}}}{\ddot{a}^{(m)}_{x:\overline{n|}}} \tag{5-118}$$

$$= \frac{i}{\delta}P^{(m)}(A^{1}_{x:\overline{n|}}) \tag{5-119}$$

用换算函数表示，由式(5-119)得：

$$P^{(m)}(\bar{A}^{1}_{x:\overline{n|}}) = \frac{i}{\delta}\frac{M_x - M_{x+n}}{N_x - N_{x+n} - \frac{m-1}{2m}(D_x - D_{x+n})} \tag{5-120}$$

3. n 年生存保险

用 $P^{(m)}(A_{x:\overline{n|}}^{\ \ 1})$ 表示该寿险每年缴付 m 次的年均衡纯保费，$\ddot{a}^{(m)}_{x:\overline{n|}}$ 表示每年支付 m 次的 n 年期期初付生存年金，若被保险人活过 n 年，则给付生存保险金，保险金额为 1 元，则：

$$P^{(m)}(A_{x:\overline{n|}}^{\ \ 1}) \cdot \ddot{a}^{(m)}_{x:\overline{n|}} = A_{x:\overline{n|}}^{\ \ 1}$$

所以：

$$P^{(m)}(A_{x:\overline{n|}}^{\ \ 1}) = \frac{A_{x:\overline{n|}}^{\ \ 1}}{\ddot{a}^{(m)}_{x:\overline{n|}}} \tag{5-121}$$

或：

$$P^{(m)}(A_{x:\overline{n|}}^{\ \ 1}) = \frac{\ddot{a}_{x:\overline{n|}}}{\ddot{a}^{(m)}_{x:\overline{n|}}} \cdot \frac{A_{x:\overline{n|}}^{\ \ 1}}{\ddot{a}_{x:\overline{n|}}}$$

$$= \frac{\ddot{a}_{x:\overline{n|}}}{\ddot{a}^{(m)}_{x:\overline{n|}}}P_{x:\overline{n|}}^{\ \ 1}$$

$$= \frac{\ddot{a}_{x:\overline{n|}}}{\ddot{a}_{x:\overline{n|}} - \frac{m-1}{2m}(1 - {}_nE_x)}P_{x:\overline{n|}}^{\ \ 1}$$

$$= \frac{1}{1 - \frac{m-1}{2m\ddot{a}_{x:\overline{n|}}}(1 - {}_nE_x)}P_{x:\overline{n|}}^{\ \ 1} \tag{5-122}$$

用换算函数表示 $P^{(m)}(A_{x:\overline{n|}}^{\ \ 1})$，由式(5-122)得：

$$P^{(m)}(A_{x:\overline{n|}}^{\ \ 1}) = \frac{D_{x+n}}{N_x - N_{x+n} - \frac{m-1}{2m}(D_x - D_{x+n})} \tag{5-123}$$

4. n 年定期两全保险

用 $P_{x:\overline{n|}}^{(m)}$ 表示该寿险每年缴付 m 次的年均衡纯保费，$\ddot{a}_{x:\overline{n|}}^{(m)}$ 表示每年支付 m 次的 n 年期期初付生存年金，若被保险人在 n 年内死亡，则在死亡年末给付保险金，保险金额为1元；若被保险人活过 n 年，则给付生存保险金，保险金额为1元，则：

$$P_{x:\overline{n|}}^{(m)} \cdot \ddot{a}_{x:\overline{n|}}^{(m)} = A_{x:\overline{n|}}$$

所以：

$$P_{x:\overline{n|}}^{(m)} = \frac{A_{x:\overline{n|}}}{\ddot{a}_{x:\overline{n|}}^{(m)}} \tag{5-124}$$

或：

$$P_{x:\overline{n|}}^{(m)} = \frac{\ddot{a}_{x:\overline{n|}}}{\ddot{a}_{x:\overline{n|}}^{(m)}} \cdot \frac{A_{x:\overline{n|}}}{\ddot{a}_{x:\overline{n|}}}$$

$$= \frac{\ddot{a}_{x:\overline{n|}}}{\ddot{a}_{x:\overline{n|}}^{(m)}} P_{x:\overline{n|}} \tag{5-125}$$

在UDD假设下，由式(5-125)得：

$$P_{x:\overline{n|}}^{(m)} = \frac{\ddot{a}_{x:\overline{n|}}}{\ddot{a}_{x:\overline{n|}} - \frac{m-1}{2m}(1 - {}_nE_x)} P_{x:\overline{n|}}$$

$$= \frac{1}{1 - \frac{m-1}{2m\ddot{a}_{x:\overline{n|}}}(1 - {}_nE_x)} P_{x:\overline{n|}} \tag{5-126}$$

用换算函数表示 $P_{x:\overline{n|}}^{(m)}$，由式(5-126)得：

$$P_{x:\overline{n|}}^{(m)} = \frac{M_x - M_{x+n} + D_{x+n}}{N_x - N_{x+n} - \frac{m-1}{2m}(D_x - D_{x+n})} \tag{5-127}$$

对于半连续型两全保险，用 $P^{(m)}(\bar{A}_{x:\overline{n|}})$ 表示该寿险每年缴付 m 次的年均衡纯保费，则：

$$P^{(m)}(\bar{A}_{x:\overline{n|}}) \cdot \ddot{a}_{x:\overline{n|}}^{(m)} = \bar{A}_{x:\overline{n|}} \tag{5-128}$$

在UDD假设下：

$$P^{(m)}(\bar{A}_{x:\overline{n|}}) = \frac{i}{\delta} \frac{A_{x:\overline{n|}}^{1}}{\ddot{a}_{x:\overline{n|}}^{(m)}} + \frac{A_{x:\overline{n|}}^{\ \ 1}}{\ddot{a}_{x:\overline{n|}}^{(m)}} \tag{5-129}$$

$$= \frac{i}{\delta} P^{(m)}(A_{x:\overline{n|}}^{1}) + P^{(m)}(A_{x:\overline{n|}}^{\ \ 1}) \tag{5-130}$$

用换算函数表示，由式(5-130)得：

$$P^{(m)}(\bar{A}_{x:\overline{n|}}) = \frac{i}{\delta} \frac{M_x - M_{x+n} + \delta \cdot D_{x+n}}{N_x - N_{x+n} - \frac{m-1}{2m}(D_x - D_{x+n})} \tag{5-131}$$

二、延期期间全期缴费的均衡纯保费

1. 延期 s 年的终身寿险

用 $P^{(m)}({}_{s|}A_x)$ 表示该寿险每年缴付 m 次的年均衡纯保费，$\ddot{a}^{(m)}_{x:\overline{s|}}$ 表示每年支付 m 次的期初付 s 年期生存年金，缴费期为 s 年，若被保险人活过 s 年后死亡，在死亡年末给付保险金，保险金额为 1 元，则：

$$P^{(m)}({}_{s|}A_x)\cdot\ddot{a}^{(m)}_{x:\overline{s|}}={}_{s|}A_x$$

所以：

$$P^{(m)}({}_{s|}A_x)=\frac{{}_{s|}A_x}{\ddot{a}^{(m)}_{x:\overline{s|}}} \tag{5-132}$$

或：

$$\begin{aligned}P^{(m)}({}_{s|}A_x)&=\frac{\ddot{a}_{x:\overline{s|}}}{\ddot{a}^{(m)}_{x:\overline{s|}}}\cdot\frac{{}_{s|}A_x}{\ddot{a}_{x:\overline{s|}}}\\&=\frac{\ddot{a}_{x:\overline{s|}}}{\ddot{a}^{(m)}_{x:\overline{s|}}}P({}_{s|}A_x)\end{aligned} \tag{5-133}$$

在 UDD 假设下，由式(5-133)得：

$$\begin{aligned}P^{(m)}({}_{s|}A_x)&=\frac{\ddot{a}_{x:\overline{s|}}}{\ddot{a}_{x:\overline{s|}}-\dfrac{m-1}{2m}(1-{}_sE_x)}P({}_{s|}A_x)\\&=\frac{1}{1-\dfrac{m-1}{2m\ddot{a}_{x:\overline{s|}}}(1-{}_sE_x)}P({}_{s|}A_x)\end{aligned} \tag{5-134}$$

用换算函数表示 $P^{(m)}({}_{s|}A_x)$，由式(5-134)得：

$$P^{(m)}({}_{s|}A_x)=\frac{M_{x+s}}{N_x-N_{x+s}-\dfrac{m-1}{2m}(D_x-D_{x+s})} \tag{5-135}$$

对于死亡立即给付的终身寿险，用 $P_x^{(m)}({}_{s|}\bar{A}_x)$ 表示该寿险一年缴付 m 次的年均衡纯保费，则：

$$P^{(m)}({}_{s|}\bar{A}_x)=\frac{{}_{s|}\bar{A}_x}{\ddot{a}^{(m)}_{x:\overline{s|}}} \tag{5-136}$$

在 UDD 假设下：

$$P^{(m)}({}_{s|}\bar{A}_x)=\frac{i}{\delta}\frac{{}_{s|}A_x}{\ddot{a}^{(m)}_{x:\overline{s|}}} \tag{5-137}$$

$$=\frac{i}{\delta}P^{(m)}({}_{s|}A_x) \tag{5-138}$$

用换算函数表示，由式(5-138)得：

$$P^{(m)}({}_{s|}\bar{A}_x)=\frac{i}{\delta}\frac{M_{x+s}}{N_x-N_{x+s}-\dfrac{m-1}{2m}(D_x-D_{x+s})} \tag{5-139}$$

2. 延期 s 年的 n 年定期寿险

用 $P^{(m)}({}_{s|}A^1_{x:\overline{n|}})$ 表示该寿险每年缴付 m 次的年均衡纯保费，$\ddot{a}^{(m)}_{x:\overline{s|}}$ 表示每年支付 m 次的期初付 s 年期生存年金，缴费期为 s 年，若被保险人活过 s 年且在之后的 n 年内死亡，则在死亡年末给付保险金，保险金额为 1 元，则：

$$P^{(m)}({}_{s|}A^1_{x:\overline{n|}})\cdot\ddot{a}^{(m)}_{x:\overline{s|}}={}_{s|}A^1_{x:\overline{n|}}$$

所以：

$$P^{(m)}({}_{s|}A^1_{x:\overline{n|}})=\frac{{}_{s|}A^1_{x:\overline{n|}}}{\ddot{a}^{(m)}_{x:\overline{s|}}} \tag{5-140}$$

或：

$$P^{(m)}({}_{s|}A^1_{x:\overline{n|}})=\frac{\ddot{a}_{x:\overline{s|}}}{\ddot{a}^{(m)}_{x:\overline{s|}}}\cdot\frac{{}_{s|}A^1_{x:\overline{n|}}}{\ddot{a}_{x:\overline{s|}}}$$

$$=\frac{\ddot{a}_{x:\overline{s|}}}{\ddot{a}^{(m)}_{x:\overline{s|}}}P({}_{s|}A^1_{x:\overline{n|}}) \tag{5-141}$$

在 UDD 假设下，由式(5-141)得：

$$P^{(m)}({}_{s|}A^1_{x:\overline{n|}})=\frac{\ddot{a}_{x:\overline{s|}}}{\ddot{a}_{x:\overline{s|}}-\dfrac{m-1}{2m}(1-{}_sE_x)}P({}_{s|}A^1_{x:\overline{n|}})$$

$$=\frac{1}{1-\dfrac{m-1}{2m\ddot{a}_{x:\overline{s|}}}(1-{}_sE_x)}P({}_{s|}A^1_{x:\overline{n|}}) \tag{5-142}$$

用换算函数表示 $P^{(m)}({}_{s|}A^1_{x:\overline{n|}})$，由式(5-142)得：

$$P^{(m)}({}_{s|}A^1_{x:\overline{n|}})=\frac{M_{x+s}-M_{x+s+n}}{N_x-N_{x+s}-\dfrac{m-1}{2m}(D_x-D_{x+s})} \tag{5-143}$$

对于死亡立即给付的半连续型定期寿险，用 $P^{(m)}({}_{s|}\bar{A}^1_{x:\overline{n|}})$ 表示该寿险每年缴付 m 次的年均衡纯保费，则：

$$P^{(m)}({}_{s|}\bar{A}^1_{x:\overline{n|}})\cdot\ddot{a}^{(m)}_{x:\overline{s|}}={}_{s|}\bar{A}^1_{x:\overline{n|}} \tag{5-144}$$

在 UDD 假设下：

$$P^{(m)}({}_{s|}\bar{A}^1_{x:\overline{n|}})=\frac{i}{\delta}\frac{{}_{s|}A^1_{x:\overline{n|}}}{\ddot{a}^{(m)}_{x:\overline{s|}}} \tag{5-145}$$

$$=\frac{i}{\delta}P^{(m)}({}_{s|}A^1_{x:\overline{n|}}) \tag{5-146}$$

用换算函数表示，由式(5-146)得：

$$P^{(m)}({}_{s|}\bar{A}^{1}_{x:\overline{n}|}) = \frac{i}{\delta}\frac{M_{x+s} - M_{x+s+n}}{N_x - N_{x+s} - \frac{m-1}{2m}(D_x - D_{x+s})} \tag{5-147}$$

3. 延期 s 年的 n 年生存保险

用 $P^{(m)}({}_{s|}A_{x:\overline{n}|}^{\ \ 1})$ 表示该寿险每年缴付 m 次的年均衡纯保费，$\ddot{a}^{(m)}_{x:\overline{s}|}$ 表示每年支付 m 次的 s 年期初付生存年金，缴费期为 s 年，若被保险人活过 $s+n$ 年，则给付生存保险金，保险金额为 1 元，则：

$$P^{(m)}({}_{s|}A_{x:\overline{n}|}^{\ \ 1}) \cdot \ddot{a}^{(m)}_{x:\overline{s}|} = {}_{s|}A_{x:\overline{n}|}^{\ \ 1}$$

所以：

$$P^{(m)}({}_{s|}A_{x:\overline{n}|}^{\ \ 1}) = \frac{{}_{s|}A_{x:\overline{n}|}^{\ \ 1}}{\ddot{a}^{(m)}_{x:\overline{s}|}} \tag{5-148}$$

或：

$$\begin{aligned}
P^{(m)}({}_{s|}A_{x:\overline{n}|}^{\ \ 1}) &= \frac{\ddot{a}_{x:\overline{s}|}}{\ddot{a}^{(m)}_{x:\overline{s}|}} \cdot \frac{{}_{s|}A_{x:\overline{n}|}^{\ \ 1}}{\ddot{a}_{x:\overline{s}|}} \\
&= \frac{\ddot{a}_{x:\overline{s}|}}{\ddot{a}^{(m)}_{x:\overline{s}|}} P({}_{s|}A_{x:\overline{n}|}^{\ \ 1}) \\
&= \frac{\ddot{a}_{x:\overline{s}|}}{\ddot{a}_{x:\overline{s}|} - \frac{m-1}{2m}(1 - {}_sE_x)} P({}_{s|}A_{x:\overline{n}|}^{\ \ 1}) \\
&= \frac{1}{1 - \frac{m-1}{2m\ddot{a}_{x:\overline{s}|}}(1 - {}_sE_x)} P({}_{s|}A_{x:\overline{n}|}^{\ \ 1})
\end{aligned} \tag{5-149}$$

用换算函数表示 $P^{(m)}({}_{s|}A_{x:\overline{n}|}^{\ \ 1})$，由式(5-149)得：

$$P^{(m)}({}_{s|}A_{x:\overline{n}|}^{\ \ 1}) = \frac{D_{x+s+n}}{N_x - N_{x+s} - \frac{m-1}{2m}(D_x - D_{x+s})}) \tag{5-150}$$

4. 延期 s 年的 n 年定期两全保险

用 $P^{(m)}({}_{s|}A_{x:\overline{n}|})$ 表示该寿险每年缴付 m 次的年均衡纯保费，$\ddot{a}^{(m)}_{x:\overline{s}|}$ 表示每年支付 m 次的期初付 s 年期生存年金，缴费期为 s 年，若被保险人活过 s 年且在之后的 n 年内死亡，则在死亡年末给付保险金，保险金额为 1 元；若被保险人活过 $s+n$年，则给付生存保险金，保险金额为 1 元，则：

$$P^{(m)}({}_{s|}A_{x:\overline{n}|}) \cdot \ddot{a}^{(m)}_{x:\overline{s}|} = {}_{s|}A_{x:\overline{n}|}$$

所以：

$$P^{(m)}({}_{s|}A_{x:\overline{n}|}) = \frac{{}_{s|}A_{x:\overline{n}|}}{\ddot{a}_{x:\overline{s}|}^{(m)}} \tag{5-151}$$

或：

$$P^{(m)}({}_{s|}A_{x:\overline{n}|}) = \frac{\ddot{a}_{x:\overline{s}|}}{\ddot{a}_{x:\overline{s}|}^{(m)}} \cdot \frac{{}_{s|}A_{x:\overline{n}|}}{\ddot{a}_{x:\overline{s}|}}$$

$$= \frac{\ddot{a}_{x:\overline{s}|}}{\ddot{a}_{x:\overline{s}|}^{(m)}} P({}_{s|}A_{x:\overline{n}|}) \tag{5-152}$$

在 UDD 假设下，由式(5-152)得：

$$P^{(m)}({}_{s|}A_{x:\overline{n}|}) = \frac{\ddot{a}_{x:\overline{s}|}}{\ddot{a}_{x:\overline{s}|} - \frac{m-1}{2m}(1 - {}_sE_x)} P({}_{s|}A_{x:\overline{n}|})$$

$$= \frac{1}{1 - \frac{m-1}{2m\ddot{a}_{x:\overline{s}|}}(1 - {}_sE_x)} P({}_{s|}A_{x:\overline{n}|}) \tag{5-153}$$

用换算函数表示 $P^{(m)}({}_{s|}A_{x:\overline{n}|})$，由式(5-153)得：

$$P^{(m)}({}_{s|}A_{x:\overline{n}|}) = \frac{M_{x+s} - M_{x+s+n} + D_{x+s+n}}{N_x - N_{x+s} - \frac{m-1}{2m}(D_x - D_{x+s})} \tag{5-154}$$

对于半连续型两全保险，用 $P^{(m)}({}_{s|}\overline{A}_{x:\overline{n}|})$ 表示该寿险每年缴付 m 次的年均衡纯保费，则：

$$P^{(m)}({}_{s|}\overline{A}_{x:\overline{n}|}) \cdot \ddot{a}_{x:\overline{s}|}^{(m)} = {}_{s|}\overline{A}_{x:\overline{n}|} \tag{5-155}$$

在 UDD 假设下：

$$P^{(m)}({}_{s|}\overline{A}_{x:\overline{n}|}) = \frac{i}{\delta} \frac{{}_{s|}A^1_{x:\overline{n}|}}{\ddot{a}_{x:\overline{s}|}^{(m)}} + \frac{{}_{s|}A_{x:\overset{1}{\overline{n}|}}}{\ddot{a}_{x:\overline{s}|}^{(m)}} \tag{5-156}$$

$$= \frac{i}{\delta} P^{(m)}({}_{s|}A^1_{x:\overline{n}|}) + P^{(m)}({}_{s|}A_{x:\overset{1}{\overline{n}|}}) \tag{5-157}$$

用换算函数表示，由式(5-157)得：

$$P^{(m)}({}_{s|}\overline{A}_{x:\overline{n}|}) = \frac{i}{\delta} \frac{M_{x+s} - M_{x+s+n} + \delta \cdot D_{x+s+n}}{N_x - N_{x+s} - \frac{m-1}{2m}(D_x - D_{x+s})} \tag{5-158}$$

5. 延期 s 年的终身生存年金

用 $P^{(m)}({}_{s|}\ddot{a}_x)$ 表示该寿险每年缴付 m 次的年均衡纯保费，$\ddot{a}_{x:\overline{s}|}^{(m)}$ 表示每年支付 m 次的期初付 s 年期生存年金，缴费期为 s 年，若被保险人活过 s 年，则每年年初给付生存保险金，直至死亡为止，保险金额为 1 元，则：

$$P^{(m)}({}_{s|}\ddot{a}_x)\cdot\ddot{a}_{x:\overline{s}|}^{(m)}={}_{s|}\ddot{a}_x$$

所以：

$$P^{(m)}({}_{s|}\ddot{a}_x)=\frac{{}_{s|}\ddot{a}_x}{\ddot{a}_{x:\overline{s}|}^{(m)}} \tag{5-159}$$

或：

$$\begin{aligned}P^{(m)}({}_{s|}\ddot{a}_x)&=\frac{\ddot{a}_{x:\overline{s}|}}{\ddot{a}_{x:\overline{s}|}^{(m)}}\cdot\frac{{}_{s|}\ddot{a}_x}{\ddot{a}_{x:\overline{s}|}}\\&=\frac{\ddot{a}_{x:\overline{s}|}}{\ddot{a}_{x:\overline{s}|}^{(m)}}P({}_{s|}\ddot{a}_x)\\&=\frac{\ddot{a}_{x:\overline{s}|}}{\ddot{a}_{x:\overline{s}|}-\dfrac{m-1}{2m}(1-{}_sE_x)}P({}_{s|}\ddot{a}_x)\\&=\frac{1}{1-\dfrac{m-1}{2m\ddot{a}_{x:\overline{s}|}}(1-{}_sE_x)}P({}_{s|}\ddot{a}_x)\end{aligned} \tag{5-160}$$

用换算函数表示 $P^{(m)}({}_{s|}\ddot{a}_x)$，由式(5-160)得：

$$P^{(m)}({}_{s|}\ddot{a}_x)=\frac{N_{x+s}}{N_x-N_{x+s}-\dfrac{m-1}{2m}(D_x-D_{x+s})} \tag{5-161}$$

6. 延期 s 年的 n 年定期生存年金

用 $P^{(m)}({}_{s|}\ddot{a}_{x:\overline{n}|})$ 表示该寿险每年缴付 m 次的年均衡纯保费，$\ddot{a}_{x:\overline{s}|}^{(m)}$ 表示每年支付 m 次的期初付 s 年期生存年金，缴费期为 s 年，若被保险人活过 s 年且在之后的 n 年内活着，则在每年年初给付生存保险金，保险金额为 1 元，则：

$$P^{(m)}({}_{s|}\ddot{a}_{x:\overline{n}|})\cdot\ddot{a}_{x:\overline{s}|}^{(m)}={}_{s|}\ddot{a}_{x:\overline{n}|}$$

所以：

$$P^{(m)}({}_{s|}\ddot{a}_{x:\overline{n}|})=\frac{{}_{s|}\ddot{a}_{x:\overline{n}|}}{\ddot{a}_{x:\overline{s}|}^{(m)}} \tag{5-162}$$

或：

$$\begin{aligned}P^{(m)}({}_{s|}\ddot{a}_{x:\overline{n}|})&=\frac{\ddot{a}_{x:\overline{s}|}}{\ddot{a}_{x:\overline{s}|}^{(m)}}\cdot\frac{{}_{s|}\ddot{a}_{x:\overline{n}|}}{\ddot{a}_{x:\overline{s}|}}\\&=\frac{\ddot{a}_{x:\overline{s}|}}{\ddot{a}_{x:\overline{s}|}^{(m)}}P({}_{s|}\ddot{a}_{x:\overline{n}|})\\&=\frac{\ddot{a}_{x:\overline{s}|}}{\ddot{a}_{x:\overline{s}|}-\dfrac{m-1}{2m}(1-{}_sE_x)}P({}_{s|}\ddot{a}_{x:\overline{n}|})\end{aligned}$$

$$= \frac{1}{1 - \frac{m-1}{2m\ddot{a}_{x:\overline{s}|}}(1 - {}_sE_x)} P({}_{s|}\ddot{a}_{x:\overline{n}|}) \tag{5-163}$$

用换算函数表示 $P^{(m)}({}_{s|}\ddot{a}_{x:\overline{n}|})$，由式(5-163)得：

$$P^{(m)}({}_{s|}A^1_{x:\overline{n}|}) = \frac{N_{x+s} - N_{x+s+n}}{N_x - N_{x+s} - \frac{m-1}{2m}(D_x - D_{x+s})} \tag{5-164}$$

三、限期缴费的均衡保费

1. 限期 h 年缴费的终身寿险

用 ${}_hP_x^{(m)}$ 表示该寿险每年缴付 m 次的年均衡纯保费，$\ddot{a}^{(m)}_{x:\overline{h}|}$ 表示每年支付 m 次的期初付 h 年期生存年金，保险金在死亡年末给付，保险金额为 1 元，则：

$${}_hP_x^{(m)} \cdot \ddot{a}^{(m)}_{x:\overline{h}|} = A_x$$

所以：

$${}_hP_x^{(m)} = \frac{A_x}{\ddot{a}^{(m)}_{x:\overline{h}|}} \tag{5-165}$$

或：

$${}_hP_x^{(m)} = \frac{\ddot{a}_{x:\overline{h}|}}{\ddot{a}^{(m)}_{x:\overline{h}|}} \cdot \frac{A_x}{\ddot{a}_{x:\overline{h}|}}$$

$$= \frac{\ddot{a}_{x:\overline{h}|}}{\ddot{a}^{(m)}_{x:\overline{h}|}} {}_hP_x \tag{5-166}$$

在 UDD 假设下，由式(5-166)得：

$${}_hP_x^{(m)} = \frac{\ddot{a}_{x:\overline{h}|}}{\ddot{a}_{x:\overline{h}|} - \frac{m-1}{2m}(1 - {}_hE_x)} {}_hP_x \tag{5-167}$$

$$= \frac{1}{1 - \frac{m-1}{2m\ddot{a}_{x:\overline{h}|}}(1 - {}_hE_x)} {}_hP_x \tag{5-168}$$

用换算函数表示 ${}_hP_x^{(m)}$，由式(5-168)得：

$${}_hP_x^{(m)} = \frac{M_x}{N_x - N_{x+h} - \frac{m-1}{2m}(D_x - D_{x+h})} \tag{5-169}$$

对于死亡立即给付的终身寿险，用 ${}_hP_x^{(m)}(\overline{A}_x)$ 表示该寿险一年缴付 m 次的年均衡纯保费，则：

$${}_hP_x^{(m)}(\overline{A}_x) = \frac{\overline{A}_x}{\ddot{a}^{(m)}_{x:\overline{h}|}} \tag{5-170}$$

在 UDD 假设下：

$$ {}_hP_x^{(m)}(\bar{A}_x) = \frac{i}{\delta}\frac{A_x}{\ddot{a}_{x:\overline{h}|}^{(m)}} \tag{5-171}$$

$$ = \frac{i}{\delta}\,{}_hP_x^{(m)} \tag{5-172}$$

用换算函数表示，由式(5-172)得：

$$ {}_hP_x^{(m)}(\bar{A}_x) = \frac{i}{\delta}\frac{M_x}{N_x - N_{x+h} - \frac{m-1}{2m}(D_x - D_{x+h})} \tag{5-173}$$

2. 限期 h 年缴费的 n 年定期寿险

用${}_hP^{(m)}(A_{x:\overline{n}|}^{1})$表示该寿险每年缴付 m 次的年均衡纯保费，$\ddot{a}_{x:\overline{h}|}^{(m)}$表示每年支付 m 次的期初付 h 年期生存年金，若被保险人在 n 年内死亡，则在死亡年末给付保险金，保险金额为 1 元，则：

$$ {}_hP^{(m)}(A_{x:\overline{n}|}^{1}) \cdot \ddot{a}_{x:\overline{h}|}^{(m)} = A_{x:\overline{n}|}^{1} $$

所以：

$$ {}_hP^{(m)}(A_{x:\overline{n}|}^{1}) = \frac{A_{x:\overline{n}|}^{1}}{\ddot{a}_{x:\overline{h}|}^{(m)}} \tag{5-174}$$

或：

$$ {}_hP^{(m)}(A_{x:\overline{n}|}^{1}) = \frac{\ddot{a}_{x:\overline{h}|}}{\ddot{a}_{x:\overline{h}|}^{(m)}} \cdot \frac{A_{x:\overline{n}|}^{1}}{\ddot{a}_{x:\overline{h}|}} $$

$$ = \frac{\ddot{a}_{x:\overline{h}|}}{\ddot{a}_{x:\overline{h}|}^{(m)}}\,{}_hP(A_{x:\overline{n}|}^{1}) \tag{5-175}$$

在 UDD 假设下，由式(5-175)得：

$$ {}_hP^{(m)}(A_{x:\overline{n}|}^{1}) = \frac{\ddot{a}_{x:\overline{h}|}}{\ddot{a}_{x:\overline{h}|} - \frac{m-1}{2m}(1 - {}_hE_x)}\,{}_hP(A_{x:\overline{n}|}^{1}) $$

$$ = \frac{1}{1 - \frac{m-1}{2m\ddot{a}_{x:\overline{h}|}}(1 - {}_hE_x)}\,{}_hP(A_{x:\overline{n}|}^{1}) \tag{5-176}$$

用换算函数表示${}_hP^{(m)}(A_{x:\overline{n}|}^{1})$，由式(5-176)得：

$$ {}_hP^{(m)}(A_{x:\overline{n}|}^{1}) = \frac{M_x - M_{x+n}}{N_x - N_{x+h} - \frac{m-1}{2m}(D_x - D_{x+h})} \tag{5-177}$$

对于死亡立即给付的半连续型定期寿险，用${}_hP^{(m)}(\bar{A}_{x:\overline{n}|}^{1})$表示该寿险每年缴付 m 次的年均衡纯保费，则：

$$ {}_hP^{(m)}(\bar{A}^1_{x:\overline{n|}}) \cdot \ddot{a}^{(m)}_{x:\overline{h|}} = \bar{A}^1_{x:\overline{n|}} \tag{5-178}$$

在 UDD 假设下：

$$ {}_hP^{(m)}(\bar{A}^1_{x:\overline{n|}}) = \frac{i}{\delta}\frac{A^1_{x:\overline{n|}}}{\ddot{a}^{(m)}_{x:\overline{h|}}} \tag{5-179}$$

$$ = \frac{i}{\delta}\,{}_hP^{(m)}(A^1_{x:\overline{n|}}) \tag{5-180}$$

用换算函数表示，由式(5-180)得：

$$ {}_hP^{(m)}(\bar{A}^1_{x:\overline{n|}}) = \frac{i}{\delta}\frac{M_x - M_{x+n}}{N_x - N_{x+h} - \frac{m-1}{2m}(D_x - D_{x+h})} \tag{5-181}$$

3. 限期 h 年的 n 年生存保险

用${}_hP^{(m)}(A_{x:\overline{n|}}^{\ \ 1})$表示该寿险每年缴付 m 次的年均衡纯保费，$\ddot{a}^{(m)}_{x:\overline{h|}}$表示每年支付 m 次的期初付 h 年期生存年金，若被保险人活过 n 年，则给付生存保险金，保险金额为 1 元，则：

$$ {}_hP^{(m)}(A_{x:\overline{n|}}^{\ \ 1}) \cdot \ddot{a}^{(m)}_{x:\overline{h|}} = A_{x:\overline{n|}}^{\ \ 1}$$

所以：

$$ {}_hP^{(m)}(A_{x:\overline{n|}}^{\ \ 1}) = \frac{A_{x:\overline{n|}}^{\ \ 1}}{\ddot{a}^{(m)}_{x:\overline{h|}}} \tag{5-182}$$

或：

$$ {}_hP^{(m)}(A_{x:\overline{n|}}^{\ \ 1}) = \frac{\ddot{a}_{x:\overline{h|}}}{\ddot{a}^{(m)}_{x:\overline{h|}}} \cdot \frac{A_{x:\overline{n|}}^{\ \ 1}}{\ddot{a}_{x:\overline{h|}}}$$

$$ = \frac{\ddot{a}_{x:\overline{h|}}}{\ddot{a}^{(m)}_{x:\overline{h|}}}\,{}_hP(A_{x:\overline{n|}}^{\ \ 1})$$

$$ = \frac{\ddot{a}_{x:\overline{h|}}}{\ddot{a}_{x:\overline{h|}} - \frac{m-1}{2m}(1 - {}_hE_x)}\,{}_hP(A_{x:\overline{n|}}^{\ \ 1})$$

$$ = \frac{1}{1 - \frac{m-1}{2m\ddot{a}_{x:\overline{h|}}}(1 - {}_hE_x)}\,{}_hP(A_{x:\overline{n|}}^{\ \ 1}) \tag{5-183}$$

用换算函数表示${}_hP^{(m)}(A_{x:\overline{n|}}^{\ \ 1})$，由式(5-183)得：

$$ {}_hP^{(m)}(A_{x:\overline{n|}}^{\ \ 1}) = \frac{D_{x+n}}{N_x - N_{x+h} - \frac{m-1}{2m}(D_x - D_{x+h})} \tag{5-184}$$

4. 限期 h 年缴费的 n 年定期两全保险

用${}_hP^{(m)}(A_{x:\overline{n|}})$表示该寿险每年缴付 m 次的年均衡纯保费，$\ddot{a}^{(m)}_{x:\overline{h|}}$表示每年支

付 m 次的期初付 h 年期生存年金，若被保险人在 n 年内死亡，则在死亡年末给付保险金，保险金额为 1 元；若被保险人活过 n 年，则给付生存保险金，保险金额为 1 元，则：

$$ {}_hP^{(m)}(A_{x:\overline{n}|})\cdot \ddot{a}^{(m)}_{x:\overline{h}|}=A_{x:\overline{n}|} $$

所以：

$$ {}_hP^{(m)}(A_{x:\overline{n}|})=\frac{A_{x:\overline{n}|}}{\ddot{a}^{(m)}_{x:\overline{h}|}} \tag{5-185} $$

或：

$$ {}_hP^{(m)}(A_{x:\overline{n}|})=\frac{\ddot{a}_{x:\overline{h}|}}{\ddot{a}^{(m)}_{x:\overline{h}|}}\cdot\frac{A_{x:\overline{n}|}}{\ddot{a}_{x:\overline{h}|}} $$

$$ =\frac{\ddot{a}_{x:\overline{h}|}}{\ddot{a}^{(m)}_{x:\overline{h}|}}\,{}_hP(A_{x:\overline{n}|}) \tag{5-186} $$

在 UDD 假设下，由式(5-186)得：

$$ {}_hP^{(m)}(A_{x:\overline{n}|})=\frac{\ddot{a}_{x:\overline{h}|}}{\ddot{a}_{x:\overline{h}|}-\dfrac{m-1}{2m}(1-{}_hE_x)}\,{}_hP(A_{x:\overline{n}|}) $$

$$ =\frac{1}{1-\dfrac{m-1}{2m\ddot{a}_{x:\overline{h}|}}(1-{}_hE_x)}\,{}_hP(A_{x:\overline{n}|}) \tag{5-187} $$

用换算函数表示 ${}_hP^{(m)}(A_{x:\overline{n}|})$，由式(5-187)得：

$$ {}_hP^{(m)}(A_{x:\overline{n}|})=\frac{M_x-M_{x+n}+D_{x+n}}{N_x-N_{x+h}-\dfrac{m-1}{2m}(D_x-D_{x+h})} \tag{5-188} $$

对于半连续型两全保险，用 ${}_hP^{(m)}(\overline{A}_{x:\overline{n}|})$ 表示该寿险每年缴付 m 次的年均衡纯保费，则：

$$ {}_hP^{(m)}(\overline{A}_{x:\overline{n}|})\cdot\ddot{a}^{(m)}_{x:\overline{h}|}=\overline{A}_{x:\overline{n}|} \tag{5-189} $$

在 UDD 假设下：

$$ {}_hP^{(m)}(\overline{A}_{x:\overline{n}|})=\frac{i}{\delta}\frac{A^{1}_{x:\overline{n}|}}{\ddot{a}^{(m)}_{x:\overline{h}|}}+\frac{A_{x:\overset{1}{\overline{n}|}}}{\ddot{a}^{(m)}_{x:\overline{h}|}} \tag{5-190} $$

$$ =\frac{i}{\delta}\,{}_hP^{(m)}(A^{1}_{x:\overline{n}|})+{}_hP^{(m)}(A_{x:\overset{1}{\overline{n}|}}) \tag{5-191} $$

用换算函数表示，由式(5-191)得：

$$ {}_hP^{(m)}(\overline{A}_{x:\overline{n}|})=\frac{i}{\delta}\frac{M_x-M_{x+n}+\delta\cdot D_{x+n}}{N_x-N_{x+h}-\dfrac{m-1}{2m}(D_x-D_{x+h})} \tag{5-192} $$

5. 限期 h 年缴费的终身生存年金

用${}_hP^{(m)}(\ddot{a}_x)$表示该寿险每年缴付 m 次的年均衡纯保费，$\ddot{a}_{x:\overline{h|}}^{(m)}$表示每年支付 m 次的 h 年期初付生存年金，缴费期为 h 年，若被保险人活着，则每年年初给付生存保险金，直至死亡为止，保险金额为 1 元，则：

$${}_hP^{(m)}(\ddot{a}_x)\cdot\ddot{a}_{x:\overline{h|}}^{(m)}=\ddot{a}_x$$

所以：

$${}_hP^{(m)}(\ddot{a}_x)=\frac{\ddot{a}_x}{\ddot{a}_{x:\overline{h|}}^{(m)}} \tag{5-193}$$

或：

$$\begin{aligned}{}_hP^{(m)}(\ddot{a}_x)&=\frac{\ddot{a}_{x:\overline{h|}}}{\ddot{a}_{x:\overline{h|}}^{(m)}}\cdot\frac{\ddot{a}_x}{\ddot{a}_{x:\overline{h|}}}\\&=\frac{\ddot{a}_{x:\overline{h|}}}{\ddot{a}_{x:\overline{h|}}^{(m)}}\,{}_hP(\ddot{a}_x)\\&=\frac{\ddot{a}_{x:\overline{h|}}}{\ddot{a}_{x:\overline{h|}}-\frac{m-1}{2m}(1-{}_hE_x)}\,{}_hP(\ddot{a}_x)\\&=\frac{1}{1-\frac{m-1}{2m\ddot{a}_{x:\overline{h|}}}(1-{}_hE_x)}\,{}_hP(\ddot{a}_x)\end{aligned} \tag{5-194}$$

用换算函数表示${}_hP^{(m)}(\ddot{a}_x)$，由式(5-194)得：

$${}_hP^{(m)}(\ddot{a}_x)=h\frac{N_x}{N_x-N_{x+h}-\frac{m-1}{2m}(D_x-D_{x+h})} \tag{5-195}$$

6. 限期 h 年缴费的 n 年定期生存年金

用${}_hP^{(m)}(\ddot{a}_{x:\overline{n|}})$表示该寿险每年缴付 m 次的年均衡纯保费，$\ddot{a}_{x:\overline{h|}}^{(m)}$表示每年支付 m 次的期初付 h 年期生存年金，缴费期为 h 年，若被保险人在 n 年内活着，则在每年年初给付生存保险金，保险金额为 1 元，则：

$${}_hP^{(m)}(\ddot{a}_{x:\overline{n|}})\cdot\ddot{a}_{x:\overline{h|}}^{(m)}=\ddot{a}_{x:\overline{n|}}$$

所以：

$${}_hP^{(m)}(\ddot{a}_{x:\overline{n|}})=\frac{\ddot{a}_{x:\overline{n|}}}{\ddot{a}_{x:\overline{h|}}^{(m)}} \tag{5-196}$$

或：

$${}_hP^{(m)}(\ddot{a}_{x:\overline{n|}})=\frac{\ddot{a}_{x:\overline{h|}}}{\ddot{a}_{x:\overline{h|}}^{(m)}}\cdot\frac{\ddot{a}_{x:\overline{n|}}}{\ddot{a}_{x:\overline{h|}}}$$

$$= \frac{\ddot{a}_{x:\overline{h}|}}{\ddot{a}_{x:\overline{h}|}^{(m)}} {}_hP(\ddot{a}_{x:\overline{n}|})$$

$$= \frac{\ddot{a}_{x:\overline{h}|}}{\ddot{a}_{x:\overline{h}|} - \frac{m-1}{2m}(1 - {}_hE_x)} {}_hP(\ddot{a}_{x:\overline{n}|})$$

$$= \frac{1}{1 - \frac{m-1}{2m\ddot{a}_{x:\overline{h}|}}(1 - {}_hE_x)} {}_hP(\ddot{a}_{x:\overline{n}|}) \tag{5-197}$$

用换算函数表示${}_hP^{(m)}(\ddot{a}_{x:\overline{n}|})$,由式(5-197)得:

$${}_hP^{(m)}(\ddot{a}_{x:\overline{n}|}) = \frac{N_x - N_{x+n}}{N_x - N_{x+h} - \frac{m-1}{2m}(D_x - D_{x+h})} \tag{5-198}$$

四、延期期间限期缴费的均衡保费

1. 限期 h 年缴费的延期 s 年的终身寿险

用${}_hP^{(m)}({}_{s|}A_x)$表示该寿险每年缴付 m 次的年均衡纯保费,$\ddot{a}_{x:\overline{h}|}^{(m)}$表示每年支付 m 次的期初付 h 年期生存年金,保险金在死亡年末给付,保险金额为 1 元,则:

$${}_hP^{(m)}({}_{s|}A_x) \cdot \ddot{a}_{x:\overline{h}|}^{(m)} = {}_{s|}A_x \qquad (0 \leqslant h \leqslant s)$$

所以:

$${}_hP^{(m)}({}_{s|}A_x) = \frac{{}_{s|}A_x}{\ddot{a}_{x:\overline{h}|}^{(m)}} \tag{5-199}$$

或:

$${}_hP^{(m)}({}_{s|}A_x) = \frac{\ddot{a}_{x:\overline{h}|}}{\ddot{a}_{x:\overline{h}|}^{(m)}} \cdot \frac{{}_{s|}A_x}{\ddot{a}_{x:\overline{h}|}}$$

$$= \frac{\ddot{a}_{x:\overline{h}|}}{\ddot{a}_{x:\overline{h}|}^{(m)}} {}_hP({}_{s|}A_x) \tag{5-200}$$

在 UDD 假设下,由式(5-200)得:

$${}_hP^{(m)}({}_{s|}A_x) = \frac{\ddot{a}_{x:\overline{h}|}}{\ddot{a}_{x:\overline{h}|} - \frac{m-1}{2m}(1 - {}_hE_x)} {}_hP({}_{s|}A_x)$$

$$= \frac{1}{1 - \frac{m-1}{2m\ddot{a}_{x:\overline{h}|}}(1 - {}_hE_x)} {}_hP({}_{s|}A_x) \tag{5-201}$$

用换算函数表示${}_hP^{(m)}({}_{s|}A_x)$,由式(5-201)得:

$$ {}_hP^{(m)}({}_{s|}A_x) = \frac{M_{x+s}}{N_x - N_{x+h} - \frac{m-1}{2m}(D_x - D_{x+h})} \tag{5-202}$$

对于死亡立即给付的终身寿险，用${}_hP^{(m)}({}_{s|}\bar{A}_x)$表示该寿险一年缴付 m 次的年均衡纯保费，则：

$$ {}_hP^{(m)}({}_{s|}\bar{A}_x) = \frac{{}_{s|}\bar{A}_x}{\ddot{a}^{(m)}_{x:\overline{h|}}} \tag{5-203}$$

在 UDD 假设下：

$$ {}_hP^{(m)}({}_{s|}\bar{A}_x) = \frac{i}{\delta}\frac{{}_{s|}A_x}{\ddot{a}^{(m)}_{x:\overline{h|}}} \tag{5-204}$$

$$ = \frac{i}{\delta}\,{}_hP({}_{s|}\bar{A}_x) \tag{5-205}$$

用换算函数表示，由式(5-205)得：

$$ {}_hP^{(m)}({}_{s|}\bar{A}_x) = \frac{i}{\delta}\frac{M_{x+s}}{N_x - N_{x+h} - \frac{m-1}{2m}(D_x - D_{x+h})} \tag{5-206}$$

2. 限期 h 年缴费的延期 s 年的 n 年定期寿险

用${}_hP^{(m)}({}_{s|}A^1_{x:\overline{n|}})$表示该寿险每年缴付 m 次的年均衡纯保费，$\ddot{a}^{(m)}_{x:\overline{h|}}$表示每年支付 m 次的期初付 h 年期生存年金，s 年后，若被保险人在 n 年内死亡，则在死亡年末给付保险金，保险金额为 1 元，则：

$$ {}_hP^{(m)}({}_{s|}A^1_{x:\overline{n|}})\cdot\ddot{a}^{(m)}_{x:\overline{h|}} = {}_{s|}A^1_{x:\overline{n|}} \qquad (0\leqslant h\leqslant s)$$

所以：

$$ {}_hP^{(m)}({}_{s|}A^1_{x:\overline{n|}}) = \frac{{}_{s|}A^1_{x:\overline{n|}}}{\ddot{a}^{(m)}_{x:\overline{h|}}} \tag{5-207}$$

或：

$$ {}_hP^{(m)}({}_{s|}A^1_{x:\overline{n|}}) = \frac{\ddot{a}_{x:\overline{h|}}}{\ddot{a}^{(m)}_{x:\overline{h|}}}\cdot\frac{{}_{s|}A^1_{x:\overline{n|}}}{\ddot{a}_{x:\overline{h|}}}$$

$$ = \frac{\ddot{a}_{x:\overline{h|}}}{\ddot{a}^{(m)}_{x:\overline{h|}}}\,{}_hP({}_{s|}A^1_{x:\overline{n|}}) \tag{5-208}$$

在 UDD 假设下，由式(5-208)得：

$$ {}_hP^{(m)}({}_{s|}A^1_{x:\overline{n|}}) = \frac{\ddot{a}_{x:\overline{h|}}}{\ddot{a}_{x:\overline{h|}} - \frac{m-1}{2m}(1 - {}_hE_x)}\,{}_hP({}_{s|}A^1_{x:\overline{n|}})$$

$$ = \frac{1}{1 - \frac{m-1}{2m\ddot{a}_{x:\overline{h|}}}(1 - {}_hE_x)}\,{}_hP({}_{s|}A^1_{x:\overline{n|}}) \tag{5-209}$$

用换算函数表示${}_hP^{(m)}({}_{s|}A^1_{x:\overline{n}|})$,由式(5-209)得:

$$ {}_hP^{(m)}({}_{s|}A^1_{x:\overline{n}|}) = \frac{M_{x+s} - M_{x+s+n}}{N_x - N_{x+h} - \frac{m-1}{2m}(D_x - D_{x+h})} \tag{5-210} $$

对于死亡立即给付的半连续型定期寿险,用${}_hP^{(m)}({}_{s|}\bar{A}^1_{x:\overline{n}|})$表示该寿险每年缴付 m 次的年均衡纯保费,则:

$$ {}_hP^{(m)}({}_{s|}\bar{A}^1_{x:\overline{n}|}) \cdot \ddot{a}^{(m)}_{x:\overline{h}|} = {}_{s|}\bar{A}^1_{x:\overline{n}|} \tag{5-211} $$

在 UDD 假设下:

$$ {}_hP^{(m)}({}_{s|}\bar{A}^1_{x:\overline{n}|}) = \frac{i}{\delta}\frac{{}_{s|}A^1_{x:\overline{n}|}}{\ddot{a}^{(m)}_{x:\overline{h}|}} \tag{5-212} $$

$$ = \frac{i}{\delta}\,{}_hP^{(m)}({}_{s|}A^1_{x:\overline{n}|}) \tag{5-213} $$

用换算函数表示,由式(5-213)得:

$$ {}_hP^{(m)}({}_{s|}\bar{A}^1_{x:\overline{n}|}) = \frac{i}{\delta}\frac{M_{x+s} - M_{x+s+n}}{N_x - N_{x+h} - \frac{m-1}{2m}(D_x - D_{x+h})} \tag{5-214} $$

3. 限期 h 年缴费的延期 s 年的 n 年生存保险

用${}_hP^{(m)}({}_{s|}A_{x:\overline{n}|}^{\ \ 1})$表示该寿险每年缴付 m 次的年均衡纯保费,$\ddot{a}^{(m)}_{x:\overline{h}|}$表示每年支付 m 次的期初付 h 年期生存年金,s 年后,若被保险人活过 n 年,则给付生存保险金,保险金额为 1 元,则:

$$ {}_hP^{(m)}({}_{s|}A_{x:\overline{n}|}^{\ \ 1}) \cdot \ddot{a}^{(m)}_{x:\overline{h}|} = {}_{s|}A_{x:\overline{n}|}^{\ \ 1} \qquad (0 \leqslant h \leqslant s) $$

所以:

$$ {}_hP^{(m)}({}_{s|}A_{x:\overline{n}|}^{\ \ 1}) = \frac{{}_{s|}A_{x:\overline{n}|}^{\ \ 1}}{\ddot{a}^{(m)}_{x:\overline{h}|}} \tag{5-215} $$

或:

$$ {}_hP^{(m)}({}_{s|}A_{x:\overline{n}|}^{\ \ 1}) = \frac{\ddot{a}^{(m)}_{x:\overline{h}|}}{\ddot{a}_{x:\overline{h}|}} \cdot \frac{{}_{s|}A_{x:\overline{n}|}^{\ \ 1}}{\ddot{a}_{x:\overline{h}|}} $$

$$ = \frac{\ddot{a}_{x:\overline{h}|}}{\ddot{a}^{(m)}_{x:\overline{h}|}}\,{}_hP({}_{s|}A^1_{x:\overline{n}|}) $$

$$ = \frac{\ddot{a}_{x:\overline{h}|}}{\ddot{a}_{x:\overline{h}|} - \frac{m-1}{2m}(1 - {}_hE_x)}\,{}_hP({}_{s|}A_{x:\overline{n}|}^{\ \ 1}) $$

$$ = \frac{1}{1 - \frac{m-1}{2m\ddot{a}_{x:\overline{h}|}}(1 - {}_hE_x)}\,{}_hP({}_{s|}A_{x:\overline{n}|}^{\ \ 1}) \tag{5-216} $$

用换算函数表示${}_hP^{(m)}({}_{s|}A_{x:\overline{n|}}^{\ \ 1})$,由式(5-216)得:

$$
{}_hP^{(m)}({}_{s|}A_{x:\overline{n|}}^{\ \ 1}) = \frac{D_{x+s+n}}{N_x - N_{x+h} - \dfrac{m-1}{2m}(D_x - D_{x+h})} \tag{5-217}
$$

4. 限期 h 年缴费的延期 s 年的 n 年定期两全保险

用${}_hP^{(m)}({}_{s|}A_{x:\overline{n|}})$表示该寿险每年缴付 m 次的年均衡纯保费,$\ddot{a}_{x:\overline{h|}}^{(m)}$表示每年支付 m 次的期初付 h 年期生存年金,s 年后,若被保险人在 n 年内死亡,则在死亡年末给付保险金,保险金额为 1 元;若被保险人活过 n 年,则给付生存保险金,保险金额为 1 元,则:

$$
{}_hP^{(m)}({}_{s|}A_{x:\overline{n|}}) \cdot \ddot{a}_{x:\overline{h|}}^{(m)} = {}_{s|}A_{x:\overline{n|}} \qquad (0 \leqslant h \leqslant s)
$$

所以:

$$
{}_hP^{(m)}({}_{s|}A_{x:\overline{n|}}) = \frac{{}_{s|}A_{x:\overline{n|}}}{\ddot{a}_{x:\overline{h|}}^{(m)}} \tag{5-218}
$$

或:

$$
\begin{aligned}
{}_hP^{(m)}({}_{s|}A_{x:\overline{n|}}) &= \frac{\ddot{a}_{x:\overline{h|}}}{\ddot{a}_{x:\overline{h|}}^{(m)}} \cdot \frac{{}_{s|}A_{x:\overline{n|}}}{\ddot{a}_{x:\overline{h|}}} \\
&= \frac{\ddot{a}_{x:\overline{h|}}}{\ddot{a}_{x:\overline{h|}}^{(m)}}\ {}_hP({}_{s|}A_{x:\overline{n|}})
\end{aligned} \tag{5-219}
$$

在 UDD 假设下,由式(5-219)得:

$$
\begin{aligned}
{}_hP^{(m)}({}_{s|}A_{x:\overline{n|}}) &= \frac{\ddot{a}_{x:\overline{h|}}}{\ddot{a}_{x:\overline{h|}} - \dfrac{m-1}{2m}(1 - {}_hE_x)}\ {}_hP({}_{s|}A_{x:\overline{n|}}) \\
&= \frac{1}{1 - \dfrac{m-1}{2m\ddot{a}_{x:\overline{h|}}}(1 - {}_hE_x)}\ {}_hP({}_{s|}A_{x:\overline{n|}})
\end{aligned} \tag{5-220}
$$

用换算函数表示 $P^{(m)}({}_{s|}A_{x:\overline{n|}})$,由式(5-220)得:

$$
{}_hP^{(m)}({}_{s|}A_{x:\overline{n|}}) = \frac{M_{x+s} - M_{x+s+n} + D_{x+s+n}}{N_x - N_{x+h} - \dfrac{m-1}{2m}(D_x - D_{x+h})} \tag{5-221}
$$

对于半连续型两全保险,用${}_hP^{(m)}({}_{s|}\bar{A}_{x:\overline{n|}})$表示该寿险每年缴付 m 次的年均衡纯保费,则:

$$
{}_hP^{(m)}({}_{s|}\bar{A}_{x:\overline{n|}}) \cdot \ddot{a}_{x:\overline{h|}}^{(m)} = {}_{s|}\bar{A}_{x:\overline{n|}} \tag{5-222}
$$

在 UDD 假设下:

$$
{}_hP^{(m)}({}_{s|}\bar{A}_{x:\overline{n|}}) = \frac{i}{\delta}\,\frac{{}_{s|}A^{1}_{x:\overline{n|}}}{\ddot{a}_{x:\overline{h|}}^{(m)}} + \frac{{}_{s|}A_{x:\overline{n|}}^{\ \ 1}}{\ddot{a}_{x:\overline{h|}}^{(m)}} \tag{5-223}
$$

$$= \frac{i}{\delta}\,{}_hP^{(m)}({}_{s|}A^{1}_{x:\overline{n}|}) + {}_hP^{(m)}({}_{s|}A_{x:\overline{n}|}^{\ \ 1}) \tag{5-224}$$

用换算函数表示，由式(5-224)得：

$${}_hP^{(m)}({}_{s|}\bar{A}_{x:\overline{n}|}) = \frac{i}{\delta}\frac{M_{x+s} - M_{x+s+n} + \delta \cdot D_{x+s+n}}{N_x - N_{x+h} - \frac{m-1}{2m}(D_x - D_{x+h})} \tag{5-225}$$

例【5-4】 (25)投保35年期的定期寿险，保险金额为10 000元，保费在每月月初缴纳，如果保险金在死亡年末给付，$i=4\%$，利用CL1换算函数表试计算：

(1)全期缴纳的月保费；

(2)10年限期缴纳的月保费。

解：

(1)一年缴纳12次的年缴纯保费为：

$$P^{1(12)}_{25:\overline{35}|} = \frac{A^{1}_{25:\overline{35}|}}{\ddot{a}^{(12)}_{25:\overline{35}|}} \times 10\ 000$$

$$= \frac{(M_{25} - M_{60})/D_{25}}{\ddot{a}_{25:\overline{35}|} - \frac{m-1}{2m}(1 - {}_{35}E_{25})} \times 10\ 000$$

$$= \frac{M_{25} - M_{60}}{N_{25} - N_{60} - \frac{m-1}{2m}(D_{25} - D_{60})} \times 10\ 000$$

$$= \frac{(53.874\ 684 - 40.368\ 142) \times 10\ 000}{8\ 240.745\ 604 - 1\ 175.107\ 162 - \frac{11}{24}(370.830\ 286 - 85.564\ 571)}$$

$$= 19.475\ 931(\text{元})$$

月缴保费为：

$$\frac{1}{12}P^{1(12)}_{25:\overline{35}|} = 1.622\ 994(\text{元})$$

(2)一年缴纳12次，10年限期缴纳的年缴纯保费为：

$${}_{10}P^{1(12)}_{25:\overline{35}|} = \frac{A^{1}_{25:\overline{35}|}}{\ddot{a}^{(12)}_{25:\overline{10}|}} \times 10\ 000$$

$$= \frac{A^{1}_{25:\overline{35}|}}{\ddot{a}_{25:\overline{10}|} - \frac{m-1}{2m}(1 - {}_{10}E_{25})} \times 10\ 000$$

$$= \frac{M_{25} - M_{60}}{N_{25} - N_{35} - \frac{m-1}{2m}(D_{25} - D_{35})} \times 10\ 000$$

$$=\frac{(53.874\,684-40.368\,142)\times 10\,000}{8\,240.845\,646-5\,123.477\,175-\frac{11}{24}(370.830\,286-248.280\,779)}$$

$=44.054\,363$(元)

月缴保费为:

$$\frac{1}{12}{}_{10}P^{1(12)}_{25:\overline{35|}}=3.671197(\text{元})$$

第五节　均衡毛保费

一、毛保费的概念

用于保险金给付的纯保费与用于各项经营费用开支的附加保费之和,称为毛保费。毛保费亦称为总保费,保险公司是经营性的单位,仅有用于保险金给付的纯保费是难以维持保险公司的营运的,保险公司除了保险金给付的支出外,还有经营费用,如新契约费、维持费用、理赔费用等支出,由产品定价原理知,这些费用会分摊到保险产品的价格上。因为我们在前面章节已经介绍了纯保费的计算,所以计算毛保费的关键是掌握附加保费的计算。

用于各项经营费用的保费称为附加保费。一些费用与保单密切有关,如维持费用是在被保险人生存期间发生的费用,而理赔费用是被保险人死亡时发生的费用,这些费用与被保险人的寿命密切相关,支付也具有随机性,因此,附加保费的确定需要用到精算原理。在精算等价原理下:

附加保费现值=各项费用支出的精算现值之和

二、费用的分类

保险公司的经营费用较为复杂,为了便于计算,通常把费用分为几种类型。

1. 按费用支出的用途分类

可以把费用分为新契约费、维持费用、营业费用、理赔费用等。

(1)新契约费。宣传费用、体检费用、代理人的佣金等费用。

(2)维持费用。保费的收取费用、会计费用、合同变更费用、理赔选择权准备费用及与保单持有人进行联络的费用等。

(3)营业费用。新险种的开发研究费用、工资、税金、许可证费用。

(4)理赔费用。理赔调查费用、辩护费用、各种给付费用。

2. 按相关性分类

可以把费用分为与保费相关的费用、与保额相关的费用、与保单相关的费用。

(1)与保费相关的费用。按保费的一定比例提取的费用,如代理人的佣金、税金、广告费用等。

(2)与保额相关的费用。按保险金额的一定比例提取的费用,如理赔费用、维持费用、体检费用等。

(3)与保单相关的费用。与保单的数量有关的费用,如体检费用、维持费用等。

如果上述费用与多项因素有关,可以将此费用分解。

3. 按费用发生的时间分类

可分为初年费用和续年费用。

各项费用在保险期内发生的数额是不均衡的,保险实务中,通常第一年费用较高,而后续各年的费用相对较少。如代理人的第一年佣金为第一年保费的30%左右,第一年的广告费占第一年保费的比例也较大,在保费计算中需要考虑这些因素。

在精算实务中,为计算方便,我们通常假定各年费用发生在当年年初。因理赔费用是在被保险人死亡时发生,所以假定理赔费用支出时间与保险金支付的时间一致,对于死亡年末给付的寿险,理赔费用发生在死亡年末。

三、毛保费的计算

均衡毛保费的符号通常用 G 表示,由收支平衡原理:

均衡毛保费的精算现值 = 纯保费的精算现值 + 附加保费的精算现值
= 保险金的精算现值 + 各项费用的精算现值

或:

均衡毛保费的精算现值 = 保险金及理赔费用的精算现值 + 其他费用的精算现值

假设死亡保险金为1,均衡费用为 C,有如下一般公式:

$$G\ddot{a} = A + C\ddot{a}$$

例【5-5】 (40)投保了金额为100 000元的30年期两全保险,死亡保险金在年末给付,保险费在年初缴纳,设 $i=4\%$,费用如下:

(1)第一年的费用为毛保费的50%,固定费用10元;

(2)续年费用为毛保费的5%,固定费用每年2元;

(3)理赔费用2 000元。

求:毛保费。

解:用CL1换算函数表计算:

$$保险金的精算现值 = 100\ 000A_{40:\overline{30|}}$$

各项费用的精算现值 $= 0.5G + 10 + (0.05G + 2)_{1|}\ddot{a}_{40:\overline{29|}} + 2\ 000A^{1}_{40:\overline{30|}}$

由收支平衡原理:

$$G\ddot{a}_{40:\overline{30|}} = 100\ 000A_{40:\overline{30|}} + 0.5G + 10 + (0.05G + 2)_{1|}\ddot{a}_{40:\overline{29|}} + 2\ 000A^{1}_{40:\overline{30|}}$$

$$G = \frac{102\ 000A^{1}_{40:\overline{30|}} + 100\ 000A_{40:\overset{1}{\overline{30|}}} + 10 + 2_{1|}\ddot{a}_{40:\overline{29|}}}{\ddot{a}_{40:\overline{30|}} - 0.5 - 0.05_{1|}\ddot{a}_{40:\overline{29|}}}$$

$$= \frac{102\ 000(M_{40} - M_{70}) + 100\ 000D_{70} + 10D_{40} + 2(N_{41} - N_{70})}{N_{40} - N_{70} - 0.5D_{40} - 0.05(N_{41} - N_{70})}$$

$$= \frac{102\ 000(49.711\ 857 - 30.334\ 427) + 100\ 000 \times 49.198\ 904}{3\ 976.784\ 530 - 490.476\ 415 - 0.5 \times 202.665\ 108}$$

$$\frac{+10 \times 202.665\ 108 + 2(3\ 774.119\ 422 - 490.476\ 415)}{-0.05(3\ 774.119\ 4229 - 490.476\ 514)}$$

$= 2\ 149.53$(元)

例【5-6】 对于一种完全离散、均衡给付的终身寿险,$i = 4\%$,已知每年年初的费用如下:

费用类型	费用
保费的百分比	25%
每千元保额	2.00(元)
每份保单	30(元)

如果投保年龄为30岁,保额为25 000元,利用CL1附表求:

(1)均衡毛保费;

(2)附加保费的精算现值。

解:(1)由平衡公式得:

$$G\ddot{a}_{30} = 25\ 000A_{30} + (0.25G + 25 \times 2 + 30)\ddot{a}_{30}$$

其中:

$$A_{30} = \frac{M_{30}}{D_{30}} = \frac{52.562}{303.581} = 0.1731$$

$$\ddot{a}_{30} = \frac{N_{30}}{D_{30}} = \frac{6\ 526.503}{303.581} = 21.498\ 4$$

所以: $G = 375.058\ 7$(元)

(2)设附加保费为 C,则:

$$C = (G + 25 \times 2 + 30)\ddot{a}_{30}$$
$$= 9\ 783.033\ 9(元)$$

习　题

1. 设：生存函数 $l=1\ 000\left(1-\dfrac{x}{105}\right)$，$0\leqslant x\leqslant 105$，$i=10\%$，求下列年均衡纯保费。

 (1) $\bar{P}_{40}$　　(3) $\bar{P}_{40:\overline{10}|}$

 (2) P_{40}　　(4) $P_{40:\overline{10}|}$

2. 试利用 CL1 换算函数表计算下列年均衡纯保费，$i=4\%$。

 (1) P_{26}，${}_{10}P_{26}$

 (2) $P_{45:\overline{30}|}$，${}_{10}P_{40:\overline{30}|}$

 (3) $P(I\ddot{a})_{30}$，${}_{10}P(I\ddot{a})_{30}$

3. 已知：$\dfrac{P^{1(12)}_{x:\overline{20}|}}{P^{1}_{x:\overline{20}|}}=1.03$，$P_{x:\overline{20}|}=0.04$，求：$P^{(12)}_{x:\overline{20}|}$。

4. 已知：$P^{1}_{30:\overline{10}|}=0.005$，$P_{40}=0.034$，$P_{30:\overline{10}|}=0.029$，$i=0.06$。

 求：$\ddot{a}_{30}$。

5. ${}_{15}P_{45}=0.038$，$P_{45:\overline{15}|}=0.056$，$A_{60}=0.0625$。

 求：$P^{1}_{45:\overline{15}|}$。

6. 证明：$\delta=0$ 时，$\bar{P}_{x}=\dfrac{1}{\mathring{e}_{x}}$。

7. 证明：$\dfrac{1}{\ddot{a}_{x:\overline{n}|}}-\dfrac{1}{\ddot{s}_{x:\overline{n}|}}=P^{1}_{x:\overline{n}|}+d$

8. 已知：$\ddot{a}_{20}=15.73$，$\ddot{a}_{30:\overline{10}|}=14.22$，$P_{30:\overline{10}|}=0.085$。

 求：(1) d　(2) P_{20}

9. 已知：$P_{31}=0.033$，$P_{30}=0.914$，$d=0.06$。

 求：P_{30}。

10. 已知：i，P_{x}，q_{x}，求：P_{x+1}。

11. 45 岁的人购买一份 15 年期离散型两全保险，保险金额为 30 000 元，利率为 4%，试求：

 (1) 趸缴纯保费；

 (2) 均衡纯保费；

 (3) 限期 5 年缴清的均衡纯保费(用 CL1 换算函数表计算)。

12. 25 岁的人购买一份延期 10 年的离散型终身寿险，保险金额为 100 000 元，利率为 4%，求：

 (1) 趸缴纯保费；

(2)均衡纯保费。

13. 20 岁的人购买一份离散型终身寿险,保单规定,若被保险人在第一年死亡,给付保险金 30 000 元,以后每多活一年死亡,保险金额增加 100 元,利率为 4%。试利 CL1 换算函数表计算:

(1)趸缴纯保费;

(2)均衡纯保费;

(3)限期 10 年缴清的均衡纯保费。

14. (30)购买一份 20 年缴费的终身寿险,保险金额为 5 000 元,保单规定,前 10 年的保费是后 10 年保费的 2 倍,保险金在死亡年度末支付,试利用 CL1 换算函数计算年缴纯保费(假设 $i=4\%$)。

15. 张某现年 40 岁,购买一种缴费期为 10 年的终身寿险,保单规定,如果张某在 10 年内死亡,在死亡年末给付保险金 10 000 元且返还已缴的不计息毛保费;如果张某在 10 年后死亡,只给付保险金 10 000 元,设毛保费为纯保费的 120%,且在每年年初缴纳,试求年缴纯保费(用 $i=4\%$ 的 CL1 换算函数表计算)。

16. 上题中,如果在其他条件不变的情况下,考虑被保险人在 10 年内死亡,则在死亡年末返还计息毛保费,试求年缴均衡纯保费的表达式。

17. 35 岁的人购买一份离散型终身寿险,保险金额为 25 000 元,利率为 4%,试利用 CL1 换算函数表求:

(1)每月缴纳的均衡纯保费;

(2)每月缴纳、限期 10 年缴清的均衡纯保费。

18. 上题中,如果购买的是一份半连续型终身寿险,试求:

(1)每月缴纳的均衡纯保费;

(2)每月缴纳、限期 10 年缴清的均衡纯保费。

19. 某 30 岁的人购买了保额为 2 000 元的 20 年期两全保险,$i=4\%$,死亡保险金在死亡年末给付,保费于每年年初缴纳,费用发生情况如下:

(1)第一年佣金为毛保费的 40%,固定费用为 10 元;

(2)续年佣金为毛保费的 5%,年固定费用为 2 元;

(3)各年维持费用为保额的 1%;

(4)理赔费用 50 元。

用 CL1 换算函数表求:年缴均衡毛保费。

20. (40)购买了保额为 25 000 元的 20 年期两全保险,死亡保险金在死亡时立即给付,保费在年初缴纳,如果费用如下:

第一年:年佣金为毛保费的 25%;

每千元保额费用为 2 元；

固定费用为 15 元。

续年：年佣金为毛保费的 5%；

每千元保额费用为 0.5 元；

固定费用为 15 元。

且：$P(\bar{A}_{40:\overline{20|}})=0.0324$，$P(A_{40:\overline{20|}}^{\ \ 1})=0.02551$，$i=0.05$。

求：年缴均衡毛保费。

第六章 责任准备金

第一节 基本概念

由前面章节介绍的精算等价原理知,在保险合同开始生效时,投保人缴纳的纯保费精算现值与保险金给付的精算现值相等,即在合同生效时刻,保险人的期望损失为零。随着时间的推移,被保险人死亡率逐渐增大,这种等价的平衡关系被打破,未来保险金的给付逐渐大于未来收取的保费。图 6-1 阴影部分表示均衡保费下,未来保险金给付与未来收取保费的差额,这个差额是保险人未来的责任,保险人必须准备与此差额相等数量的基金以备未来的保险金的给付,此基金称为保险人的责任准备金。显然,责任准备金是保险人的一项负债。

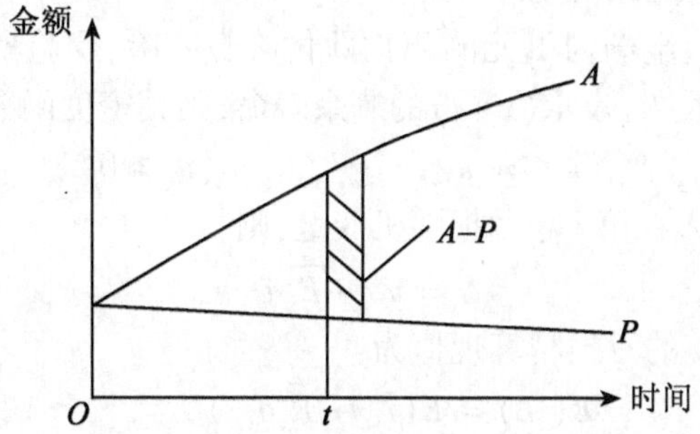

图 6-1

责任准备金关系到投保人的利益,保险监管部门一般要设定一个最低标准的准备金,保险人提取的准备金不能低于这一标准,此责任准备金称为法定责任准备金,它是以纯保费为基础计算的责任准备金,而没有考虑费用因素。此准备金又称为理论准备金。

考虑费用因素的准备金称为修正责任准备金,它是以理论准备金为基础,并对其修正的结果。

本章首先介绍理论责任准备金，修正责任准备金留在第七节介绍。

责任准备金的计算有两种方法，一种称为未来法，一种称为过去法。

用未来法计算，未来保险金给付的精算现值与未来应收纯保费的精算现值之差等于责任准备金。

用${}_tV$表示第t年的责任准备金，则：

$${}_tV = \text{未来保险金给付的精算现值} - \text{未来应收纯保费的精算现值}$$

用过去法计算，过去已收的保费积累值与过去已给付的保险金积累值的差等于责任准备金。

$${}_tV = \text{过去已收的纯保费积累值} - \text{过去已给付的保险金积累值}$$

显然，未来法表示的责任准备金是保险人应付的净责任，而过去法表示的责任准备金说明了准备金的来源，两者实质上是等价的。此问题在后面章节会给予证明。

第二节　全连续型理论责任准备金

一、用未来法计算全期缴费的理论准备金

1. 终身寿险的责任准备金

设(x)投保保险金额为1元的死亡即付终身寿险，保险费在保险期内连续缴纳。引入随机变量U，表示$(x+t)$的剩余寿命，则其密度函数为：

$$f_{x+t}(u) = {}_up_{x+t} \cdot \mu_{x+t+u} \qquad (u \geqslant 0) \tag{6-1}$$

用${}_tL$表示保险人在第t年亏损随机变量，则：

$${}_tL = v^U - \bar{P}_x \bar{a}_{\overline{U|}} \tag{6-2}$$

保险人在第t年的亏损精算现值为：

$$\begin{aligned} E({}_tL) &= E(v^U - \bar{P}_x \bar{a}_{\overline{U|}}) \\ &= E(v^U) - \bar{P}_x E(\bar{a}_{\overline{U|}}) \\ &= \bar{A}_{x+t} - \bar{P}_x \bar{a}_{x+t} \end{aligned} \tag{6-3}$$

设保险人在第t年的责任准备金为${}_t\bar{V}_x$，则：

$$\begin{aligned} {}_t\bar{V}_x &= E({}_tL) \\ &= \bar{A}_{x+t} - \bar{P}_x \bar{a}_{x+t} \end{aligned} \tag{6-4}$$

当$t=0$时，${}_0\bar{V}_x = 0$。

再讨论亏损随机变量${}_tL$的方差，由：

$${}_tL = v^U - \bar{P}_x \bar{a}_{\overline{U|}}$$

$$= v^U - \overline{P}_x \frac{1 - v^U}{\delta}$$

$$= \left(1 + \frac{\overline{P}_x}{\delta}\right)v^U - \frac{\overline{P}_x}{\delta}$$

得：

$$\begin{aligned}\mathrm{Var}({}_tL) &= \mathrm{Var}\left[\left(1 + \frac{\overline{P}_x}{\delta}\right)v^U - \frac{\overline{P}_x}{\delta}\right] \\ &= \left(1 + \frac{\overline{P}_x}{\delta}\right)^2 \cdot \mathrm{Var}(v^U) \\ &= \left(1 + \frac{\overline{P}_x}{\delta}\right)^2 ({}^2\overline{A}_{x+t} - \overline{A}_{x+t}^2) \end{aligned} \tag{6-5}$$

例【6-1】 (30)投保死亡即付的终身寿险，若 $b_t = 1, \delta = 0.05, {}_tp_{30} = e^{-0.05t}$，$\overline{A}_{40} = 0.667, \overline{A}_{50} = 0.800$。求：

(1) ${}_0\overline{V}_{30}$；　　(2) ${}_{10}\overline{V}_{30}$；　　(3) ${}_{20}\overline{V}_{30}$。

解：

$$\begin{aligned}(1)\overline{A}_{30} &= \int_0^\infty e^{-\delta \cdot t} e^{-\mu \cdot t} \mu \mathrm{d}t \\ &= -\frac{\mu}{\mu + \delta} e^{-(\mu+\delta)t} \Big|_0^\infty \\ &= \frac{\mu}{\mu + \delta} \\ &= 0.5 \end{aligned}$$

$$\begin{aligned}\overline{P}_{30} &= \frac{\delta \overline{A}_{30}}{1 - \overline{A}_{30}} \\ &= 0.05\end{aligned}$$

当 $t = 0$ 时，${}_0\overline{V}_{30} = 0$。

(2)当 $t = 10$ 时：

$$\begin{aligned}{}_{10}\overline{V}_{30} &= \overline{A}_{40} - \overline{P}_{30}\overline{a}_{40} \\ &= \left(1 + \frac{\overline{P}_{30}}{\delta}\right)\overline{A}_{40} - \frac{\overline{P}_{30}}{\delta} \\ &= \left(1 + \frac{0.05}{0.05}\right) \times 0.667 - \frac{0.05}{0.05} \\ &= 0.334 \end{aligned}$$

(3)当 $t = 20$ 时：

$$
\begin{aligned}
{}_{20}\bar{V}_{30} &= \bar{A}_{50} - \bar{P}_{30}\bar{a}_{50} \\
&= \left(1 + \frac{\bar{P}_{30}}{\delta}\right)\bar{A}_{50} - \frac{\bar{P}_{30}}{\delta} \\
&= \left(1 + \frac{0.05}{0.05}\right) \times 0.800 - \frac{0.05}{0.05} \\
&= 0.600
\end{aligned}
$$

数据表明,终身寿险的责任准备金随着时间推移,责任准备金逐年增加,到极限年龄时,责任准备金为 1,即等于保额。生存保险、两全保险的责任准备金都有相同的性质,但定期寿险除外。对于定期寿险,责任准备金在早期会不断增加,而后期会逐年减少,至合同期满时为零。

由公式(6-3),我们还可以得到责任准备金的一些导出公式。

由于:$\bar{P}_x = \frac{1}{\bar{a}_x} - \delta \qquad \bar{A}_{x+t} = 1 - \delta \cdot \bar{a}_{x+t}$

$$
\begin{aligned}
{}_t\bar{V}_x &= (1 - \delta \cdot \bar{a}_{x+t}) - \left(\frac{1}{\bar{a}_x} - \delta\right)\bar{a}_{x+t} \\
&= 1 - \frac{\bar{a}_{x+t}}{\bar{a}_x} \qquad (6\text{-}6) \\
&= \frac{\bar{A}_{x+t} - \bar{A}_x}{1 - \bar{A}_x} \qquad (6\text{-}7)
\end{aligned}
$$

又:

$$
\begin{aligned}
{}_t\bar{V}_x &= \bar{A}_{x+t} - \bar{P}_x\bar{a}_{x+t} = \left(\frac{\bar{A}_{x+t}}{\bar{a}_{x+t}} - \bar{P}_x\right)\bar{a}_{x+t} \\
&= (\bar{P}_{x+t} - \bar{P}_x)\bar{a}_{x+t} \qquad (6\text{-}8)
\end{aligned}
$$

上式表示责任准备金可以理解为剩余缴费期内保费差的精算现值。

由式(6-8)得:

$$
{}_t\bar{V}_x = \frac{\bar{P}_{x+t} - \bar{P}_x}{\bar{P}_{x+t} + \delta} \qquad (6\text{-}9)
$$

通过对终身寿险责任准备金的分析,我们不难得出其他寿险责任准备金的公式。

2. n 年定期寿险

$$
{}_t\bar{V}^1_{x:\overline{n}|} = \begin{cases} \bar{A}^1_{x+t:\overline{n-t}|} - \bar{P}^1_{x:\overline{n}|}\,\bar{a}_{x+t:\overline{n-t}|}, & 0 \leqslant t < n \\ 0, & t \geqslant n \end{cases} \qquad (6\text{-}10)
$$

3. n 年生存保险

$$
{}_t\bar{V}(A_{x:\overline{n}|}^{\ \ 1}) = \begin{cases} A_{x+t:\overline{n-t}|}^{\ \ 1} - \bar{P}(A_{x:\overline{n}|}^{\ \ 1})\,\bar{a}_{x+t:\overline{n-t}|}, & 0 \leqslant t < n \\ 1, & t = n \end{cases} \qquad (6\text{-}11)
$$

4. n 年两全保险

$$ {}_t\bar{V}_{x:\overline{n}|} = \begin{cases} \bar{A}_{x+t:\overline{n-t}|} - \bar{P}_{x:\overline{n}|}\bar{a}_{x+t:\overline{n-t}|}, & 0 \leqslant t < n \\ 1, & t = n \end{cases} \tag{6-12} $$

5. 延期 m 年的终身寿险

$$ {}_t\bar{V}({}_{m|}\bar{A}_x) = \begin{cases} {}_{m-t}E_{x+t} \cdot \bar{A}_{x+m} - \bar{P}({}_{m|}\bar{A}_x)\bar{a}_{x+t:\overline{m-t}|}, & 0 \leqslant t < m \\ \bar{A}_{x+t}, & t \geqslant m \end{cases} \tag{6-13} $$

6. 延期 m 年的终身生存年金

$$ {}_t\bar{V}({}_{m|}\bar{a}_x) = \begin{cases} {}_{m-t}E_{x+t} \cdot \bar{a}_{x+m} - \bar{P}({}_{m|}\bar{a}_x)\bar{a}_{x+t:\overline{m-t}|}, & 0 \leqslant t < m \\ \bar{a}_{x+t}, & t \geqslant m \end{cases} \tag{6-14} $$

二、用未来法计算限期缴费的理论责任准备金

1. 终身寿险的责任准备金

对于 h 年限期缴费的终身寿险，缴费期内与缴费期外的准备金不同。

$$ {}^h_t\bar{V}_x = \begin{cases} \bar{A}_{x+t} - {}_h\bar{P}_x\bar{a}_{x+t:\overline{h-t}|}, & 0 \leqslant t < h \\ \bar{A}_{x+t}, & t \geqslant h \end{cases} \tag{6-15} $$

类似于终身寿险责任准备金，我们可以得到常见寿险的责任准备金。

2. n 年定期寿险

$$ {}^t_h\bar{V}^1_{x:\overline{n}|} = \begin{cases} \bar{A}^1_{x+t:\overline{n-t}|} - {}_h\bar{P}^1_{x:\overline{n}|}\bar{a}_{x+t:\overline{h-t}|}, & 0 \leqslant t < h \\ \bar{A}^1_{x+t:\overline{n-t}|}, & h \leqslant t < n \\ 0, & t \geqslant n \end{cases} \tag{6-16} $$

3. n 年两全保险

$$ {}^t_h\bar{V}_{x:\overline{n}|} = \begin{cases} \bar{A}_{x+t:\overline{n-t}|} - {}_h\bar{P}_{x:\overline{n}|}\bar{a}_{x+t:\overline{h-t}|}, & 0 \leqslant t < h \\ \bar{A}_{x+t:\overline{n-t}|}, & h \leqslant t < n \\ 1, & t = n \end{cases} \tag{6-17} $$

4. 延期 m 年的终身寿险

$$ {}^h_t\bar{V}({}_{m|}\bar{A}_x) = \begin{cases} {}_{m-t}E_{x+t} \cdot \bar{A}_{x+m} - {}_h\bar{P}({}_{m|}\bar{A}_x)\bar{a}_{x+t:\overline{h-t}|}, & 0 \leqslant t < h \\ {}_{m-t}E_{x+t} \cdot \bar{A}_{x+m}, & h \leqslant t < m \\ \bar{A}_{x+t}, & t \geqslant m \end{cases} \tag{6-18} $$

5. 延期 m 年的终身生存年金

$$
{}_t^h\bar{V}({}_{m|}\bar{a}_x) = \begin{cases} {}_{m-t}E_{x+t} \cdot \bar{a}_{x+m} - {}_h\bar{P}({}_{m|}\bar{a}_x)\bar{a}_{x+t:\overline{h-t|}}, & 0 \leqslant t < h \\ {}_{m-t}E_{x+t} \cdot \bar{a}_{x+m}, & h \leqslant t < m \\ \bar{a}_{x+t}, & t \geqslant m \end{cases} \tag{6-19}
$$

三、用未来法计算趸缴保费的理论责任准备金

1. 终身寿险

$$
{}_t\bar{V}_x = \bar{A}_{x+t} \tag{6-20}
$$

对于趸缴纯保费的责任准备金,由于保费在期初已缴纳,未来只有死亡给付,所以,在未来法中,终身寿险的责任准备金等于未来死亡给付。其他寿险责任准备金也是如此。

2. n 年定期寿险

$$
{}_t\bar{V}^1_{x:\overline{n|}} = \begin{cases} \bar{A}^1_{x+t:\overline{n-t|}}, & 0 \leqslant t < n \\ 0, & t \geqslant n \end{cases} \tag{6-21}
$$

3. n 年两全保险

$$
{}_t\bar{V}_{x:\overline{n|}} = \begin{cases} \bar{A}_{x+t:\overline{n-t|}}, & 0 \leqslant t < n \\ 1, & t = n \end{cases} \tag{6-22}
$$

4. 延期 m 年的终身寿险

$$
{}_t\bar{V}({}_{m|}\bar{A}_x) = \begin{cases} {}_{m-t}E_{x+t} \cdot \bar{A}_{x+m}, & 0 \leqslant t < m \\ \bar{A}_{x+t}, & t \geqslant m \end{cases} \tag{6-23}
$$

5. 延期 m 年的终身生存年金

$$
{}_t\bar{V}({}_{m|}\bar{a}_x) = \begin{cases} {}_{m-t}E_{x+t} \cdot \bar{a}_{x+m}, & 0 \leqslant t < m \\ \bar{a}_{x+t}, & t \geqslant m \end{cases} \tag{6-24}
$$

四、过去法

1. 终身寿险的责任准备金

设(x)投保 1 元死亡立即给付的终身寿险,保费连续缴纳,则过去已缴纳的纯保费在第 t 年的终值为 $\bar{P}_x \cdot \bar{s}_{x:\overline{t|}}$,过去已给付的保险金在第 t 年的终值为$\dfrac{\bar{A}^1_{x:\overline{t|}}}{{}_tE_x}$,因此有:

$$
{}_t\bar{V}_x = \bar{P}_x \cdot \bar{s}_{x:\overline{t|}} - \frac{\bar{A}^1_{x:\overline{t|}}}{{}_tE_x} \tag{6-25}
$$

令${}_{t}k_{x}=\dfrac{\bar{A}^{1}_{x:\overline{t}|}}{{}_{t}E_{x}}$，则：

$$ {}_{t}\bar{V}_{x}=\bar{P}_{x}\cdot\bar{s}_{x:\overline{t}|}-{}_{t}k_{x} \tag{6-26}$$

${}_{t}k_{x}$ 称为成本精算积累值。

现在通过未来法证明式(6-26)。

证明：设 $t=s+t'$，则由未来法得：

$$\begin{aligned}
{}_{s}\bar{V}_{x}&=\bar{A}_{x+s}-\bar{P}_{x}\cdot\bar{a}_{x+s}\\
&=\bar{A}^{1}_{x+s:\overline{t'}|}+{}_{t'}E_{x+s}\bar{A}_{x+s+t'}-\bar{P}_{x}(\bar{a}_{x+s:\overline{t'}|}+{}_{t'}E_{x+s}\bar{a}_{x+s+t'})\\
&=\bar{A}^{1}_{x+s:\overline{t'}|}+{}_{t'}E_{x+s}(\bar{A}_{x+s+t'}-\bar{P}_{x}\bar{a}_{x+s+t'})-\bar{P}_{x}\bar{a}_{x+s:\overline{t'}|}\\
&=\bar{A}^{1}_{x+s:\overline{t'}|}+{}_{t'}E_{x+s}\cdot{}_{s+t'}\bar{V}_{x}-\bar{P}_{x}\bar{a}_{x+s:\overline{t'}|}
\end{aligned}$$

令 $s=0$，则 $t'=t$，${}_{0}\bar{V}_{x}=0$，有：

$$0=\bar{A}^{1}_{x:\overline{t}|}+{}_{t}E_{x}\cdot{}_{t}\bar{V}_{x}-\bar{P}_{x}\cdot\bar{a}_{x:\overline{t}|}$$

所以：

$$\begin{aligned}
{}_{t}\bar{V}_{x}&=\bar{P}_{x}\frac{\bar{a}_{x:\overline{t}|}}{{}_{t}E_{x}}-\frac{\bar{A}^{1}_{x:\overline{t}|}}{{}_{t}E_{x}}\\
&=\bar{P}_{x}\bar{s}_{x:\overline{t}|}-{}_{t}k_{x}
\end{aligned}$$

2. 其他寿险责任准备金

类似终身寿险的责任准备金：

对于 n 年定期寿险：

$$ {}_{t}\bar{V}^{1}_{x:\overline{n}|}=\bar{P}^{1}_{x:\overline{n}|}\bar{s}_{x:\overline{t}|}-{}_{t}k_{x}\qquad(0\leqslant t<n) \tag{6-27}$$

对于 n 年两全保险：

$$ {}_{t}\bar{V}_{x:\overline{n}|}=\begin{cases}\bar{P}_{x:\overline{n}|}\bar{s}_{x:\overline{t}|}-{}_{t}k_{x}, & 0\leqslant t<n\\ 1, & t=n\end{cases} \tag{6-28}$$

对于延期 m 年终身寿险(缴费期为 m 年)：

$$\bar{V}({}_{m|}\bar{A}_{x})=\begin{cases}\bar{P}({}_{m|}\bar{A}_{x})\bar{s}_{x:\overline{t}|}, & t<m\\ \dfrac{\bar{P}({}_{m|}\bar{A}_{x})\bar{s}_{x:\overline{m}|}}{{}_{t-m}E_{x+m}}-{}_{t-m}k_{x+m}, & t\geqslant m\end{cases} \tag{6-29}$$

对于延期 m 年终身生存年金(缴费期为 m 年)：

$$\bar{V}({}_{m|}\bar{a}_{x})=\begin{cases}\bar{P}({}_{m|}\bar{a}_{x})\bar{s}_{x:\overline{t}|}, & t<m\\ \dfrac{\bar{P}({}_{m|}\bar{a}_{x})\bar{s}_{x:\overline{m}|}}{{}_{t-m}E_{x+m}}-\bar{s}_{x+m:\overline{t-m}|}, & t\geqslant m\end{cases} \tag{6-30}$$

未来法责任准备金与过去法责任准备金是等价的,具体采用何种方法计算责任准备金,视计算便利而定。在一般情况下,超过缴费期,用未来法方便,而在未发生保险金的给付期内,用过去法较方便。前者只有保险金给付精算现值,后者只有保费的精算积累值。

第三节 全离散型责任准备金

一、未来法

1. 终身寿险的责任准备金

设(x)投保保险金给付为1的死亡年末付的终身寿险,保费在每年初缴纳。引入随机变量J,J为$(x+k)$的取整余命。用${}_kL$表示保险人在第k年末的亏损随机变量现值,有:

$$ {}_kL = v^{J+1} - P_x \ddot{a}_{\overline{J+1|}} \tag{6-31} $$

第k年末的亏损期望值为:

$$ \begin{aligned} E({}_kL) &= E(v^{J+1}) - P_x E(\ddot{a}_{\overline{J+1|}}) \\ &= A_{x+k} - P_x \cdot \ddot{a}_{x+k} \end{aligned} \tag{6-32} $$

设保险人在第k年末的责任准备金为${}_kV_x$,则:

$$ \begin{aligned} {}_kV_x &= E({}_kL) \\ &= A_{x+k} - P_x \cdot \ddot{a}_{x+k} \end{aligned} \tag{6-33} $$

用换算函数表示${}_kV_x$,由式(6-33)得:

$$ \begin{aligned} {}_kV_x &= \frac{M_{x+k}}{D_{x+k}} - P_x \frac{N_{x+k}}{D_{x+k}} \\ &= \frac{1}{D_{x+k}}(M_{x+k} - P_x N_{x+k}) \end{aligned} \tag{6-34} $$

再讨论${}_kL$的方差,由式(6-31)得:

$$ \begin{aligned} {}_kL &= v^{J+1} - P_x \frac{1 - v^{J+1}}{d} \\ &= \left(1 + \frac{P_x}{d}\right)v^{J+1} - \frac{P_x}{d} \end{aligned} $$

所以:

$$ \mathrm{Var}({}_kL) = \mathrm{Var}\left[\left(1 + \frac{P_x}{d}\right)v^{J+1} - \frac{P_x}{d}\right] $$

$$= \left(1+\frac{P_x}{d}\right)^2 \cdot \mathrm{Var}(v^{J+1})$$

$$= \left(1+\frac{P_x}{d}\right)^2 \cdot ({}^2A_{x+k} - A_{x+k}^2) \tag{6-35}$$

例【6-2】 (35)投保1元的终身寿险,保险金在死亡年末给付,保费在每年初缴纳,设 $i=4\%$,试利用CL1换算函数表计算:

(1) ${}_5V_{35}$　　(2) ${}_{10}V_{35}$　　(3) ${}_{20}V_{35}$

解:

$$P_{35} = \frac{A_{35}}{\ddot{a}_{35}} = \frac{M_{35}}{N_{35}} = \frac{51.224}{5\ 123.477} = 0.010$$

(1)
$$\begin{aligned} {}_5V_{35} &= A_{40} - P_{35} \cdot \ddot{a}_{40} \\ &= \frac{1}{D_{40}}(M_{40} - P_{35} \cdot N_{40}) \\ &= \frac{1}{202.665}(49.712 - 0.01 \times 3\ 976.785) \\ &= 0.049 \end{aligned}$$

(2)
$$\begin{aligned} {}_{10}V_{35} &= A_{45} - P_{35}\ddot{a}_{45} \\ &= \frac{1}{D_{45}}(M_{45} - P_{35} \cdot N_{45}) \\ &= \frac{1}{164.932}(47.941 - 0.010 \times 3\ 041.785) \\ &= 0.106 \end{aligned}$$

(3)
$$\begin{aligned} {}_{20}V_{35} &= A_{55} - P_{35}\ddot{a}_{55} \\ &= \frac{1}{D_{55}}(M_{55} - P_{35} \cdot N_{55}) \\ &= \frac{1}{107.592}(43.449 - 0.010 \times 1\ 667.727) \\ &= 0.249 \end{aligned}$$

对于离散型终身寿险责任准备金的导出公式，由：

$$P_x = \frac{1}{\ddot{a}_x} - d \qquad A_{x+k} = 1 - d \cdot \ddot{a}_{x+k}$$

得:

$$\begin{aligned} {}_kV_x &= \left(\frac{A_{x+k}}{\ddot{a}_{x+k}} - P_x\right) \cdot \ddot{a}_{x+k} \\ &= \frac{A_{x+k} - A_x}{1 - A_x} \end{aligned}$$

$$= 1 - \frac{\ddot{a}_{x+k}}{\ddot{a}_x} \tag{6-36}$$

又由式(6-33)得：

$$_kV_x = \left(\frac{A_{x+k}}{\ddot{a}_{x+k}} - P_x\right) \cdot \ddot{a}_{x+k}$$

$$= (P_{x+k} - P_x) \cdot \ddot{a}_{x+k} \tag{6-37}$$

上式的解释与式(6-8)的解释一致。

由式(6-37)得：

$$_kV_x = \frac{P_{x+k} - P_x}{P_{x+k} + d} \tag{6-38}$$

例【6-3】 已知：$_5V_{50} = 0.45$，$P_{55} = 10$，$i = 0.05$，求：P_{50}。

解：

$$_5V_{50} = \frac{P_{55} - P_{50}}{P_{55} + d}$$

所以：

$$P_{50} = p_{55} - {}_5V_{50}(P_{55} + d)$$

$$= 10 - 0.45\left(10 + \frac{0.05}{1 + 0.05}\right)$$

$$= 5.47$$

例【6-4】 已知：$_{10}V_{25} = 0.1$，$_{10}V_{35} = 0.2$，求：$_{20}V_{25}$。

解：

$$_{10}V_{25} = 1 - \frac{\ddot{a}_{35}}{\ddot{a}_{25}}$$

$$\frac{\ddot{a}_{35}}{\ddot{a}_{25}} = 0.9$$

又：

$$_{10}V_{35} = 1 - \frac{\ddot{a}_{45}}{\ddot{a}_{35}}$$

$$\frac{\ddot{a}_{45}}{\ddot{a}_{35}} = 0.8$$

所以：

$$_{20}V_{25} = 1 - \frac{\ddot{a}_{45}}{\ddot{a}_{25}}$$

$$= 1 - \frac{\ddot{a}_{45}}{\ddot{a}_{35}} \cdot \frac{\ddot{a}_{35}}{\ddot{a}_{25}}$$

$$= 0.28$$

2. n 年定期寿险

$$_kV^1_{x:\overline{n}|} = \begin{cases} A^1_{x+k:\overline{n-k}|} - P^1_{x:\overline{n}|}\ddot{a}_{x+k:\overline{n-k}|}, & 0 \leqslant k < n \\ 0, & k \geqslant n \end{cases} \tag{6-39}$$

用换算函数表示为：

$$ {}_kV^1_{x:\overline{n}|} = \begin{cases} \dfrac{1}{D_{x+k}}\left[(M_{x+k}-M_{x+n}) - \dfrac{M_x - M_{x+n}}{M_x - M_{x+n}}(N_{x+k}-N_{x+n})\right], & 0 \leqslant k < n \\ 0, & k \geqslant n \end{cases} \tag{6-40} $$

3. n 年生存保险

$$ {}_kV(A_{x:\overline{n}|}^{\ \ 1}) = \begin{cases} A_{x+k:\overline{n-k}|}^{\ \ \ \ \ \ 1} - P(A_{x:\overline{n}|}^{\ \ 1})\ddot{a}_{x+k:\overline{n-k}|}, & 0 \leqslant k < n \\ 1, & k = n \end{cases} \tag{6-41} $$

用换算函数表示为：

$$ {}_kV(A_{x:\overline{n}|}^{\ \ 1}) = \begin{cases} \dfrac{1}{D_{x+k}}\left[D_{x+n} - \dfrac{D_{x+n}}{N_x - N_{x+n}}(N_{x+k}-N_{x+n})\right], & 0 \leqslant k < n \\ 1, & k = n \end{cases} \tag{6-42} $$

4. n 年两全保险

$$ {}_kV_{x:\overline{n}|} = \begin{cases} A_{x+k:\overline{n-k}|} - P_{x:\overline{n}|}\ddot{a}_{x+k:\overline{n-k}|}, & 0 \leqslant k < n \\ 1, & k = n \end{cases} \tag{6-43} $$

用换算函数表示为：

$$ {}_kV_{x:\overline{n}|} = $$

$$ \begin{cases} \dfrac{1}{D_{x+k}}\left[(M_{x+k}-M_{x+n}+D_{x+n}) - \dfrac{N_x - M_{x+n} + D_{x+n}}{N_x - N_{x+n}}(N_{x+k}-N_{x+n})\right], & 0 \leqslant k < n \\ 1, & k = n \end{cases} \tag{6-44} $$

5. 延期 m 年的终身寿险

$$ {}_kV({}_{m|}A_x) = \begin{cases} {}_{m-k}E_{x+k} \cdot A_{x+m} - P({}_{m|}A_x)\ddot{a}_{x+k:\overline{m-k}|}, & 0 \leqslant k < m \\ A_{x+k}, & k \geqslant m \end{cases} \tag{6-45} $$

用换算函数表示为：

$$ {}_kV({}_{m|}A_x) = \begin{cases} \dfrac{1}{D_{x+k}}\left[M_{x+m} - \dfrac{M_{x+n}}{N_x - N_{x+m}}(N_{x+k}-N_{x+m})\right], & 0 \leqslant k < m \\ \dfrac{M_{x+k}}{D_{x+k}}, & k \geqslant m \end{cases} \tag{6-46} $$

6. 延期 m 年的终身生存年金

$$ {}_kV({}_{m|}\ddot{a}_x) = \begin{cases} {}_{m-k}E_{x+k} \cdot \ddot{a}_{x+m} - P({}_{m|}\ddot{a}_x)\ddot{a}_{x+k:\overline{m-k}|}, & 0 \leqslant k < m \\ \ddot{a}_{x+k}, & k \geqslant m \end{cases} \tag{6-47} $$

用换算函数表示为：

$$
{}_kV({}_{m|}\ddot{a}_x)=\begin{cases}\dfrac{1}{D_{x+k}}\left[N_{x+m}-\dfrac{N_{x+m}}{N_x-N_{x+m}}(N_{x+k}-N_{x+m})\right], & 0\leqslant k<m\\ \dfrac{N_{x+k}}{D_{x+k}}, & k\geqslant m\end{cases}
$$

(6-48)

二、用未来法计算限期缴费的理论责任准备金

1. 终身寿险

对于 h 年限期缴费的终身寿险，用 ${}_k^hV_x$ 表示第 k 年末的责任准备金，则：

$$
{}_k^hV_x=\begin{cases}A_{x+k}-{}_hP_x\cdot\ddot{a}_{x+k:\overline{h-k}|}, & 0\leqslant k<h\\ A_{x+k}, & k\geqslant h\end{cases}\tag{6-49}
$$

用换算函数表示为：

$$
{}_k^hV_x=\begin{cases}\dfrac{1}{D_{x+k}}\left[M_{x+k}\dfrac{M_x}{N_x-N_{x+h}}(N_{x+k}-N_{x+h})\right], & 0\leqslant k<h\\ \dfrac{M_{x+k}}{D_{x+k}}, & k\geqslant h\end{cases}\tag{6-50}
$$

2. n 年定期寿险

$$
{}_k^hV_{x:\overline{n}|}^1=\begin{cases}A_{x+k:\overline{n-k}|}^1-{}_hP_{x:\overline{n}|}^1\cdot\ddot{a}_{x+k:\overline{h-k}|}, & k<h\\ A_{x+k:\overline{n-k}|}^1, & h\leqslant k<n\\ 0, & k=n\end{cases}\tag{6-51}
$$

用换算函数表示为：

$$
{}_k^hV_{x:\overline{n}|}^1=\begin{cases}\dfrac{1}{D_{x+k}}\left[(M_{x+k}-M_{x+n})-\dfrac{M_x-M_{x+n}}{N_x-N_{x+h}}(N_{x+k}-N_{x+h})\right], & k<h\\ \dfrac{M_{x+k}-M_{x+n}}{D_{x+k}}, & h\leqslant k<n\\ 0, & k=n\end{cases}
$$

(6-52)

3. n 年两全保险

$$
{}_k^hV_{x:\overline{n}|}=\begin{cases}A_{x+k:\overline{n-k}|}-{}_hP_{x:\overline{n}|}\cdot\ddot{a}_{x+k:\overline{h-k}|}, & k<h\\ A_{x+k:\overline{n-k}|}, & h\leqslant k<n\\ 1, & k=n\end{cases}\tag{6-53}
$$

用换算函数表示为：

$$
{}_k^hV_{x:\overline{n}|} =
\begin{cases}
\dfrac{1}{D_{x+k}}\left[(M_{x+k} - M_{x+n} + D_{x+n}) - \dfrac{M_x - M_{x+n} + D_{x+n}}{N_x - N_{x+h}}(N_{x+k} - N_{x+h})\right], & k < h \\
\dfrac{M_{x+k} - M_{x+n} + D_{x+n}}{D_{x+k}}, & h \leqslant k < n \\
1, & k = n
\end{cases}
\tag{6-54}
$$

4. 延期 m 年的终身寿险

$$
{}_k^hV({}_{m|}A_x) = \begin{cases}
{}_{m-k}E_{x+k} \cdot A_{x+m} - {}_hP({}_{m|}A_x)\ddot{a}_{x+k:\overline{h-k}|}, & 0 \leqslant k < h \\
{}_{m-k}E_{x+k} \cdot A_{x+m}, & h \leqslant k < m \\
A_{x+k}, & k \geqslant m
\end{cases}
\tag{6-55}
$$

用换算函数表示为：

$$
{}_k^hV({}_{m|}A_x) = \begin{cases}
\dfrac{1}{D_{x+k}}\left[M_{x+m} - \dfrac{M_{x+m}}{N_x - N_{x+h}}(N_{x+k} - N_{x+h})\right], & 0 \leqslant k < h \\
\dfrac{M_{x+m}}{D_{x+k}}, & h \leqslant k < m \\
\dfrac{M_{x+k}}{D_{x+k}}, & k \geqslant m
\end{cases}
\tag{6-56}
$$

5. 延期 m 年的期初付终身生存年金

$$
{}_k^hV({}_{m|}\ddot{a}_x) = \begin{cases}
{}_{m-k}E_{x+k} \cdot \ddot{a}_{x+m} - {}_hP({}_{m|}\ddot{a}_x)\ddot{a}_{x+k:\overline{h-k}|}, & 0 \leqslant k < h \\
{}_{m-k}E_{x+k} \cdot \ddot{a}_{x+m}, & h \leqslant k < m \\
\ddot{a}_{x+k}, & k \geqslant m
\end{cases}
\tag{6-57}
$$

用换算函数表示为：

$$
{}_k^hV({}_{m|}\ddot{a}_x) = \begin{cases}
\dfrac{1}{D_{x+k}}\left[N_{x+m} - \dfrac{N_{x+m}}{N_x - N_{x+h}}(N_{x+k} - N_{x+h})\right], & 0 \leqslant k < h \\
\dfrac{N_{x+m}}{D_{x+k}}, & h \leqslant k < m \\
\dfrac{N_{x+k}}{D_{x+k}}, & k \geqslant m
\end{cases}
\tag{6-58}
$$

三、用未来法计算趸缴纯缴费的理论责任准备金

1. 终身寿险

对于趸缴纯保费，类似式(6-20)，终身寿险的责任准备金为：

$$ {}_kV_x = A_{x+k} \tag{6-59} $$

2. n 年定期寿险

$$ {}_kV^1_{x:\overline{n}|} = \begin{cases} A^{\ 1}_{x+k:\overline{n-k}|}, & k < n \\ 0, & k = n \end{cases} \tag{6-60} $$

3. n 年两全保险

$$ {}_kV_{x:\overline{n}|} = \begin{cases} A_{x+k:\overline{n-k}|}, & k < n \\ 1, & k = n \end{cases} \tag{6-61} $$

4. 延期 m 年的终身寿险

$$ {}_kV({}_{m|}A_x) = \begin{cases} {}_{m-k}E_{x+k} \cdot A_{x+m}, & 0 \leqslant k < m \\ A_{x+k}, & k \geqslant m \end{cases} \tag{6-62} $$

5. 延期 m 年的期初付终身生存年金

$$ {}_kV({}_{m|}\ddot{a}_x) = \begin{cases} {}_{m-k}E_{x+k} \cdot \ddot{a}_{x+m}, & 0 \leqslant k < m \\ \ddot{a}_{x+k}, & k \geqslant m \end{cases} \tag{6-63} $$

四、过去法

1. 终身寿险的责任准备金

设(x)投保 1 元的死亡年度末的终身寿险,保费在每年年初缴纳,则过去已缴纳的纯保费在第 k 年年末的终值为 $P_x\ddot{s}_{x:\overline{k}|}$,过去已给付的保险金在第 k 年的终值为$\dfrac{A^1_{x:\overline{k}|}}{{}_kE_x}$。

因此,有:

$$ {}_kV_x = P_x\ddot{s}_{x:\overline{k}|} - \frac{A^1_{x:\overline{k}|}}{{}_kE_x} \tag{6-64} $$

令${}_kk_x = \dfrac{A^1_{x:\overline{k}|}}{{}_kE_x}$表示成本精算积累值,则:

$$ {}_kV_x = P_x\ddot{s}_{x:\overline{k}|} - {}_kk_x \tag{6-65} $$

式(6-65)的证明类似式(6-26),读者可以自己推导。

2. 其他寿险责任准备金

类似终身寿险的责任准备金,可以得到其他寿险责任准备金。

对于 n 年定期寿险:

$$ {}_kV^1_{x:\overline{n}|} = P^1_{x:\overline{n}|} \cdot \ddot{s}_{x:\overline{k}|} - {}_kk_x, \quad k < n \tag{6-66} $$

对于 n 年两全保险:

$$ {}_kV_{x:\overline{n}|} = \begin{cases} P_{x:\overline{n}|} \cdot \ddot{s}_{x:\overline{k}|} - {}_kk_x, & k < n \\ 1, & k = n \end{cases} \tag{6-67} $$

对于延期 m 年终身寿险(缴费期为 m 年)：

$$ {}_kV({}_{m|}A_x) = \begin{cases} P({}_{m|}A_x)\cdot \ddot{s}_{x:\overline{k}|}, & k < m \\ \dfrac{P({}_{m|}A_x)\cdot \ddot{s}_{x:\overline{m}|}}{{}_{k-m}E_{x+m}} - {}_{k-m}k_{x+m}, & k \geqslant m \end{cases} \tag{6-68} $$

对于延期 m 年期末付终身生存年金(缴费期为 m 年)：

$$ {}_kV({}_{m|}\ddot{a}_x) = \begin{cases} P({}_{m|}\ddot{a}_x)\cdot \ddot{s}_{x:\overline{k}|}, & k < m \\ \dfrac{P({}_{m|}\ddot{a}_x)\cdot \ddot{s}_{x:\overline{m}|}}{{}_{k-m}E_{x+m}} - \ddot{s}_{x+m:\overline{k-m}|}, & k \geqslant m \end{cases} \tag{6-69} $$

例【6-5】 已知：$P_x = 0.02$，$P_{x:\overline{10}|}^{\ 1} = 0.08$，${}_{10}V_x = 0.10$，${}_{10}V_{x:\overline{n}|} = 0.20$，求：$P_{x:\overline{n}|}$。

解：

$$ {}_{10}V_x = P_x\cdot \ddot{s}_{x:\overline{10}|} - {}_{10}k_x $$

$$ {}_{10}V_{x:\overline{n}|} = P_{x:\overline{n}|}\cdot \ddot{s}_{x:\overline{10}|} - {}_{10}k_x $$

两式相减得：

$$ {}_{10}V_{x:\overline{n}|} - {}_{10}V_x = (P_{x:\overline{n}|} - P_x)\ddot{s}_{x:\overline{10}|} $$

$$ \begin{aligned} P_{x:\overline{n}|} - P_x &= \frac{1}{\ddot{s}_{x:\overline{10}|}}({}_{10}V_{x:\overline{n}|} - {}_{10}V_x) \\ &= \frac{{}_{10}E_x}{\ddot{a}_{x:\overline{10}|}}({}_{10}V_{x:\overline{n}|} - {}_{10}V_x) \\ &= P_{x:\overline{10}|}^{\ 1}({}_{10}V_{x:\overline{n}|} - {}_{10}V_x) \end{aligned} $$

所以：

$$ \begin{aligned} P_{x:\overline{n}|} &= P_{x:\overline{10}|}^{\ 1}({}_{10}V_{x:\overline{n}|} - {}_{10}V_x) + P_x \\ &= 0.028 \end{aligned} $$

由此例可以得到一个结果，当 k 在缴费期内时，有：

$$ P_2 - P_1 = P_{x:\overline{k}|}^{\ 1}({}_kV_2 - {}_kV_1) \tag{6-70} $$

第四节　半连续型理论责任准备金

一、用未来法计算全期缴费的理论责任准备金

1. 终身寿险的责任准备金

对于全期缴费的终身寿险：

$$ {}_k\overline{V}_x = \begin{cases} \overline{A}_{x+k} - P(\overline{A}_x)\ddot{a}_{x+k}, & 0 \leqslant k < n \\ \overline{A}_{x+k}, & k \geqslant n \end{cases} \tag{6-71} $$

因为：$${}_kV(\bar{A}_x)=\bar{A}_{x+k}-P(\bar{A}_x)\ddot{a}_{x+k}$$

又在 UDD 假设下：

$$\bar{A}_{x+k}=\frac{i}{\delta}A_{x+k}\qquad P(\bar{A}_x)=\frac{i}{\delta}P_x$$

所以：

$$\begin{aligned}{}_kV(\bar{A}_x)&=\frac{i}{\delta}(A_{x+k}-P_x\cdot\ddot{a}_{x+k})\\&=\frac{i}{\delta}{}_kV_x\end{aligned}$$

用换算函数表示：

$${}_kV(\bar{A}_x)=\frac{i}{\delta}{}_kV_x=\frac{i}{\delta D_{x+k}}(M_{x+k}-P_xN_{x+k})\tag{6-72}$$

2. n 年定期寿险

$${}_kV(\bar{A}^1_{x:\overline{n|}})=\begin{cases}\bar{A}^1_{x+k:\overline{n-k|}}-P(\bar{A}^1_{x:\overline{n|}})\ddot{a}_{x+k:\overline{n-k|}}, & 0\leqslant k<n\\0, & k\geqslant n\end{cases}\tag{6-73}$$

3. n 年生存保险

$${}_kV(A_{x:\overline{n|}}^{\ \ 1})=\begin{cases}A_{x+k:\overline{n-k|}}^{\ \ 1}-P(A_{x:\overline{n|}}^{\ \ 1})\ddot{a}_{x+k:\overline{n-k|}}, & 0\leqslant k<n\\1, & k=n\end{cases}\tag{6-74}$$

4. n 年两全保险

$${}_kV(\bar{A}_{x:\overline{n|}})=\begin{cases}\bar{A}_{x+k:\overline{n-k|}}-P(\bar{A}_{x:\overline{n|}})\ddot{a}_{x+k:\overline{n-k|}}, & 0\leqslant k<n\\1, & k=n\end{cases}\tag{6-75}$$

5. 延期 m 年的终身寿险

$${}_kV({}_{m|}\bar{A}_x)=\begin{cases}{}_{m-k}E_{x+k}\cdot\bar{A}_{x+m}-P({}_{m|}\bar{A}_x)\ddot{a}_{x+k:\overline{m-k|}}, & 0\leqslant k<m\\\bar{A}_{x+k}, & k\geqslant m\end{cases}\tag{6-76}$$

6. 延期 m 年的终身生存年金

$${}_kV({}_{m|}\bar{a}_x)=\begin{cases}{}_{m-k}E_{x+k}\cdot\bar{a}_{x+m}-P({}_{m|}\bar{a}_x)\ddot{a}_{x+k:\overline{m-k|}}, & 0\leqslant k<m\\\bar{a}_{x+k}, & k\geqslant m\end{cases}\tag{6-77}$$

二、用未来法计算限期缴费的理论责任准备金

1. 终身寿险的责任准备金

对于限期 h 年缴费的终身寿险，缴费期内与缴费期外的准备金不同。

$${}_k^hV(\bar{A}_x)=\begin{cases}\bar{A}_{x+k}-{}_hP(\bar{A}_x)\ddot{a}_{x+t:\overline{h-t|}}, & 0\leqslant k<h\\\bar{A}_{x+k}, & k\geqslant h\end{cases}\tag{6-78}$$

2. n 年定期寿险

$$
{}_k^hV(\bar{A}^1_{x:\overline{n|}}) = \begin{cases} \bar{A}^1_{x+k:\overline{n-k|}} - {}_hP(\bar{A}^1_{x:\overline{n|}})\ddot{a}_{x+k:\overline{h-k|}}, & 0 \leqslant k < h \\ \bar{A}^1_{x+k:\overline{n-k|}}, & h \leqslant k < n \\ 0, & k \geqslant n \end{cases} \tag{6-79}
$$

3. n 年两全保险

$$
{}_k^hV(\bar{A}_{x:\overline{n|}}) = \begin{cases} \bar{A}_{x+k:\overline{n-k|}} - {}_hP(\bar{A}_{x:\overline{n|}})\ddot{a}_{x+k:\overline{h-k|}}, & 0 \leqslant k < h \\ \bar{A}_{x+k:\overline{n-k|}}, & h \leqslant k < n \\ 1, & k = n \end{cases} \tag{6-80}
$$

4. 延期 m 年的终身寿险

$$
{}_k^hV({}_{m|}\bar{A}_x) = \begin{cases} {}_{m-k}E_{x+k} \cdot \bar{A}_{x+m} - {}_hP({}_{m|}\bar{A}_x)\ddot{a}_{x+k:\overline{h-k|}}, & 0 \leqslant k < h \\ {}_{m-k}E_{x+k} \cdot \bar{A}_{x+m}, & h \leqslant k < m \\ \bar{A}_{x+k}, & k \geqslant m \end{cases} \tag{6-81}
$$

5. 延期 m 年的终身生存年金

$$
{}_k^hV({}_{m|}\bar{a}_x) = \begin{cases} {}_{m-k}E_{x+k} \cdot \bar{a}_{x+m} - {}_hP({}_{m|}\bar{a}_x)\ddot{a}_{x+k:\overline{h-k|}}, & 0 \leqslant k < h \\ {}_{m-k}E_{x+k} \cdot \bar{a}_{x+m}, & h \leqslant k < m \\ \bar{a}_{x+k}, & k \geqslant m \end{cases} \tag{6-82}
$$

第五节　一年缴纳 m 次保费的责任准备金

对于一年缴纳 m 次保费,保险金在死亡年度末给付的第 k 年末责任准备金,用未来法有如下形式。

一、终身寿险

全期缴费:

$$
{}_kV_x^{(m)} = A_{x+k} - P_x^{(m)} \cdot \ddot{a}_{x+k}^{(m)}, \qquad k \geqslant 0 \tag{6-83}
$$

限期 h 年缴费:

$$
{}_k^hV_x^{(m)} = \begin{cases} A_{x+k} - {}_hP_x^{(m)} \cdot \ddot{a}^{(m)}_{x+k:\overline{h-k|}}, & 0 \leqslant k < h \\ A_{x+k}, & k \geqslant h \end{cases} \tag{6-84}
$$

在 UDD 假设下,式(6-83)有近似公式:

$$
{}_kV_x^{(m)} = \left(1 + \frac{m-1}{2m}P_x^{(m)}\right){}_kV_x \tag{6-85}
$$

证明:

$$\begin{aligned}
{}_kV_x^{(m)} - {}_kV_x &= (A_{x+k} - P_x^{(m)} \cdot \ddot{a}_{x+k}^{(m)}) - (A_{x+k} - P_x \cdot \ddot{a}_{x+k}) \\
&= P_x \cdot \ddot{a}_{x+k} - P_x^{(m)} \cdot \ddot{a}_{x+k}^{(m)} \\
&= P_x^{(m)} \frac{\ddot{a}_x^{(m)}}{\ddot{a}_x} \ddot{a}_{x+k} - P_x^{(m)} \left(\ddot{a}_{x+k} - \frac{m-1}{2m}\right) \\
&= P_x^{(m)} \frac{\ddot{a}_x - \dfrac{m-1}{2m}}{\ddot{a}_x} \ddot{a}_{x+k} - P_x^{(m)} \cdot \ddot{a}_{x+k} + \frac{m-1}{2m} P_x^{(m)} \\
&= \frac{m-1}{2m} P_x^{(m)} - \frac{m-1}{2m} \frac{\ddot{a}_{x+k}}{\ddot{a}_x} P_m^{(m)} \\
&= \frac{m-1}{2m} P_x^{(m)} \left(1 - \frac{\ddot{a}_{x+k}}{\ddot{a}_x}\right) \\
&= \frac{m-1}{2m} P_x^{(m)} {}_kV_x
\end{aligned}$$

所以：

$${}_kV_x^{(m)} = \left(1 + \frac{m-1}{2m} P_x^{(m)}\right) {}_kV_x$$

上式表明，为满足相同金额的死亡给付，一年缴费 m 次的 k 年末责任准备金要比一年一次缴费的 k 年末责任准备金大，其原因是一年 m 次缴费在死亡年度内有保费损失，损失的额度平均为$\frac{m-1}{2m}P_x^{(m)}$。

当 $k<h$ 时，在 UDD 假设下，式(6-84)可近似为：

$${}_k^hV_x^{(m)} = {}_k^hV_x + \frac{m-1}{2m} {}_hP_x^{(m)} {}_k^hV_{x:\overline{h|}}^1 \tag{6-86}$$

证明：

$$\begin{aligned}
{}_k^hV_x^{(m)} - {}_k^hV_x &= A_{x+k} - {}_hP_x^{(m)} \cdot \ddot{a}_{x+k:\overline{h-k|}}^m - (A_{x+k} - {}_hP_x \ddot{a}_{x+k:\overline{h-k|}}) \\
&= {}_hP_x \cdot \ddot{a}_{x+k:\overline{h-k|}} - {}_hP_x^{(m)} \cdot \ddot{a}_{x+k:\overline{h-k|}}^{(m)} \\
&= {}_hP_x^{(m)} \frac{\ddot{a}_{x:\overline{h|}}^{(m)}}{\ddot{a}_{x:\overline{h|}}} \ddot{a}_{x+k:\overline{h-k|}} - {}_hP_x^{(m)} \cdot \ddot{a}_{x+k:\overline{h-k|}}^{(m)} \\
&= {}_hP_x^{(m)} \left\{ \frac{\ddot{a}_{x:\overline{h|}} - \dfrac{m-1}{2m}(1 - {}_hE_x)}{\ddot{a}_{x:\overline{h|}}} \ddot{a}_{x+k:\overline{h-k|}} - \right. \\
&\quad \left. \left[\ddot{a}_{x+k:\overline{h-k|}} - \frac{m-1}{2m}(1 - {}_{h-k}E_{x+k})\right] \right\} \\
&= \frac{m-1}{2m} {}_hP_x^{(m)} \left(- \frac{1 - {}_hE_x}{\ddot{a}_{x:\overline{h|}}} \ddot{a}_{x+k:\overline{h-k|}} + 1 - {}_{h-k}E_{x+k}\right)
\end{aligned}$$

$$= \frac{m-1}{2m}\,{}_hP_x^{(m)}\left(-\frac{A_{x:\overline{h}|}^{1}+d\ddot{a}_{x:\overline{h}|}}{\ddot{a}_{x:\overline{h}|}}\ddot{a}_{x+k:\overline{h-k}|}+A_{x+k:\overline{h-k}|}^{1}+d\ddot{a}_{x+k:\overline{h-k}|}\right)$$

$$= \frac{m-1}{2m}\,{}_hP_x^{(m)}\left(A_{x+k:\overline{h-k}|}^{1}-\frac{A_{x:\overline{h}|}^{1}}{\ddot{a}_{x:\overline{h}|}}\ddot{a}_{x+k:\overline{h-k}|}\right)$$

$$= \frac{m-1}{2m}\,{}_hP_x^{(m)}\left(A_{x+k:\overline{h-k}|}^{1}-P_{x:\overline{h}|}^{1}\,\ddot{a}_{x+k:\overline{h-k}|}\right)$$

$$= \frac{m-1}{2m}\,{}_hP_x^{(m)}\,{}_k^hV_{x:\overline{h}|}^{1}$$

所以：

$${}_k^hV_x^{(m)} = {}_k^hV_x + \frac{m-1}{2m}\,{}_hP_x^{(m)}\,{}_k^hV_{x:\overline{h}|}^{1}$$

二、*n* 年期两全保险

全期缴费：

$${}_kV_{x:\overline{n}|}^{(m)} = \begin{cases} A_{x+k:\overline{n-k}|} - P_{x:\overline{n}|}^{(m)}\cdot\ddot{a}_{x+k:\overline{n-k}|}^{(m)}, & k<n \\ 1, & k=n \end{cases} \tag{6-87}$$

限期 h 年缴费：

$${}_k^hV_{x:\overline{n}|}^{(m)} = \begin{cases} A_{x+k:\overline{n-k}|} - {}_hP_{x:\overline{n}|}^{(m)}\cdot\ddot{a}_{x+k:\overline{h-k}|}^{(m)}, & k<h \\ A_{x+k:\overline{n-k}|}, & h\leqslant k<n \\ 1, & k=n \end{cases} \tag{6-88}$$

类似于终身寿险，有近似公式：

全期缴费：

$${}_kV_{x:\overline{n}|}^{(m)} = {}_kV_{x:\overline{n}|} + \frac{m-1}{2m}P_{x:\overline{n}|}^{(m)}\,{}_kV_{x:\overline{n}|}^{1}, \qquad k<n \tag{6-89}$$

限期 h 年缴费：

$${}_k^hV_{x:\overline{n}|}^{(m)} = {}_k^hV_{x:\overline{n}|} + \frac{m-1}{2m}\,{}_hP_{x:\overline{n}|}^{(m)}\,{}_k^hV_{x:\overline{h}|}^{1}, \qquad k<h \tag{6-90}$$

例【6-6】 写出保费在每年初缴纳，保险金给付为 1 且死亡立即给付的半连续型终身寿险的责任准备金。

解：

$${}_kV(\overline{A}_x) = \overline{A}_{x+k} - P(\overline{A}_x)\ddot{a}_{x+k}$$

在 UDD 假设下：

$$\overline{A}_{x+k} = \frac{i}{\delta}A_{x+k} \qquad P(\overline{A}_x) = \frac{i}{\delta}P_x$$

所以：

$$ {}_kV(\bar{A}_x) = \frac{i}{\delta}(A_{x+k} - P_x \cdot \ddot{a}_{x+k}) $$
$$ = \frac{i}{\delta}\,{}_kV_x $$

例【6-7】 (40)投保10 000元死亡年末付的终身寿险,$i=4\%$,试利用CL1换算函数表求下列情况下投保后第10年年末的责任准备金。

(1)保费在每月月初缴纳;

(2)20年限期且在每月月初缴纳。

解:

(1)
$$ P_{40}^{(12)} = \frac{A_{40}}{\ddot{a}_{40}^{(12)}} = \frac{A_{40}}{\ddot{a}_{40} - \frac{m-1}{2m}} $$
$$ = \frac{M_{40}}{N_{40} - \frac{m-1}{2m}D_{40}} $$
$$ = \frac{49.712}{3\,976.785 - \frac{11}{24}\times 202665} $$
$$ = 0.013 $$
$$ {}_{10}V_{40}^{(12)} = A_{50} - P_{40}^{(12)} \cdot \ddot{a}_{50}^{(12)} $$
$$ = A_{50} - P_{40}^{(12)}\left(\ddot{a}_{50} - \frac{m-1}{2m}\right) $$
$$ = \frac{M_{50} - P_{40}^{(12)}\left(N_{50} - \frac{m-1}{2m}D_{50}\right)}{D_{50}} $$
$$ = \frac{45.886 - 0.013\left(2\,281.977 - \frac{11}{24}\times 133.654\right)}{133.654} $$
$$ = 0.127\,31 $$

$10\,000\,{}_{10}V_{40}^{(12)} = 1\,273.1$(元)

(2)
$$ {}_{20}P_{40}^{(12)} = \frac{A_{40}}{\ddot{a}_{40:\overline{20}|}^{(12)}} = \frac{A_{40}}{\ddot{a}_{40:\overline{20}|} - \frac{m-1}{2m}(1 - {}_{20}E_{40})} $$
$$ = \frac{M_{40}}{N_{40} - N_{60} - \frac{m-1}{2m}(D_{40} - D_{60})} $$

$$=\frac{49.712}{3\,976.785-1\,175.107-\frac{11}{24}(202.665-85.565)}$$

$$=0.018$$

$$
\begin{aligned}
{}_{10}^{20}V_{40}^{(12)} &= A_{50} - {}_{20}P_{40}^{(12)} \cdot \ddot{a}_{50:\overline{10|}}^{(12)} \\
&= A_{50} - {}_{20}P_{40}^{(12)}\left[\ddot{a}_{50:\overline{10|}} - \frac{m-1}{2m}(1-{}_{10}E_{50})\right] \\
&= \frac{M_{50} - {}_{20}P_{40}^{(12)}\left[N_{50}-N_{60}-\frac{m-1}{2m}(D_{50}-D_{60})\right]}{D_{50}} \\
&= \frac{45.886-0.018\left[2\,281.977-1\,175.107-\frac{11}{24}(133.654-85.565)\right]}{133.654} \\
&= 0.197\,22
\end{aligned}
$$

$$10\,000\,{}_{10}^{20}V_{40}^{(12)} = 1\,972.2(\text{元})$$

三、n 年定期寿险

全期缴费：

$$
{}_{k}V^{(m)}(A_{x:\overline{n|}}^{1}) = \begin{cases} A_{x+k:\overline{n-k|}}^{1} - P^{(m)}(A_{x:\overline{n|}}^{1}) \cdot \ddot{a}_{x+k:\overline{n-k|}}^{(m)}, & k < n \\ 0, & k = n \end{cases} \tag{6-91}
$$

限期 h 年缴费：

$$
{}_{k}^{h}V^{(m)}(A_{x:\overline{n|}}^{1}) = \begin{cases} A_{x+k:\overline{n-k|}}^{1} - {}_{h}P^{(m)}(A_{x:\overline{n|}}^{1}) \cdot \ddot{a}_{x+k:\overline{h-k|}}^{(m)}, & k < h \\ A_{x+k:\overline{n-k|}}^{1}, & h \leqslant k < n \\ 0, & k = n \end{cases} \tag{6-92}
$$

四、n 年期生存保险

全期缴费：

$$
{}_{k}V^{(m)}(A_{x:\overline{n|}}^{\;\;1}) = \begin{cases} A_{x+k:\overline{n-k|}}^{\;\;1} - P^{(m)}(A_{x:\overline{n|}}^{\;\;1}) \cdot \ddot{a}_{x+k:\overline{n-k|}}^{(m)}, & k < n \\ 1, & k = n \end{cases} \tag{6-93}
$$

限期 h 年缴费：

$$
{}_{k}^{h}V^{(m)}(A_{x:\overline{n|}}^{\;\;1}) = \begin{cases} A_{x+k:\overline{n-k|}}^{\;\;1} - {}_{h}P^{(m)}(A_{x:\overline{n|}}^{\;\;1}) \cdot \ddot{a}_{x+k:\overline{h-k|}}^{(m)}, & k < h \\ A_{x+k:\overline{n-k|}}^{\;\;1}, & h \leqslant k < n \\ 1, & k = n \end{cases} \tag{6-94}
$$

第六节　理论责任准备金的递推公式

一、一般情形下的责任准备金

设(x)投保终身寿险，保险在死亡年度末给付，第k年的保险金为b_k，第k年缴纳的年纯保费为π_{k-1}，则在第k年末的责任准备金为：

$$ {}_kV = \sum_{j=0}^{\infty} b_{k+j+1} v^{j+1} {}_{j|}q_{x+k} - \sum_{j=0}^{\infty} \pi_{k+j} v^{j} {}_{j}p_{x+k} \tag{6-95}$$

下面以终身寿险的一般情形责任准备金为例讨论其递推公式。

二、递推公式

由式(6-95)得第$k-1$年年末的责任准备金为；

$$\begin{aligned}
{}_{k-1}V &= \sum_{j=0}^{\infty} b_{k+j} v^{j+1} {}_{j|}q_{x+k-1} - \sum_{j=0}^{\infty} \pi_{k+j-1} v^{j} {}_{j}p_{x+k-1} \\
&= b_k v_{0|}q_{x+k-1} - \pi_{k-1\,0}p_{x+k-1} + \sum_{j=1}^{\infty} b_{k+j} v^{j+1} {}_{j|}q_{x+k-1} - \sum_{j=1}^{\infty} \pi_{k+j-1} v^{j} {}_{j}p_{x+k-1} \\
&= b_k v q_{x+k-1} - \pi_{k-1} + \sum_{j'=0}^{\infty} b_{k+j'+1} v^{j'+2} {}_{j'+1|}q_{x+k-1} - \sum_{j'=0}^{\infty} \pi_{k+j'} v^{j'+1} {}_{j'+1}p_{x+k-1} \\
&= b_k v q_{x+k-1} - \pi_{k-1} + v p_{x+k-1} \left(\sum_{j'=0}^{\infty} b_{k+j'+1} v^{j'+1} {}_{j'|}q_{x+k} - \sum_{j'=0}^{\infty} \pi_{k+j'} v^{j'} {}_{j'}p_{x+k} \right) \\
&= b_k v q_{x+k-1} - \pi_{k-1} + v p_{x+k-1}\,{}_kV
\end{aligned}$$

整理得：

$$ {}_{k-1}V + \pi_{k-1} = b_k v q_{x+k-1} + v p_{x+k-1}\,{}_kV \tag{6-96}$$

式(6-96)表明：期初准备金与期初保费之和等于当年的死亡给付的精算现值与当年末的准备金现值之和。

由式(6-96)得：

$$\begin{aligned}
\pi_{k-1} &= b_k v q_{x+k-1} + v(1 - q_{x+k-1})\,{}_kV - {}_{k-1}V \\
&= (b_k - {}_kV) v q_{x+k-1} + v\,{}_kV - {}_{k-1}V
\end{aligned} \tag{6-97}$$

上式中各部分有如下含义：

$b_k - {}_kV$为第k年的风险净额；

$(b_k - {}_kV) v q_{x+k-1}$为风险纯保费；

$v\,{}_kV - {}_{k-1}V$为储蓄纯保费。

式(6-97)表明：年缴纯保费可以理解为由风险纯保费与储蓄纯保费两部分

组成,即年缴纯保费一方面用于当年净风险给付,另一方面将给付后的剩余储蓄起来用于增加准备金。式(6-97)还表明终身寿险除了保障功能以外,还有储蓄功能。

由式(6-97)还可得:

$$\pi_k = (b_{k+1} - {}_{k+1}V)vq_{x+k} + v_{k+1}V - {}_kV \tag{6-98}$$

上式表明,在已知纯保费和死亡给付的条件下,可以从${}_0V=0$开始,分别计算出${}_1V, {}_2V, \cdots$或已知${}_{k+1}V$,可计算${}_kV, {}_{k-1}V, \cdots$

值得注意的是,上述各式及其解释具有一般性,可适用于其他寿险。

例【6-8】 (35)投保延期5年的终身生存年金,保单规定,5年后每年年初领取生存保险金1000元,若被保险人在5年内死亡,在死亡年末给付死亡保险金,保险金为死亡年末的责任准备金,求该年金的年缴纯保费及第3年年末的责任准备金,$i=4\%$(利用CL1换算函数表计算)。

解:

因为:

$$\pi_k = (b_{k+1} - {}_{k+1}V)vq_{x+k} + v_{k+1}V - {}_kV$$

$$b_{k+1} = {}_{k+1}V$$

所以:

$$\pi_k = v \cdot {}_{k+1}V - {}_kV \qquad (*)$$

两边同乘v^k并求和,取$k=0,1,2,3,4$:

$$\sum_{k=0}^{4} \pi_k v^k = \sum_{k=0}^{4} (v^{k+1}\ {}_{k+1}V - v^k\ {}_kV)$$

$$\pi \sum_{k=0}^{4} v^k = v^5\ {}_5V - v^0\ {}_0V$$

又因为:

$${}_5V = 1\,000\ddot{a}_{x+5} \qquad {}_0V = 0$$

所以:

$$\pi \cdot \ddot{a}_{\overline{5|}} = 1\,000v^5\ddot{a}_{x+5}$$

$$\pi = 1\,000\frac{\ddot{a}_{40}}{\ddot{s}_{\overline{5|}}}$$

$$= 1\,000\frac{N_{40}}{D_{40}\ddot{s}_{\overline{5|}}} = \frac{3\,976.785}{202.665 \times 5.975} \times 1\,000$$

$$= 3\,284.1(\text{元})$$

如果对(*)式两边同乘v^k并求和,取$k=0,1,2$,则:

$$\sum_{k=0}^{2} \pi_k v^k = \sum_{k=0}^{2} (v^{k+1}\ {}_{k+1}V - v^k\ {}_kV)$$

$$\pi \sum_{k=0}^{2} v^k = v^3 {}_3V - v^0 {}_0V$$

$$\pi \cdot \ddot{a}_{\overline{3}|} = v^3 {}_3V$$

所以：

$${}_3V = \pi \cdot \ddot{s}_{\overline{3}|} = 3\ 284.1 \times 3.374\ 6 = 11\ 082.5(\text{元})$$

第七节　修正责任准备金

理论准备金是在均衡保费制的基础上建立起来的。在均衡保费制下，每年收取的毛保费和纯保费是均衡的，因此，附加保费也是均衡的。根据保费的用途，纯保费用于死亡给付，而附加保费用于保险人的各项费用开支。但实际中，保险人的费用并不是均衡的，往往第一年的费用很高，高于其他各年的费用，而后续各年费用较低，如代理人佣金、广告费、体检费等在第一年内必须开支，而且费用较高，大于第一年提取的附加保费。这样，在均衡保费制下提取的附加保费不能满足第一年的费用要求，解决这一问题的方法一是动用公司的盈余，二是修正责任准备金的提取方法。前者对业绩优良、稳定的大公司来说，不存在大的问题，但对业绩不稳定的小公司和新开业的公司来说，就有些困难。因此，在实务中，一般采用第二种方法——修正责任准备金法。

修正责任准备金的基本方法是：将一定时期的均衡纯保费根据费用支出的需要重新分配，将第一年用于死亡支付的纯保费的一部分提取出来增加第一年的附加保费。这样，第一年的纯保费减少，附加保费增加。减少的纯保费在后续各年由附加保费归还，归还的时期内，纯保费增加，附加保费减少，但在调整期内纯保费与附加保费的总额不变。从第一年开始到调整结束的时间称为修正期。在修正期内，纯保费是不均衡的，第一年少，后续各年多，修正期之后，纯保费是均衡制下的纯保费。

因为纯保费的调整，责任准备金的提取也需作相应的调整，而不再是均衡保费制下的责任准备金，根据调整后的保费计算的责任准备金称为修正责任准备金。修正期内的准备金低于均衡保费制下的理论准备金，修正期后的责任准备金与均衡保费制下的准备金相等。

修正责任准备金的方法有多种，各国也不尽相同。我们主要介绍修正责任准备金的一般方法、一年定期修正法、美国保险监察官准备金修正法和加拿大标准法。

一、修正责任准备金的一般方法

首先设缴费期为 h 年，修正期为 j 年，$j\leqslant h$。修正期的长短根据保险人的费用情况确定。

将均衡纯保费重新分配，根据实际情况，纯保费的分配有两段式、三段式或多段式，通常采用三段式分配方法。

所谓三段式分配方法是将均衡纯保费分为第一年纯保费，用 α 表示；$j-1$ 年纯保费，用 β 表示；修正期后的纯保费，用 P 表示。显然，α 低于均衡纯保费，β 高于均衡纯保费，修正期后的纯保费等于均衡纯保费 P，见图 6-2。

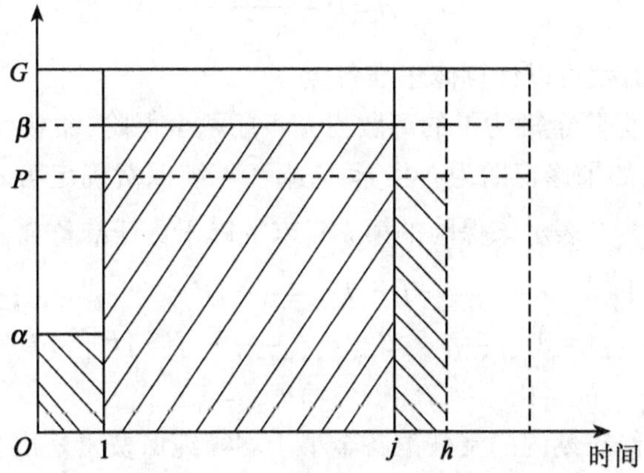

图 6-2　纯保费分配图

如果 $j=h$，则为两段式，只有 α 和 β。

因准备金的提取是以保费为基础的，要想计算修正准备金，必须先确定 α,β 的值。

确定 α,β 的依据是调整后的总纯保费与原总均衡纯保费是等价的，它们的精算现值相等。有下面等式：

$$\alpha+\beta\cdot a_{x:\overline{j-1|}}+P\cdot{}_{j|}\ddot{a}_{x:\overline{h-j|}}=P\ddot{a}_{x:\overline{h|}} \tag{6-99}$$

由式(6-99)得：

$$\alpha+\beta\cdot a_{x:\overline{j-1|}}=P\ddot{a}_{x:\overline{j|}} \tag{6-100}$$

由式(6-100)得：

$$\alpha+\beta\cdot a_{x:\overline{j-1|}}=P(1+a_{x:\overline{j-1|}})$$

即：

$$\beta = P + \frac{P - \alpha}{a_{x:\overline{j-1}|}} \tag{6-101}$$

上式表明:确定了 α 和修正期,就可确定 β,而 α 可根据第一年的费用支出确定。

由式(6-101)得:

$$P - \alpha = (\beta - P)\, a_{x:\overline{j-1}|} \tag{6-102}$$

上式表明:第一年纯保费的减少额等于 $j-1$ 年内纯保费增加额的精算现值,即总纯保费不变。

由式(6-100)还可得:

$$\beta = P + \frac{\beta - a}{\ddot{a}_{x:\overline{j}|}} \tag{6-103}$$

确定了 α,β,就可以计算修正准备金。

设(x)投保保险金额为 1 的离散型 n 年期两全保险,缴费期为 h 年,年均衡纯保费为${}_hP_{x:\overline{n}|}$,如果修正期为 j,且 $j \leqslant h$,第一年纯保费确定为 α,$j-1$ 年内的年纯保费为 β,用${}_k^hV_{x:\overline{n}|}^{\text{Mod}}$表示该保险的第 k 年末的修正责任准备金,当 $k<j$ 时,有:

$$\begin{aligned}
{}_k^hV_{x:\overline{n}|}^{\text{Mod}} &= A_{x+k:\overline{n-k}|} - \beta \cdot \ddot{a}_{x+k:\overline{j-k}|} - {}_hP_{x:\overline{n}|} \cdot {}_{j-k|}\ddot{a}_{x+k:\overline{h-j}|} \\
&= A_{x+k:\overline{n-k}|} - {}_hP_{x:\overline{n}|}\ddot{a}_{x+k:\overline{n-k}|} - (\beta - {}_hP_{x:\overline{n}|})\ddot{a}_{x+k:\overline{j-k}|} \\
&= {}_k^hV_{x:\overline{n}|} - (\beta - {}_hP_{x:\overline{n}|})\ddot{a}_{x+k:\overline{j-k}|}
\end{aligned} \tag{6-104}$$

上式表明:修正期内的责任准备金小于均衡纯保费责任准备金。而 $k \geqslant j$ 时即修正期后,有:

$${}_k^hV_{x:\overline{n}|}^{\text{Mod}} = {}_k^hV_{x:\overline{n}|}$$

如果用过去法表示该保险的修正责任准备金,有:

$${}_k^hV_{x:\overline{n}|}^{\text{Mod}} = \begin{cases} \dfrac{\alpha}{{}_kE_x} + \beta \cdot \ddot{s}_{x+1:\overline{k-1}|} - {}_kk_x & (k<j) \\ {}_k^hV_{x:\overline{n}|} & (k \geqslant j) \end{cases} \tag{6-105}$$

其他寿险的修正责任准备金由读者自己推出。

例【6-9】 (30)投保 20 年限期缴费的完全离散的终身寿险,保险额为1 000 元,已知:修正年限为 10 年,$\alpha = 1\ 000A_{30:\overline{1}|}^{1}$,$i=4\%$,试利用 CL1 换算函数表计算第 5 年末的修正责任准备金。

解:

$$\begin{aligned}
\alpha &= 1\ 000A_{30:\overline{1}|}^{1} \\
&= 1\ 000\,\frac{M_{30} - M_{31}}{D_{30}}
\end{aligned}$$

$$= 1\ 000\frac{52.562-52.305}{303.581}$$

$$= 1\ 000 \times 0.000\ 846\ 6$$

$$= 0.846\ 6(\text{元})$$

$$_{20}P_{30} = \frac{A_{30}}{\ddot{a}_{30:\overline{20|}}} \times 1\ 000$$

$$= \frac{M_{30}}{N_{30}-N_{50}} \times 1\ 000$$

$$= \frac{52.562}{6\ 526.503-2\ 148.322} \times 1\ 000$$

$$= 12.005\ 4(\text{元})$$

$$a_{30:\overline{9|}} = \frac{N_{31}-N_{40}}{D_{30}}$$

$$= \frac{6\ 222.922-3\ 976.785}{303.581}$$

$$= 7.398\ 8(\text{元})$$

$$\beta = {}_hP_x + \frac{{}_hP_x-\alpha}{a_{x:\overline{j-1|}}}$$

$$= {}_{20}P_{30} + \frac{{}_{20}P_{30}-\alpha}{a_{30:\overline{9|}}}$$

$$= 12.005\ 4 + \frac{12.005\ 4-0.846\ 6}{7.398\ 8}$$

$$= 13.513\ 6(\text{元})$$

$${}_5^{20}V_{30} = 1\ 000A_{35} - {}_{20}P_{30}\ddot{a}_{35:\overline{15|}}$$

$$= 1\ 000\frac{M_{35}}{D_{35}} - {}_{20}P_{30}\frac{N_{35}-N_{50}}{D_{35}}$$

$$= 1\ 000\frac{51.224}{238.281} - 12.005\ 4\frac{5\ 123.477-2\ 281.977}{238.281}$$

$$= 214.973-143.164$$

$$= 71.809(\text{元})$$

又：${}_k^hV_x^{\text{Mod}} = {}_k^hV_x - (\beta - {}_hP_x)\ddot{a}_{x+k:\overline{j-k|}}$

所以：${}_5^{20}V_{30}^{\text{Mod}} = {}_5^{20}V_{30} - (\beta - {}_{20}P_{30})\ddot{a}_{35:\overline{5|}}$

$$= 71.809 - (13.513\ 6 - 12.005\ 4)\frac{N_{35}-N_{40}}{D_{35}}$$

$$=71.809-1.508\frac{5\ 123.477-3\ 976.785}{238.281}$$

$$=64.552(\text{元})$$

二、一年定期修正法

前面介绍的计算修正责任准备金的一般方法中，对第一年的纯保费 α 并没有限制条件，减少的纯保费主要用于当年的费用支出，这样就可能出现一个问题，如果第一年的纯保费太少，甚至不足以支付当年的死亡给付，从而使第一年末的责任准备金出现负值，这是不允许的。为了避免这种情况发生，必须对 α 进行合理的限制。

如果第一年的责任准备金不能为负值，则：

$${}_1V\geqslant 0$$

由过去法知：

$$\alpha\ddot{s}_{x:\overline{1|}}-{}_1k_x\geqslant 0$$

$$\alpha\geqslant\frac{{}_1k_x}{\ddot{s}_{x:\overline{1|}}}=\frac{A^1_{x:\overline{1|}}\Big/{}_1E_x}{1\Big/{}_1E_x}=A^1_{x:\overline{1|}}$$

取最小值，得：

$$\alpha=A^1_{x:\overline{1|}} \tag{6-106}$$

上式表明：将第一年的纯保费的最低值限定在第一年死亡给付现值上，可以满足第一年末的责任准备金不为负值，且可以满足第一年的死亡给付。

将 α 的最小值限定为一年定期寿险现值 $A^1_{x:\overline{1|}}$ 的这种方法，称为一年定期修正法，又称初年定期修正法，简称为 FPT 法。

我们再来确定续年纯保费 β 的值，假定修正期为整个缴费期，用 β^{FPT} 表示一年定期修正法的续年纯保费，缴费期用 h 表示，则：

$$\alpha^{\mathrm{FPT}}=A^1_{x:\overline{1|}}\quad(j=h)$$

所以：

$$\beta^{\mathrm{FPT}}=P+\frac{P-A^1_{x:\overline{1|}}}{a_{x:\overline{h-1|}}} \tag{6-107}$$

或：

$$\beta^{\mathrm{FPT}}{}_{1|}\ddot{a}_{x:\overline{h-1|}}+A^1_{x:\overline{1|}}=P\ddot{a}_{x:\overline{h|}}$$
$$=A^1_{x:\overline{1|}}+{}_1E_xA(1)$$

即：

$$\beta^{FPT}=\frac{{}_1E_xA(1)}{{}_{1|}\ddot{a}_{x:\overline{h-1|}}}=\frac{{}_1E_xA(1)}{{}_1E_x\ddot{a}_{x+1:\overline{h-1|}}}=\frac{A(1)}{\ddot{a}_{x+1:\overline{h-1|}}} \tag{6-108}$$

上式的 $A(1)$ 为 $x+1$ 岁时投保的寿险精算现值,对于不同的寿险,$A(1)$ 是不同的。如:

对于终身寿险:$A(1)=A_{x+1}$。

对于 n 年定期寿险:$A(1)=A^{1}_{x+1:\overline{n-1|}}$。

对于 n 年期两全保险:$A(1)=A_{x+1:\overline{n-1|}}$。

以终身寿险为例,将 $A(1)=A_{x+1}$ 代入式(6-108)得:

$$\beta^{FPT}=\frac{A_{x+1}}{\ddot{a}_{x+1:\overline{h-1|}}}={}_{h-1}P_{x+1}$$

用 ${}^h_kV^{FPT}$ 表示一年定期修正法的责任准备金,对于终身寿险:

$${}^h_kV^{FPT}_x=A_{x+k}-\beta^{FPT}\ddot{a}_{x+k:\overline{h-k|}} \tag{6-109}$$

例【6-10】 (40)投保 10 000 元的 20 年期两全保险,缴费期为 10 年。保单规定,死亡保险金在死亡年度末给付,如果修正期为 10 年,试用一年定期修正法求第 5 年年末的责任准备金(利用 CL1 换算函数表,假设 $i=4\%$)。

解:

$$\begin{aligned}\beta^{FPT}&=\frac{A(1)}{\ddot{a}_{x+1:\overline{h-1|}}}\\&=\frac{A_{x+1:\overline{n-1|}}}{\ddot{a}_{x+1:\overline{h-1|}}}\\&=\frac{M_{x+1}-M_{x+n}+D_{x+n}}{N_{x+1}-N_{x+h}}\\&=\frac{M_{41}-M_{60}+D_{60}}{N_{41}-N_{50}}\\&=\frac{49.378-40.368+85.565}{3\,774.119-2\,281.977}\\&=0.063\,3\end{aligned}$$

$$\begin{aligned}{}^{10}_5V^{FPT}_{40:\overline{20|}}&=A_{45:\overline{15|}}-\beta^{FPT}\ddot{a}_{45:\overline{5|}}\\&=\frac{M_{45}-M_{60}+D_{60}}{D_{45}}-\beta^{FPT}\frac{N_{45}-N_{50}}{D_{45}}\end{aligned}$$

$$= \frac{47.940 - 40.368 + 85.565}{164.932} - 0.0633 \frac{3\,041.785 - 2\,281.977}{164.932}$$

$$= 0.273\,38$$

$$10\,000\,{}_5^{10}V^{FPT}_{40:\overline{20|}} = 2\,733.8(\text{元})$$

三、美国保险监察官准备金修正法和加拿大标准法

由上述知,一年定期修正法的关键是对 α 的限定,且 $\alpha = A^{1}_{x:\overline{1|}}$。

上式表明,在一年定期修正法下,不论何种寿险,第一年的纯保费相同,等于一年定期寿险的趸缴纯保费。而不同险种的均衡纯保费是不同的,如 $P_{x:\overline{n|}} > P^{1}_{x:\overline{n|}} > P_x$,两全保险的均衡纯保费比其他寿险要高,终身寿险的均衡纯保费较低,这样,不同的寿险第一年的费用也会有高有低,对于高保费的寿险,可能出现提取的第一年费用大于当年的实际费用而造成资金浪费。因此,一些国家对一年定期修正法作了修正。美国保险监察官准备金修正法和加拿大标准法就是对一年定期修正法的修正。

1. 美国保险监察官准备金修正法

美国保险监察官准备金修正法简称 COM 修正法,其内容为:

假定修正期为缴费期 h:

(1)当 $\beta^{FPT} \leqslant {}_{19}P_{x+1}$ 时,采用一年定期修正法。

(2)当 $\beta^{FPT} > {}_{19}P_{x+1}$ 时,采用 COM 修正法,规定:

$$\alpha^{COM} = \beta^{COM} - ({}_{19}P_{x+1} - A^{1}_{x:\overline{1|}}) \tag{6-110}$$

$$\beta^{COM} = P + \frac{{}_{19}P_{x+1} - A^{1}_{x:\overline{1|}}}{\ddot{a}_{x:\overline{h|}}} \tag{6-111}$$

COM 修正法责任准备金的一般形式为:

$${}_k^hV^{COM} = A - \beta^{COM}\ddot{a}_{x+k:\overline{h-k|}} \tag{6-112}$$

2. 加拿大标准法

加拿大标准法简称 CAN 修正法,其内容是:

假定修正期为缴费期 h:

(1)当 $P \leqslant P_x$ 时,采用一年定期修正法。

(2)当 $P > P_x$ 时,采用 CAN 修正法。

规定:

$$\alpha^{CAN} = P - (P_x - A^{1}_{x:\overline{1|}}) \tag{6-113}$$

$$\beta^{\mathrm{CAN}} = P + \frac{P_x - A^1_{x:\overline{1}|}}{a_{x:\overline{h-1}|}} \tag{6-114}$$

由式(6-113)得：

$$P - \alpha^{\mathrm{CAN}} = P_x - A^1_{x:\overline{1}|}$$

上式表明,第一年增加的费用限定为 $P_x - A^1_{x:\overline{1}|}$。

例【6-11】　试用：

(1)COM 修正法计算例 6-10；

(2)CAN 修正法计算例 6-10。

解：(1)

$$\begin{aligned} {}_{19}P_{41} &= \frac{A_{41}}{\ddot{a}_{41:\overline{19}|}} \\ &= \frac{M_{41}}{N_{41} - N_{60}} \\ &= \frac{49.378}{3\,774.119 - 1\,175.107} \\ &= 0.019 \end{aligned}$$

$\beta^{\mathrm{FPT}} > {}_{19}P_{41}$,可采用 COM 修正法。

因为：

$$\begin{aligned} P_{40:\overline{20}|} &= \frac{M_{40} - M_{60} + D_{60}}{N_{40} - N_{60}} \\ &= \frac{49.712 - 40.368 + 85.565}{3\,976.785 - 1\,175.107} \\ &= 0.033\,9 \end{aligned}$$

$$\begin{aligned} A^1_{40:\overline{1}|} &= \frac{M_{40} - M_{41}}{D_{40}} \\ &= \frac{49.712 - 49.378}{202.665} = 0.001\,65 \end{aligned}$$

$$\begin{aligned} \ddot{a}_{40:\overline{10}|} &= \frac{N_{40} - N_{50}}{D_{40}} \\ &= \frac{3\,976.785 - 2\,281.977}{202.665} \\ &= 8.362\,6(\text{元}) \end{aligned}$$

所以：

$$\beta^{COM} = P_{40:\overline{20|}} + \frac{{}_{19}P_{41} - A^{1}_{40:\overline{1|}}}{\ddot{a}_{40:\overline{10|}}}$$

$$= 0.033\,9 + \frac{0.019 - 0.001\,65}{8.362\,6}$$

$$= 0.029\,0$$

$${}^{10}_{5}V^{COM}_{40:\overline{20|}} = A_{45:\overline{15|}} - \beta^{COM}\ddot{a}_{45:\overline{5|}}$$

$$= \frac{M_{45} - M_{60} + D_{60}}{D_{45}} - \beta^{COM}\frac{N_{45} - N_{50}}{D_{45}}$$

$$= 0.564\,7 - 0.035\,97 \times 4.606\,8$$

$$= 0.398\,99$$

$10\,000{}^{10}_{5}V^{COM}_{40:\overline{20|}} = 3\,989.9$(元)

(2)$P_{40} = \dfrac{M_{40}}{N_{40}} = \dfrac{49.712}{3\,976.785} = 0.012\,5$

$P_{40:\overline{20|}} = 0.0339 > P_{40}$,可采用 CAN 修正法。

因为:

$$a_{40:\overline{9|}} = \frac{N_{41} - N_{50}}{D_{40}}$$

$$= \frac{3\,774.119 - 2\,281.977}{202.665}$$

$$= 7.362\,6(\text{元})$$

所以:

$$\beta^{CAN} = P + \frac{P_{x} - A^{1}_{x:\overline{1|}}}{a_{x:\overline{h-1|}}}$$

$$= P_{40:\overline{20|}} + \frac{P_{40} - A^{1}_{40:\overline{1|}}}{a_{40:\overline{9|}}}$$

$$= 0.035\,4(\text{元})$$

$${}^{10}_{5}V^{CAN}_{40:\overline{20|}} = A_{45:\overline{15|}} - \beta^{CAN}\ddot{a}_{45:\overline{5|}}$$

$$= \frac{M_{45} - M_{60} + D_{60}}{D_{45}} - \beta^{CAN}\frac{N_{45} - N_{50}}{D_{45}}$$

$$= 0.564\,7 - 0.035\,4 \times 4.606\,8$$

$$= 0.401\,62(\text{元})$$

$10\,000{}^{10}_{5}V^{CAN}_{40:\overline{20|}} = 4\,016.2$(元)

习　题

1. 分别用未来法、过去法求${}_{10}\bar{V}_{35}$的计算公式。
2. 分别用未来法、过去法求${}^{5}_{10}\bar{V}_{30:\overline{20|}}$的计算公式。
3. 根据 CL1 换算函数表计算下列责任准备金($i=4\%$):
   (1) ${}_{10}V_{35:\overline{30|}}$
   (2) ${}_{10}V_{35}$
   (3) ${}_{10}V^{1}_{35:\overline{30|}}$
4. 在死亡均匀分布假设下,求下列责任准备金:
   (1) ${}_{10}\bar{V}(\bar{A}_{35:\overline{30|}})$
   (2) ${}_{10}V(\bar{A}_{35})$
   (3) ${}_{10}V^{(12)}(A_{35:\overline{30|}})$
5. 设 $b_{k+1}={}_{k+1}V, {}_{0}V=0, \pi_k=\pi(k=0,1,2,\cdots,n-1)$,证明:${}_{k}V=\pi\ddot{s}_{\overline{k|}}$。
6. 已知:$P_x=0.01212, {}_{10}V_x=0.11430, {}^{20}_{10}V_x=0.15694, P_{x:\overline{10|}}^{\ \ 1}=0.06942$。
   求:${}_{20}P_x$。
7. 已知:$q_{38}=0.021, A_{39}=0.6, i=0.04$。
   求:(1) ${}^{20}_{23}V_{15}$
   (2) A_{38}
   (3) ${}^{20}_{24}V_{15}$
8. 已知:${}_{20}V_{30}=0.28, {}_{10}V_{40}=0.20$。
   求:${}_{10}V_{30}$。
9. 已知:$i=0.05, P_{35}=0.042, {}_{5}V_{30}=0.200$。
   求:P_{30}。
10. 已知:${}_{5}V_{40:\overline{10|}}=0.080, A_{45:\overline{5|}}=0.125$。
    求:$A_{40:\overline{10|}}$。
11. 已知:$\ddot{a}_{25}=10.280, {}_{5}V_{20}=0.340$。
    求:$P_{25}-P_{20}$。
12. 设 $k<\dfrac{n}{2}, {}_{k}V_{x:\overline{n|}}=\dfrac{1}{6}, \ddot{a}_{x:\overline{n|}}+\ddot{a}_{x+2k:\overline{n-2k|}}=2\ddot{a}_{x+k:\overline{n-k|}}$。
    求:${}_{k}V_{x+k:\overline{n-k|}}$。
13. 设 $P_x=0.025, P^{1}_{x:\overline{n|}}=0.042, {}_{n}V_x=0.080$。
    求:(1) $P_{x:\overline{n|}}$　(2) $P_{x:\overline{n|}}^{\ \ 1}$

14. 一种完全离散型两年期两全保险保单的生存给付为 b 元,死亡给付为 b 元加上该年末的责任准备金,假设 $i=0, q_{x+k}=c \cdot e^k$(c、e 均为常数,$k=0,1$),求年缴均衡纯保费。
15. 某 30 岁的人购买了一份 20 年缴费的终身寿险,前 10 年的保费是后 10 年保费的两倍,保险金为 5 000 元,保单规定在死亡年末给付保险金,试求:
(1)第 5 年的责任准备金;
(2)第 15 年的责任准备金;
(3)第 25 年的责任准备金。
16. 已知:$P_{30}=0.030, \alpha=0.005, j=10, \ddot{a}_{30:\overline{10|}}=8.834$。
求:β。
17. 已知:$A_{55}=0.305, q_{55}=0.0065, A_{65}=0.440, i=0.05, {}_{10}V_{55}=0.1257$。
求:${}_{10}V_{55}^{FPT}$。
18. 已知:$\ddot{a}_{21:\overline{14|}}=4, p_{21}=0.9, i=0.10$。
求:${}_{2}V_{20:\overline{15|}}^{FPT}$。
19. 已知:${}_{16}V_{24}^{FPT}=0.6, {}_{6}V_{34}^{FPT}=0.5$。
求:${}_{11}V_{24}^{FPT}$。
20. 15 岁的人投保 30 年期两全保险,保单规定,若被保险人在 30 年内死亡,则在死亡年末给付保险金1 000元,若被保险人活过 30 年,则给付生存保险金1 000元,假设保费在每年初缴纳,且已知:$A_{17:\overline{28|}}=0.26507, A_{15:\overline{1|}}^{1}=0.000867, P_{15:\overline{30|}}=0.015178, \ddot{a}_{15:\overline{30|}}=15.924, \ddot{a}_{17:\overline{28|}}=15.434, {}_{19}P_{16}=0.006404, E^{CAN}=1.5P_{15:\overline{30|}}$。
求:(1)${}_{2}^{30}V_{15:\overline{30|}}^{COM}$
(2)${}_{2}^{30}V_{15:\overline{30|}}^{FPT}$
(3)${}_{2}^{30}V_{15:\overline{30|}}^{CAN}$

第七章　现金价值与资产份额

第一节　现金价值

一、现金价值的概念

现金价值是投保人退保时应获得的退保金额,又称退保金或解约金,是投保人的一项重要的权益,各国的保险法都有明确的规定,称为“不丧失价值条款”。

现金价值来源于所缴的纯保费。在理论准备金的递推公式中我们介绍了保费的用途,一是用于死亡给付,二是以准备金的形式储蓄起来。储蓄的准备金可以理解为投保人的一种权益,当发生退保时,保险人应该将储蓄的准备金扣除一定的退保费用后的余额退还给投保人,该余额就是现金价值。

用${}_kCV$表示 k 年末退保时的现金价值,${}_kSC$ 表示 k 年末的退保费用,则:

$$ {}_kCV = {}_kV - {}_kSC \tag{7-1} $$

上式表明,现金价值的基础是准备金。实务中,保单生效初期,由于责任准备金较少,保险人为了限制初期退保给保险公司带来的不利影响,一般规定初期的退保费较高。所以,保单生效的初期现金价值较小,后期现金价值较大。

现金价值的计算除了利用式(7-1)外,各国为了保护投保人的利益,还对最低现金价值作了专门的规定,下面我们介绍最低现金价值的计算方法。

二、现金价值的计算

最低现金价值的一般式为:

$$ {}_kCV = A(k) - P^{\alpha} \cdot \ddot{a}(k) \tag{7-2} $$

$$ = A(k) - P\ddot{a}(k) - (P^{\alpha} - P)\ddot{a}(k) $$

$$ = {}_kV - (P^{\alpha} - P)\ddot{a}(k) \tag{7-3} $$

P^{α} 为调整保费,式(7-2)表明,最低现金价值是以调整保费为基础计算出来的责任准备金，这种责任准备金是理论准备金的一种特殊修正，P^{α} 的确定是计算最低现金价值的关键。

根据各年费用发生的实际情况，我们假定各年的均衡费用为 E，第一年的额外费用为 E_1，即第一年的总费用为 $E+E_1$，又假定年均衡毛保费由年均衡调整保费与均衡费用组成，则：

$$G = P^{\alpha} + E \tag{7-4}$$

由等价原理知：

$$G\ddot{a} = (P^{\alpha} + E)\ddot{a} = A + E_1 + E\ddot{a}$$

所以：

$$P^{\alpha} = \frac{A + E_1}{\ddot{a}} = P + \frac{E_1}{\ddot{a}} \tag{7-5}$$

上式表明，确定了 E_1 即可确定 P^{α}。

E_1 的确定方法有以下两种：

1. 1941 年法则

该法则是美国保险监察官协会在 1941 年确定的，该法则明确规定每单位保险的第一年费用补偿 E_1 为：

$$E_1 = 0.4\min(P^{\alpha}, 0.04) + 0.25\min(P^{\alpha}, P_x^{\alpha}, 0.04) + 0.02 \tag{7-6}$$

其中：P^{α} 为某险种保单的调整保费，P_x^{α} 为终身寿险的调整保费。

所以，为确定 E_1，必须首先确定 P_x^{α}。

对于终身寿险，由式(7-5)得：

$$P_x^{\alpha} = \frac{A_x + E_1}{\ddot{a}_x} \tag{7-7}$$

由式(7-6)得：

$$E_1 = \begin{cases} 0.65P_x^{\alpha} + 0.02 & (P_x^{\alpha} < 0.04) \\ 0.046 & (P_x^{\alpha} \geqslant 0.04) \end{cases} \tag{7-8}$$

将上式代入式(7-7)得：

$$P_x^{\alpha} = \begin{cases} \dfrac{A_x + 0.02}{\ddot{a}_x - 0.65} & (P_x^{\alpha} < 0.04) \\ \dfrac{A_x + 0.046}{\ddot{a}_x} & (P_x^{\alpha} \geqslant 0.04) \end{cases} \tag{7-9}$$

再由式(7-6)比较各值大小确定各险种的 E_1。由式(7-6)知，E_1 的最大值为 0.046，即 $E_1 \leqslant 0.046$。

2. 1980 年法则

1980 年，美国保险监察官协会对 1941 年法则进行了简化，规定：

$$E_1 = 1.25\min(P, 0.04) + 0.01 \tag{7-10}$$

P 为各寿险的均衡纯保费，由式(7-10)知：

$$E_1 = \begin{cases} 1.25P + 0.01 & (P < 0.04) \\ 0.06 & (P \geqslant 0.04) \end{cases} \tag{7-11}$$

所以，在 1980 年法则下，$E_1 \leqslant 0.06$，且 P^α 为：

$$P^\alpha = \begin{cases} \dfrac{A + 1.25P + 0.01}{\ddot{a}} & (P < 0.04) \\ \dfrac{A + 0.06}{\ddot{a}} & (P \geqslant 0.04) \end{cases} \tag{7-12}$$

例【7-1】　(35)购买了保额为 1 000 元的离散型 15 年期两全保险，假设 $P_{35}^\alpha > 0.04$，试分别用 1941 年法则和 1980 年法则计算该保单在第 5 年末的最低现金价值，$i = 4\%$。

解：

(1)

$$P_{35:\overline{15|}} = \frac{A_{35:\overline{15|}}}{\ddot{a}_{35:\overline{15|}}} = \frac{M_{35} - M_{50} + D_{50}}{N_{35} - N_{50}}$$

$$= \frac{51.224 - 45.886 + 133.654}{5\ 123.477 - 2\ 281.977}$$

$$= 0.049$$

因为：$P_{35}^\alpha > 0.04$　　$P_{35:\overline{15|}}^\alpha \geqslant P_{35:\overline{15|}} > 0.04$

所以，由 1941 年法则：

$$E_1 = 0.4\min(P_{35:\overline{15|}}^\alpha, 0.04) + 0.25\min(P_{35:\overline{15|}}^\alpha, P_{35}^\alpha, 0.04) + 0.02$$

$$= 0.046$$

所以：

$$P_{35:\overline{15|}}^\alpha = \frac{A_{35:\overline{15|}} + E_1}{\ddot{a}_{35:\overline{15|}}}$$

$$= P_{35:\overline{15|}} + \frac{E_1}{\ddot{a}_{35:\overline{15|}}}$$

$$= 0.049 + 0.046\frac{D_{35}}{N_{35} - N_{50}}$$

$$= 0.049\ 4 + 0.046\frac{248.281}{5\ 123.477 - 2\ 281.977}$$

$$= 0.053$$

第 5 年年末的最低现金价值为：

$$1\ 000\,{}_5CV_{35:\overline{15|}} = 1\ 000(A_{40:\overline{10|}} - P_{35:\overline{15|}}^\alpha \ddot{a}_{40:\overline{10|}})$$

$$=1\,000\left(\frac{M_{40}-M_{50}-D_{50}}{D_{40}}-0.053\,\frac{N_{40}-N_{50}}{D_{40}}\right)$$

$$=1\,000\left(\frac{49.712-45.886+133.654}{202.665}\right.$$

$$\left.-0.053\,\frac{3\,976.785-2\,281.977}{202.665}\right)$$

$$=235.14(\text{元})$$

(2)因为：$P_{35:\overline{15|}}>0.04$

由1980年法则，知：

$$E_1=1.25\min(P_{35:\overline{15|}},0.04)+0.01$$
$$=0.06$$

所以：

$$P^{\alpha}_{35:\overline{15|}}=P_{35:\overline{15|}}+\frac{E_1}{\ddot{a}_{35:\overline{15|}}}$$
$$=0.049+0.06\,\frac{D_{35}}{N_{35}-N_{50}}$$
$$=0.054$$

第5年年末的最低现金价值为：

$$1\,000_5CV_{35:\overline{15|}}=1\,000(A_{40:\overline{10|}}-P^{\alpha}_{35:\overline{15|}}\ddot{a}_{40:\overline{10|}})$$
$$=1\,000\left(\frac{M_{40}-M_{50}+D_{50}}{D_{40}}-0.054\,\frac{N_{40}-N_{50}}{D_{40}}\right)$$
$$=1\,000\times0.226\,789$$
$$=226.78(\text{元})$$

例【7-2】 已知：$d=0.25$，$P^{\alpha}_x>0.04$，P^{α}_x 在1941年法则和1980年法则下的结果相同，求 P^{α}_x。

解：由已知得：

$$P^{\alpha}_x>0.04>P_x$$

所以：

$$E_1=0.01+1.25P_x=0.046$$

$$P_x=0.028\,8\quad \ddot{a}_x=\frac{1}{P_x+d}=3.586$$

$$P^{\alpha}_x=P_x+\frac{E_1}{\ddot{a}_x}$$
$$=0.041\,6$$

三、现金价值的处置

现金价值是投保人的一项权益。退保时,保单持有人对现金价值的处理选择权,称为保单选择权。他可以一次性提取现金,也可以用现金价值购买其他寿险。现代保险中,保单持有人还可以在不退保的情况下,用现金价值进行其他投资。本节介绍几种常见的处置方法。

1. 缴清保险

投保人以现金价值作为趸缴纯保费去购买保险期限不变保额变小的原保险的一种保险称为缴清保险。

缴清保险是投保人缴纳续期保费有困难,又不想缩短剩余保险期限的一种选择,因保险期保持不变,以现金价值购买的原保险,保险金额必然减少。

设保单第 k 年末的现金价值为${}_kCV$,购买缴清保险的保额为${}_kW$,则:

$$ {}_kCV = {}_kWA(k) $$

$$ {}_kW = \frac{{}_kCV}{A(k)} \tag{7-13} $$

由式(7-13)得:

$$ {}_kW = \frac{A(k) - P^{\alpha} \cdot \ddot{a}(k)}{A(k)} $$

$$ = 1 - \frac{P^{\alpha}}{P(k)} \tag{7-14} $$

如果${}_kCV \approx {}_kV$,则:

$$ P^{\alpha} \approx P $$

$$ {}_kW = 1 - \frac{P}{P(k)} \tag{7-15} $$

对于终身寿险:

$$ {}_kW_x = \frac{{}_kV_x}{A_{x+k}} = \frac{A_{x+k} - P_x \cdot \ddot{a}_{x+k}}{A_{x+k}} = 1 - \frac{P_x}{P_{x+k}} \tag{7-16} $$

同理:

$$ {}_k^hW_x = 1 - \frac{{}_hP_x}{{}_{h-k}P_{x+k}} \quad (k < h) \tag{7-17} $$

类似地,对于两全保险:

$$ {}_kW_{x:\overline{n}|} = 1 - \frac{P_{x:\overline{n}|}}{P_{x+k:\overline{n-k}|}} \tag{7-18} $$

$$ {}_k^hW_{x:\overline{n}|} = 1 - \frac{{}_hP_{x:\overline{n}|}}{{}_{h-k}P_{x+k:\overline{n-k}|}} \tag{7-19} $$

例【7-3】 已知：${}_{10}W_{30:\overline{30|}}=0.45$，${}_{5}W_{40:\overline{20|}}=0.2$。

求：${}_{15}W_{30:\overline{30|}}$。

解：

$$
\begin{aligned}
{}_{15}W_{30:\overline{30|}} &= 1-\frac{P_{30:\overline{30|}}}{P_{45:\overline{15|}}} \\
&= 1-\frac{P_{30:\overline{30|}}}{P_{40:\overline{20|}}}\cdot\frac{P_{40:\overline{20|}}}{P_{45:\overline{15|}}} \\
&= 1-(1-{}_{10}W_{30:\overline{30|}})(1-{}_{5}W_{40:\overline{20|}}) \\
&= 0.56
\end{aligned}
$$

2. 展期保险

投保人以现金价值为趸缴纯保费购买保额不变、保险期限变化的定期寿险的一种保险称为展期保险。

设展期保险的期限为 S，则：

$$ {}_{k}CV=A^{1}_{x+k:\overline{S|}} \quad (S\geqslant 0) \tag{7-20}$$

若保单有欠款 L，原保额为 b，则展期保险的保险金额为 $b-L$，于是有：

$$ {}_{k}CV-L=(b-L)A^{1}_{x+k:\overline{S|}} \quad (S\geqslant 0) \tag{7-21}$$

公式中的 S 通常采用线性插值法求解。

若购买的是两全保险，有可能出现展期保险的期限大于 $n-k$，如果出现这种情况，可用购买期限为 $n-k$ 年的定期寿险的剩余（${}_{k}CV-A^{1}_{x+k:\overline{n-k|}}$）再购买一份 $n-k$ 年的生存保险，其保额为：

$$ \frac{{}_{k}CV-A^{1}_{x+k:\overline{n-k|}}}{A_{x+k:\overset{1}{\overline{n-k|}}}} \tag{7-22}$$

例【7-4】 (x)投保保险金额为 1 元的终身寿险，在第 k 年末的现金价值为 0.0312 元，已知：$A^{1}_{x+k:\overline{5|}}=0.030\,0$，$A^{1}_{x+k:\overline{6|}}=0.034\,2$，试用线性插值法求用该现金价值购买的展期保险的期限 S。

解：由题意知：$A^{1}_{x+k:\overline{S|}}={}_{k}CV=0.031\,2$

所以：

$$
\begin{aligned}
A^{1}_{x+k:\overline{S|}} &= (6-S)A^{1}_{x+k:\overline{5|}}+(S-5)A^{1}_{x+k:\overline{6|}}=0.031\,2 \\
S &= 5.28
\end{aligned}
$$

3. 自动垫缴保费

当投保人停止缴纳保费时，保险合同并不立刻失效，保险人可以保单的现金价值为限垫缴保费，直到保单现金价值不足以支付当年垫缴的保费及利息为止，保险合同终止。在垫缴保费期间,如果发生保险事故,保险人应从保险金中扣除垫缴的保费和利息。

保险人是以贷款的形式垫缴保费,因此,垫缴的保费要计算贷款的利息,其利率不同于计算保费的利率。现金价值维持保单效力的最长时间 t 由以下公式确定:

$$G\ddot{S}_{\overline{t}|i} = {}_{k+t}CV \qquad (7\text{-}23)$$

其中:G 为均衡毛保费,${}_{k+t}CV$ 表示 $k+t$ 时的现金价值,i 为保单贷款利率。在实际中,若 t 取整数,同时满足不等式:$G\ddot{S}_{\overline{t}|i} \leqslant {}_{k+t}CV$, $G\ddot{S}_{\overline{t+1}|i} > {}_{k+t+1}CV$。剩余的现金价值 ${}_{k+t}CV - G\ddot{S}_{\overline{t}|i}$ 用于购买展期保险。

第二节　资产份额

一、基本概念

资产份额是保险人对每份有效保单所能分配的资产的预先估计额。通常,资产份额是对同一类保单而言,要求保单的险种、被保险人的年龄、保额的大小等是相同的。不同的保单,其资产份额也不同。

资产份额分析,是以预定的死亡率、利率、费用率及退保率为基础,对将来的收支情况进行的预测性分析,这种分析对决定红利分配的合理性、检验费率的合理性、盈余分析等有重要意义。

二、资产份额的计算

用 ${}_kAS$ 表示第 k 年末的每一有效保单的资产份额,则:

$$ {}_{k+1}ASp_{x+k}^{(\tau)} = [{}_kAS + G(1-C_k) - e_k](1+i) - q_{x+k}^{(1)} - {}_{k+1}CVq_{x+k}^{(2)} \qquad (7\text{-}24)$$

其中:G——毛保费;

C_k——第 k 年附加保费占毛保费的比例;

e_k——第 k 年每一有效保单的固定费用;

$q_{x+k}^{(1)}$——死亡率;

$q_{x+k}^{(2)}$——退保率;

$p_{x+k}^{(\tau)}$——生存且不退保的概率。

$p_{x+k}^{(\tau)} = 1 - q_{x+k}^{(1)} - q_{x+k}^{(2)}$

$$p_{x+k}^{(\tau)} = \frac{l_{x+k+1}^{(\tau)}}{l_{x+k}^{(\tau)}} \qquad (l^{(\tau)}\text{为有效保单持有人数})$$

$$q_{x+k}^{(1)} = \frac{d_{x+k}^{(1)}}{l_{x+k}^{(\tau)}} \qquad (d^{(1)}\text{为死亡的人数})$$

$$q_{x+k}^{(2)} = \frac{d_{x+k}^{(2)}}{l_{x+k}^{(\tau)}} \qquad (d^{(2)}\text{为退保的人数})$$

式(7-24)表明年初的资产份额与净保费收入之和的积累值扣除年内死亡给付和年内退保金就是年末有效保单的资产份额。

将式(7-24)两端同乘 $v^{k+1}l_{x+k}^{(\tau)}$,有:

$$v^{k+1}{}_{k+1}AS \cdot l_{x+k+1}^{(\tau)} = {}_kAS \cdot l_{x+k}^{(\tau)}v^k + [G(1-C_k)-e_k]l_{x+k}^{(\tau)}v^k - [d_{x+k}^{(1)} + d_{x+k}^{(2)}{}_{k+1}CV]v^{k+1}$$

整理得:

$$\Delta(v^k l_{x+k}^{(\tau)}{}_kAS) = [G(1-C_k)-e_k]v^k l_{x+k}^{(\tau)} - [d_{x+k}^{(1)} + d_{x+k}^{(2)}{}_{k+1}CV]v^{k+1}$$

两边求和得:

$$l_{x+n}^{(\tau)}v^n{}_nAS - l_x^{(\tau)}{}_0AS = \sum_{k=0}^{n-1}\{[G(1-C_k)-e_k]v^k l_{x+k}^{(\tau)} - [d_{x+k}^{(1)} + d_{x+k}^{(2)}{}_{k+1}CV]v^{k+1}\} \qquad (7\text{-}25)$$

若${}_0AS=0$,则:

$${}_nAS = \sum_{k=0}^{n-1}\left\{\frac{[G(1-C_k)-e_k]l_{x+k}^{(\tau)}(1+i)^{n-k}}{l_{x+n}^{(\tau)}} - \frac{[d_{x+k}^{(1)} + d_{x+k}^{(2)}{}_{k+1}CV](1+i)^{n-k-1}}{l_{x+n}^{(\tau)}}\right\} \qquad (7\text{-}26)$$

令 $n=\omega-x$,由式(7-25)得:

$$G\ddot{a}_x^{(\tau)} = A_x^{(1)} + \sum_{k=0}^{\omega-x-1}(GC_k+e_k)v^k{}_kp_x^{(\tau)} + \sum_{k=0}^{\omega-x-1}{}_kp_x^{(\tau)}q_{x+k}^{(2)}v^{k+1}{}_{k+1}CV \qquad (7\text{-}27)$$

上式表明:毛保费的精算现值等于死亡给付的精算现值与各项支出的精算现值之和。

由式(7-24)知,如果已知${}_0VS$,则可求出各年的资产份额。

例【7-5】 (x)投保金额为1 000元的3年期两全保险,年缴毛保费 $G=320$ 元,若 $c_k=0$,$e_0=e_1=e_2=20$ 元,$i=10\%$,${}_0VS=0$,各年退保金及相关概率如表7-1所示,试求各年末的资产份额。

表 7-1

K	$p_{x+k}^{(\tau)}$	$q_{x+k}^{(\tau)}$	$q_{x+k}^{(1)}$	$q_{x+k}^{(2)}$	${}_kCV$
0	0.46	0.54	0.10	0.44	300
1	0.53	0.47	0.12	0.35	600
2	0.42	0.58	0.58	0.00	1 000

解：

$$_{k+1}VS=\frac{1}{p_{x+k}^{(\tau)}}\{[{}_kAS+G(1-C_k)-e_k](1+i)-1\,000q_{x+k}^{(1)}-q_{x+k}^{(2)}{}_{k+1}CV\}$$

$k=0$ 时：

$$_1VS=\frac{1}{0.46}\{[320-20](1+10\%)-1\,000\times0.10-0.44\times300\}$$
$$=213.04(\text{元})$$

$k=1$ 时：

$$_2VS=\frac{1}{0.53}\{[213.04+320-20](1+10\%)-1\,000\times0.12-0.35\times600\}$$
$$=442.16(\text{元})$$

$k=2$ 时：

$$_3VS=\frac{1}{0.42}\{[442.16+320-20](1+10\%)-1\,000\times0.58-1\,000\times0\}$$
$$=562.81(\text{元})$$

三、实际资产份额

式(7-24)的资产份额可称为预期资产份额，它的计算是建立在预定的死亡率、费用率、退保率和利率的基础上的，如果死亡率、费用率、退保率和利率为经验值，则由式(7-24)可得实际资产份额：

$$_{k+1}\hat{A}S\hat{p}_{x+k}^{(\tau)}=[{}_kAS+G(1-\hat{C}_k)-\hat{e}_k](1+\hat{i}_{k+1})-\hat{q}_{x+k}^{(1)}-{}_{k+1}CV\,\hat{q}_{x+k}^{(2)} \quad (7\text{-}28)$$

其中：$\hat{C}_k$——第 k 年费用占毛保费的实际比例；

$\hat{e}_k$——第 k 年每一有效保单的实际费用；

$\hat{p}_{x+k}^{(\tau)}$——活着且没有退保的实际概率；

$\hat{q}_{x+k}^{(1)}$——死亡概率；

$\hat{q}_{x+k}^{(2)}$——退保概率。

一般情况下，实际值与预期值存在差异。将 $\hat{p}_{x+k}^{(\tau)}=1-\hat{q}_{x+k}^{(1)}-\hat{q}_{x+k}^{(2)}$ 代入式(7-28)得：

$$
\begin{aligned}
{}_{k+1}\hat{AS}=&[{}_kAS+G(1-\hat{C}_k)-\hat{e}_k](1+\hat{i}_{k+1})-\hat{q}_{x+k}^{(1)}(1-{}_{k+1}\hat{AS})\\
&-\hat{q}_{x+k}^{(2)}({}_{k+1}CV-{}_{k+1}\hat{AS})
\end{aligned}
\tag{7-29}
$$

同理：

$$
\begin{aligned}
{}_{k+1}AS=&[{}_kAS+G(1-C_k)-e_k](1+i)-q_{x+k}^{(1)}(1-{}_{k+1}AS)-q_{x+k}^{(2)}\\
&({}_{k+1}CV-{}_{k+1}AS)
\end{aligned}
\tag{7-30}
$$

两式相减得：

$$
\begin{aligned}
{}_{k+1}\hat{AS}-{}_{k+1}AS=&({}_kAS+G)(\hat{i}_{k+1}-i)\\
&+[(GC_k+e_k)(1+i)-(G\hat{C}_k+\hat{e}_k)(1+\hat{i}_{k+1})]\\
&+[q_{x+k}^{(1)}(1-{}_{k+1}AS)-\hat{q}_{x+k}^{(1)}(1-{}_{k+1}\hat{AS})]\\
&+[q_{x+k}^{(2)}({}_{k+1}CV-{}_{k+1}AS)-\hat{q}_{x+k}^{(2)}({}_{k+1}CV-{}_{k+1}\hat{AS})]
\end{aligned}
\tag{7-31}
$$

式(7-31)表明实际资产份额与预期资产份额的差异水平由四个方面的因素决定：

(1)实际利率与预定利率的差：

$$({}_kAS+G)(\hat{i}_{k+1}-i)$$

(2)实际费用率与预定费用率的差：

$$(GC_k+e_k)(1+i)-(G\hat{C}_k+\hat{e}_k)(1+\hat{i}_{k+1})$$

(3)实际死亡率与预定死亡率的差：

$$q_{x+k}^{(1)}(1-{}_{k+1}AS)-\hat{q}_{x+k}^{(1)}(1-{}_{k+1}\hat{AS})$$

(4)实际退保率与预定退保率的差：

$$q_{x+k}^{(2)}({}_{k+1}CV-{}_{k+1}AS)-\hat{q}_{x+k}^{(2)}({}_{k+1}CV-{}_{k+1}\hat{AS})$$

通常预定的"四率"采用较保守的数值，当预定的利率小于实际利率，预定的费用率大于实际费用率，预定的死亡率大于实际的死亡率，预定的退保率大于实际的退保率时，式(7-31)的差为正值，它是保险人潜在的利润或盈余。它的分配主要以红利的形式返还给投保人，因为它的形成主要是投保人多缴纳的保费。

四、保单红利

用${}_kF$代替${}_kAS$，表示基金份额，它不再是一种预期值，而是事先设定的，以期未来的保费及利息收入满足死亡给付和各项开支，则由式(7-30)得：

$$
\begin{aligned}
{}_{k+1}F &= [{}_kF + G(1-C_k) - e_k](1+i) - q_{x+k}^{(1)}(1 - {}_{k+1}F) \\
&\quad - q_{x+k}^{(2)}({}_{k+1}CV - {}_{k+1}F)
\end{aligned} \tag{7-32}
$$

其中的 i 大于预定的利率，$C_k, e_k, q_{x+k}^{(1)}, q_{x+k}^{(2)}$ 大于预定值。

实际的基金份额可表示为：

$$
\begin{aligned}
{}_{k+1}\hat{F} &= [{}_kF + G(1-\hat{C}_k) - \hat{e}_k](1+\hat{i}_{k+1}) - \hat{q}_{x+k}^{(1)}(1 - {}_{k+1}\hat{F}) \\
&\quad - \hat{q}_{x+k}^{(2)}({}_{k+1}CV - {}_{k+1}\hat{F})
\end{aligned} \tag{7-33}
$$

用 ${}_{k+1}D$ 表示第 $k+1$ 年末的红利，它是 ${}_{k+1}\hat{F}$ 与 ${}_{k+1}F$ 的差，即：

$$
{}_{k+1}D = {}_{k+1}\hat{F} - {}_{k+1}F \tag{7-34}
$$

由式(7-34)得：

$$
{}_{k+1}\hat{F} = {}_{k+1}F + {}_{k+1}D
$$

代入式(7-33)得：

$$
\begin{aligned}
F_{k+1} + {}_{k+1}D &= [{}_kF + G(1-\hat{C}_k) - \hat{e}_k](1+\hat{i}_{k+1}) - \hat{q}_{x+k}^{(1)}(1 - {}_{k+1}F - {}_{k+1}D) \\
&\quad - \hat{q}_{x+k}^{(2)}({}_{k+1}CV - {}_{k+1}F - {}_{k+1}D)
\end{aligned} \tag{7-35}
$$

式(7-35)与式(7-33)的差为：

$$
\begin{aligned}
{}_{k+1}D &= ({}_kF + G)(\hat{i}_{k+1} - i) \\
&\quad + [(GC_k + e_k)(1+i) - (G\hat{C}_k + \hat{e}_k)(1+\hat{i}_{k+1})] \\
&\quad + (1 - {}_{k+1}F)(q_{x+k}^{(1)} - \hat{q}_{x+k}^{(2)}) \\
&\quad + ({}_{k+1}CV - {}_{k+1}F)(q_{x+k}^{(2)} - \hat{q}_{x+k}^{(2)}) \\
&\quad + {}_{k+1}D(\hat{q}_{x+k}^{(1)} + \hat{q}_{x+k}^{(2)})
\end{aligned} \tag{7-36}
$$

式(7-36)表明红利与五大因素有关：利率、费用率、死亡率、退保率、红利(有效保单分红)。

如果 ${}_{k+1}CV = {}_{k+1}F$，且对退保的人和死亡的人分红，则：

$$
\begin{aligned}
{}_{k+1}D &= ({}_kF + G)(\hat{i}_{k+1} - i) \\
&\quad + [(GC_k + e_k)(1+i) - (G\hat{C}_k + \hat{e}_k)(1+\hat{i}_{k+1})] \\
&\quad + (1 - {}_{k+1}F)(q_{x+k}^{(1)} - \hat{q}_{x+k}^{(1)})
\end{aligned} \tag{7-37}
$$

第三节　盈 余 分 析

设保险人第 k 年末的资产额为 $A(k)$，负债额为 $L(k)$，盈余额为 $U(k)$，则由资产负债关系得：

$$A(k)=L(k)+U(k) \tag{7-38}$$

第 $k+1$ 年的净盈余为：

$$\Delta U(k)=\Delta A(k)-\Delta L(k) \tag{7-39}$$

现在以终身寿险为例分析没有费用及有费用两种情况的盈余。

如果不考虑费用因素：

因为：$${}_{k-1}V+\pi_{k-1}=b_k vq_{x+k-1}+{}_kVvq_{x+k-1}$$

令 $\pi_{k-1}=P_x, b_k=1$，则：

$${}_{k-1}V_x+P_x=vq_{x+k-1}+{}_kVvq_{x+k-1}$$

两边同乘${}_{k-1}p_x$，并整理得：

$${}_{k-1}p_x({}_{k-1}V_x+P_x)(1+i)-{}_{k-1}p_xq_{x+k-1}={}_kp_x\,{}_kV_x \tag{7-40}$$

第 k 年年初的责任准备金与保费在年末的积累值与第 k 年内的死亡给付之差表示第 k 年的资产额，它正好等于第 k 年年末的未来净责任即负债：

$$A(k)=L(k)={}_kP_x\cdot{}_kV_x$$

所以：

$$U(k)=A(k)-L(k)=0 \tag{7-41}$$

这说明在不考虑费用因素的情况下，保险人的盈余为零。

如果考虑费用因素：

设年均衡附加费用为 c，第 k 年初支付的费用为 e_{k-1}，$u(k)$表示每一有效保单在第 k 年末的盈余，类似式(7-40)得：

$$\begin{aligned}&{}_{k-1}p_x[{}_{k-1}V_x+u(k-1)+(P_x+c)-e_{k-1}](1+i)\\&-{}_{k-1}p_xq_{x+k-1}={}_kp_x[{}_kV_x+u(k)]\end{aligned} \tag{7-42}$$

用式(7-42)减去式(7-40)：

$${}_{k-1}p_x[u(k-1)+(c-e_{k-1})](1+i)={}_kp_xu(k) \tag{7-43}$$

两边同乘 v^k 得：

$$v^{k-1}\,{}_{k-1}p_x[u(k-1)+(c-e_{k-1})]=v^k\,{}_kp_xu(k)$$

所以：

$$\Delta[v^{k-1}\,{}_{k-1}p_xu(k-1)]=v^{k-1}(c-e_{k-1})\,{}_{k-1}p_x \tag{7-44}$$

对式(7-44)求和，当 $u(0)=0$ 时，有：

$$\sum_{j=1}^{k}\Delta[v^{j-1}\,{}_{j-1}p_xu(j-1)]=\sum_{j=1}^{k}v^{j-1}(c-e_{j-1})\,{}_{j-1}p_x$$

$$v^k\,{}_kp_xu(k)=\sum_{j=1}^{k}v^{j-1}\,{}_{j-1}p_x(c-e_{j-1})$$

$$ {}_kp_x u(k) = \sum_{j=1}^{k} (1+i)^{k-j+1} {}_{j-1}p_x (c - e_{j-1}) \quad (7\text{-}45)$$

上式表明：保险人的盈余来源于 $c-e_{j-1}$。

如果用纯保费责任准备金作为保险人的负债，则：

$$\begin{aligned} A(k) &= L(k) + u(k) \\ &= {}_kp_x \cdot {}_kV_x + {}_kp_x \cdot u(k) \\ &= {}_kp_x\, {}_kV_x + \sum_{j=1}^{k} (1+i)^{k-j+1} \cdot {}_{j-1}p_x \cdot (c - e_{j-1}) \end{aligned} \quad (7\text{-}46)$$

则第 k 年的收入包括：

保费收入：${}_{k-1}p_x(P_x + c)$

利息收入：${}_{k-1}p_x[{}_{k-1}V_x + u(k-1) + P_x + c - e_{k-1}]i$

第 k 年的支出包括：

死亡给付：${}_{k-1}p_x q_{x+k-1}$

费用支出：${}_{k-1}p_x e_{k-1}$

净责任差：${}_kp_x \cdot {}_kV_x - {}_{k-1}p_x \cdot {}_{k-1}V_x$

净收益为：

$$ {}_kp_x u(k) = {}_{k-1}p_x[u(k-1)i + (c - e_{k-1})(1+i)] \quad (7\text{-}47)$$

习　题

1. 在 1941 年法则中，若 $P_x^\alpha > 0.04$，$P^\alpha > 0.04$。

   求：E_1。

2. 在 1941 年法则中，对于任意 A，$\ddot{a}$，若：

   (1) $P_x^\alpha > 0.04$，$P^\alpha < 0.04$，写出 P^α 公式；

   (2) $P_x^\alpha < 0.04$，$P^\alpha > 0.04$，写出 P^α 公式。

3. (30) 投保 20 年期两全保险，若 $P_{30:\overline{20}|} = 0.08$，$d = 0.01$，试利用 1941 年法则和 1980 年法则分别求：

   (1) $P_{30}^\alpha = 0.01$ 时的调整保费；

   (2) $P_{30}^\alpha = 0.045$ 时的调整保费。

4. 已知：$A_x = 0.3208$，$\ddot{a}_x = 12$，$A_{x:\overline{n}|} = 0.5472$，$\ddot{a}_{x:\overline{n}|} = 8$。

   求：(1) 1941 年法则下的 $P_{x:\overline{n}|}^\alpha$；

   (2) 1980 年法则下的 $P_{x:\overline{n}|}^\alpha$。

5. 上题中，若 $\ddot{a}_{x+10:\overline{n-10}|} = 4$，试利用 1980 年法则求 ${}_{10}CV_{x:\overline{n}|}$。

第八章 多元生命函数

在前面的一些章节中,我们讨论了单个生命的寿险问题,保险事故限于单一生命的生存或死亡两种互补状态。即在一份保单中的保险事故发生的主体(被保险人)只规定为单个人,与此相应的保单称为单生命寿险保单。关于单生命寿险保单,我们已经建立了保险费和责任准备金等项目的计算原理和方法。本章将以建立在单个生命未来生存时间这一随机变量上的精算理论和方法为基础,讨论一份保单涉及多个被保险人的情形。即在生死组配下,提供约定保险金额的寿险保单的保险费及其他有关项目的计算原理和方法。

在一份寿险保单中,被保险人的人数常见的是一个人,但也可以是多个人,例如夫妻合险,一家人共险,子女为父母合买一份养老保险等。当按被保险人的人数对寿险保单分类时,一般把只有一个被保险人的保单称为单生命寿险保单,我们简称为寿险保单;把有多个被保险人的保单称为多生命寿险保单。其相应的未来存续时间的概率分布函数称为多元生命函数。

为了讨论问题的方便,我们把若干生命的组合称为一个状态,并根据其中各生命的生存与死亡情况定义其存续与终止。譬如,我们可以把某 L 个人的组合叫做一个状态,可以规定当且仅当这 L 个人都活着时状态存续,即只要有一人死亡状态就终止;也可以规定状态的存续为其中至少有一人活着,即所有人死亡时状态才终止;还可根据其他生死情况来定义状态的存续或终止。对存续和终止的不同定义,会得出状态的不同的多元生命函数。

在寿险实务中,对于多生命寿险保单通常采用如下两种方式定义状态的存续时间(未来寿命)。

定义1:若状态中有 L 个生命,其中第 i 个成员的年龄为 x_i,未来的余命为 $T(x_i)(i=1,2,\cdots,L)$,如果把状态中最先死亡者的死亡时刻定义为状态的终止时刻,并记这种状态为 $(x_1,x_2,\cdots,x_L)$,即状态的存续时间为:

$$T(x_1,x_2,\cdots,x_L)=\min\{T(x_1),T(x_2),\cdots,T(x_L)\}$$

则称这种状态为最短生命状态,或联合生存状态。

定义2:若状态中有 L 个生命,其中第 i 个成员的年龄为 x_i,未来的余命为 $T(x_i)(i=1,2,\cdots,L)$,如果把状态中最后死亡者的死亡时刻定义为状态的终止时刻，并记这种状态为$(\overline{x_1,x_2,\cdots,x_L})$，即状态的存续时间为：

$$T(\overline{x_1,x_2,\cdots,x_L}) = \max\{T(x_1),T(x_2),\cdots,T(x_L)\}$$

则称这种状态为最长生命状态，或最后生存状态。

从上述两个定义可知，只有当所有生命都生存时，最短生命状态才是存续着的；只有当所有生命都死亡了，最长生命状态才终止。

显然，当$L=1$时，状态就是单生命状态(x)。对于单生命状态(x)也就没有最短生命状态与最长生命状态之分了，因为两者是一致的。

此外，在多生命寿险保单中，最常见的是两生命寿险和两生命年金保险，因此在以下几节中，我们主要讨论两生命状态的有关寿险问题，其原理和方法可以推广到其他多生命状态中去。

第一节　连续型二元生命函数

本节讨论两生命状态的未来存续时间的概率分布情况，并称其概率分布函数为连续型二元生命函数。

在两生命状态中，令$x_1=x,x_2=y$，则其最短生命状态为(xy)，最长生命状态为$(\overline{xy})$。(xy)的未来存续时间$T(xy)=\min\{T(x),T(y)\}$；$(\overline{xy})$的未来存续时间$T(\overline{xy})=\max\{T(x),T(y)\}$，其中$T(x)$，$T(y)$分别为$(x)$，$(y)$的未来余命。在参与二元生命寿险或年金保险的两人中，其中一人的生死可能对另一人的寿命存在一定的影响。譬如一对夫妻，丈夫的死亡可能使妻子的寿命缩短。因此，在实际问题中，$T(x)$和$T(y)$常常不是相互独立的，此时如果通过$T(x)$，$T(y)$的分布来直接求出，$T(xy)$和$T(\overline{xy})$的分布有一些计算方面的复杂性。但在先假定$T(x)$与$T(y)$相互独立后，再计算$T(xy)$和$T(\overline{xy})$的分布，同直接求出$T(xy)$和$T(\overline{xy})$的分布，其结果一般差别不很大。因此，为了简化问题，本书都假定随机变量$T(x)$与$T(y)$是相互独立的。

一、最短生命状态的未来存续时间的概率分布

对于$t>0$，$T(xy)$的分布函数为：

$$\begin{aligned}F_{T(xy)}(t) &= \Pr\{T(xy)\leqslant t\}\\ &= \Pr\{\min[T(x),T(y)]\leqslant t\}\\ &= 1-\Pr\{T(x)>t \text{ 且 } T(y)>t\}\end{aligned}$$

在$T(x)$与$T(y)$相互独立的假设下，有：

$$F_{T(xy)}(t) = 1-\Pr\{T(x)>t\}\cdot P\{T(y)>t\}$$

$$= 1 - {}_tp_x \cdot {}_tp_y \tag{8-1}$$

此时又有：

$${}_tp_{xy} = \Pr\{T(xy) > t\} = 1 - F_{T(xy)}(t) = {}_tp_x \cdot {}_tp_y \tag{8-2}$$

其中，${}_tp_{xy}$表示最短生命状态(xy)存续时间超过t的概率。

$T(xy)$的概率密度函数为：

$$\begin{aligned} f_{T(xy)}(t) &= \frac{\mathrm{d}}{\mathrm{d}t}F_{T(xy)}(t) \\ &= \frac{\mathrm{d}}{\mathrm{d}t}(1 - {}_tp_x \cdot {}_tp_y) \\ &= -(-{}_tp_x\mu_{x+t})\,{}_tp_y - {}_tp_x(-{}_tp_y\mu_{y+t}) \\ &= {}_tp_{x\,t}p_y(\mu_{x+t} + \mu_{y+t}) \end{aligned} \tag{8-3}$$

类似单生命状态的情形，我们可以得到最短生命状态(xy)在时刻t的终止力(以$\mu_{x+t:y+t}$或$\mu_{xy}(t)$记之)为：

$$\begin{aligned} \mu_{xy}(t) = \frac{f_{T(xy)}(t)}{1 - F_{T(xy)}(t)} &= \frac{{}_tp_{x\,t}p_y(\mu_{x+t} + \mu_{y+t})}{{}_tp_{x\,t}p_y} \\ &= \mu_{x+t} + \mu_{y+t} \end{aligned} \tag{8-4}$$

由此可见，最短生命状态的瞬时终止力等于各单生命死亡力之和。

当$\mu_{xy}(t)$已知时，式(8-4)中的第一个等式便是关于$F_{T(xy)}(t)$的一个一阶线性微分方程，不难解出方程，得：

$$F_{T(xy)}(t) = 1 - \mathrm{e}^{-\int_0^t \mu_{xy}(s)\,\mathrm{d}s} \tag{8-5}$$

因此，由状态的终止力可以确定其未来存续时间的概率分布。实际上$\mu_{xy}(t)$可看做已知(xy)存续到时刻t的条件密度函数在t时刻的值。

把状态(xy)在时刻t及其之前终止的概率记为${}_tq_{xy}$，则有：

$$\begin{aligned} {}_tq_{xy} &= 1 - {}_tp_{xy} = F_{T(xy)}(t) \\ &= 1 - {}_tp_{x\,t}p_y = 1 - (1 - {}_tq_x)(1 - {}_tq_y) \\ &= {}_tq_x + {}_tq_y - {}_tq_{x\,t}q_y \end{aligned} \tag{8-6}$$

根据式(8-5)，有：

$$f_{T(xy)}(t) = {}_tp_{xy} \cdot \mu_{xy}(t) \tag{8-7}$$

$$\begin{aligned} {}_{t+s}p_{xy} &= {}_{t+s}p_x \cdot {}_{t+s}p_y = {}_sp_x \cdot {}_tp_{x+s} \cdot {}_sp_y \cdot {}_tp_{y+s} \\ &= {}_sp_x \cdot {}_sp_y \cdot {}_tp_{x+s} \cdot {}_tp_{y+s} = {}_sp_{xy} \cdot {}_tp_{x+s:y+s} \end{aligned} \tag{8-8}$$

(xy)在时刻s到$s+1$之间终止的概率(记为${}_{s|}q_{xy}$)为：

$${}_{s|}q_{xy} = \Pr\{s < T(xy) \leqslant s+1\} = \Pr\{T(xy) \leqslant s+1\} - \Pr\{T(xy) \leqslant s\}$$

$$= {}_{s+1}q_{xy} - {}_{s}q_{xy}$$

$$= {}_{s}p_{xy} - {}_{s+1}p_{xy} \tag{8-9}$$

$$= {}_{s}p_{xy} - {}_{s}p_{xy} \cdot p_{x+s:y+s}$$

$$= {}_{s}p_{xy} \cdot q_{x+s:y+s} \tag{8-10}$$

对于状态(xy),我们把:

$$\begin{aligned} \mathring{e}_{xy} &= E[T(xy)] = \int_0^{\infty} t f_{T(xy)}(t)\,\mathrm{d}t \\ &= \int_0^{\infty} t \cdot {}_{t}p_{xy} \cdot \mu_{xy}(t)\,\mathrm{d}t \end{aligned} \tag{8-11}$$

称为完全平均余命,类似于第一章中对 $\mathring{e}_x$ 的简化计算,可得:

$$\mathring{e}_{xy} = \int_0^{\infty} {}_{t}p_{xy}\,\mathrm{d}t \tag{8-12}$$

对于 $T(xy)$ 的方差,亦类似地有:

$$\mathrm{Var}[T(xy)] = 2\int_0^{\infty} t\,{}_{t}p_{xy}\,\mathrm{d}t - (\mathring{e}_{xy})^2 \tag{8-13}$$

从以上各式的结果来看,它们都与单生命状态中相应的结果类似。

例【8-1】 26岁的甲和25岁的乙购买了一张联合(最短)生命状态保单,该合同规定在二人中第一人死亡时支付保额,求二人在30年后才获得保额的可能性(用甲和乙的生存概率表示)。

解:所求的值为:

$$Pr\{T(26:25) > 30\} = {}_{30}p_{26:25} = {}_{30}p_{26} \cdot {}_{30}p_{25}$$

例【8-2】 设(45)与(50)的未来余命是相互独立的,且他们的生存函数为(单位:年):

$$S(x) = \begin{cases} 1 - \dfrac{x}{110}, & 0 \leqslant x < 110 \\ 0, & x \geqslant 110 \end{cases}$$

(1)求状态(45:50)在此后5~10年之间终止的概率;

(2)求状态(45:50)的完全平均余命。

解:(1) $\Pr\{5 < T(xy) \leqslant 10\} = {}_{5}p_{45:50} - {}_{10}p_{45:50}$

$$= {}_{5}p_{45} \cdot {}_{5}p_{50} - {}_{10}p_{45} \cdot {}_{10}p_{50}$$

$$= \frac{S(50)}{S(45)} \cdot \frac{S(55)}{S(50)} - \frac{S(55)}{S(45)} \cdot \frac{S(60)}{S(50)} = \frac{5}{39}$$

(2)

$$\mathring{e}_{45:50} = \int_0^{\infty} {}_{t}p_{45:50}\,\mathrm{d}t = \int_0^{\infty} {}_{t}p_{45} \cdot {}_{t}p_{50}\,\mathrm{d}t$$

$$= \int_0^{\infty} \frac{S(45+t)}{S(45)} \cdot \frac{S(50+t)}{S(50)}\,\mathrm{d}t$$

$$= \int_0^{60} \frac{(65-t)(60-t)}{3\ 900} \mathrm{d}t \approx 20.77(\text{年})$$

二、最长生命状态的未来存续时间的概率分布

对于 $t>0$，$T(\overline{xy})$的分布函数为：

$$\begin{aligned} F_{T(\overline{xy})}(t) &= \Pr\{T(\overline{xy}) \leqslant t\} \\ &= \Pr\{\max[T(x),T(y)] \leqslant t\} \\ &= \Pr\{T(x) \leqslant t \text{ 且 } T(y) \leqslant t\} \end{aligned}$$

在 $T(x)$与 $T(y)$相互独立的假设下，有：

$$\begin{aligned} F_{T(\overline{xy})}(t) &= \Pr\{T(x) \leqslant t\} \cdot \Pr\{T(y) \leqslant t\} = F_{T(x)}(t) \cdot F_{T(y)}(t) \\ &= {}_tq_x \cdot {}_tq_y = (1-{}_tp_x)(1-{}_tp_y) \\ &= 1-{}_tp_x-{}_tp_y+{}_tp_x \cdot {}_tp_y \end{aligned} \tag{8-14}$$

此时又有：

$$\begin{aligned} {}_tp_{\overline{xy}} &= \Pr\{T(\overline{xy}) \geqslant t\} = 1-F_{T(\overline{xy})}(t) \\ &= {}_tp_x+{}_tp_y-{}_tp_x \cdot {}_tp_y \end{aligned} \tag{8-15}$$

其中，${}_tp_{\overline{xy}}$表示最长生命状态存续时间超过 t 的概率。

$T(\overline{xy})$的概率密度函数为：

$$\begin{aligned} f_{T(\overline{xy})}(t) &= \frac{\mathrm{d}}{\mathrm{d}t}F_{T(\overline{xy})}(t) \\ &= \frac{\mathrm{d}}{\mathrm{d}t}(1-{}_tp_x-{}_tp_y+{}_tp_x \cdot {}_tp_y) \\ &= {}_tp_x \cdot \mu_{x+t}+{}_tp_y \cdot \mu_{y+t}-{}_tp_x \cdot {}_tp_y(\mu_{x+t}+\mu_{y+t}) \end{aligned} \tag{8-16}$$

类似单生命状态的情形，我们可以得到最长生命状态$(\overline{xy})$在时刻 t 的终止力(以$\mu_{\overline{x+t:y+t}}$或$\mu_{\overline{xy}}(t)$记之)为：

$$\begin{aligned} \mu_{\overline{xy}}(t) &= \frac{f_{T(\overline{xy})}(t)}{1-F_{T(\overline{xy})}(t)} \\ &= \frac{{}_tp_x \cdot \mu_{x+t}+{}_tp_y \cdot \mu_{y+t}-{}_tp_x \cdot {}_tp_y(\mu_{x+t}+\mu_{y+t})}{{}_tp_x+{}_tp_y-{}_tp_x \cdot {}_tp_y} \\ &= \mu_{x+t}+\mu_{y+t}-\frac{{}_tp_x \cdot \mu_{y+t}+{}_tp_y \cdot \mu_{x+t}}{{}_tp_x+{}_tp_y-{}_tp_x \cdot {}_tp_y} \end{aligned} \tag{8-17}$$

由此可见，最长生命状态的瞬时终止力小于各单生命死亡力之和。

当$\mu_{\overline{xy}}(t)$已知时，式(8-17)中的第一个等式便是关于 $F_{\overline{T(xy)}}(t)$的一个一阶线性微分方程，不难解出方程，得：

$$F_{T(\overline{xy})}(t) = 1 - e^{-\int_0^t \mu_{\overline{xy}}(s)\,ds} \tag{8-18}$$

因此，由状态的终止力可以确定其未来存续时间的概率分布。实际上 $\mu_{\overline{xy}}(t)$ 可看做已知 $\overline{(xy)}$ 存续到时刻 t 的条件密度函数在 t 时刻的值。

把状态 $\overline{(xy)}$ 在时刻 t 及其之前终止的概率记为 ${}_tq_{\overline{xy}}$，则有：

$$\begin{aligned} {}_tq_{\overline{xy}} = 1 - {}_tp_{\overline{xy}} &= F_{T(\overline{xy})}(t) \\ &= (1 - {}_tp_x)(1 - {}_tp_y) = {}_tq_x \cdot {}_tq_y \end{aligned} \tag{8-19}$$

$(\overline{xy})$ 在时刻 s 到 $s+1$ 之间终止的概率（记为 ${}_{s|}q_{\overline{xy}}$）为：

$$\begin{aligned} {}_{s|}q_{\overline{xy}} &= \Pr\{s \leqslant T(\overline{xy}) \leqslant s+1\} = \Pr\{T(\overline{xy}) \leqslant s+1\} - \Pr\{T(\overline{xy}) \leqslant s\} \\ &= {}_{s+1}q_{\overline{xy}} - {}_sq_{\overline{xy}} = {}_sp_{\overline{xy}} - {}_{s+1}p_{\overline{xy}} \end{aligned} \tag{8-20}$$

这个式子并没有式(8-10)那样的结果。

根据式(8-17)，有：

$$f_{T(\overline{xy})}(t) = {}_tp_{\overline{xy}} \cdot \mu_{\overline{xy}}(t) \tag{8-21}$$

对于状态 $(\overline{xy})$，我们把：

$$\begin{aligned} \mathring{e}_{\overline{xy}} = E[T(\overline{xy})] &= \int_0^\infty t f_{T(\overline{xy})}(t)\,dt \\ &= \int_0^\infty t \cdot {}_tp_{\overline{xy}} \cdot \mu_{\overline{xy}}(t)\,dt \end{aligned} \tag{8-22}$$

称为完全平均余命。类似于第一章中对 e_x 的简化计算，可得：

$$\mathring{e}_{\overline{xy}} = \int_0^\infty {}_tp_{\overline{xy}}\,dt \tag{8-23}$$

对于 $T(\overline{xy})$ 的方差，亦类似地有：

$$\mathrm{Var}[T(\overline{xy})] = 2\int_0^\infty t\,{}_tp_{\overline{xy}}\,dt - (\mathring{e}_{\overline{xy}})^2 \tag{8-24}$$

例【8-3】　在例8-1中，如果保单合同规定在二人中最后一人死亡时支付保额，重做此例题。

解：所求的值为：

$$\begin{aligned} \Pr\{T(\overline{26:25}) > 30\} &= {}_{30}p_{\overline{26:25}} \\ &= {}_{30}p_{26} + {}_{30}p_{25} - {}_{30}p_{26} \cdot {}_{30}p_{25} \end{aligned}$$

例【8-4】　根据例8-2所给条件：

(1)求状态 $\overline{(45:50)}$ 在此后 5～10 年之间终止的概率；

(2)求状态 $\overline{(45:50)}$ 的完全平均余命。

解：(1) $\Pr\{5 < T(\overline{xy}) \leqslant 10\} = {}_{10}q_{\overline{45:50}} - {}_5q_{\overline{45:50}} = {}_{10}q_{45} \cdot {}_{10}q_{50} - {}_5q_{45} \cdot {}_5q_{50}$

$$= \frac{S(45) - S(55)}{S(45)} \cdot \frac{S(50) - S(60)}{S(50)} - \frac{S(45) - S(50)}{S(45)} \cdot \frac{S(50) - S(55)}{S(50)}$$

$$=\frac{1}{52}$$

(2) $$\mathring{e}_{\overline{45:50}}=\int_0^{\infty}{}_tp_{\overline{xy}}\mathrm{d}t=\int_0^{\infty}({}_tp_{45}+{}_tp_{50}-{}_tp_{45}\cdot{}_tp_{50})\mathrm{d}t$$

$$=\int_0^{\infty}\frac{S(45+t)}{S(45)}\mathrm{d}t+\int_0^{\infty}\frac{S(50+t)}{S(50)}\mathrm{d}t-\mathring{e}_{45:50}$$

$$=\int_0^{65}\frac{65-t}{65}\mathrm{d}t+\int_0^{60}\frac{60-t}{60}\mathrm{d}t-\mathring{e}_{45:50}$$

$$\approx\frac{65}{2}+30-20.77=41.73(\text{年})$$

三、两种状态间的关系

从前面的讨论可以看到，最短生命状态的未来存续时间与单生命状态的未来余命几乎具有相同的性质，而最长生命状态的未来存续时间则不然，它不具有诸如式(8-8)、式(8-10)以及式(8-4)这样一些性质，因而对于最长生命状态的有关概率的计算比最短生命状态的相关计算要复杂些。但是，最长生命状态与最短生命状态在未来存续时间的概率分布上有着密切的关系。这可帮助我们通过对最短生命状态的相关计算来解决最长生命状态的有关问题。

利用基本定义和前面已得到的相关结果，容易推出以下单生命状态、最短生命状态和最长生命状态三者之间的关系式：

$$T(xy)+T(\overline{xy})=T(x)+T(y) \tag{8-25}$$

$$T(xy)T(\overline{xy})=T(x)T(y) \tag{8-26}$$

$$F_{T(xy)}(t)+F_{T(\overline{xy})}(t)=F_{T(x)}(t)+F_{T(y)}(t) \tag{8-27}$$

$$f_{T(xy)}(t)+f_{T(\overline{xy})}(t)=f_{T(x)}(t)+f_{T(y)}(t) \tag{8-28}$$

进一步地，有：

$${}_tp_{xy}+{}_tp_{\overline{xy}}={}_tp_x+{}_tp_y \tag{8-29}$$

$${}_tq_{xy}+{}_tq_{\overline{xy}}={}_tq_x+{}_tq_y \tag{8-30}$$

$$\mu_{xy}(t)-\mu_{\overline{xy}}(t)=\frac{{}_tp_x\mu_{y+t}+{}_tp_y\mu_{x+t}}{{}_tp_x+{}_tp_y-{}_tp_{xy}} \tag{8-31}$$

$$\mathring{e}_{xy}+\mathring{e}_{\overline{xy}}=\mathring{e}_x+\mathring{e}_y \tag{8-32}$$

应该注意的是，即使 $T(x)$ 与 $T(y)$ 不相互独立，以上这些关系式也是成立的。

我们可以通过式(8-26)简化 $T(xy)$ 与 $T(\overline{xy})$ 的协方差的计算：

$$\mathrm{Cov}[T(xy),T(\overline{xy})]=E[T(x)T(y)]-E[T(xy)]E[T(\overline{xy})]$$

若 $T(x)$，$T(y)$ 相互独立，则：

$$\mathrm{Cov}[T(xy),T(\overline{xy})]=\mathring{e}_x\cdot\mathring{e}_y-\mathring{e}_{xy}\cdot\mathring{e}_{\overline{xy}} \tag{8-33}$$

将式(8-32)代入上式,整理得:

$$\mathrm{Cov}[T(xy),T(\overline{xy})]=(\mathring{e}_x-\mathring{e}_{xy})(\mathring{e}_y-\mathring{e}_{xy}) \tag{8-34}$$

上式右端两个因子显然都是非负数,因此除了 $\mathring{e}_{xy}$ 等于 $\mathring{e}_x$ 或 $\mathring{e}_y$ 这两种极端情形外,$T(xy)$ 与 $T(\overline{xy})$ 总是正相关的。

第二节　离散型二元生命函数

本节讨论两生命状态的未来存续时间的整年数(周年)的概率分布情况,并称其概率分布函数为离散型二元生命函数。

状态(xy)的存续时间的整年数是 $K(xy)=[T(xy)]$,状态$(\overline{xy})$的存续时间的整年数是 $K(\overline{xy})=[T(\overline{xy})]$。它们的取值都是非负整数。

一、最短生命状态的未来存续时间的整年数的概率分布

对于 $k=0,1,2,\cdots$,$K(xy)$的分布律为:

$$\begin{aligned}\Pr\{K(xy)=k\}&=\Pr\{k\leqslant T(xy)<k+1\}\\&=\Pr\{k<T(xy)\leqslant k+1\}\\&={}_{k|}q_{xy}={}_kp_{xy}\cdot q_{x+k:y+k}\end{aligned} \tag{8-35}$$

在 $T(x)$与 $T(y)$相互独立的假设下,由式(8-2)和式(8-6),有:

$$_kp_{xy}={}_kp_x\cdot{}_kp_y$$

$$q_{x+k,y+k}=q_{x+k}+q_{y+k}-q_{x+k}\cdot q_{y+k}$$

此时 $K(xy)$的分布律便可用(x),(y)的未来生存整年数的分布表示如下:

$$\begin{aligned}Pr\{K(xy)=k\}&={}_kp_x\cdot{}_kp_y(q_{x+k}+q_{y+k}-q_{x+k}q_{y+k})\\&={}_kp_y\cdot{}_{k|}q_x+{}_kp_x\cdot{}_{k|}q_y-{}_{k|}q_x\cdot{}_{k|}q_y\quad(k=0,1,2,\cdots)\end{aligned} \tag{8-36}$$

对于状态(xy),我们把:

$$e_{xy}=E[K(xy)]=\sum_{k=0}^{\infty}k\cdot{}_{k|}q_{xy}=\sum_{k=1}^{\infty}k\cdot{}_kp_{xy}\cdot q_{x+k:y+k} \tag{8-37}$$

称为简约平均余命。类似于第一章中 e_x 的简化计算,可得:

$$e_{xy}=\sum_{k=1}^{\infty}{}_kp_{xy} \tag{8-38}$$

二、最长生命状态的未来存续时间的整年数的概率分布

对于 $k=0,1,2,\cdots$注意以下结果的等价性。

$$\{K(\overline{xy})=k \text{ 或 } K(xy)=k\}=\{K(x)=k \text{ 或 } K(y)=k\}$$

$$\{K(\overline{xy})=k \text{ 且 } K(xy)=k\}=\{K(x)=k \text{ 且 } K(y)=k\}$$

所以：

$$\Pr\{K(\overline{xy})=k \text{ 或 } K(xy)=k\}=\Pr\{K(x)=k \text{ 或 } K(y)=k\}$$

等式左边的概率可写为：

$$\Pr\{K(\overline{xy})=k\}+\Pr\{K(xy)=k\}-\Pr\{K(\overline{xy})=k \text{ 且 } K(xy)=k\}$$

等式右边的概率可写为：

$$\Pr\{K(x)=k\}+\Pr\{K(y)=k\}-\Pr\{K(x)=k \text{ 且 } K(y)=k\}$$

上述两个式子的第三项相等，故可消去，于是移项得 $K(\overline{xy})$ 的分布律为：

$$\begin{aligned}Pr\{K(\overline{xy})=k\}&=Pr\{K(x)=k\}+Pr\{K(y)=k\}-Pr\{K(xy)=k\}\\&={}_kp_x\cdot q_{x+k}+{}_kp_y\cdot q_{y+k}-{}_kp_{xy}\cdot q_{x+k:y+k}\end{aligned} \tag{8-39}$$

此外：

$$\begin{aligned}\Pr\{K(\overline{xy})=k\}&=\Pr\{k\leqslant T(\overline{xy})<k+1\}\\&=\Pr\{k<T(\overline{xy})\leqslant k+1\}\\&={}_{k|}q_{\overline{xy}}\end{aligned}$$

在 $T(x)$ 与 $T(y)$ 相互独立的假设下，由式(8-39)，$K(\overline{xy})$ 的分布律便可用 (x)，(y) 的未来生存整年数的分布表示如下：

$$\begin{aligned}\Pr\{K(\overline{xy})=k\}&={}_kp_xq_{x+k}+{}_kp_y\cdot q_{y+k}-{}_kp_x\cdot{}_kp_y(q_{x+k}+q_{y+k}-q_{y+k}q_{y+k})\\&=(1-{}_kp_y){}_kp_x\cdot q_{x+k}+(1-{}_kp_x){}_kp_y\cdot q_{y+k}\\&\quad+{}_kp_xq_{x+k}\cdot{}_kq_yp_{y+k}\\&={}_kq_y\cdot{}_{k|}q_x+{}_kq_x\cdot{}_{k|}q_y+{}_{k|}q_x\cdot{}_{k|}q_y\quad(k=0,1,2,\cdots)\end{aligned} \tag{8-40}$$

对于状态 $(\overline{xy})$，我们把：

$$e_{\overline{xy}}=E[K(\overline{xy})]=\sum_{k=0}^{\infty}k_{k|}q_{\overline{xy}} \tag{8-41}$$

称为简约平均余命。类似于第一章中 e_x 的简化计算，可得：

$$e_{\overline{xy}}=\sum_{k=1}^{\infty}{}_kp_{\overline{xy}} \tag{8-42}$$

三、两种状态间的关系

利用基本定义和前面已得到的相关结果，容易推出以下离散型的单生命状态、最短生命状态和最长生命状态三者之间的关系式。

$$K(xy)+K(\overline{xy})=K(x)+K(y) \tag{8-43}$$

$$K(xy)\cdot K(\overline{xy})=K(x)\cdot K(y) \tag{8-44}$$

$$\Pr\{K(xy)=k\}+\Pr\{K\overline{(xy)}=k\}=\Pr\{K(x)=k\}+\Pr\{K(y)=k\} \tag{8-45}$$

$$_{k|}q_{xy}+{}_{k|}q_{\overline{xy}}={}_{k|}q_x+{}_{k|}q_y \tag{8-46}$$

$$e_{xy}+e_{\overline{xy}}=e_x+e_y \tag{9-47}$$

以上关系式,并不要求随机变量 $K(x)$ 与 $K(y)$ 是相互独立的。与式(8-33)和式(8-34)类似,若 $K(x)$,$K(y)$ 相互独立,也有:

$$\begin{aligned}\mathrm{Cov}[K(xy),K(\overline{xy})]&=e_x\cdot e_y-e_{xy}\cdot e_{\overline{xy}}\\&=(e_x-e_{xy})(e_y-e_{xy})\end{aligned} \tag{8-48}$$

以上关系式对于计算最短生命状态与最长生命状态寿险的趸缴纯保费、年金精算现值以及有关方差、协方差等,会带来方便。

第三节　多元生命状态下的寿险精算

本节将趸缴纯保费与年金精算现值的计算方法从单个生命状态(x)推广到一般状态(u)(状态(u)可以是(xy),也可以是$(\overline{xy})$等)。一般地,在关于状态(x)的基本公式中,以(u)取代(x),便得到关于状态(u)的相应公式。而在独立性假设下,这些公式可以由状态(u)中各个生命未来生存时间的分布表示。

一、离散型的寿险与生存年金

先考虑在状态终止那个保单年度未给付 1 元的终身寿险。以 K 表示状态(u)的未来存续整年数,则给付时间为 $K+1$,给付额 1 元在签单时的现值为 $Z=v^{K+1}$,从而趸缴纯保费为:

$$A_u=E(Z)=\sum_{k=0}^{\infty}v^{k+1}\Pr(K=k) \tag{8-49}$$

Z 的方差为:

$$\mathrm{Var}(Z)={}^2A_u-(A_u)^2 \tag{8-50}$$

如果是 n 年期两全保险,则趸缴纯保费为:

$$A_{u:\overline{n}|}=\sum_{k=0}^{n-1}v^{k+1}\Pr(K=k)+v^n{}_np_u \tag{8-51}$$

在状态(u)存续期间,每个保单年初给付 1 元的终身生存年金现值为 $Y=\ddot{a}_{\overline{K+1}|}$,其精算现值为:

$$\ddot{a}_u=E(Y)=\sum_{k=0}^{\infty}\ddot{a}_{\overline{k+1}|}\,{}_{k|}q_u=\sum_{k=0}^{\infty}v^k{}_kp_u \tag{8-52}$$

如果是 n 年生存年金,则其精算现值为:

$$\ddot{a}_{u:\overline{n}|} = \sum_{k=0}^{n-1} \ddot{a}_{\overline{k+1}|} \cdot {}_{k|}q_u + \ddot{a}_{\overline{n}|}\,{}_np_u = \sum_{k=0}^{n-1} v^k\,{}_kp_u \tag{8-53}$$

Y 的方差为：

$$\mathrm{Var}(Y) = \frac{1}{d^2}[{}^2A_u - A_u^2] \tag{8-54}$$

趸缴纯保费与年金精算现值之间有如下关系式：

$$A_u + d\ddot{a}_u = 1 \tag{8-55}$$

$$A_{u:\overline{n}|} + d\ddot{a}_{u:\overline{n}|} = 1 \tag{8-56}$$

利用上面的一般公式及 $K(xy)$，$K(\overline{xy})$ 的分布，便可得出对应于状态 (xy)，$(\overline{xy})$ 的趸缴纯保费与年金精算现值的公式。例如，由式(8-49)及式(8-35)可得：

$$A_{xy} = \sum_{k=0}^{\infty} v^{k+1}\,{}_kp_{xy}\,q_{x+k:y+k}$$

由式(8-53)及式(8-15)可得：

$$\ddot{a}_{\overline{xy}:\overline{n}|} = \sum_{k=0}^{n-1} v^k({}_kp_x + {}_kp_y - {}_kp_{xy})$$

联合生存状态与最后生存状态在趸缴纯保费与年金精算现值上也有类似于它们未来存续时间分布之间的关系。由 $K(\overline{xy})$，$K(xy)$ 与 $K(x)$，$K(y)$ 之间的关系得：

$$v^{K(\overline{xy})+1} + v^{K(xy)+1} = v^{K(x)+1} + v^{K(y)+1}$$

$$\ddot{a}_{\overline{K(\overline{xy})+1}|} + \ddot{a}_{\overline{K(xy)+1}|} = \ddot{a}_{\overline{K(x)+1}|} + \ddot{a}_{\overline{K(y)+1}|}$$

两边求期望值得：

$$A_{\overline{xy}} + A_{xy} = A_x + A_y$$

$$\ddot{a}_{\overline{xy}} + \ddot{a}_{xy} = \ddot{a}_x + \ddot{a}_y$$

以上结果在直观上也是很明显的：买一份 (x) 与 (y) 最后一人死亡时给付的保险和一份 (x) 与 (y) 最先一人死亡时给付的保险，那么无论 (x) 与 (y) 谁死亡后都能得到给付，这就无异于给 (x) 与 (y) 各买一份保险；买一份给付到 (x) 与 (y) 最后一人死亡时的年金，再加上一份给付到 (x) 与 (y) 最先一人死亡时的年金，那么无论先死亡者还是后死亡者，都有一份年金，这就无异于给 (x) 与 (y) 各买了一份年金。

例【8-5】 一份年金在 (x) 和 (y) 都生存时每年年初给付 1，而当 (x) 和 (y) 仅有一人生存时每年年初给付2/3。设 $K(x)$，$K(y)$ 相互独立，求以下表达式：(1)年金的现值；(2)年金的精算现值。

解：(1)该份年金可看做每年年初给付 2/3 的最后生存年金和每年年初给

付1/3的联合生存年金之组合，因此有现值：

$$Z=\frac{2}{3}\ddot{a}_{\overline{K(\overline{xy})|}}+\frac{1}{3}\ddot{a}_{\overline{K(xy)|}}$$

(2)求期望值，便得该年金的精算现值：

$$E(Z)=\frac{2}{3}\ddot{a}_{\overline{xy}}+\frac{1}{3}\ddot{a}_{xy}$$

将 $\ddot{a}_{\overline{xy}}=\ddot{a}_x+\ddot{a}_y-\ddot{a}_{xy}$ 代入，得：

$$E(Z)=\frac{2}{3}\ddot{a}_x+\frac{2}{3}\ddot{a}_y-\frac{1}{3}\ddot{a}_{xy}$$

二、连续型的寿险与生存年金

现在来考虑在状态终止之时给付 1 元的终身寿险。设 T 为状态(u)的未来存续时间，则给付额 1 元在签单时的现值是 $Z=v^T$，从而趸缴纯保费为：

$$\bar{A}_u=E(Z)=\int_0^{\infty}v^t\ {}_tp_u\mu_{u+t}\mathrm{d}t \tag{8-57}$$

方差为：

$$\operatorname{Var}(Z)={}^2\bar{A}_u-\bar{A}_u^2 \tag{8-58}$$

如果是 n 年期两全保险，则趸缴纯保费为：

$$\bar{A}_{u:\overline{n|}}=\int_0^{n}v^t\ {}_tp_u\mu_{u+t}\mathrm{d}t+v^n\ {}_np_x \tag{8-59}$$

在状态(u)存续期间连续给付，每年给付总额为 1 元的生存年金在签单时的现值为 $Y=\bar{a}_{\overline{T|}}$，其精算现值为：

$$\bar{a}_u=E(Y)=\int_0^{\infty}\bar{a}_{\overline{t|}}\cdot{}_tp_u\mu_{u+t}\mathrm{d}t=\int_0^{\infty}v^t\ {}_tp_u\mathrm{d}t \tag{8-60}$$

方差为：

$$\operatorname{Var}(Y)=\frac{1}{\delta^2}({}^2\bar{A}_u-\bar{A}_u^2) \tag{8-61}$$

如果是 n 年定期生存年金，则其精算现值为：

$$\bar{a}_{u:\overline{n|}}=\int_0^{n}\bar{a}_{\overline{t|}}\ {}_tp_u\mu_{u+t}\mathrm{d}t+\bar{a}_{\overline{n|}}\ {}_np_u=\int_0^{n}v^t\ {}_tp_u\mathrm{d}t \tag{8-62}$$

此时，趸缴纯保费与年金精算现值也有如下关系：

$$\bar{A}_u+\delta\bar{a}_u=1$$

$$\bar{A}_{u:\overline{n|}}+\delta\bar{a}_{u:\overline{n|}}=1$$

利用上面的一般公式及 $T(xy)$，$T(\overline{xy})$ 的分布，便得出对应于状态(xy)、$(\overline{xy})$的趸缴纯保费和年金精算现值公式。例如由式(8-57)及式(8-15)、式(8-17)得：

$$\bar{A}_{\overline{xy}} = \int_0^\infty v^t \,{}_tp_{\overline{xy}}\mu_{\overline{xy}}(t)\,dt$$

$$= \int_0^\infty v^t [\,{}_tp_x\mu_{x+t} + {}_tp_y\mu_{y+t} - {}_tp_{xy}\mu_{xy}(t)\,]\,dt$$

由式(8-60)及式(8-15)得：

$$\bar{a}_{\overline{xy}} = \int_0^\infty v^t \,{}_tp_{\overline{xy}}dt = \int_0^\infty v^t [\,{}_tp_x + {}_tp_y - {}_tp_{xy}\,]\,dt$$

同样，由 $T(xy)$，$T\overline{(xy)}$与 $T(x)$，$T(y)$的关系有：

$$v^{T(xy)} + v^{T\overline{(xy)}} = v^{T(x)} + v^{T(y)}$$

$$\bar{a}_{\overline{T(xy)|}} + \bar{a}_{\overline{T\overline{(xy)}|}} = \bar{a}_{\overline{T(x)|}} + \bar{a}_{\overline{T(y)|}}$$

两边求期望值，即得状态(xy)与$(\overline{xy})$之间在趸缴纯保费及年金精算现值上的关系：

$$\bar{A}_{xy} + \bar{A}_{\overline{xy}} = \bar{A}_x + \bar{A}_y$$

$$\bar{a}_{xy} + \bar{a}_{\overline{xy}} = \bar{a}_x + \bar{a}_y$$

若 $T(x)$，$T(y)$相互独立，又由 $v^{T(xy)}v^{T(\overline{xy})} = v^{T(x)}v^{T(y)}$，可求得 $v^{T(xy)}$与 $v^{T\overline{xy}}$的协方差：

$$\begin{aligned}\mathrm{Cov}[v^{T(xy)}, v^{T(\overline{xy})}] &= E[v^{T(xy)}v^{T(\overline{xy})}] - E[v^{T(xy)}]E[v^{T(\overline{xy})}]\\ &= E[v^{T(xy)}v^{T(\overline{xy})}] - \bar{A}_{xy}\bar{A}_{\overline{xy}}\\ &= E[v^{T(x)}]E[v^{T(y)}] - \bar{A}_{xy}\bar{A}_{\overline{xy}}\\ &= \bar{A}_x\bar{A}_y - \bar{A}_{xy}(\bar{A}_x + \bar{A}_y - \bar{A}_{xy})\\ &= (\bar{A}_x - \bar{A}_{xy})(\bar{A}_y - \bar{A}_{xy})\end{aligned}$$

一般情况下，上式右端两个因子都小于0，所以协方差为正数，即 $v^{T(xy)}$与 $v^{T(\overline{xy})}$正相关。

例【8-6】 设(u)的生存函数为：

$$S(x) = \begin{cases} 1 - \dfrac{x}{110} & (0 \leqslant x < 110) \\ 0 & (x \geqslant 110) \end{cases}$$

给定利息力 $\delta = 0.06$，求状态$(45:50)$投保保额为 10 000 元的 5 年定期保险，下面两种情况的趸缴纯保费：(1)当且仅当(45)与(50)中最后一人在未来 5 年内死亡时立即给付保险金；(2)当且仅当(45)与(50)中至少一人在未来 5 年内死亡时立即给付保险金。

解：(1)这相当于最后生存状态在状态终止时给付保险金的死亡保险，趸缴纯保费为：

$$10\,000\bar{A}_{\overset{1}{\overline{45:50}}:\overline{5|}} = 10\,000\int_0^5 v^t\ {}_tp_{\overline{45:50}}\mu_{\overline{45:50}}(t)\,\mathrm{d}t$$

$$= 10\,000\int_0^5 v^t[\,{}_tp_{45}\mu_{45+t} + {}_tp_{50}\mu_{50+t} - {}_tp_{45:50}\mu_{45:50}(t)\,]\,\mathrm{d}t$$

将 ${}_tp_{45} = \frac{S(45+t)}{S(45)} = \frac{65-t}{65}$，$\mu_{45+t} = \frac{S'(45+t)}{S(45+t)} = \frac{1}{65-t}$，${}_tp_{50} = \frac{60-t}{60}$，$\mu_{50+t} = \frac{1}{60-t}$，${}_tp_{45:50} = {}_tp_{45}\,{}_tp_{50}$，$\mu_{45:50}(t) = \mu_{45+t} + \mu_{50+t}$ 代入被积函数并化简，得：

$$10\,000\bar{A}_{\overset{1}{\overline{45:50}}:\overline{5|}} = 10\,000\int_0^5 \frac{2tv^t}{65\cdot 60}\mathrm{d}t = \frac{1\,000}{195}\left[\frac{5v^5}{\ln v} - \frac{v^5-1}{(\ln v)^2}\right]$$

$$= \frac{1\,000}{195}\left(\frac{5\mathrm{e}^{-0.3}}{-0.06} - \frac{\mathrm{e}^{-0.3}-1}{-0.06^2}\right) \approx 52.616(元)$$

（2）这相当于联合生存状态在状态终止时给付保险金的死亡保险，趸缴纯保费记为 $\bar{A}_{\overset{1}{(45:50)}:\overline{5|}}$，于是：

$$10\,000\bar{A}_{\overset{1}{(45:50)}:\overline{5|}} = 10\,000[\bar{A}^1_{45:\overline{5|}} + \bar{A}^1_{50:\overline{5|}} - \bar{A}_{\overset{1}{\overline{45:50}}:\overline{5|}}]$$

因为：

$$\bar{A}^1_{45:\overline{5|}} = \int_0^5 v^t\ {}_tp_{45}\mu_{45+t}\mathrm{d}t = \int_0^5 \frac{v^t}{65}\cdot\mathrm{d}t$$

$$= \frac{v^5-1}{65\ln v} = \frac{\mathrm{e}^{-0.3}-1}{65\cdot(-0.06)} = 0.066\,456\,9$$

$$\bar{A}^1_{50:\overline{5|}} = 0.071\,994\,9$$

所以趸缴纯保费为：

$$10\,000\bar{A}_{\overset{1}{(45:50)}:\overline{5|}} = 1331.902(元)$$

例【8-7】　设一连续给付年金按如下方式给付：（1）以每年给付总量 1 确定给付 n 年；（2）n 年之后，当（x）和（y）都生存时，以每年给付总量 1 给付；（3）n 年之后，当（y）已死亡而（x）仍生存时，以每年 3/4 给付；（4）n 年之后，当（x）已死亡而（y）仍生存时，按每年 1/2 给付。求该年金的精算现值。

解：该年金前 n 年给付的现值为：

$$\int_0^n v^t\mathrm{d}t = \bar{a}_{\overline{n|}}$$

n 年之后，即当 $t>n$ 时，年金到 t 时刻仍在给付可分为三种互斥的情况，即（2）、（3）、（4）中的情况。这三种情况发生的概率分别为 ${}_tp_{xy}$，${}_tp_x(1-{}_tp_y)$ 和 ${}_tp_y(1-{}_tp_x)$，精算现值分别为：

$$\int_n^{\infty} v^t\ {}_tp_{xy}\mathrm{d}t = \int_0^{\infty} v^t\ {}_tp_{xy}\mathrm{d}t - \int_0^{n} v^t\ {}_tp_{xy}\mathrm{d}t = \bar{a}_{xy} - \bar{a}_{xy:\overline{n}|}$$

$$\frac{3}{4}\int_n^{\infty} v^t\ {}_tp_x(1 - {}_tp_y)\mathrm{d}t = \frac{3}{4}(\bar{a}_x - \bar{a}_{x:\overline{n}|}) - \frac{3}{4}(\bar{a}_{xy} - \bar{a}_{xy:\overline{n}|})$$

$$\frac{1}{2}\int_n^{\infty} v^t\ {}_tp_y(1 - {}_tp_x)\mathrm{d}t = \frac{1}{2}(\bar{a}_y - \bar{a}_{y:\overline{n}|}) - \frac{1}{2}(\bar{a}_{xy} - \bar{a}_{xy:\overline{n}|})$$

所求年金的精算现值应为以上所有各式之和,即:

$$\bar{a}_{\overline{n}|} + \frac{3}{4}\bar{a}_x + \frac{1}{2}\bar{a}_y - \frac{1}{4}\bar{a}_{xy} - \frac{3}{4}\bar{a}_{x:\overline{n}|} - \frac{1}{2}\bar{a}_{y:\overline{n}|} + \frac{1}{4}\bar{a}_{xy:\overline{n}|}$$

这里仍假设 $T(x)$,$T(y)$ 相互独立。

第四节 在特定分布假设下的估值

上一节给出了一些趸缴纯保费和年金精算现值的公式,但并没有解决其计算问题。在实际中,我们通常在某些合理的假设下简化趸缴纯保费和年金精算现值的计算。

一、寿命分布服从 Gompertz 假设的情形

先考虑死亡率服从 Gompertz 假设的情形,这时 $\mu_x = BC^x$,$\mu_y = BC^y$。因为在独立性假设下,对联合生存状态(xy)有:

$$\mu_{xy}(s) = \mu_{x+s} + \mu_{y+s} \qquad (s \geqslant 0)$$

$$= B(C^x + C^y)C^s = BC^{w+s} = \mu_{w+s}$$

可以考虑用某个单生命状态(w)来代替(xy),其中 w 由下式确定:

$$C^w = C^x + C^y$$

这时对任何 $t > 0$ 有:

$${}_tp_w = \exp\left(-\int_0^t \mu_{w+s}\mathrm{d}s\right) = \exp\left(-\int_0^t \mu_{xy}(s)\mathrm{d}s\right) = {}_tp_{xy}$$

于是有关(xy)的各种概率、期望值和方差都与(w)的相应概率、期望值和方差相等。这样,有关(xy)的二维函数值表便可用(x)相应的一维函数值表来代替。不过一般来说,对应 x 和 y 的整数值的 w 的值是非整数,因此要在区间$[w]$到$[w]+1$上进行线性插值。

例【8-8】 设(28)与(32)购买一个保额为 50 000 元的联合生死两全保险,保险金在第一人死亡的保单年末给付或在两人到 35 年后仍生存时给付。由以下所给条件计算其趸缴纯保费:

(1)设生命表在 20 岁以后的寿命分布服从 Gompertz 假设,并且 $\mu_x =$

$0.000\,15(1.08)^x, x\geqslant 20$；

(2) $A_{39:\overline{35}|}=0.214\,52$，$A_{40:\overline{35}|}=0.223\,14$。

解：由 $(1.08)^w=(1.08)^{28}+(1.08)^{32}$ 解得：

$$w=39.159\,79$$

$A_{w:\overline{35}|}$ 可由线性插值计算：

$$\begin{aligned}A_{w:\overline{35}|}&=([w]+1-w)A_{[w]:\overline{35}|}+(w-[w])A_{[w]+1:\overline{35}|}\\&=0.840\,21A_{39:\overline{35}|}+0.159\,79A_{40:\overline{35}|}\\&=(0.840\,21)(0.214\,52)+(0.159\,79)(0.223\,14)=0.215\,90\end{aligned}$$

所求趸缴纯保费记为 $50\,000A_{(28:32):\overline{35}|}$，那么：

$$50\,000A_{(28:32):\overline{35}|}=50\,000A_{w:\overline{35}|}=10\,795(\text{元})$$

二、寿命分布服从 Makeham 假设的情形

再考虑更为一般的情形，即假设死亡率服从 Makeham 规律，这时 $\mu_x=A+BC^x$，$\mu_y=A+BC^y$。在独立性的假设下，对联合生存状态有：

$$\begin{aligned}\mu_{xy}(x)&=\mu_{x+s}+\mu_{y+s}=2A+BC^s(C^x+C^y)=2A+2BC^sC^w\\&=2(A+BC^{w+s})=2\mu_{w+s}=\mu_{ww}(s)\end{aligned}$$

于是可以用另一个联合生存状态(ww)来代替(xy)，其中 w 由下式确定：

$$2C^w=C^x+C^y$$

这样，有关(xy)的二维函数值表可用(xx)的一维函数值表代替。在实务中，通常列出 $\ddot{a}_{xy}$ 和 A_{xy} 的函数值表供计算时使用。同样，由于对应于 x 和 y 的整数值的 w 一般非整数，因此也要进行一次插值，才能得出最后结果。

例【8-9】 设(35)与(40)购买一个保额为 100 000 元的最后生存者终身寿险，保险金在第二人死亡的保单年末给付。已知：

(1)生命表在 20 岁以后的寿命分布服从 Makeham 假设，并且 $1\,000\mu_x=0.7+0.05(10^{0.04})^x, x\geqslant 20$。

(2)在给定利率 $i=0.06$ 时有：$A_{37:37}=0.20321$，$A_{38:38}=0.21181$，$A_{35}=0.12872$，$A_{40}=0.16132$。

求其趸缴纯保费。

解：由关系式 $A_{\overline{xy}}+A_{xy}=A_x+A_y$，所求趸缴保费可表示为：

$$100\,000A_{\overline{35:40}}=100\,000(A_{35}+A_{40}-A_{35:40})$$

由 $2(10^{0.04})^w=(10^{0.04})^{35}+(10^{0.04})^{40}$ 解得：

$$w=37.785\,32$$

于是：　$A_{35:40}=A_{ww}=0.214\,68A_{37:37}+0.785\,32A_{38:38}$

$$=(0.214\,68)(0.203\,21)+(0.785\,32)(0.211\,81)$$
$$=0.209\,96$$

因此,所求趸缴纯保费为:

$$100\,000A_{\overline{35:40}}=100\,000(0.128\,72+0.161\,32-0.209\,96)=8\,008(\text{元})$$

例【8-10】 一项年金在(60)与(70)都生存时每年年初给付 15 000 元,当(60)与(70)仅有一人生存时每年年初给付 10 000 元。已知:

(1)生命表在 20 岁以后的寿命分布服从 Makeham 假设,并且 $1000\mu_x=0.7+0.05(10^{0.04})^x, x\geqslant 20$。

(2)在给定利率 $i=0.06$ 时有:$\ddot{a}_{66:66}=7.58658$,$\ddot{a}_{67:67}=7.31867$,$\ddot{a}_{60}=11.14535$,$\ddot{a}_{70}=8.56925$。

求该项年金的精算现值。

解:年金的精算现值可表示为:

$$\text{APV}=10\,000\ddot{a}_{60}+100\,000\ddot{a}_{70}-5\,000\ddot{a}_{60:70}$$

由 $2(10^{0.04})^w=(10^{0.04})^{60}+(10^{0.04})^{70}$ 解得:

$$w=66.11276$$

$$\ddot{a}_{60:70}=\ddot{a}_{ww}=0.88724\ddot{a}_{66:66}+0.11276\ddot{a}_{67:67}=7.55637$$

将有关 $\ddot{a}_{60}$,$\ddot{a}_{70}$ 及 $\ddot{a}_{60:70}$ 的数值代入,可求得年金的精算现值:

$$\text{APV}=159\,364.15(\text{元})$$

三、各年龄内死亡服从均匀分布的情形

上面讨论了在状态终止年末给付的寿险的趸缴纯保费计算问题以及按年给付生存年金的精算现值计算问题。我们现在假设单个生命的死亡时间在每个年龄内服从均匀分布。在这个假设下,便可计算在状态终止后立即给付保险金这种情况的趸缴纯保费,以及给付周期小于一年的年金的精算现值。

1. 状态终止时给付的寿险的趸缴纯保费

我们知道,当死亡时间在年龄 x 到 $x+1$ 岁间服从均匀分布时,有:

$${}_tp_x=1-tq_x \qquad (0\leqslant t\leqslant 1)$$

$${}_tp_x\mu_{x+t}=\frac{\mathrm{d}}{\mathrm{d}t}(1-{}_tp_x)=q_x$$

现又假设 $T(x)$,$T(y)$ 相互独立,于是对联合生存状态(xy)有:

$${}_tp_{xy}={}_tp_x\cdot{}_tp_y=(1-{}_tq_x)(1-{}_tq_y)$$

$${}_tp_{xy}\mu_{xy}(t)={}_tp_x\cdot{}_tp_y(\mu_{x+t}+\mu_{y+t})={}_tp_y({}_tp_x\mu_{x+t})+{}_tp_x({}_tp_y\mu_{y+t})$$
$$=(1-{}_tq_y)q_x+(1-tq_x)q_y$$

$$= q_x + q_y - q_x q_y + (1-2t) q_x q_y$$
$$= q_{xy} + (1-2t) q_x q_y \quad (8\text{-}63)$$

从而可得：

$$\bar{A}_{xy} = \int_0^\infty v^t \, {}_t p_{xy} \mu_{xy}(t)\,\mathrm{d}t$$
$$= \sum_{k=0}^{\infty} \int_0^1 v^{k+s} \, {}_{k+s}p_{xy} \mu_{xy}(k+s)\,\mathrm{d}s$$
$$= \sum_{k=0}^{\infty} v^{k+1} \, {}_k p_{xy} \int_0^1 v^{s-1} \, {}_s p_{x+k:y+k} \mu_{x+k:y+k}(s)\,\mathrm{d}s$$
$$= \sum_{k=0}^{\infty} v^{k+1} \, {}_k p_{xy} \int_0^1 v^{s-1} [q_{x+k:y+k} + (1-2s) q_{x+k} q_{y+k}]\,\mathrm{d}s$$
$$= \sum_{k=0}^{\infty} v^{k+1} \, {}_k p_{xy} q_{x+k:y+k} \int_0^1 (1+i)^{1-s}\,\mathrm{d}s$$
$$+ \sum_{k=0}^{\infty} v^{k+1} \, {}_k p_{xy} q_{x+k} q_{y+k} \int_0^1 (1+i)^{1-s} (1-2s)\,\mathrm{d}s$$
$$= \frac{i}{\delta} A_{xy} + \frac{i}{\delta}\left(1 - \frac{2}{\delta} + \frac{2}{i}\right) \sum_{k=0}^{\infty} v^{k+1} \, {}_k p_{xy} q_{x+k} q_{y+k} \quad (8\text{-}64)$$

假若是状态(xy)的终止时间在未来的每一年内服从均匀分布，则：

$${}_t p_{x+k:y+k} \mu_{x+k:y+k}(t) = q_{x+k:y+k} \qquad (0 \leqslant t \leqslant 1, k = 0,1,2,\cdots)$$

这时有：

$$\bar{A}_{xy} = \sum_{k=0}^{\infty} v^{k+1} \, {}_k p_{xy} \int_0^1 v^{s-1} \, {}_s p_{x+k:y+k} \mu_{x+k:y+k}(s)\,\mathrm{d}s$$
$$= \sum_{k=0}^{\infty} v^{k+1} \, {}_k p_{xy} q_{x+k:y+k} \int_0^1 v^{s-1}\,\mathrm{d}s = \frac{i}{\delta} A_{xy} \quad (8\text{-}65)$$

这与单个生命的情形是一致的。

式(8-64)与式(8-65)的差别在于："$T(xy)$在未来各年内均匀分布"与"$T(x)$，$T(y)$相互独立在未来各年内均匀分布"不是等同的。事实上，当给定$T(x)$，$T(y)$在不同区间时，$T(xy)$的条件分布在未来各年内是均匀的；但给定$T(x)$，$T(y)$在同一区间内时，$T(xy)$的分布在该区间内将左移。这样就使得这些年内的保险金给付会提前，因此保费也相应增加，这便是式(8-64)中多出的第二项。这一项是(x)与(y)在未来同一年死亡时才给付保险金这种情况下的趸缴纯保费与一个约等于$\frac{i}{\delta}$的利息项之积。此项很小，因此我们常常可以用式(8-65)来代替式(8-64)。

有关最后生存者保险的趸缴纯保费可以通过联合生命保险的趸缴纯保费来计算，这里不另行推导。

例【8-11】 在例8-9的条件及 $T(x)$，$T(y)$ 相互独立并在未来每一年内均匀分布的假设下，求在状态 $(\overline{35:40})$ 终止时立即给付 100 000 元的最后生存者终身寿险的趸缴纯保费。

解：$\bar{A}_{\overline{35:40}}=\bar{A}_{35}+\bar{A}_{40}-\bar{A}_{35:40}\approx\frac{i}{\delta}A_{35}+\frac{i}{\delta}A_{40}-\frac{i}{\delta}A_{35:40}=\frac{i}{\delta}A_{\overline{35:40}}$

所求趸缴纯保费为：

$$100\,000\bar{A}_{\overline{35:40}}\approx100\,000\,\frac{i}{\delta}A_{\overline{35:40}}=8\,008\cdot\frac{0.06}{\ln1.06}=8\,245.91(\text{元})$$

2. 每年给付 m 次的生存年金的精算现值

我们再用同样的方法来计算每年给付 m 次的生存年金的精算现值。与保险金在状态终止时立即给付的情形相似，在 $T(x)$，$T(y)$ 分别在各年内均匀分布的假设下，我们可以得出在状态终止那个 $\frac{1}{m}$ 年末给付 1 的趸缴纯保费为：

$$\begin{aligned}A_{xy}^{(m)}&=\sum_{k=0}^{\infty}v^{k}\,{}_{k}p_{xy}\sum_{j=1}^{m}v^{j/m}\left[{}_{(j-1)/m}p_{x+k:y+k}-{}_{j/m}p_{x+k:y+k}\right]\\&=\frac{i}{i^{(m)}}A_{xy}+\frac{i}{i^{(m)}}\left(1+\frac{1}{m}-\frac{2}{d^{(m)}}+\frac{2}{i}\right)\cdot\sum_{k=0}^{\infty}v^{k+1}\,{}_{k}p_{xy}q_{x+k}q_{y+k}\end{aligned}\tag{8-66}$$

式(8-66)的推导与式(8-64)类似。

若假设 $T(xy)$ 在未来各年内均匀分布，则同样有：

$$\begin{aligned}A_{xy}^{(m)}&=\sum_{k=0}^{\infty}v^{k}\,{}_{k}p_{xy}\sum_{j=1}^{m}v^{j/m}\left[{}_{(j-1)/m}p_{x+k:y+k}-{}_{j/m}p_{x+k:y+k}\right]\\&=\sum_{k=0}^{\infty}v^{k}\,{}_{k}p_{xy}\sum_{j=1}^{m}v^{j/m}\frac{1}{m}q_{x+k:y+k}\\&=\sum_{k=0}^{\infty}v^{k+1}\,{}_{k}p_{xy}q_{x+k:y+k}\cdot\frac{1-v}{vi^{(m)}}=\frac{i}{i_{(m)}}A_{xy}\end{aligned}\tag{8-67}$$

式(8-67)与式(8-66)的差别也是一个很小的量，可以证明：

$$\frac{i}{i^{(m)}}\left(1+\frac{1}{m}-\frac{2}{d^{(m)}}+\frac{2}{i}\right)\approx\frac{m^2-1}{6m^2}i<\frac{i}{6}$$

因此，式(8-67)常作为式(8-66)的近似公式。

由年金精算现值与趸缴纯保费的公式，有：

$$\ddot{a}_{xy}^{(m)}=\frac{1}{d^{(m)}}(1-A_{xy}^{(m)})$$

将式(8-66)及关系式 $A_{xy}=1-da_{xy}$,$\alpha(m)=\dfrac{id}{i^{(m)}d^{(m)}}$,$\beta(m)=\dfrac{i-i^{(m)}}{i^{(m)}d^{(m)}}$代入即得:

$$\ddot{a}_{xy}^{(m)}=\alpha(m)\ddot{a}_{xy}-\beta(m)-\frac{i}{i^{(m)}d^{(m)}}\left(1+\frac{1}{m}-\frac{2}{d^{(m)}}+\frac{2}{i}\right)\cdot\sum_{k=0}^{\infty}v^{k+1}{}_{k}p_{xy}q_{x+k}q_{y+k} \tag{8-68}$$

若将式(8-67)及各关系式代入,则有:

$$\ddot{a}_{xy}^{(m)}=\alpha(m)\ddot{a}_{xy}-\beta(m) \tag{8-69}$$

式(8-69)亦可作为式(8-68)的近似式。

对于连续型生存年金的精算现值的计算,可以分别在式(8-68)和式(8-69)中令 $m\to\infty$ 得到:

$$\bar{a}_{xy}=\alpha(\infty)\ddot{a}_{xy}-\beta(\infty)-\frac{i}{\delta^2}\left(1-\frac{2}{\delta}+\frac{2}{i}\right)\sum_{k=0}^{\infty}v^{k+1}{}_{k}p_{xy}q_{x+k}q_{y+k} \tag{8-70}$$

近似计算式为:

$$\bar{a}_{xy}=\alpha(\infty)\ddot{a}_{xy}-\beta(\infty) \tag{8-71}$$

这里 $\alpha(\infty)=\dfrac{id}{\delta^2}$,$\beta(\infty)=\dfrac{i-\delta}{\delta^2}$。

以上我们讨论的都是联合生存状态,对于最后生存状态($\overline{xy}$)的各种年金精算现值,可由两个状态之间的关系求得,例如:

$$\ddot{a}_{\overline{xy}}^{(m)}=\ddot{a}_{x}^{(m)}+a_{y}^{(m)}-a_{xy}^{(m)}$$

例【8-12】　若在例8-10中把每年年初的年金给付额平分到每季度初给付,求该年金的精算现值(其中 $i=6\%$)。

解:通过 $i=0.06$ 算得 $d=0.0566038$,$i^{(4)}=0.0586954$,$d^{(4)}=0.0578466$。由此可得:

$$\alpha(4)=\frac{id}{i^{(4)}d^{(4)}}=1.0002652$$

$$\beta(4)=\frac{i-i^{(4)}}{i^{(4)}d^{(4)}}=0.3842339$$

$$\ddot{a}_{60}^{(4)}=\alpha(4)\ddot{a}_{60}-\beta(4)=10.764072$$

$$\ddot{a}_{70}^{(4)}=\alpha(4)\ddot{a}_{70}-\beta(4)=8.1872886$$

$$\ddot{a}_{60:70}^{(4)}=\alpha(4)\ddot{a}_{60:70}-\beta(4)=7.17414$$

所求年金的精算现值为:

$$\text{APV}=10\,000\ddot{a}_{60}^{(4)}+10\,000\ddot{a}_{70}^{(4)}-5\,000\ddot{a}_{60:70}^{(4)}=153\,642.91(\text{元})$$

第五节　与死亡顺序有关的多元生命函数

本节我们将考虑保险给付不仅依赖于状态的终止时刻,而且依赖于状态中单个生命的死亡顺序的情形。

一、(*x*)在(*y*)之前并在 *n* 年内死亡的情形

先从事件发生的概率来讨论。我们把“(x)在(y)之前死亡并在未来 n 年内死亡”这一事件发生的概率记为${}_nq_{xy}^{\,1}$,这里 x 上的 1 表示(x)在(y)之前死亡,n 表示(x)在未来 n 年内死亡。概率${}_nq_{xy}^{\,1}$是 $T(x)$,$T(y)$的联合密度函数在区域 $D=[T(x)\leqslant T(y),0\leqslant T(x)\leqslant n]$各自的密度函数之积。这时有:

$$\begin{aligned}{}_nq_{xy}^{\,1} &= \int_0^n\int_t^\infty {}_sp_y\mu_{y+s}\cdot{}_tp_x\mu_{x+t}\,\mathrm{d}s\mathrm{d}t = \int_0^n {}_tp_x\mu_{x+t}\left[\int_t^\infty {}_sp_y\mu_{y+s}\mathrm{d}s\right]\mathrm{d}t \\ &= \int_0^n {}_tp_x\mu_{x+t}\cdot{}_tp_y\,\mathrm{d}t = \int_0^n {}_tp_{xy}\mu_{x+t}\,\mathrm{d}t\end{aligned} \tag{8-72}$$

在 n 年之内,当(x)死亡时若(y)仍生存则给付 1 元的现值为:

$$Z=\begin{cases} v^{T(x)} & (T(x)\leqslant T(y)\text{且}0\leqslant T(x)\leqslant n) \\ 0 & (\text{其他})\end{cases}$$

那么趸缴纯保费为:

$$\bar{A}_{xy:\overline{n|}}^{\,1} = E(Z) = \int_0^n\int_t^\infty v^t\,{}_sp_y\mu_{y+s}\cdot{}_tp_x\mu_{x+t}\,\mathrm{d}s\mathrm{d}t = \int_0^n v^t\,{}_tp_{xy}\mu_{x+t}\,\mathrm{d}t \tag{8-73}$$

如果是终身寿险,则有:

$$\bar{A}_{xy}^{\,1} = \int_0^\infty v^t\,{}_tp_{xy}\mu_{x+t}\,\mathrm{d}t \tag{8-74}$$

二、(*y*)在(*x*)之后并在 *n* 年之内死亡的情形

再来看看(y)在(x)之后但在未来 n 年之内死亡的情形。这种情形发生的概率记为${}_nq_{xy}^{\;2}$,y 上的 2 表示(y)死于(x)之后,n 表示(y)在未来 n 年内死亡。这个概率是 $T(x)$,$T(x)$的联合密度函数在区域 $D=[T(x)\geqslant 0,T(x)\leqslant T(y)\leqslant n]$上的二重积分。当 $T(x)$,$T(y)$相互独立时,有:

$$ {}_nq_{xy}^{\;2} = \int_0^n\int_0^t {}_sp_x\mu_{x+s}\cdot{}_tp_y\mu_{y+t}\,\mathrm{d}s\mathrm{d}t = \int_0^n(1-{}_tp_x)\,{}_tp_y\mu_{y+t}\,\mathrm{d}t = {}_nq_y - {}_nq_{xy}^{\,1} \tag{8-75}$$

这种情形在(y)死亡时立即给付 1 元的现值为:

$$Z=\begin{cases} v^{T(y)} & (0\leqslant T(x)\leqslant T(y)\leqslant n) \\ 0 & (\text{其他})\end{cases}$$

那么趸缴纯保费为：

$$\bar{A}_{xy:\overline{n|}}^{\ \ 2} = E(Z) = \int_0^n \int_0^t v^t\ {}_sp_x\mu_{x+s} \cdot {}_tp_y\mu_{y+t}\mathrm{d}s\mathrm{d}t$$
$$= \int_0^n v^t(1 - {}_tp_x)\ {}_tp_y\mu_{y+t}\mathrm{d}t = \bar{A}^1_{y:\overline{n|}} - \bar{A}_{xy:\overline{n|}}^{\ \ 1} \tag{8-76}$$

如果是终身寿险，则趸缴纯保费为：

$$\bar{A}_{xy}^{\ \ 2} = \int_0^\infty v^t(1 - {}_tp_x)\ {}_tp_y\mu_{y+t}\mathrm{d}t = \bar{A}_y - \bar{A}_{xy}^{\ \ 1} \tag{8-77}$$

在式(8-75)中交换积分顺序可得：

$${}_nq_{xy}^{\ \ 2} = \int_0^n \int_s^n {}_sp_x\mu_{x+s}\ {}_tp_y\mu_{y+t}\mathrm{d}t\mathrm{d}s$$
$$= \int_0^n ({}_sp_y - {}_np_y)\ {}_sp_x\mu_{x+s}\mathrm{d}s = {}_nq^1_{xy} - {}_np_y\ {}_nq_x \tag{8-78}$$

于是可知：

$${}_nq^1_{xy} \geqslant {}_nq_{xy}^{\ \ 2}$$

三、在特殊假设下趸缴纯保费的计算

下面我们通过例题来说明在 Gompertz 假设和 Makeham 假设下趸缴纯保费的计算。由于 $\bar{A}_{xy:\overline{n|}}^{\ \ 2} = \bar{A}^1_{y:\overline{n|}} - \bar{A}_{xy:\overline{n|}}^{\ \ 1}$，所以只需讨论某个人在另一个人之前并在 n 年内死亡的情形即可，有关概率也可通过式(8-78)由一种情形计算另一种情形。

例【8-13】 设死力由 Gompertz 规律给出，在 $T(x)$ 与 $T(y)$ 相互独立的情况下，求：(1)在(x)死亡时若(y)仍生存，则立即给付 1 的 n 年定期保险的趸缴纯保费；(2)(x)先于(y)并在未来 n 年内死亡的概率。

解：(1)由所给条件，有 $\mu_{x+1} = BC^{x+t}$，$\mu_{y+t} = BC^{y+t}$ 及 $\mu_{xy}(t) = \mu_{x+t} + \mu_{y+t}$，于是所求趸缴纯保费为：

$$\bar{A}^1_{xy:\overline{n|}} = \int_0^n v^t \cdot {}_tp_{xy}BC^{x+t}\mathrm{d}t$$
$$= \frac{C^x}{C^x + C^y}\int_0^n v^t \cdot {}_tp_{xy}B(C^x + C^y)C^t\mathrm{d}t$$
$$= \frac{C^x}{C^x + C^y}\int_0^n v^t\ {}_tp_{xy}\mu_{xy}(t)\mathrm{d}t = \frac{C^x}{C^x + C^y}\bar{A}_{\overset{1}{(xy)}:\overline{n|}}$$

若令 $C^x + C^y = C^w$，此时 ${}_tp_{xy} = {}_tp_w$，$\mu_{xy}(t) = \mu_{w+t}$，则：

$$\bar{A}^1_{xy:\overline{n|}} = \frac{C^x}{C^w}\int_0^n v^t\ {}_tp_w\mu_{w+t}\mathrm{d}t = \frac{C^x}{C^w}\bar{A}^1_{w:\overline{n|}}$$

(2) ${}_nq^1_{xy}$ 在数值上等于 $\bar{A}^1_{xy:\overline{n|}}$ 中当 $v = 1$ 时的值，于是：

$$ {}_{n}q_{xy}^{1} = \frac{C^{x}}{C^{w}} \cdot {}_{n}q_{w} $$

例【8-14】 将上题死力的假设改为 Makeham 规律，计算所求的趸缴纯保费与概率。

解：(1)由所给条件有：

$$ \mu_{xy}(t) = \mu_{x+t} + \mu_{y+t} = 2A + B(C^{x} + C^{y})C^{t} $$

所求保费为：

$$ \begin{aligned} \bar{A}_{xy:\overline{n}|}^{1} &= \int_{0}^{n} v^{t}\ {}_{t}p_{xy}(A + BC^{x+t})\,\mathrm{d}t \\ &= A\int_{0}^{n} v^{t}\ {}_{t}p_{xy}\,\mathrm{d}t + \frac{C^{x}}{C^{x} + C^{y}}\int_{0}^{n} v^{t}\ {}_{t}p_{xy}B(C^{x} + C^{y})C^{t}\,\mathrm{d}t \\ &= A\left(1 - \frac{2C^{x}}{C^{x} + C^{y}}\right)\int_{0}^{n} v^{t}\ {}_{t}p_{xy}\,\mathrm{d}t \\ &\quad + \frac{C^{x}}{C^{x} + C^{y}}\int_{0}^{n} v^{t}\ {}_{t}p_{xy}[2A + B(C^{x} + C^{y})C^{t}]\,\mathrm{d}t \\ &= A\left(1 - \frac{2C^{x}}{C^{x} + C^{y}}\right)\bar{a}_{xy:\overline{n}|} + \frac{C^{x}}{C^{x} + C^{y}}\bar{A}_{(xy):\overline{n}|}^{\ 1} \end{aligned} $$

令 $2C^{w} = C^{x} + C^{y}$，此时 $\mu_{xy}(t) = \mu_{ww}(t)$，${}_{t}p_{ww} = {}_{t}p_{xy}$，于是：

$$ \bar{A}_{xy:\overline{n}|}^{1} = A\left(1 - \frac{C^{x}}{C^{w}}\right)\bar{a}_{ww:\overline{n}|} + \frac{C^{x}}{2C^{w}}\bar{A}_{(ww):\overline{n}|}^{1} $$

(2)同样，在 $\bar{A}_{xy:\overline{n}|}^{1}$ 中令 $v = 1$，便得到：

$$ \begin{aligned} {}_{n}q_{xy}^{1} &= A\left(1 - \frac{2C^{x}}{2C^{w}}\right)\int_{0}^{n} {}_{t}p_{ww}\,\mathrm{d}t + \frac{C^{x}}{2C^{w}}\int_{0}^{n} {}_{t}p_{ww}\mu_{ww}(t)\,\mathrm{d}t \\ &= A\left(1 - \frac{C^{x}}{C^{w}}\right)\mathring{e}_{ww:\overline{n}|} + \frac{C^{x}}{2C^{w}} \cdot {}_{n}q_{ww} \end{aligned} $$

最后我们看看均匀分布的假设对趸缴纯保费的影响，(x)先于(y)死亡年末给付 1 的保险的趸缴纯保费为：

$$ A_{xy}^{1} = \sum_{k=0}^{\infty} v^{k+1}\ {}_{k}p_{xy}\,q_{\overset{1}{x+k}:y+k} \tag{8-79} $$

在每个人的死亡发生于各年龄内服从均匀分布的假设下，有：

$$ q_{\overset{1}{x+k}:y+k} = \int_{0}^{1} {}_{s}p_{x+k:y+k}\mu_{x+k+s}\,\mathrm{d}s = \int_{0}^{1} q_{x+k}(1 - sq_{y+k})\,\mathrm{d}s = q_{x+k}\left(1 - \frac{1}{2}q_{y+k}\right) \tag{8-80} $$

现将 ${}_{s}p_{x+k:y+k}\mu_{x+k+s}$ 用 $q_{\overset{1}{x+k}:y+k}$ 表示如下：

$$ {}_{s}p_{x+k:y+k}\mu_{x+k+s} = q_{x+k}(1 - sq_{y+k}) = q_{x+k}\left(1 - \frac{1}{2}q_{y+k}\right) + \left(\frac{1}{2} - s\right)q_{x+k}q_{y+k} $$

$$= q_{\overset{1}{x+k}:y+k} + \left(\frac{1}{2} - s\right) q_{x+k} q_{y+k} \tag{8-81}$$

那么对于在(x)死亡时立即给付的情形,趸缴纯保费为:

$$\bar{A}_{xy}^{1} = \sum_{k=0}^{\infty} v^{k} {}_{k}p_{xy} \int_{0}^{1} v^{s} {}_{s}p_{x+k:y+k} \mu_{x+k+s} \mathrm{d}s$$

$$= \sum_{k=0}^{\infty} v^{k+1} {}_{k}p_{xy} \left[q_{\overset{1}{x+k}:y+k} \int_{0}^{1} (1+i)^{1-s} \mathrm{d}s \right.$$

$$\left. + q_{x+k} q_{y+k} \int_{0}^{1} (1+i)^{1-s} \left(\frac{1}{2} - s\right) \mathrm{d}s \right]$$

$$= \frac{i}{\delta} A_{xy}^{1} - \frac{1}{2} \frac{i}{\delta} \left(1 - \frac{2}{\delta} + \frac{2}{i}\right) \sum_{k=0}^{\infty} v^{k+1} {}_{k}p_{xy} q_{x+k} q_{y+k} \tag{8-82}$$

上式的第二项对于整个保费来说非常小,它为式(8-64)中第二项的1/2,通常可略去而得到近似计算式:

$$\bar{A}_{xy}^{1} \approx \frac{i}{\delta} A_{xy}^{1}$$

习　题

下列问题中均假设各生命的未来生存时间为相互独立的随机变量。

1. 利用单个生命的生存概率${}_{n}p_{x}$和${}_{n}p_{y}$表示:

   (1)(xy)将存续n年的概率;

   (2)(x)和(y)中恰好有一个活过n年的概率;

   (3)(x)和(y)中至少有一个活过n年的概率;

   (4)(xy)将在n年内终止的概率;

   (5)(x)和(y)两者都在n年内死亡的概率;

   (6)(x)和(y)至少有一人在n年内死亡的概率。

2. 证明(x)活过n年且(y)活过$n-1$年的概率可表示为:

$$\frac{{}_{n}p_{x:y-1}}{p_{y-1}} \text{或} p_{x} \cdot {}_{n-1}p_{x+1:y}$$

3. 给出${}_{25}P_{25:50}=0.2$和${}_{15}P_{25}=0.9$,计算40岁的人活过75岁的概率。

4. 如果$\mu_{x}=\dfrac{1}{100-x}$　$(0 \leqslant x < 100)$,计算:

   (1)${}_{10}P_{40:50}$　　(2)$\mathring{e}_{40:50}$　　(3)$\mathrm{Var}[T(45:50)]$

5. 求:$\dfrac{\mathrm{d}e_{xx}}{\mathrm{d}x}$

6. 证明(30)和(40)在同一年内死亡的概率可表示为：

$$1+e_{30:40}-p_{30}(1+e_{31:40})-p_{40}(1+e_{30:41})+p_{30:41}(1+e_{31:41})$$

7. 证明(30)和(40)在同一年龄内死亡的概率可表示为：

$$_{10}p_{30}(1+e_{40:40})-2\,_{11}p_{30}(1+e_{40:41})+p_{40}\cdot{}_{11}p_{30}(1+e_{41:41})$$

8. 设 A 和 B 两人的死亡力分别为：

$$\begin{cases}\mu_x^A=\ln\dfrac{10}{9} & (\text{对所有 } x)\\[2ex] \mu_x^B=\ln\dfrac{1}{10-x} & (0\leqslant x<10)\end{cases}$$

A 和 B 现在恰好都是 1 岁，求二人中第一个死亡发生在 3 ~5 岁之间的概率。

9. 以单生命和联合生命状态下的年金表示下面年金的精算现值：

(1)若(25)和(30)两人中至少有一人在 50 岁前存活，则该年金将连续支付，年支付额为 1。

(2)只要(25)或(30)两人在 50 岁以后存活，则该延期年金在当年年末支付额为 1。

10. 设 $\mu_x=\dfrac{1}{100}$ $(0\leqslant x<100)$，计算：

(1) $_{10}p_{\overline{40:50}}$ (2) $\mathring{e}_{\overline{40:50}}$

(3) $\mathrm{Var}[T(\overline{40:50})]$ (4) $\mathrm{Cov}[T(40:50),T(\overline{40:50})]$

11. 用单个生命状态的死亡概率、生存概率和死亡力表示(40)和(50)中最后一个生存者在 70 ~75 岁死亡的概率。

12. 设两个 x 岁的人具有相同的寿命分布，求$_tp_{\overline{xx}}-{}_tp_x$的最大可能取值。

13. 证明：$a_{\overline{(xy):\overline{n}|}}=a_{\overline{n}|}+{}_{\overline{n}|}a_{xy}$

并说明该年金的基本给付。

14. 对于趸缴纯保费 $\bar{A}_{\overline{x:\overline{n}|}}$，说明该保险的给付方式，并证明：

$$\bar{A}_{\overline{x:\overline{n}|}}=\bar{A}_x-\bar{A}_{x:\overline{n}|}+v^n$$

15. 年给付额为 1 元的连续型年金的给付条件为：(30)与(45)至少一人活着时给付，但当(30)仍活着并且在 40 岁以下时不给付。求该年金的精算现值。

16. 对于(25)和(30)，当其中至少有一人活着并在 50 岁以下时，可以获得年给付额为 1 元的连续型年金给付。试用单生命年金值和联合生命年金值表示该年金的精算现值。

17. 若在 50 岁以后，只要(25)和(30)中至少有一人活着，便可在每年年末获得 1 个单位的年金给付。试用单生命年金值和联合生命年金值表示该延期年金的精算现值。

18. 一个关于$(\overline{xy})$的 n 年期期初付年金,当两人都生存时给付额为 1 元,(x)死亡时给付额减为 1/2 元,而(y)死亡时减为 1/3 元。求此年金的精算现值。

19. 只要(x)在(y)活着时或在(y)死亡后 n 年内仍生存,则可获得给付额为 1 元的年末年金给付,但年金的最长给付期为 m 年,$m>n$。证明该年金的精算现值为:

$$a_{x:\overline{n}|}+{}_nE_x a_{(x+n:y):\overline{m-n}|}$$

20. 年给付额为 1 元的连续型年金,当(40)和(55)中至少一人生存并超过 60 岁时给付,当(40)活着并在 55 岁以下时不予给付。请给出此年金的精算现值表达式。

21. 关于(x)和(y)的一限制性联合与生存者年金,当(x)生存时每年按一初始给付率给付。如果(y)在(x)死亡后仍生存时,则按初始给付率的一个比例 p 继续给付直至(y)死亡,这里 $1/2\leqslant p\leqslant 1$。

(1)如果初始给付率为 1,每年分 m 期并在期初给付,试用单生命年金与联合生命年金的精算现值表示该年金的精算现值。

(2)关于(x)和(y)的一个限制性联合与生存者年金与关于(x)的一个生存年金在给定假设下是精算等价的,如果在该假设下它们具有相等的精算现值,试求限制性联合与生存者年金的给付率与精算等价的生存年金的给付率之比的表达式。

22. 对于联合生存状态(xy),如果:

(1)死亡率服从 Gompertz 规律且 $C=2^{0.2}$,那么 $\ddot{a}_{xy}=\ddot{a}_{56}$;

(2)死亡率服从 Makeham 规律且 $C=2^{0.2}$,那么 $\ddot{a}_{xy}=\ddot{a}_{zz}$。求 z。

23. 设正常人的死亡服从 De Moivre 死亡律$(\omega=100)$,有额外风险的人(如抽烟者)的死亡力则为与其同龄的正常人死亡力的 2 倍,求正常的 40 岁的人和有额外风险的 50 岁的人在联合生命状态下的平均余寿。

24. 设 20 岁以后的死力符合 Makeham 假设:$1\,000\mu_x=0.7+0.05(10^{0.04})^x$,$x\geqslant 20$。又设 $i=0.06$,并给出${}_{20}P_{50}=0.7391608$ 以及 $\ddot{a}_{56:56}=10.222\,73$,$\ddot{a}_{57:57}=9.969\,64$,$\ddot{a}_{66:66}=7.856\,58$,$\ddot{a}_{67:67}=7.318\,67$,计算 $\ddot{a}_{(50:60):\overline{10}|}$。

25. 所给生命表适合 Makeham 规律,状态(ww)是相应于年龄 x 和 y 的等价相同年龄状态。证明:

(1)${}_tp_w$是${}_tp_x$和${}_tp_y$ 的几何平均值;

(2)${}_tp_x+{}_tp_y>2\,{}_tp_w$,$x\neq y$;

(3)$a_{\overline{xy}}>a_{\overline{ww}}$,$x\neq y$。

26. 所给生命表适合 Makeham 规律，证明 $\bar{a}_{xy}$ 等于(w)的单个生存年金的精算现值，这里 $C^w = C^x + C^y$，利用利息力 $\delta' = \delta + A$，并进一步证明：

$$\bar{A}_{xy} = \bar{A}'_w + A\,\bar{a}'_w$$

这里带撇号的函数是以利息力 δ'计算的。

27. 考虑两个生命表，关于男性的记为 M，关于女性的记为 F，并且分别具有死力：

$$\mu_z^M = 3a + \frac{3bz}{2}, \mu_z^F = a + bz$$

我们希望利用关于一男一女年龄均为 w 的两个生命精算现值表，计算 x 岁的男性和 y 岁的女性的联合生存年金的精算现值。试用 x 和 y 表示 w。

28. 设 $q_x = q_y = 1$，且对于(x)和(y)，死亡的发生在这一年龄内服从均匀分布，求 $\mathring{e}_{xy}$。

29. 一保险在(50)死亡时立即为已死亡或已达到 40 岁的(20)提供 1 单位保险金，试用单生命保险和最初死亡者保险的趸缴纯保费表示该保险的趸缴纯保费。

30. 一保险在(y)死亡后 n 年内(x)死亡时立即给付 1 单位保险金，试用生存保险和最初死亡者保险的趸缴纯保费表示该保险的趸缴纯保费。

31. 设 $\mu_x = \dfrac{1}{100 - x}, 0 \leqslant x < 100$，计算 ${}_{25}q_{25:50}^{\;\;2}$。

32. 在适合 Makeham 规律的生命表中给出 $A = 0.003$ 和 $C^{10} = 3$。

(1)若 $\mathring{e}_{45:50} = 17$，计算 ${}_{\infty}q_{40:50}^{1}$；

(2)用 $\bar{A}_{40:50}$ 和 $\bar{a}_{40:50}$ 表示 $\bar{A}_{40:50}^{1}$。

33. 所给死亡率服从 Gompertz 规律并且 $\mu_x = 10^{-4}2^{x/8}$，又由式(8-75)给出 $\bar{A}^1_{40:48:\overline{10|}} = f\bar{A}^1_{w:\overline{10|}}$，求 f 与 w。

34. 若死亡的发生在各年龄内服从均匀分布，证明对任意 x 和 y 及 $j = 1,2,3,\cdots,m$，有：

$${}_{(j-1)/m}p_{xy} - {}_{j/m}p_{xy} = \frac{1}{m}q_{xy} + \frac{m+1-2j}{m^2}q_x q_y$$

35. 证明在(x)死亡的年末(y)仍生存时给付 1 的保险的趸缴纯保费可表示为：

$$vp_y\ddot{a}_{x:y+1} - a_{xy}$$

36. 证明：

$$A_{xy}^1 - A_{xy}^{\;\;2} = A_{xy} - A_y$$

37. 设 $T(30)$和 $T(50)$相互独立，且二者都有相同的常数死亡力 0.05，已知 $\delta =$

0.03，求 $\bar{A}^{1}_{30:50}$。

38. 设 $T(x)$ 和 $T(y)$ 相互独立，且二者具有不同的常数死亡力。已知 $\delta=0.05$，$\bar{a}_x=14$，$\bar{a}_{xy}=10$。求：(1) (y) 的死亡力；(2) ${}_{\infty}q^{1}_{xy}$。

第九章　多重减因模型

前一章我们把建立在单一生命状态上的精算理论推广到包含多个生命的状态上，但仅考虑了死亡这一决定未来存续时间的惟一因素，而在实际中，往往存在着多种影响状态未来存续时间的因素。例如，同一单位的员工人数会因辞职、残废、死亡或退休而减少，而需要对未来不同年度内仍在职的人数进行估计。在员工保险计划中，保险给付额依赖于事故的不同性质，如退休的给付常常与死亡或残废给付不同。在伤病收入保险中，被保险人在伤病后可获得定期的给付，而有些伤病收入保险的定期给付额因导致工作能力丧失的因素不同而不同，如疾病导致的工作能力丧失与安全事故导致的工作能力丧失的定期给付额是不同的。而且被保险人可能因为死亡、解约、调离或期满而终止保险，此时保险人是否给付以及给付多少均因事故不同而不同。

从上面列举的例子可以看到，除了讨论状态的未来存续时间以外，我们还应考虑导致状态终止的因素。本章将这两者作为随机变量，建立单一生命状态的存在多种终止因素的保险模型，并称其为多重减因模型（multiple decrement models）。那么前面各章所讨论的保险模型也可称为一重减因模型。在多重减因模型中，状态的终止不仅限于被保险人的死亡，也包括由解约（退保）、退休、残废及期满等原因导致的保险之终止。

第一节　存续时间与终止原因的概率分布

我们仍将状态(x)的未来存续时间记为$T(x)$，或简记为T。这时$T(x)$表示从状态(x)建立后到因某种原因导致其终止时所经过的时间。状态(x)终止的原因记为$J(x)$，简记为J。我们将状态终止的原因按自然数顺序编号，这样J便是一个离散型随机变量。例如，在员工保险计划中，可令$J=1,2,3,4$，分别表示状态(x)终止是由辞职、残废、死亡或退休所致；在伤病收入保险中，则可令$J=1,2,3,4$，分别表示状态(x)终止的原因为死亡、解约、残废或期满。J的取值可根据具体情况自由选择，只需指明其含义即可。

一、联合分布与边沿分布

随机变量 T 与 J 的联合分布可由联合概率密度函数 $f(t,j)$ 给出，这里设 T 的值域为 $[0,+\infty]$，J 的值域为 $\{1,2,3,\cdots,m\}$。

通过联合概率密度函数 $f(t,j)$，我们可以表示如下概率：

由原因 j 导致状态 (x) 在时刻 t 前终止的概率记为 ${}_tq_x^{(j)}$，那么：

$$\begin{aligned}{}_tq_x^{(j)} &= Pr(0 \leqslant T \leqslant t,\ J = j) \\ &= \int_0^t f(s,j)\,\mathrm{d}s \qquad (t \geqslant 0, j = 1,2,\cdots,m)\end{aligned} \tag{9-1}$$

状态 (x) 在时刻 t 前终止的概率，即不论何种原因导致状态 (x) 在时刻 t 前终止的概率，记为 ${}_tq_x^{(\tau)}$，则：

$${}_tq_x^{(\tau)} = Pr(T \leqslant t) = \sum_{j=1}^{m}\int_0^t f(s,j)\,\mathrm{d}s \tag{9-2}$$

那么状态 (x) 在时刻 t 仍存续的概率便是：

$${}_tp_x^{(\tau)} = 1 - {}_tq_x^{(\tau)} \tag{9-3}$$

状态 (x) 将由原因 j 导致终止的概率为 ${}_\infty q_x^{(j)}$，有：

$${}_\infty q_x^{(j)} = Pr(T \leqslant \infty, J = j) = \int_0^\infty f(s,j)\,\mathrm{d}s \quad (j = 1,2,\cdots,m) \tag{9-4}$$

这 m 个概率便构成了随机变量 J 的边沿分布律，记为 $h(j)$，即：

$$h(j) = {}_\infty q_x^{(j)} = \int_0^\infty f(s,j)\,\mathrm{d}s \qquad (j = 1,2,\cdots,m)$$

因为是边沿分布律，故有：

$$\sum_{j=1}^{m} h(j) = 1$$

随机变量 T 的边沿密度函数记为 $g(t)$，则：

$$g(t) = \sum_{j=1}^{m} f(t,j) \tag{9-5}$$

因为是边沿密度函数，故有：

$$\int_0^\infty g(t)\,\mathrm{d}t = 1$$

T 的边沿分布函数记为 $G(t)$，那么：

$$\begin{aligned}G(t) &= \int_0^t g(s)\,\mathrm{d}s = \int_0^t \sum_{j=1}^{m} f(s,j)\,\mathrm{d}s \\ &= \sum_{j=1}^{m}\int_0^t f(s,j)\,\mathrm{d}s = {}_tq_x^{(\tau)}\end{aligned} \tag{9-6}$$

即状态(x)在时刻t前终止的概率。

二、终止力函数与条件分布

类似于一重减因模型，在多重减因模型中，我们将状态(x)在$x+t$岁的终止力定义为：

$$\mu_{x+t}^{(\tau)}=\frac{G'(t)}{1-G(t)}=\frac{g(t)}{1-G(t)} \tag{9-7}$$

由式(9-6)和式(9-3)，有：

$$\begin{aligned}\mu_{x+t}^{(\tau)}&=\frac{1}{{}_tp_x^{(\tau)}}\cdot\frac{\mathrm{d}}{\mathrm{d}t}{}_tq_x^{(\tau)}\\&=-\frac{1}{{}_tp_x^{(\tau)}}\cdot\frac{\mathrm{d}}{\mathrm{d}t}{}_tp_x^{(\tau)}=-\frac{\mathrm{d}}{\mathrm{d}t}\ln{}_tp_x^{(\tau)}\end{aligned} \tag{9-8}$$

由上式可解得：

$${}_tp_x^{(\tau)}=\exp\left[-\int_0^1\mu_{x+s}^{(\tau)}\mathrm{d}s\right] \tag{9-9}$$

由原因j导致状态(x)在$x+t$岁终止的终止力可以定义为：

$$\mu_{x+s}^{(j)}=\frac{f(t,j)}{1-G(t)}=\frac{f(t,j)}{{}_tp_x^{(\tau)}} \tag{9-10}$$

于是联合概率密度函数可用精算符号表示为：

$$f(t,j)={}_tp_x^{(\tau)}\cdot\mu_{x+t}^{(j)}$$

由式(9-1)对t求导，得：

$$\frac{\mathrm{d}}{\mathrm{d}t}{}_tq_x^{(j)}=f(t,j)$$

于是又可将$\mu_{x+t}^{(j)}$表示为：

$$\mu_{x+t}^{(j)}=\frac{1}{{}_tp_x^{(\tau)}}\cdot\frac{\mathrm{d}}{\mathrm{d}t_t}{}_tq_x^{(j)} \tag{9-11}$$

由式(9-1)、式(9-2)可得：

$${}_tq_x^{(\tau)}=\sum_{j=1}^m{}_tq_x^{(j)} \tag{9-12}$$

两边对t求导并除以${}_tp_x^{(\tau)}$便得：

$$\mu_{x+t}^{(\tau)}=\sum_{j=1}^m\mu_{x+t}^{(j)} \tag{9-13}$$

式(9-12)和式(9-13)表明各种原因导致状态终止的概率及各种原因产生的终止力都具有可加性，它们的和即分别为终止概率和终止力。

由式(9-5)、式(9-10)、式(9-13)可得：

$$g(t)=\sum_{j=1}^{m}f(t,j)=\sum_{j=1}^{m}{}_tp_x^{(\tau)}\mu_{x+t}^{(j)}={}_tp_x^{(\tau)}\sum_{j=1}^{m}\mu_{x+t}^{(j)}={}_tp_x^{(\tau)}\mu_{x+t}^{(\tau)}$$

当状态(x)在t时刻终止时，J的条件分布律则为：

$$\begin{aligned}h(j\mid T=t)&=\frac{Pr(T=t,J=j)}{Pr(T=t)}=\frac{f(t,j)}{g(t)}\\&=\frac{{}_tp_x^{(\tau)}\mu_{x+t}^{(j)}}{{}_tp_x^{(\tau)}\mu_{x+t}^{(\tau)}}=\frac{\mu_{x+t}^{(j)}}{\mu_{x+t}^{(\tau)}}\qquad(j=1,2,\cdots,m)\end{aligned}\tag{9-14}$$

状态(x)在给定j的条件下，T的条件分布密度函数为：

$$g(t\mid J=j)=\frac{Pr\{T=t,J=j\}}{Pr\{J=j\}}=\frac{f(t,j)}{h(j)}$$

到此，我们已把T和J的联合概率密度函数、边沿密度函数、边沿分布律和条件分布律、条件分布密度函数用精算符号表示出来，现将其概括如下：

$$f(t,j)={}_tp_x^{(\tau)}\cdot\mu_{x+t}^{(j)}$$

$$g(t)={}_tp_x^{(\tau)}\cdot\mu_{x+t}^{(j)}$$

$$h(j)={}_\infty q_x^{(j)}$$

$$h(j\mid T=t)=\frac{\mu_{x+t}^{(j)}}{\mu_{x+t}^{(\tau)}}$$

$$g(t\mid J=j)=\frac{f(t,j)}{h(j)}$$

例【9-1】　考虑具有两个终止原因的多重减因模型，其终止力如下：

$$\mu_{x+t}^{(1)}=\frac{t}{100},\mu_{x+t}^{(2)}=\frac{1}{100}\qquad(t\geqslant0)$$

求该模型的联合密度函数、边沿密度函数（或分布律）及条件分布律。

解：先求$\mu_{x+t}^{(\tau)}$与${}_tp_x^{(\tau)}$：

$$\mu_{x+t}^{(\tau)}=\mu_{x+t}^{(1)}+\mu_{x+t}^{(2)}=\frac{t+1}{100}$$

$$\begin{aligned}{}_tp_{x+t}^{(\tau)}&=\exp\left[-\int_0^t\frac{s+1}{100}\mathrm{d}s\right]\\&=\exp[-(t^2+2t)/200]\qquad(t\geqslant0)\end{aligned}$$

于是T和J的联合密度函数为：

$$f(t,j)=\begin{cases}\dfrac{t}{100}\exp[-(t^2+2t)/200]&(t\geqslant0,j=1)\\[2ex]\dfrac{1}{100}\exp[-(t^2+2t)/200]&(t\geqslant0,j=2)\end{cases}$$

T 的边沿密度函数为：

$$g(t) = \sum_{j=1}^{2} f(t,j) = \frac{t+1}{100}\exp[-(t^2+2t)/200] \qquad (t \geqslant 0)$$

J 的边沿分布律为：

$$h(j) = \begin{cases} \int_0^\infty f(t,1)\,\mathrm{d}t & (j=1) \\ \int_0^\infty f(t,2)\,\mathrm{d}t & (j=2) \end{cases}$$

因为：
$$\begin{aligned} h(2) &= \int_0^\infty \frac{1}{100}\exp[-(t^2+2t)/200]\,\mathrm{d}t \\ &= \frac{1}{100}\mathrm{e}^{0.005}\int_0^\infty \exp[-(t+1)^2/200]\,\mathrm{d}t \\ &= \frac{1}{100}\mathrm{e}^{0.005}\sqrt{2\pi}10\int_0^\infty \frac{1}{\sqrt{2\pi}10}\exp[-(t+1)^2/200]\,\mathrm{d}t \\ &= \frac{1}{10}\mathrm{e}^{0.005}\sqrt{2\pi}10\int_{0.1}^\infty \frac{1}{\sqrt{2\pi}}\exp(-z^2/2)\,\mathrm{d}z \\ &= \frac{1}{10}\mathrm{e}^{0.005}\sqrt{2\pi}[1-\varphi(0.1)] = 0.1159 \end{aligned}$$

其中 $\varphi(x)$ 为标准正态分布的分布函数,从而：

$$h(1) = 1 - 0.1159 = 0.8841$$

最后求得给定状态在 t 时刻终止的 J 的条件分布律为：

$$h(j|t) = \begin{cases} \mu_{x+t}^{(1)}/\mu_{x+t}^{(\tau)} = \dfrac{t}{t+1} & (j=1) \\ \mu_{x+t}^{(2)}/\mu_{x+t}^{(\tau)} = \dfrac{1}{t+1} & (j=2) \end{cases}$$

例【9-2】 在上题所给条件下,求 $E(T)$ 和 $E(T|J=2)$。

解：
$$\begin{aligned} E(T) &= \int_0^\infty t g(t)\,\mathrm{d}t \\ &= \int_0^\infty t\left\{\frac{t+1}{100}\exp[-(t^2+2t)/200]\right\}\mathrm{d}t \\ &= -t\cdot\exp[-(t^2+2t)/200]\Big|_0^\infty + \int_0^\infty \exp[-(t^2+2t)/200]\,\mathrm{d}t \\ &= 0 + 100h(2) = 11.59 \end{aligned}$$

$$\begin{aligned} E(T|J=2) &= \int_0^\infty t\frac{f(t,2)}{h(2)}\,\mathrm{d}t \\ &= \frac{1}{0.1159}\int_0^\infty t\{100^{-1}\exp[-(t^2+2t)/200]\}\,\mathrm{d}t \end{aligned}$$

$$= \frac{h(1)}{0.1159} = 7.63$$

由以上两个例子可以看出，只要确定了 T 和 J 的联合密度函数，相应的边沿分布、条件分布、矩和条件矩均可由此求得。

三、存续整年数与终止原因的联合分布律

最后我们看看状态(x)未来存续整年数 $K=[T]$ 与终止原因 J 的联合分布。K 和 J 的联合分布律可表示为：

$$\begin{aligned} Pr(K=k,J=j) &= Pr(k<T\leqslant k+1,J=j) \\ &= \int_k^{k+1} {}_tp_x^{(\tau)}\mu_{x+t}^{(j)}\mathrm{d}t \\ &= {}_kp_x^{(\tau)}\int_0^1 {}_sp_{x+k}^{(\tau)}\mu_{x+k+s}^{(j)}\mathrm{d}s = {}_kp_x^{(\tau)}q_{x+k}^{(j)} \end{aligned} \tag{9-15}$$

这里：

$$q_{x+k}^{(j)} = \int_0^1 {}_sp_{x+k}^{(\tau)}\mu_{x+k+s}^{(j)}\mathrm{d}s \tag{9-16}$$

为已知状态(x)存续到 $x+k$ 岁时由原因 j 导致其在下一年内终止的概率。

状态(x)存续到 $x+k$ 岁在下一年内终止的概率则为：

$$q_{x+k}^{(\tau)} = \int_0^1 {}_sp_{x+k}^{(\tau)}\mu_{x+k+s}^{(\tau)}\mathrm{d}s = \int_0^1 p_{x+k}^{(\tau)}\sum_{j=1}^m\mu_{x+k+s}^{(j)}\mathrm{d}s = \sum_{j=1}^m q_{x+k}^{(j)} \tag{9-17}$$

从上式可以看出，若状态在 $x+k$ 岁至 $x+k+1$ 岁间的终止概率不变，则由原因 j 导致终止的概率将会因由其他原因导致终止的概率增大而减小。因此，多重减因模型也称为竞争减因模型。

第二节　存续者群体模型

对于多重减因模型，我们可以从两种不同的观点来看待一个群体。从概率论的观点来看，对于一个群体，在未来某一时刻仍在群体中的人数和未来某一段时间离开群体的人数都是随机变量，是无法事先确定的，因此，只有通过数学期望来反映群体人数的变化才有意义。在这个观点下，我们把所考察的群体称为随机存续群体。而从生物学的观点来看，一个群体的人数受某些负增长因素或一综合负增长因素的影响而不断减少。未来某一时刻群体的人数和未来某一段时间离开群体的人数均可由群体初始人数和负增长因素确定。在这个观点下，我们把所考察的群体称为确定存续群体。

下面我们就分别从这两种观点出发来讨论问题。

一、随机存续群体模型

我们考虑一个由 $l_a^{(\tau)}$ 个年龄为 a 岁的人组成的群体，其中每个人在未来离开该群体的时间和原因的联合分布由密度函数 $f(t,j) = {}_tp_a^{(\tau)}\mu_{a+t}^{(j)}$（$t \geqslant 0, j = 1, 2, \cdots, m$）确定。在 x 岁到 $x+n$ 岁之间，由于原因 j 而离开群体的人数是一随机变量，记为 ${}_nD_x^{(j)}$，$x \geqslant a$。其数学期望记为 ${}_nd_x^{(j)}$，从而可得：

$$
\begin{aligned}
{}_nd_x^{(j)} &= E[{}_nD_x^{(j)}] = l_a^{(\tau)} Pr(x - a \leqslant T \leqslant x + n - a, J = j) \\
&= l_a^{(\tau)} \int_{x-a}^{x+n-a} {}_tp_a^{(\tau)} \mu_{a+t}^{(j)} \mathrm{d}t \qquad (9\text{-}18)
\end{aligned}
$$

当 $n=1$ 时，我们将 ${}_nD_x^{(j)}$ 和 ${}_nd_x^{(j)}$ 简记为 $D_x^{(j)}$ 和 $d_x^{(j)}$。在 x 岁到 $x+n$ 岁之间离开群体的人数记为 ${}_nD_x^{(\tau)}$，$x \geqslant a$。因为有 ${}_nD_x^{(\tau)} = \sum_{j=1}^{m} {}_nD_x^{(j)}$，从而可得其数学期望：

$$
{}_nd_x^{(\tau)} = E[{}_nD_x^{(\tau)}] = \sum_{j=1}^{m} {}_nd_x^{(j)} \qquad (9\text{-}19)
$$

将式(9-1)代入，得：

$$
{}_nd_x^{(\tau)} = l_a^{(\tau)} \sum_{j=1}^{m} \int_{x-a}^{x+n-a} {}_tp_a^{(\tau)} \mu_{a+t}^{(j)} \mathrm{d}t = l_a^{(\tau)} \int_{x-a}^{x+n-a} {}_tp_a^{(\tau)} \mu_{a+t}^{(\tau)} \mathrm{d}t \qquad (9\text{-}20)
$$

在所有减因作用下到 x 岁时仍在该群体的人数是一随机变量，记为 $L^{(\tau)}(x)$。其数学期望记为 $l_x^{(\tau)}$，得：

$$
l_x^{(\tau)} = E[L^{(\tau)}(x)] = l_a^{(\tau)} {}_{x-a}p_a^{(\tau)} \qquad (9\text{-}21)
$$

最后，在式(9-18)中令 $s = t - (x - a)$，得到 x 岁到 $x+n$ 岁之间由于原因 j 而离开群体的人数的均值为：

$$
\begin{aligned}
{}_nd_x^{(j)} &= l_a^{(\tau)} \int_0^n {}_{s+x-a}p_a^{(\tau)} \mu_{x+s}^{(j)} \mathrm{d}s = l_a^{(\tau)} {}_{x-a}p_a^{(\tau)} \int_0^n {}_sp_x^{(\tau)} \mu_{x+s}^{(j)} \mathrm{d}s \\
&= l_a^{(\tau)} \int_0^n {}_sp_x^{(\tau)} \mu_{x+s}^{(j)} \mathrm{d}s
\end{aligned}
$$

再由式(9-10)和式(9-1)得：

$$
{}_nd_x^{(j)} = l_x^{(\tau)} {}_nq_x^{(j)} \qquad (9\text{-}22)
$$

当 $n=1$ 时，上式成为 $d_x^{(j)} = l_x^{(\tau)} q_x^{(j)}$。

通过式(9-21)和式(9-22)，我们可以从关于 $p_x^{(\tau)}$ 和 $q_x^{(j)}$ 的数值表得到相应的关于 $l_x^{(\tau)}$ 和 $d_x^{(j)}$ 的数值表。这两种表都称为多重减因表。

例【9-3】 设 $l_{65}^{(\tau)} = 1\ 000$，根据表 9-1 构造关于 $l_x^{(\tau)}$ 和 $d_x^{(j)}$ 的数值表。

表 9-1

x	$q_x^{(1)}$	$q_x^{(2)}$
65	0.02	0.05
66	0.03	0.06
67	0.04	0.07
68	0.05	0.08
69	0.06	0.09
70	0.00	1.00

解：由 $q_x^{(\tau)}=q_x^{(1)}+q_x^{(2)}$，$p_x^{(\tau)}=1-q_x^{(\tau)}$ 及式(9-21)和式(9-22)可得如下多重减因表(表 9-2)。

表 9-2

x	$q_x^{(1)}$	$q_x^{(2)}$	$q_x^{(\tau)}$	$p_x^{(\tau)}$	$l_x^{(\tau)}=l_{x-1}^{(\tau)}p_{x-1}^{(\tau)}$	$d_x^{(1)}=l_x^{(\tau)}q_x^{(1)}$	$d_x^{(2)}=l_x^{(\tau)}q_x^{(2)}$
65	0.02	0.05	0.07	0.93	1 000.00	20.00	50.00
66	0.03	0.06	0.09	0.91	930.00	27.90	55.80
67	0.04	0.07	0.11	0.89	846.30	33.85	59.24
68	0.05	0.08	0.13	0.87	753.21	37.66	60.26
69	0.06	0.09	0.15	0.85	655.29	39.32	58.98
70	0.00	1.00	1.00	0.00	557.00	0.00	557.00

注意 $l_{x+1}^{(\tau)}=l_x^{(\tau)}-d_x^{(1)}-d_x^{(2)}$，它可作为表中最后三栏数值计算的检验，但舍入误差的存在是可能的。

利用表 9-2 中的数值，我们可以把由基本原理求得的某些概率与由表中最后三栏求得的这些概率作一比较。由基本原理求得如下概率：

$${}_2p_{65}^{(\tau)}=p_{65}^{(\tau)}p_{66}^{(\tau)}=(0.93)(0.91)=0.8463$$

$${}_{2|}q_{66}^{(1)}=p_{66}^{(\tau)}p_{67}^{(\tau)}q_{68}^{(1)}=(0.91)(0.89)(0.05)=0.0405$$

$${}_2q_{67}^{(2)}=q_{67}^{(2)}+p_{67}^{(\tau)}q_{68}^{(2)}=0.07+(0.89)(0.08)=0.1412$$

由表中最后三栏求得相应的概率如下：

$${}_2p_{65}^{(\tau)}=\frac{l_{67}^{(\tau)}}{l_{65}^{(\tau)}}=\frac{846.30}{1\ 000.00}=0.8463$$

$$ {}_{2|}q_{66}^{(1)} = \frac{d_{68}^{(1)}}{l_{66}^{(\tau)}} = \frac{37.66}{930.00} = 0.0405 $$

$$ {}_{2}q_{67}^{(2)} = \frac{d_{67}^{(2)} + d_{68}^{(2)}}{l_{67}^{(\tau)}} = \frac{59.24 + 60.26}{846.30} = 0.1412 $$

两种方法得出的结果在四位小数上是相同的。

例9-3 中的原因1可视为死亡,原因 2 可视为退休。这里 70 岁可看成限定退休年龄,届时所有该群体中仍存续的人将全部退休。

二、确定存续群体模型

下面我们将从给定生命表来看一存续群体。考虑一个由 $l_a^{(\tau)}$ 个 a 岁的人组成的群体,在未来某一年龄 x,群体中仍存续的人数 $l_x^{(\tau)}$,由年终止率 $q_a^{(\tau)}$,$q_{a+1}^{(\tau)},\cdots,q_{x-1}^{(\tau)}$确定。

$$ \begin{aligned} l_x^{(\tau)} &= l_a^{(\tau)}(1 - q_a^{(\tau)})(1 - q_{a+1}^{(\tau)})\cdots(1 - q_{x-1}^{(\tau)}) \\ &= l_a^{(\tau)} p_a^{(\tau)} p_{a+1}^{(\tau)} \cdots p_{x-1}^{(\tau)} = l_a^{(\tau)}\ {}_{x-a}p_a^{(\tau)} \end{aligned} $$

上式便对应着随机存续群体中的式(9-21)。如果群体中每个人在未来年龄 y 岁离开群体的终止力为 $\mu_y^{(\tau)}$,$y \geqslant a$,那么:

$$ l_x^{(\tau)} = l_a^{(\tau)}\ {}_{x-a}p_a^{(\tau)} = l_a^{(\tau)} \exp\left[-\int_a^x \mu_y^{(\tau)} \mathrm{d}y\right] \tag{9-23} $$

与随机存续群体模型不同的是,此处设群体中每个人都有一个确定的终止力 $l_y^{(\tau)}$。

在 x 岁到 $x+1$ 岁之间离开群体的人数 $d_x^{(\tau)}$ 可由下式确定:

$$ \begin{aligned} d_x^{(\tau)} &= l_x^{(\tau)} - l_{x+1}^{(\tau)} = l_x^{(\tau)}\left[1 - \frac{l_{x+1}^{(\tau)}}{l_x^{(\tau)}}\right] = l_x^{(\tau)}\left\{1 - \exp\left[-\int_x^{x+1} \mu_y^{(\tau)} \mathrm{d}y\right]\right\} \\ &= l_x^{(\tau)}[1 - p_x^{(\tau)}] = l_x^{(\tau)} q_x^{(\tau)} \end{aligned} \tag{9-24} $$

在随机存续群体中,在式(9-19)中取 $n=1$,通过式(9-22)和式(9-12)也可得到与式(9-24)相应的式子。

将式(9-23)取对数并对 x 求导,得:

$$ \mu_x^{(\tau)} = -\frac{1}{l_x^{(\tau)}} \frac{\mathrm{d}l_x^{(\tau)}}{\mathrm{d}x} \tag{9-25} $$

上面这些公式与第一章中有关生命表函数的公式相似。不过这里群体中的人数是由综合负增长率(包括多个终止原因)$q_x^{(\tau)}$ 或与之等价的终止力 $\mu_y^{(\tau)}$($x \leqslant y \leqslant x+1$)确定的,而不是仅由一重减因模型中的单一负增长率(死亡率)或与之等价的死力确定的。

现在假设有 m 个终止原因，在 x 岁时群体中的 $l_x^{(\tau)}$ 个仍存续的人将由于这 m 个原因在未来全部离开群体。这样我们可以将这 $l_x^{(\tau)}$ 个人划分为 m 个子群，各个子群的人数分别为 $l_x^{(j)}(j=1,2,\cdots,m)$，这里 $l_x^{(j)}$ 表示由于 j 在未来离开群体的人数，因此有：

$$l_x^{(\tau)} = \sum_{j=1}^{m} l_x^{(j)} \tag{9-26}$$

下面定义在年龄 x 时的相应于原因 j 的终止力：

$$\mu_x^{(j)} = \lim_{h\to 0}\frac{l_x^{(j)} - l_{x+h}^{(j)}}{h l_x^{(\tau)}}$$

注意，分母中的是 $l_x^{(\tau)}$ 而不是 $l_x^{(j)}$。上面的定义即为：

$$\mu_x^{(j)} = -\frac{1}{l_x^{(\tau)}}\frac{\mathrm{d}l_x^{(j)}}{\mathrm{d}x} \tag{9-27}$$

由式(9-25)至式(9-27)即得：

$$\mu_x^{(\tau)} = -\frac{1}{l_x^{(\tau)}}\frac{\mathrm{d}}{\mathrm{d}x}\sum_{j=1}^{m} l_x^{(j)} = \sum_{j=1}^{m}\mu_x^{(j)} \tag{9-28}$$

将式(9-27)中的 x 换成 y，改写成：

$$-\mathrm{d}l_y^{(j)} = l_y^{(\tau)}\mu_y^{(j)}\,\mathrm{d}y$$

两边从 $y=x$ 到 $y=x+1$ 积分，得：

$$l_x^{(j)} - l_{x+1}^{(j)} = \int_x^{x+1} l_y^{(\tau)}\mu_y^{(j)}\,\mathrm{d}y$$

于是得：

$$d_x^{(j)} = \int_x^{x+1} l_y^{(\tau)}\mu_y^{(j)}\,\mathrm{d}y \tag{9-29}$$

两边对 j 求和，由式(9-28)便得：

$$d_x^{(\tau)} = \int_x^{x+1} l_y^{(\tau)}\mu_y^{(\tau)}\,\mathrm{d}y \tag{9-30}$$

最后，在式(9-29)两边除以 $l_x^{(\tau)}$，得：

$$\frac{d_x^{(j)}}{l_x^{(\tau)}} = \int_x^{x+1} {}_{y-x}p_x^{(\tau)}\mu_y^{(j)}\,\mathrm{d}y = q_x^{(j)} \tag{9-31}$$

这里 $q_x^{(j)}$ 是在所有 m 个终止原因都起作用的情况下，$l_x^{(\tau)}$ 个存续者在 x 岁到 $x+1$ 岁之间因原因 j 而离开群体的概率。

确定存续群体模型为多重减因理论提供了另一种描述方法和理论结构，它类似于生命表的情形。

第三节　多重减因生命表

在以前的一重减因模型中，我们仅考虑一种减因（死亡）导致状态在一定时间内终止的概率。而在多重减因模型中，我们要考虑的是各种减因同时发生作用的情形，某种减因导致状态终止的可能性会因其他减因的存在而有所改变。譬如，在保险期内，寿险合同可能因死亡或退保这两种原因而终止。由于退保可能发生在死亡之前，这样因死亡而导致寿险合同终止的概率会因退保的存在而减小。同样，死亡也可能发生在退保之前，由退保导致寿险合同终止的概率也会因死亡的存在而减小。在多重减因模型中，这些相互产生影响的减因称为竞争减因。在竞争减因的环境下，我们只能看到这些减因对状态的终止产生的总作用，而很难看到某个终止原因的单独作用。例如，在员工保险计划中，由于退休、残废和自愿解约的存在而不能直接看出死亡率有多大的影响。为了考虑各种减因的单独作用对存续函数${}_tp_x^{(\tau)}$和年终止概率$q_x^{(\tau)}$所造成的影响，我们可以就特定的减因定义单减因模型，称为相关单减因模型。该模型只依赖于这个特定的减因，并称之为相关减因。

由各年龄的所有减因导致的终止概率构成的函数值表称为多重减因生命表，或简称为多重减因表。

一、相关单减因函数

在考虑第j个终止原因的单独作用时，相应的终止力$\mu_x^{(j)}$是最基本的因素，在这个基础上定义其他函数。我们定义：

$$ {}_tp'^{(j)}_x = \exp\left[-\int_0^t \mu_{x+s}^{(j)}\mathrm{d}s\right] \tag{9-32}$$

并称其为与减因j相关的单减因函数，它表示状态(x)在时刻t以前不由第j个减因导致终止的概率。我们还定义：

$$ {}_tq'^{(j)}_x = 1 - {}_tp'^{(j)}_x \tag{9-33}$$

并称其为由减因j引起的绝对终止率，它表示在没有其他减因的影响时，由第j个减因导致状态(x)在时刻t以前终止的概率。“绝对”一词的含义在于，在确定${}_tq'^{(j)}_x$时只考虑减因j的作用而不考虑其他减因竞争的影响。为了区别于由减因j先于其他减因导致状态(x)在时刻t以前终止的概率${}_tq_x^{(j)}$，我们对使用${}_tq'^{(j)}_x$终止率而不用终止概率。符号${}_tp'^{(j)}_x$与${}_tp_x^{(\tau)}$的意义也不同，它不一定是一个生存函数，因为对于某些减因j无需$\lim\limits_{t\to\infty}{}_tp'^{(j)}_x=0$。而${}_tp_x^{(\tau)}$是一个生存函数，因此有

$\lim_{t\to\infty} {}_tp_x^{(\tau)} = 0$。

显然，在一重减因模型中状态的终止率也就是终止概率，这时有：

$$ {}_tq'^{(1)}_x = {}_tq_x^{(1)} = {}_tq_x^{(\tau)} = {}_tq_x $$

$$ {}_tp'^{(1)}_x = {}_tp_x^{(\tau)} = {}_tp_x $$

二、多重减因函数与相关单减因函数的关系

因为：

$$ {}_tp_x^{(\tau)} = \exp\left[-\int_0^t \mu_{x+s}^{(\tau)}\mathrm{d}s\right] $$

$$ = \exp\left\{-\int_0^t \left[\mu_{x+s}^{(1)} + \mu_{x+s}^{(2)} + \cdots + \mu_{x+s}^{(m)}\right]\mathrm{d}s\right\} = \prod_{j=1}^{m} {}_tp_x^{'(j)} \qquad (9\text{-}34) $$

所以有：

$$ {}_tp_x^{'(j)} \geqslant {}_tp_x^{(\tau)} $$

于是也有：

$$ q_x^{'(j)} = \int_0^1 {}_tp_x^{'(j)}\mu_{x+t}^{(j)}\mathrm{d}t \geqslant \int_0^1 {}_tp_x^{(\tau)}\mu_{x+t}^{(j)}\mathrm{d}t = q_x^{(j)} $$

上式表明，第 j 个减因导致状态终止的概率会因其他减因的作用（先于减因 j 发生）而比其终止率小。

我们还有：

$$ q_x^{'(j)} = 1 - p_x^{'(j)} \leqslant 1 - p_x^{(\tau)} = q_x^{(\tau)} $$

这说明，所有减因导致状态终止的概率会因为有减因 j 以外的其他减因的作用而比第 j 个减因的终止率大。

此外，由 $\lim_{t\to\infty} {}_tp_x^{(\tau)} = 0$ 和式(9-34)可知，至少有一个减因 j，使其 $\lim_{t\to\infty} {}_tp_x^{'(j)} = 0$，以及 $\int_0^\infty \mu_{x+t}^{(\tau)}\mathrm{d}t = \infty$。

但根据式(9-28)，我们可以断定至少有一个减因 j，使 $\int_0^\infty \mu_{x+t}^{(j)}\mathrm{d}t = \infty$。不能得到，也无需得到这一式对每一个减因 j 都成立，也就是说，可能有些减因 j 使该积分为有限值。

三、中心终止率

类似于第一章中的中心死亡率 m_x 的定义，我们可以定义多重减因模型中的中心终止率。我们称：

$$m_x^{(\tau)} = \frac{\int_0^1 {}_tp_x^{(\tau)}\mu_{x+t}^{(\tau)}\mathrm{d}t}{\int_0^1 {}_tp_x^{(\tau)}\mathrm{d}t} \tag{9-35}$$

为多重减因模型中由所有减因引起的全中心终止率,它是总终止力${}_t\mu_{x+t}^{(\tau)}$在 x 到 $x+1$上的加权平均值。我们称:

$$m_x^{(j)} = \frac{\int_0^1 {}_tp_x^{(\tau)}\mu_{x+t}^{(j)}\mathrm{d}t}{\int_0^1 {}_tp_x^{(\tau)}\mathrm{d}t} \tag{9-36}$$

为多重减因模型中的由减因j引起的偏中心终止率,它是终止力$\mu_{x+t}^{(j)}$在x到$x+1$上的加权平均值,并且 $m_x^{(\tau)} = \sum_{j=1}^{m} m_x^{(j)}$。我们称:

$$m_x'^{(j)} = \frac{\int_0^1 {}_tp'^{(j)}_x\mu_{x+t}^{(j)}\mathrm{d}t}{\int_0^1 {}_tp'^{(j)}_x\mathrm{d}t} \tag{9-37}$$

为相关单减因模型中由减因j引起的绝对中心终止率,它也是终止力$\mu_{x+t}^{(j)}$在x到$x+1$上的加权平均值,不过这里所用的权数是${}_tp'^{(j)}_x$而不是${}_tp_x^{(\tau)}$。

显然,在一重减因模型中,这三种中心终止率就重合了,就是中心终止率了。

四、在特定假设下由终止概率求绝对终止率

1. 常数终止力假设

先假设相应于各减因的终止力在各年龄内均为常数,即:

$$\mu_{x+t}^{(j)} = \mu_x^{(j)} \qquad (0 \leqslant t \leqslant 1, j = 1,2,\cdots,m)$$

这时有:

$$\mu_{x+t}^{(\tau)} = \mu_x^{(\tau)} \qquad (0 \leqslant t < 1)$$

于是可得:

$$q_x^{(j)} = \int_0^1 {}_tp_x^{(\tau)}\mu_x^{(j)}\mathrm{d}t = \frac{\mu_x^{(j)}}{\mu_x^{(\tau)}}\int_0^1 {}_tp_x^{(\tau)}\mu_x^{(\tau)}\mathrm{d}t = \frac{\ln p'^{(j)}_x}{\ln p_x^{(\tau)}}q_x^{(\tau)} \tag{9-38}$$

由此解得:

$$p'^{(j)}_x = \left[p_x^{(\tau)}\right]^{q_x^{(j)}/q_x^{(\tau)}} \tag{9-39}$$

$$q'^{(j)}_x = 1 - \left[1 - q_x^{(\tau)}\right]^{q_x^{(j)}/q_x^{(\tau)}} \tag{9-40}$$

2. 终止概率服从均匀分布假设

现在我们假设在多重减因模型中,各种终止事件的发生于各年龄间服从均

匀分布,即:

$$ {}_tq_x^{(j)} = tq_x^{(j)} \quad (0 \leqslant t < 1, j = 1,2,\cdots,m) $$

这时有:

$$ {}_tq_x^{(\tau)} = tq_x^{(\tau)} \quad (0 \leqslant t < 1) $$

由式(9-11),有:

$$ \mu_{x+t}^{(j)} = \frac{1}{{}_tp_x^{(\tau)}} \frac{\mathrm{d}}{\mathrm{d}t} {}_tq_x^{(j)} = \frac{1}{1 - tq_x^{(\tau)}} \frac{\mathrm{d}}{\mathrm{d}t} (tq_x^{(j)}) = \frac{q_x^{(j)}}{1 - tq_x^{(\tau)}} $$

于是:

$$ q_x^{'(j)} = 1 - \exp\left[- \int_0^1 \mu_{x+t}^{(j)} \mathrm{d}t \right] = 1 - \exp\left[- \int_0^1 \frac{q_x^{(j)}}{1 - tq_x^{(\tau)}} \mathrm{d}t \right] $$

$$ = 1 - \exp\left[\frac{q_x^{(j)}}{q_x^{(\tau)}} \ln(1 - q_x^{(\tau)}) \right] $$

这就是式(9-40)。因此,在这两种假设下,根据终止概率算得的绝对终止率是相同的,都由式(9-40)给出。

由各年龄的绝对终止率构成的函数值表称为相关减因表。

例【9-4】 根据例9-3所给 $q_x^{(1)}, q_x^{(2)}$ 的值,利用式(9-40),计算相应的 $q_x^{'(1)}$, $q_x^{'(2)}$ 的值。

解:利用式(9-40)可求得相应的 $q_x^{'(1)}, q_x^{'(2)}$ 的值见表 9-3。

表 9-3

x	$q'^{(1)}_x$	$q'^{(2)}_x$
65	0. 02052	0. 05052
66	0. 03095	0. 06094
67	0. 04149	0. 07147
68	0. 05215	0. 08213
69	0. 06294	0. 09291
70		

这里要说明的是:虽然可以根据 $q_{70}^{(1)}, q_{70}^{(2)}$ 求得 $q'^{(1)}_{70}$ 和 $q'^{(2)}_{70}$,但由于 70 岁为限定退休年龄,因此此时已无必要考虑 $q'^{(1)}_{70}$ 和 $q'^{(2)}_{70}$。

五、在特定假设下由绝对终止率求终止概率

上面讲述了通过多重减因表在一定的假设下构造相关减因表的过程。当我们在竞争减因的环境中进行统计工作时，所获得的数据只能直接用于估计终止概率 $q_x^{(j)}$。如果想要了解各终止原因或某个终止原因的单独作用（如单纯的死亡率），就需要运用上述方法。反过来，有时候只能获得有关单减因模型中的绝对终止率 $q_x^{'(j)}$，而需要了解的是在竞争减因环境中各种终止事件在一定时间内发生的概率，这样就要通过相关减因表来构造多重减因表。做这一项工作首先也要作出适当的假设。

在前述各终止力在各年龄内均为常数或多重减因模型中各终止事件的发生在各年龄内服从均匀分布的假设下，都可以得出式(9-38)。将式(9-34)代入，有：

$$q_x^{(j)} = \frac{\ln p'^{(j)}_x}{\ln \prod_{j=1}^{m} p'^{(j)}_x}\left[1 - \prod_{j=1}^{m} p'^{(j)}_x\right] = \frac{\ln(1 - q'^{(j)}_x)}{\sum_{j=1}^{m} \ln[1 - q'^{(j)}_x]}\left[1 - \prod_{j=1}^{m}(1 - q'^{(j)}_x)\right] \tag{9-41}$$

这就是在所述假设下根据绝对终止率计算终止概率的公式。

例【9-5】 设下面所给的相关单减因表适合所考虑的群体，其中原因 3 表示退休，退休可发生在65岁和 70 岁之间，70 岁为限定退休年龄。利用式(9-41)和式(9-34)，根据表 9-4 中所给的绝对终止率构造相应的多重减因表。

表 9-4

x	$q'^{(1)}_x$	$q'^{(2)}_x$	$q'^{(3)}_x$
65	0.020	0.02	0.04
66	0.025	0.02	0.06
67	0.030	0.02	0.08
68	0.035	0.02	0.10
69	0.040	0.02	0.12

解：式(9-34) 改写成 $q_x^{(\tau)} = 1 - \prod_{j=1}^{m}(1 - q'^{(j)}_x)$ 可求得对应于各年龄的 $q_x^{(\tau)}$。

利用式(9-41)可分别求得对应于各年龄的 $q_x^{(1)}$,$q_x^{(2)}$ 和 $q_x^{(3)}$。因为70岁为限定退休年龄,所以 $q_{70}^{(\tau)}=q_{70}^{(3)}=1$,$q_{70}^{(1)}=q_{70}^{(2)}=0$。所得数据列于表9-5,即为所求的多重减因表。

表9-5

x	$q_x^{(\tau)}$	$q_x^{(1)}$	$q_x^{(2)}$	$q_x^{(3)}$
65	0.07802	0.01940	0.01940	0.03921
66	0.10183	0.02401	0.01916	0.05867
67	0.12545	0.02851	0.01891	0.07803
68	0.14887	0.03290	0.01866	0.09731
69	0.17210	0.03720	0.01841	0.11649
70	1.00000	0.00000	0.00000	1.00000

表中数据可以用 $q_x^{(1)}+q_x^{(2)}+q_x^{(3)}=q_x^{(\tau)}$ 来检验计算是否有误,但可能存在舍入误差。

应当注意的是,在式(9-41)中要求 $p'^{(j)}_x\neq 0(j=1,2,\cdots,m)$。当某个 $p'^{(j)}_x=0$ 或 $p_x^{(\tau)}=0$ 时,我们需要考虑其他方法。一种适合于处理这种不确定性的方法是,在各单减因模型中假设终止事件于各年龄内服从均匀分布,而不是在多重减因模型中假设各终止事件于各年龄内服从均匀分布,即:

$$ {}_tq'^{(j)}_x=tq'^{(j)}_x \quad (0\leqslant t<1,j=1,2,\cdots,m)$$

$$ {}_tp'^{(j)}_x\mu_{x+t}^{(j)}=\frac{\mathrm{d}}{\mathrm{d}t}{}_tq'^{(j)}_x=\frac{\mathrm{d}}{\mathrm{d}t}(tq'^{(j)}_x)=q'^{(j)}_x$$

于是可得:

$$\begin{aligned} q_x^{(j)} &= \int_0^1 {}_tp_x^{(\tau)}\mu_{x+t}^{(j)}\mathrm{d}t=\int_0^1 {}_tp'^{(j)}_x\mu_{x+t}^{(j)}\prod_{i\neq j}{}_tp'^{(i)}_x\mathrm{d}t \\ &= q'^{(j)}_x\int_0^1\prod_{i\neq j}(1-tq'^{(i)}_x)\mathrm{d}t \end{aligned} \tag{9-42}$$

上式被积函数是一个关于 t 的多项式,可以直接进行积分运算,但在 m 较大时计算比较繁琐。

例【9-6】 在上例所给相关减因表中,假定各终止事件在各年龄内的发生均服从均匀分布,试根据该表,利用式(9-34)和式(9-42)构造多重减因表。

解: $q_x^{(\tau)}$ 的值与上例相同,利用式(9-42)可得:

$$q_x^{(1)} = q'^{(1)}_x \int_0^1 (1 - tq'^{(2)}_x)(1 - tq'^{(3)}_x)\,\mathrm{d}t$$
$$= q'^{(1)}_x \left[1 - \frac{1}{2}(q'^{(2)}_x + q'^{(3)}_x) + \frac{1}{3}q'^{(2)}_x q'^{(3)}_x\right]$$

同样也有：

$$q_x^{(2)} = q'^{(2)}_x \left[1 - \frac{1}{2}(q'^{(1)}_x + q'^{(3)}_x) + \frac{1}{3}q'^{(1)}_x q'^{(3)}_x\right]$$

$$q_x^{(3)} = q'^{(3)}_x \left[1 - \frac{1}{2}(q'^{(1)}_x + q'^{(2)}_x) + \frac{1}{3}q'^{(1)}_x q'^{(2)}_x\right]$$

所算得的数据列于表 9-6：

表 9-6

x	$q^{(\tau)}$	$q_x^{(1)}$	$q_x^{(2)}$	$q_x^{(3)}$
65	0.07802	0.01941	0.01941	0.03921
66	0.10183	0.02401	0.01916	0.05866
67	0.12545	0.02852	0.01892	0.07802
68	0.14887	0.03292	0.01867	0.09727
69	0.17210	0.03723	0.01843	0.11643

这些终止概率的值与上例中用式(9-41)所算出的值很接近。表中数据亦可用 $q_x^{(1)} + q_x^{(2)} + q_x^{(3)} = q_x^{(\tau)}$ 来检验,除舍入误差外应相符。

在上述两例中,$q_x^{(\tau)}$ 的计算与假设无关,不同的假设只导致终止概率 $q_x^{(\tau)}$ 在与各种原因相应的终止概率 $q_x^{(1)}$,$q_x^{(2)}$ 和 $q_x^{(3)}$ 之间的分配不同。

六、终止概率与绝对终止率间的近似换算式

无论应用式(9-40)计算 $q'^{(j)}_x$,还是应用式(9-41)或式(9-42)计算 $q_x^{(j)}$,都涉及较复杂的运算。因此在允许的误差范围内,我们有必要运用近似计算方法来简化计算。

首先注意,当相应于各终止原因的终止力在各年龄内均为常数时,有：

$$m_x^{(j)} = \frac{\int_0^1 {}_tp_x^{(\tau)}\mu_{x+t}^{(j)}\,\mathrm{d}t}{\int_0^1 {}_tp_x^{(\tau)}\,\mathrm{d}t} = \frac{\int_0^1 {}_tp_x^{(\tau)}\mu_x^{(j)}\,\mathrm{d}t}{\int_0^1 {}_tp_x^{(\tau)}\,\mathrm{d}t} = \mu_x^{(j)}$$

同样也有：

$$m'^{(j)}_x = \frac{\int_0^1 {}_tp'(j)_x \mu_{x+t}^{(j)} \mathrm{d}t}{\int_0^1 {}_tp'^{(j)}_x \mathrm{d}t} = \mu_x^{(j)}$$

因此 $m_x^{(j)} = m'^{(j)}_x$。在一般情况下，有 $m_x^{(j)} \approx m'^{(j)}_x$。

另外，若在多重减因模型中，各终止事件的发生在各年龄内服从均匀分布，则：

$$m_x^{(j)} = \frac{\int_0^1 {}_tp_x^{(\tau)} \mu_{x+t}^{(j)} \mathrm{d}t}{\int_0^1 {}_tp_x^{(\tau)} \mathrm{d}t} = \frac{q_x^{(j)}}{\int_0^1 (1 - tq_x^{(\tau)}) \mathrm{d}t} = \frac{q_x^{(j)}}{1 - \frac{1}{2} q_x^{(\tau)}}$$

若在各相关单减因模型中，终止事件的发生在各年龄内服从均匀分布，则：

$$m'^{(j)}_x = \frac{\int_0^1 {}_tp'^{(j)}_x \mu_{x+t}^{(j)} \mathrm{d}t}{\int_0^1 {}_tp'^{(j)}_x \mathrm{d}t} = \frac{q'^{(j)}_x}{\int_0^1 (1 - tq'^{(j)}_x) \mathrm{d}t} = \frac{q'^{(j)}_x}{1 - \frac{1}{2} q'^{(j)}_x}$$

虽然这两种假设是矛盾的（因为 ${}_tp_x^{(\tau)} = 1 - tq_x^{(\tau)}$ 不恒等于 ${}_tp_x^{(\tau)} = {}_tp'^{(1)}_x \, {}_tp'^{(2)}_x \, {}_tp'^{(3)}_x = [1 - tq'^{(1)}_x][1 - tq'^{(2)}_x][1 - tq'^{(3)}_x]$），但我们只求其近似。因此，综合上述近似等式，有：

$$\frac{q_x^{(j)}}{1 - \frac{1}{2} q_x^{(\tau)}} \approx \frac{q'^{(j)}_x}{1 - \frac{1}{2} q'^{(j)}_x}$$

分别解 $q'^{(j)}_x$ 和 $q_x^{(j)}$ 得：

$$q'^{(j)}_x \approx \frac{q_x^{(j)}}{1 - \frac{1}{2}(q_x^{(\tau)} - q_x^{(j)})} \tag{9-43}$$

$$q_x^{(j)} \approx \frac{q'^{(j)}_x \left[1 - \frac{1}{2} q_x^{(\tau)}\right]}{1 - \frac{1}{2} q'^{(j)}_x} \tag{9-44}$$

这两个近似计算式都只涉及简单的四则运算。

在建立多重减因表时，如果有关的资料可直接用于估计终止概率 $q_x^{(j)}$，那当然是最理想的。这些资料包括所研究的群体的有关终止年龄与终止原因方面的数据。但这样详细、准确的数据资料通常并非容易得到。这时，我们可以对所研究的群体的绝对终止率 $q'^{(j)}_x$ 作出适当的假设以构造多重减因模型。而所建模型的适当性可用以后获得的有关数据来检验。

一旦选择了适当的相关减因表，我们就可利用前面所介绍的换算公式，构造出多重减因表来。先由式(9-34)、式(9-41),从各 ${p'}_x^{(j)}$ 或 ${q'}_x^{(j)}$ 求出 $p_x^{(\tau)}$ 或 $q_x^{(\tau)}$。再由多重减因模型中对各终止事件发生的分布的假设将 $q_x^{(\tau)}$ 分解为各个 $q_x^{(j)}$,如果在每一年龄内假设是常数终止力或终止概率服从均匀分布,则式(9-44)可用于估计 $q_x^{(j)}$。

第四节　多重减因模型中的趸缴纯保费

在人身保险中,当需要根据被保险人终止保险的原因来确定给付金额时,就要用到多重减因模型。

下面用 $B_{x+t}^{(j)}$ 表示在 $x+t$ 岁时因原因 j 终止保险所应给付的金额,$\bar{A}$ 表示趸缴纯保费。我们可以用两种方法来推导趸缴纯保费的计算式。

第一种方法:相应于终止事件 j 的保险给付的精算现值为:

$$\int_0^\infty B_{x+t}^{(j)} v^t \, {}_tp_x^{(\tau)} \mu_{x+t}^{(j)} \mathrm{d}t \qquad (j = 1, 2, \cdots, m)$$

所有这些精算现值的和即为趸缴纯保费,因此:

$$\bar{A} = \sum_{j=1}^{m} \int_0^\infty B_{x+t}^{(j)} v^t \, {}_tp_x^{(\tau)} \mu_{x+t}^{(j)} \mathrm{d}t \tag{9-45}$$

第二种方法:构造损失变量:

$$L = B_{x+T}^{(J)} v^T - \bar{A} \qquad (T > 0, J = 1, 2, \cdots, m)$$

根据精算等价原理,应有:

$$E[L] = 0$$

所以:

$$\bar{A} = E[B_{x+T}^{(J)} v^T] = \sum_{j=1}^{m} \int_0^\infty B_{x+t}^{(j)} v^t \, {}_tp_x^{(\tau)} \mu_{x+t}^{(j)} \mathrm{d}t$$

在寿险保单中有时附有加倍补偿条款。若死亡是由意外事故造成的,则给付额加倍。在这种情形中,令 $J=1$ 表示意外事故导致的死亡,$J=2$ 表示其他所有原因导致的死亡,取 $B_{x+t}^{(1)} = 2, B_{x+t}^{(2)} = 1$,那么单位保额的 n 年定期寿险的趸缴纯保费为:

$$\bar{A} = 2\int_0^n v^t \, {}_tp_x^{(\tau)} \mu_{x+t}^{(1)} \mathrm{d}t + \int_0^n v^t \, {}_tp_x^{(\tau)} \mu_{x+t}^{(2)} \mathrm{d}t \tag{9-46}$$

为了计算的方便,我们要把积分表示式化为级数表示式,考虑式(9-46)中第一个积分式,把它分成各年上的积分之和:

$$\int_0^n v^t \, {}_tp_x^{(\tau)} \mu_{x+t}^{(1)} \mathrm{d}t = \sum_{k=0}^{n-1} v^k \, {}_kp_x^{(\tau)} \int_0^1 v^s \, {}_sp_{x+k}^{(\tau)} \mu_{x+k+s}^{(1)} \mathrm{d}s$$

如果我们假定该多重减因模型中每个终止事件在各年龄内服从均匀分布,

那么：

$$\int_0^n v^t\ {}_tp_x^{(\tau)}\mu_{x+t}^{(1)}\mathrm{d}t = \sum_{k=0}^{n-1} v^{k+1}\ {}_kp_x^{(\tau)}\ q_{x+k}^{(1)}\int_0^1(1+i)^{1-s}\mathrm{d}s = \frac{i}{\delta}\sum_{k=0}^{n-1} v^{k+1}\ {}_kp_x^{(\tau)}\ q_{x+k}^{(1)}$$

同理，式(9-46)中第二个积分式也可类似地表示为级数。两者合并，得：

$$\begin{aligned}\bar{A} &= \frac{i}{\delta}\left[\sum_{k=0}^{n-1} v^{k+1}\ {}_kp_x^{(\tau)}\left(2q_{x+k}^{(1)} + q_{x+k}^{(1)}\right)\right] \\ &= \frac{i}{\delta}\sum_{k=0}^{n-1} v^{k+1}\ {}_kp_x^{(\tau)}\ q_{x+k}^{(1)} + \frac{i}{\delta}\sum_{k=0}^{n-1} v^{k+1}\ {}_kp_x^{(\tau)}\ q_{x+k}^{(\tau)} = \bar{A}_{x:\overline{n}|}^{(1)} + \bar{A}_{x:\overline{n}|}^{1}\end{aligned} \tag{9-47}$$

这里 $\bar{A}_{x:\overline{n}|}^{(1)}$ 是给付额为 1 的 n 年期意外事故死亡保险的趸缴纯保费，$\bar{A}_{x:\overline{n}|}^{1}$ 是给付额为 1 的 n 年期死亡保险(不论死亡原因)的趸缴纯保费。在计算 $\bar{A}$ 时，${}_kp_x^{(\tau)}$ 可看做生命表中的生存函数，若能获得 $q_{x+k}^{(1)}$ 的值，则无须构造整个二重减因表。

上面所讨论的是一种很简单的情形，因为给付额不随终止的年龄而变化，特别是在每一年龄内无变化。为了研究更复杂的情况，我们考虑具有两个终止原因的多重减因模型。为简单起见，我们取 $B_{z+1}^{(1)}=t, B_{x+t}^{(2)}=0(t>0)$，这时：

$$\bar{A} = \int_0^\infty tv^t\ {}_tp_x^{(\tau)}\mu_{x+t}^{(1)}\mathrm{d}t = \sum_{k=0}^{\infty} v^k\ {}_kp_x^{(\tau)}\int_0^1(k+s)v^s\ {}_sp_{x+k}^{(\tau)}\mu_{x+k+s}^{(1)}\mathrm{d}s$$

仍假定该多重减因模型中的终止事件在各年龄内服从均匀分布，于是：

$$\begin{aligned}\bar{A} &= \sum_{k=0}^{\infty} v^{k+1}\ {}_kp_x^{(\tau)}\ q_{x+k}^{(1)}\int_0^1(k+s)(1+i)^{1-s}\mathrm{d}s \\ &= \sum_{k=0}^{\infty} v^{k+1}\ {}_kp_x^{(\tau)}\ q_{x+k}^{(1)}\ \frac{1}{\delta}\left(k+\frac{i}{\delta}-\frac{1}{i}\right)\end{aligned} \tag{9-48}$$

其中，$k+\frac{1}{\delta}-\frac{1}{i}\approx k+\frac{1}{2}$，可看做第 $k+1$ 年的平均给付额，而$\frac{i}{\delta}$可看做以立即给付代替年末给付所需的调整因子。近似地，我们把所有给付都看成是在年中 $k+\frac{1}{2}$时发生，给付额都为 $k+\frac{1}{2}$，那么有：

$$\bar{A} \approx \sum_{k=0}^{\infty} v^{k+\frac{1}{2}}\ {}_kp_x^{(\tau)}\ q_{x+k}^{(1)}\left(k+\frac{1}{2}\right) \tag{9-49}$$

用式(9-49)求出的近似值与精确值很接近。

式(9-49) 也可在式(9-48) 中对积分$\int_0^1(k+s)(1+i)^{1-s}\mathrm{d}s$ 使用中点规则估值而得到。在实际中，当 $B_{x+t}^{(j)}$ 是一个复杂的函数时，这种近似方法被普遍地使用。例如，当我们对式(9-45) 中第 j 个积分运用均匀分布的假设时，便得到：

$$\sum_{k=0}^{\infty} v^{k+1}\ {}_kp_x^{(\tau)}\ q_{x+k}^{(j)}\int_0^1 B_{x+k+s}^{(j)}(1+i)^{1-s}\mathrm{d}s$$

再运用中点规则，便得：

$$\sum_{k=0}^{\infty} v^{k+\frac{1}{2}} {}_kp_x^{(\tau)} q_{x+k}^{(j)} B_{x+k+\frac{1}{2}}^{(j)} \tag{9-50}$$

上式可作为实际估值的公式。

例【9-7】 一保单为 x 岁的人在 r 岁以前提供金额为 $2B$ 的意外事故死亡给付和金额为 B 的其他原因死亡给付；在 r 岁以后，对任何原因造成的死亡均提供金额为 B 的给付。求该保单的趸缴纯保费的计算式。

解：令 $J=1$ 表示意外事故死亡，$J=2$ 表示其他原因死亡。由第一种方法，意外事故死亡的精算现值为：

$$\int_0^{\infty} Bv^t {}_tp_x^{(\tau)} \mu_{x+t}^{(1)} \mathrm{d}t + \int_0^{r-x} Bv^t {}_tp_x^{(\tau)} \mu_{x+t}^{(1)} \mathrm{d}t$$

其他原因死亡给付的精算现值为：

$$\int_0^{\infty} Bv^t {}_tp_x^{(\tau)} \mu_{x+t}^{(2)} \mathrm{d}t$$

趸缴纯保费为以上两式之和：

$$\int_0^{\infty} Bv^t {}_tp_x^{(\tau)} \mu_{x+t}^{(\tau)} \mathrm{d}t + \int_0^{r-x} Bv^t {}_tp_x^{(\tau)} \mu_{x+t}^{(1)} \mathrm{d}t$$

由第二种方法，令：

$$L_1 = Bv^T - \bar{A} \qquad (J=1,2;T>0)$$

$$L_2 = \begin{cases} Bv^T & (J=1,0<T<r-x) \\ 0 & (\text{其他}) \end{cases}$$

则 $L=L_1+L_2$，于是由等价原理 $E[L]=0$，有：

$$E[L_1]+E[L_2]=0$$

$$\int_0^{\infty} (Bv^t - \bar{A}) {}_tp_x^{\tau} \mu_{x+t}^{(\tau)} \mathrm{d}t + \int_0^{r-x} Bv^t {}_tp_x^{\tau} \mu_{x+t}^{(1)} \mathrm{d}t = 0$$

解得：

$$\bar{A} = \int_0^{\infty} Bv^t {}_tp_x^{(\tau)} \mu_{x+t}^{(\tau)} \mathrm{d}t + \int_0^{r-x} Bv^t {}_tp_x^{(\tau)} \mu_{x+t}^{(1)} \mathrm{d}t$$

本章只是粗略地介绍一下多重减因模型在精算中的应用，更为详细的情况将在下一章讨论。

习　题

1. 设 $\mu_{x+t}^{(j)} = \mu_x^{(j)}$ $(j=1,2,\cdots,m,t\geqslant 0)$，求下列函数的表达式：

　(1) $f(t,j)$　(2) $h(j)$　(3) $g(t)$

并证明这里 T 与 J 为相互独立的随机变量。

2. 含两个终止原因的多重减因模型具有以下终止力：

$$\begin{cases} \mu_{x+t}^{(1)} = \dfrac{1}{100-(x+t)} & (t<100-x) \\ \mu_{x+t}^{(2)} = \dfrac{2}{100-(x+t)} & (t<100-x) \end{cases}$$

若 $x=50$，求以下函数的表达式：

(1) $f(t,j)$　(2) $g(t)$　(3) $h(j)$　(4) $h(j|t)$

3. 在双重减因表中，已知如下条件：

(1) $l_{30}^{(\tau)}=1\ 000$　(2) $q'^{(1)}_{30}=0.10$　(3) $q'^{(2)}_{30}=0.20$

(4) $_{1|}q'^{(1)}_{30}=0.05$　(5) $l_{32}^{(\tau)}=562$

求：$q'^{(2)}_{31}$

4. 在双重减因模型中：

$$\begin{cases} \mu_{x+t}^{(1)} = \left(\dfrac{r_1}{c}\right)t & (t\geqslant 0) \\ \mu_{x+t}^{(2)}\left(\dfrac{r_2}{c}\right)t & (t\geqslant 0) \end{cases}$$

这里 r_1, r_2 和 c 均为大于 0 的常数。求 $h(1)$。

5. 在 m 重减因模型中：

$$\mu_{x+t}^{(j)} = \frac{j}{m+1}\cdot\frac{1}{100-x-t} \qquad (j=1,2,\cdots,m, t<100-x)$$

求以下各函数：

(1) $_tp_x^{(\tau)}$　(2) $f(t,j)$　(3) $g(t)$　(4) $h(3|T=5)$

6. 在三重减因模型中给出 $\mu_x^{(j)}=0.2j\,(j=1,2,3)$。求：$q_x^{(2)}$

7. 设 4 年制大学录取了 1 000 名新生，引起学生退学的原因有两大类：成绩不合格造成的退学($j=1$)和其他原因造成的退学($j=2$)。双重减因表如下所示：

时刻	$j=1$ 时的终止概率	$j=2$ 时的终止概率	当年的存续概率
0	0.15	0.25	0.60
1	0.10	0.20	0.70
2	0.05	0.15	0.80
3	0.00	0.10	0.90

求:(1)4 年后能毕业人数的均值和方差;

(2)4 年中因成绩不合格造成的退学人数的均值和方差。

8. 给定 $\mu_{x+t}^{(1)}=\dfrac{1}{a-x}$,$0\leqslant x<a$,$\mu_x^{(2)}=1$,设 $l_x^{(\tau)}=a$,求:

(1)$l_x^{(\tau)}$ (2)$d_x^{(1)}$ (3)$d_x^{(2)}$

9. 给定 $\mu_{x+t}^{(1)}=\dfrac{2x}{a-x^2}$,$0\leqslant x<\sqrt{a}$,$\mu_x^{(2)}=c$,$c>0$,设 $l_0^{(\tau)}=1\ 000$,求 $l_x^{(\tau)}$。

10. 求下列导数:

(1)$\dfrac{\mathrm{d}}{\mathrm{d}x}{}_tp_x^{(\tau)}$ (2)$\dfrac{\mathrm{d}}{\mathrm{d}x}{}_tq_x^{(j)}$ (3)$\dfrac{\mathrm{d}}{\mathrm{d}t}{}_tq_x^{(j)}$

11. 若对 $0\leqslant t<1$,$\mu_{x+t}^{(1)}$等于常数 c,将下面各量用 c 和${}_tp_x^{(\tau)}$表示:

(1)$q_x^{\prime(1)}$ (2)$m_x^{(1)}$ (3)$q_x^{(1)}$

12. 对一双重减因表,给出 $q'^{(1)}_{40}=0.02$,$q'^{(2)}_{40}=0.04$,计算 $q_{40}^{(\tau)}$(精确到四位小数)。

13. 对一双重减因模型,给出 $m_{40}^{(\tau)}=0.2$,$q'^{(2)}_{40}=0.1$,在以下假设下分别计算 $q'^{(2)}_x$(精确到四位小数):

(1)在双重减因模型中,各终止事件的发生服从均匀分布;

(2)在相关单减因模型中,终止事件的发生服从均匀分布。

14. 已知三重减因模型中,各减因均服从均匀分布,且${}_{0.8}q_x^{(1)}=0.016$,${}_{0.2}q_x^{(2)}=0.002$,$q_x^{(\tau)}=0.05$。求 $\mu_{x+\frac{1}{2}}^{(3)}$。

15. 已知双重减因模型中,$m_x^{(\tau)}=0.40$,$q'^{(1)}_x=0.25$。求在多重减因表中的均匀分布假设下计算出的 $q'^{(2)}_x$ 和在相关单减因表中的均匀分布假设下计算出的 $q'^{(2)}_x$ 之差。

16. 在三重减因模型中,已知如下条件:

(1)$q'^{(1)}_x=0.02$;(2)$q'^{(2)}_x=0.02$;(3)$q'^{(3)}_x=0.04$;(4)$q'^{(1)}_{x+1}=0.025$;(5)$q'^{(2)}_{x+1}=0.02$;(6)$q'^{(3)}_{x+1}=0.06$ 且减因在相关单减因表中服从均匀分布。求${}_{1|}q_x^{(1)}$。

17. 对某一确定年龄 x、特殊的终止原因 j 及常数 K_j,证明下列条件是等价的:

(1)${}_tq_x^{(j)}=K_j\,{}_tq_x^{(\tau)}(0\leqslant t\leqslant 1)$;

(2)$\mu_{x+t}^{(j)}=K_j\mu_{x+t}^{(\tau)}(0\leqslant t\leqslant 1)$;

(3)$1-{}_tq'^{(j)}_x=[1-{}_tq_x^{(\tau)}]^{K_j}(0\leqslant t\leqslant 1)$。

18. 在多重减因表中,若有:

$$\mu_{x+t}^{(j)}=\mu_x^{(j)}(0\leqslant t\leqslant 1,j=1,2,\cdots,m)$$

或:

$$ {}_tq_x^{(j)} = {}_tq_x^{(j)} \, (0 \leqslant t \leqslant 1, j = 1, 2, \cdots, m) $$

证明：

$$ {}_tq_x^{(j)} = K_j \, {}_tq_x^{(j)} \, (0 \leqslant t \leqslant 1, j = 1, 2, \cdots, m) $$

这里 K_j 对于 t 是常数。

19. 在多重减因模型中，假设各终止事件的发生在各年龄内服从均匀分布，证明：

$$ \mu_{x+\frac{1}{2}}^{(j)} = m_x^{(j)} $$

20. 在一双重减因表中原因 1 为死亡，原因 2 为解约，并假设：
(1) 在年龄 n 到 $n+1$ 之间死亡的发生服从均匀分布；
(2) 在年龄 n 到 $n+1$ 之间解约的发生只在刚达到年龄 n 时。
又设 $l_{50}^{(\tau)} = 1\,000$，$q_{50}^{(2)} = 0.2$ 及 $d_{50}^{(1)} = 0.06\, d_{50}^{(2)}$，求 $q'^{(1)}_{50}$。

21. 一个附有加倍补偿条款的终身寿险在 (x) 死亡时立刻给付 1 元。若 (x) 死于意外事故，则增加给付 1 元，其趸缴纯保费为 S。一个附有三倍补偿条款的终身寿险则在 (x) 死于意外事故时增加给付 2 元，其趸缴纯保费为 T。若相应于意外事故死亡的死力为常数 μ，相应于其他原因死亡的死力为 5μ，求 $T - S$。

22. 为 (x) 签订的一个终身寿险保单，其基本死亡给付第一年为 10 000 元，以后为 20 000 元。附加条款规定，当死于意外事故时增加给付 20 000 元。
(1) 相应于意外事故死亡的死力为 $\mu_{x+t}^{(ad)} = 0.005, t \geqslant 0$；
(2) $\mu_{x+t}^{(\tau)} = 0.040, t \geqslant 0$；
(3) $\delta = 0.06$。
求该保单的趸缴纯保费。

第十章　养老保险精算

第一节　概　　述

一、养老保险计划

退休人员的养老生活保障是现代社会需要解决的一个重要问题。政府大多通过适当的社会保险提供必要的生活保障。作为对社会保险的补充,政府可以通过税收上的优惠,鼓励企业为其员工建立养老保险基金,制定养老保险计划。这种计划通过企业与员工的定期供款建立的一个养老保险基金,使员工在退休后能获得一个稳定的年金收入,以达到适当的生活水平。为了区别于社会保险中的退休保障,上述养老保险计划也称为个人养老保险计划。本章仅讨论个人养老保险计划,并简称其为养老金计划或养老保险计划。

养老保险计划可以由企业或雇主单独为其员工设立,也可由行业工会为各所属单位的员工共同设立。其基本保障是为有一定工作年限并达到一定年龄的员工提供一个退休年金给付。附加保障可能包括:因残废而退休的年金给付;退出养老金计划时所积累供款的退还或提供一个延期年金;在退休前死亡时为其受益人提供一笔现金给付或提供一项继承年金给付。继承年金实际上是一种延期的年金给付。

我们把为了获得养老保险金的定期供款称为缴纳金(而不像在人寿保险中那样叫做保费)或称为醵出金。缴纳金可能全部由企业负担而员工无须缴付,这种养老保险计划称为非缴纳计划。缴纳金的一部分由加入计划的员工负担,剩余部分由企业负担,这种养老保险计划称为缴纳计划。

根据退休年金给付额的不同决定方法,养老保险计划可分为两大类:确定给付金计划和确定缴纳金计划。在确定给付金计划中,先通过一个计算公式确定未来的每年养老金的给付额,再根据死亡率、解约率、年薪增长率、投资回报率(利率)和费用率来决定缴纳金。与之相反,在确定缴纳金计划中,先确定企业或企业与员工缴纳金的缴付方法,各员工的退休年金的年给付额则依据他们各自的年龄、缴纳金数额、到退休之时实际加入计划的年数、投资回报率和费用率来确定。从精算的观点来看,养老保险计划可看做用工作期间的缴纳金所构成的某种定期年金来购买一个退休时开始给付的延期生存年金和一定附加给付的一种制度。给付金与缴纳金在精算现值上应当相等。这种收入与支出的平衡可以建立在个人的基础上,也可建立在计划加入者的集合的基础上。达成这种平衡的方法是养老保险金筹资理论的研究内容。本章主要对单个计划加入者的缴纳金和给付金分别计算其精算现值,总体的精算现值可通过对所有计划加入者求和而得到。

二、多重减因函数

多重减因模型在保险精算中的一个重要应用是在制定养老保险计划方面。缴纳金与养老年金(退休收入)的精算现值的计算基于一张为养老保险计划加入者构造的多重减因表。这个表给出了加入者在工作期间(退休前)的各年内的如下概率:解约(撤出养老保险计划)的概率,死亡的概率、因残废而退休的概率、因年老而退休的概率。从 x 岁到 $x+1$ 岁的这一年的上述概率分别记为 $q_x^{(w)}, q_x^{(d)}, q_x^{(i)}, q_x^{(r)}$。这些符号与上一章的符号是一致的。此外,我们将运用上一章中的存续函数 $l_x^{(\tau)}$,并且有:

$$\begin{aligned} l_{x+1}^{(\tau)} &= l_x^{(\tau)}\left[1-\left(q_x^{(w)}+q_x^{(d)}+q_x^{(i)}+q_x^{(r)}\right)\right] \\ &= l_x^{(\tau)} p_x^{(\tau)} \end{aligned} \tag{10-1}$$

我们可以通过存续函数计算存续概率 ${}_kp_x^{(\tau)}$ 如下:

$${}_kp_x^{(\tau)} = \frac{l_{x+k}^{(\tau)}}{l_x^{(\tau)}} \tag{10-2}$$

也可以通过递推的方式来求 ${}_kp_x^{(\tau)}$,即:

$${}_tp_x^{(\tau)} = {}_{k-1}p_x^{(\tau)} p_{x+k-1}^{(\tau)} \tag{10-3}$$

在存续函数中,有一个限定最高退休年龄 β 和一个最低退休年龄 α。政府通常会规定一个法定最低退休年龄 α 和一个法定最高退休年龄 β,员工可以在 α 和 β 之间退休,而不是必须都在某一年龄内退休。

由于每一个养老保险计划加入者到了年龄 β 后都退休了,所以在养老保险计划中没有人在 $\beta+1$ 岁及其以后仍在工作,因而可假定 $l_{\beta+1}^{(\tau)}=0$。

相应于这种多重减因模型的终止力在大多数年龄上是连续的,并以 $\mu_x^{(w)}(t), \mu_x^{(d)}(t), \mu_x^{(i)}(t), \mu_x^{(r)}(t)$ 分别表示年龄为 x 岁的人在一年内因解约、死亡、疾病和年老的终止力,其中 $0 \leq t < 1$,但在某些年龄上可能出现间断,主要是在最低退休年龄 α 和最高退休年龄 β 处。

我们可把上述由多重减因模型所得到的存续函数及存续概率和终止力函数统称为多重减因函数。

在加入养老保险计划的最初几年里,解约率常常较高,解约给付可能仅是加入者的缴纳金,可能还包含积累的利息。一定时期(例如5年)以后,解约率将降低,解约者可能获得一个延期年金给付。如果解约率的变化如上所述,则有必要在适当的年数上使用选择解约率。同样,因残废而退休的情形也可能需要在最初几年里使用选择残废率。因此,如果使用选择多重减因表,可能更为适用。但无论使用选择表还是其他多重减因表,计算原理是相同的。因而在本章中,我们只把加入计划时的年龄记为 x,而不指出用的是综合表、选择表还是选择—终极表。

在本章末给出了一个多重减因函数的例表,表中的计划加入者的年龄为30岁,最低退休年龄为 $\alpha=60$ 岁,限定最高退休年龄为 $\beta=71$ 岁,这里 $l_{71}^{(\tau)}=0$。

一般来说,因残废而退休者往后各年的死亡率与正常退休者不同。为了计算退休金的精算现值,有必要对因残废退休和因年老退休这两种情形采用不同的生命表。前一种情形在 $x+t$ 岁时的年金精算现值因子记为 $\bar{a}_{x+t}^{i}$,后一种情形在 $x+t$ 岁时的年金精算现值因子记为 $\bar{a}_{x+t}^{r}$。为了方便计算,这里采用连续给付年金的方式,它可作为通常按月给付养老金的近似。

三、薪水级别函数

一些养老保险计划中养老金给付额的确定不依赖于员工的工资收入,但另有一些养老保险计划中养老金给付额或根据计划加入者退休前最后几年的平均工资收入来确定,或根据整个工作期间的平均工资收入来确定。而且,计划中的资助者(企业或雇主)的缴纳金也常常表示为工资的某个百分数。因此,预测员工未来的工资收入是很重要的。为此,我们定义如下年薪函数。

对于 x 岁时加入养老保险计划现年 $x+h$ 岁的加入者,其在 $x+h$ 岁的实际年薪记为 $(AS)_{x+h}$,在 $x+h+t$ 岁的预期年薪记为 $(ES)_{x+h+t}$。我们假设薪水是随业绩与资历的增长而增长的,即薪水是逐年增长的。这主要是因为员工工作的年限越长,其工作能力越强,服务质量越高,作出的贡献越多,就应获得越高的收入,同时也考虑了通货膨胀的因素。以 S_y 表示这种递增的薪水级别函数,则有:

$$(ES)_{x+h+t}=(AS)_{x+h}\frac{S_{x+h+t}}{S_{x+h}} \tag{10-4}$$

薪水级别函数的一个例子是:$S_y=a_y(1.05)^{y-30}$。其中 a_y 表示随个人的业绩与资历增长而获得的薪水增长因子,5%表示通货膨胀的长期影响和社会生产力的提高所导致的薪水增长率。像存续函数 $l_x^{(\tau)}$ 那样,S_y 的初始值也可以任意选定。在本章末的例表中,取 $S_{30}=1$,函数 S_y 常假设为分段函数,在任意给定年龄的一年内为常数。

要计算养老保险计划中的养老金给付的精算现值和相应的缴纳金的精算现值,一个多重减因函数、一个薪水级别函数、一个关于投资回报率(利率)的假设和解约率、死亡率以及有关残废退休和年老退休的适当的年金精算现值因子等,都是必需的。在下面各节中,我们将讨论对养老保险计划的缴纳金和各种类型的养老金给付进行估值的问题,并给出其基本公式。

第二节　缴纳金的精算现值

在养老保险计划中,缴纳金有两种缴纳方式:一种是每个加入者都按统一数额缴纳;另一种是每个加入者都按自己薪金的统一百分比缴纳。下面我们将对现年 $x+h$ 岁的加入者分别就这两种形式的缴纳金求其精算现值。

一、与薪金无关的缴纳金精算现值

先设缴纳金以连续形式缴纳,每年缴纳的总数为 c,这时对于现年 $x+h$ 岁的加入者其未来缴纳金的精算现值为:

$$c\int_0^{\beta-x-h} v^t\ {}_tp_{x+h}^{(\tau)}\mathrm{d}t = c\sum_{k=0}^{\beta-x-h-1} v^k\ {}_kp_{x+h}^{(\tau)}\int_0^1 v^s\ {}_sp_{x+h+k}^{(\tau)}\mathrm{d}s \tag{10-5}$$

如果我们对上式等号两边每个积分用中点值来代替,则得到:

$$c\sum_{k=0}^{\beta-x-h-1} v^k\ {}_kp_{x+h}^{(\tau)}v^{\frac{1}{2}}\ {}_{\frac{1}{2}}p_{x+h+k}^{(\tau)} = c\sum_{k=0}^{\beta-x-h-1} v^{k+\frac{1}{2}}\ {}_{k+\frac{1}{2}}p_{x+h}^{(\tau)} \tag{10-6}$$

式(10-6)也可由假设每一年的缴纳金均在年中缴纳而直接推出,它可作为未来缴纳金精算现值的近似计算公式。

例【10-1】　给定实际年利率4%,$\beta=71$,对现年为 50 岁的养老保险计划加入者,在下列各种情形下求其未来缴纳金精算现值的近似计算公式:

(1)每年的缴纳金均为 1 200 元;

(2)第一年为 1 200 元,以后每年均增加 100 元;

(3)第一年为 1 200 元,以后每年均比上一年增加 2%。

解:(1)利用式(10-6),可得精算现值的近似计算公式为:

$$1\ 200\sum_{k=0}^{20}\left(\frac{1}{1.04}\right)^{k+\frac{1}{2}}\ {}_{k+\frac{1}{2}}p_{50}^{(\tau)}$$

问题(2)与问题(1)不同的只是缴纳金按等差级数变化,即 $c_k=1\ 200+100k$ $(k=0,1,2,3,\cdots,20)$,可直接推得其精算现值的近似计算公式为:

$$\sum_{k=0}^{20} c_k v^{k+\frac{1}{2}} {}_{k+\frac{1}{2}}p_{50}^{(\tau)} = 100 \sum_{k=0}^{20} (12+k) \left(\frac{1}{1.04}\right)^{k+\frac{1}{2}} {}_{k+\frac{1}{2}}p_{50}^{(\tau)}$$

问题(3)类似于问题(2),这里 $c_k = 1\ 200(1.02)^k$,可得精算现值的近似计算公式为:

$$\sum_{k=0}^{20} c_k v^{k+\frac{1}{2}} {}_{k+\frac{1}{2}}p_{50}^{(\tau)} = 1\ 200 \sum_{k=0}^{20} (1.02)^k \left(\frac{1}{1.04}\right)^{k+\frac{1}{2}} {}_{k+\frac{1}{2}}p_{50}^{(\tau)}$$

$$= \frac{1\ 200}{(1.04)^{\frac{1}{2}}} \sum_{k=0}^{20} \left(\frac{1.02}{1.04}\right)^k {}_{k+\frac{1}{2}}p_{50}^{(\tau)}$$

二、与薪金有关的缴纳金精算现值

若缴纳金规定为加入者年薪的一个固定百分比 c,而加入者现在的年薪为 $(AS)_{x+h}$,那么其未来缴纳金的精算现值可表示为:

$$c(AS)_{x+h} \int_0^{\beta-x-h} v^t {}_tp_{x+h}^{(\tau)} \frac{S_{x+h+t}}{S_{x+h}} \mathrm{d}t$$

$$= \frac{c(AS)_{x+h}}{S_{x+h}} \sum_{k=0}^{\beta-x-h-1} v^k {}_kp_{x+h}^{(\tau)} \int_0^1 v^s {}_sp_{x+h+k}^{(\tau)} S_{x+h+k+s} \mathrm{d}s \tag{10-7}$$

如果 S_y 在每一年内均为常数,我们对上式右边每个积分用中点值来代替,则得其精算现值的近似公式为:

$$\frac{c(AS)_{x+h}}{S_{x+h}} \sum_{k=0}^{\beta-x-h-1} v^{k+\frac{1}{2}} {}_{k+\frac{1}{2}}p_{x+h}^{(\tau)} S_{x+h+k} \tag{10-8}$$

例【10-2】 给定实际年利率4%,$\beta=71$,对现年为 50 岁的养老保险计划加入者,若缴纳金规定为他的年薪的 6%,且现年年薪为 30 000 元,求其未来缴纳金的精算现值的近似值。

解:利用式(10-8),可得精算现值的近似值为:

$$\frac{0.06 \times 30\ 000}{S_{50}} \sum_{k=0}^{20} \left(\frac{1}{1.04}\right)^{k+\frac{1}{2}} {}_{k+\frac{1}{2}}p_{50}^{(\tau)} \cdot S_{50+k}$$

$$= \frac{1\ 800}{S_{50}} \sum_{k=0}^{20} (0.96154)^{k+\frac{1}{2}} {}_{k+\frac{1}{2}}p_{50}^{(\tau)} \cdot S_{50+k}$$

例【10-3】 在超收入型养老保险计划中,养老金的给付额与缴纳金均根据超过一定收入水平的那部分年薪来确定,各年的这个标准收入水平记为 $H_0, H_1, H_2, \cdots, H_k, \cdots$ 这里 H_k 表示第 $k+1$ 年的标准收入水平。设 $\beta=71$,缴纳金为未来超额薪金的20%,对现年 50 岁、年薪为 30 000 元的雇员,求其未来缴纳金的精算现值。这里设 30 000 > H_0,而未来的年薪均高于标准收入水平 $H_k(k=1, 2, \cdots)$。

解:未来各年的缴纳金预计为:

$$0.2\left(30\ 000\frac{S_{50+k}}{S_{50}}-H_k\right)\quad(k=1,2,\cdots)$$

其精算现值为:

$$0.2\sum_{k=0}^{20}\left(30\ 000\frac{S_{50+k}}{S_{50}}-H_k\right)v^{k+\frac{1}{2}}\ {}_{k+\frac{1}{2}}p_{50}^{(\tau)}$$

第三节　年老退休金的给付

养老保险计划的主要保障是为年老退休提供一个延期年金。在确定缴纳金计划中,计划加入者在退休时开始受领的这个养老年金是雇主(企业)及本人已缴纳的缴纳金的实际积累值所能购买的一项生存年金。该年金的精算现值即为缴纳金的实际积累值,养老金的年给付额依赖于这个实际积累值。因此无法在其加入养老保险计划时确定这个年给付额,只能在退休时根据生存年金的精算原理来确定。

在确定给付金计划中,我们需要先确定养老金的年给付额度,再求其精算现值,然后才能确定应缴的缴纳金。下面我们就确定给付金计划,介绍几种年给付额的计算公式。

我们引进函数 $R(x,h,t)$ 表示在 x 岁加入计划而现年 $x+h$ 岁的员工将在 $x+h+t$ 岁时退休并获得年金给付的年给付额。我们还假设年给付额不变。

一、年给付额不依赖于年薪的情形

这种情形的年给付额有三种计算方式。

员工为企业每工作一年,均可在其退休金年给付额上增加一个固定数额 b,包括最后的不足一年部分,这时年给付函数为:

$$R(x,h,t)=b(h+t)$$

如果年给付额不包括最后的不足一年部分,则:

$$R(x,h,t)=b(h+k)\qquad(k=[t])$$

另一种方法是在某一规定年数内,每工作一年增加年给付额 b_1,超过的工作年数每年增加较少的年给付额 b_2。如果这个规定年数为 30,那么年给付额为:

$$R(x,h,t)=\begin{cases}b_1(h+t) & (h+t\leqslant 30)\\ 30b_1+b_2(h+t-30) & (h+t>30)\end{cases}$$

例【10-4】　一养老金计划为每工作一年的加入者提供一个每月15元的基本

给付,另外提供一个每月 10 元的给付到 65 岁的补充给付。某计划加入者现年 40 岁,在 30 岁时加入该计划。若限定退休年龄 $\beta=71$ 岁,最低退休年龄 $\alpha=60$ 岁,求其可能得到的年给付额。

解:为计算简便起见,通常设退休发生在年中,因此基本给付的年给付额为:

$$R_1\left(30,10,k+\frac{1}{2}\right)=15\times 12\left(10+k+\frac{1}{2}\right)\qquad(20\leqslant k\leqslant 30)$$

补充给付的年给付额为:

$$R_2\left(30,10,k+\frac{1}{2}\right)=10\times 12\left(10+k+\frac{1}{2}\right)\qquad(20\leqslant k\leqslant 24)$$

总的年给付额则为:

$$\begin{aligned}R\left(30,10,k+\frac{1}{2}\right)&=R_1\left(30,10,k+\frac{1}{2}\right)+R_2\left(30,10,k+\frac{1}{2}\right)\\&=\begin{cases}300\left((10+k+\frac{1}{2}\right) & (20\leqslant k\leqslant 24)\\180\left(10+k+\frac{1}{2}\right) & (25\leqslant k\leqslant 30)\end{cases}\end{aligned}$$

例【10-5】 在上例中,如果计算年给付额最多只考虑 35 年工作期,那么情况如何?

解:对于基本给付,年给付额变为:

$$R_1\left(30,10,k+\frac{1}{2}\right)=\begin{cases}180\left(10+k+\frac{1}{2}\right) & (20\leqslant k\leqslant 24)\\6\ 300 & (25\leqslant k\leqslant 30)\end{cases}$$

补充给付不变,所以总的年给付额变为:

$$R\left(30,10,k+\frac{1}{2}\right)=\begin{cases}300\left(10+k+\frac{1}{2}\right) & (20\leqslant k\leqslant 24)\\6\ 300 & (25\leqslant k\leqslant 30)\end{cases}$$

二、年给付额由后期年薪决定的情形

这种情形的 $R(x,h,t)$ 有两种形式。

员工退休金的年给付额可以由其退休前最后一年的年薪决定,通常是一个固定百分比 g,这时有:

$$\begin{aligned}R(x,h,t)&=g(ES)_{x+h+t}\\&=g(AS)_{x+h}\frac{S_{x+h+t}}{S_{x+h}}\end{aligned}\qquad(10\text{-}9)$$

如果年给付额是最后 m 年平均年薪的一个固定百分比 g,则有:

$$R(x,h,t) = g\frac{1}{m}\int_{t-m}^{t}(ES)_{x+h+s}\mathrm{d}s$$
$$= g\frac{(AS)_{x+h}}{m}\int_{t-m}^{t}\frac{S_{x+h+s}}{S_{x+h}}\mathrm{d}s \tag{10-10}$$

其中 $t>m$。若 $t<m$，则从 $x+h+t-m$ 到 $x+h$ 这一段的年薪是已知的，这时有：

$$R(x,h,t) = g\frac{1}{m}\left[\int_{t-m}^{0}(AS)_{x+h+s}\mathrm{d}s + \int_{0}^{t}(AS)_{x+h}\frac{S_{x+h+s}}{S_{x+h}}\mathrm{d}s\right]$$

这个公式需要作特殊处理。

为了计算式(10-10)，我们近似地把退休均看做在年中$\left(\text{即 } t=k+\frac{1}{2}\right)$发生，这时有：

$$R\left(x,h,k+\frac{1}{2}\right) = g\frac{(AS)_{x+h}}{S_{x+h}}\frac{1}{m}\int_{k+\frac{1}{2}-m}^{k+\frac{1}{2}}S_{x+h+s}\mathrm{d}s$$

在通常情况下，S_y 在每一年内是常数，那么：

$$R\left(x,h,k+\frac{1}{2}\right) = g\frac{(AS)_{x+h}}{S_{x+h}}\frac{1}{m}\left(\frac{1}{2}S_{x+h+k-m} + S_{x+h+k-m+1} + \cdots + S_{x+h+k-1} + \frac{1}{2}S_{x+h+k}\right)$$
$$= g(AS)_{x+h}\frac{{}_{m}Z_{x+h+k}}{S_{x+h}} \tag{10-11}$$

这里我们引入符号：

$${}_{m}Z_{y} = \frac{1}{m}\left(\frac{1}{2}S_{y-m} + S_{y-m+1} + \cdots + S_{y-1} + \frac{1}{2}S_{y}\right) \tag{10-12}$$

更为一般的情形是年给付额由最后 m 年平均年薪与到退休时的工作年数的乘积的一个固定比例来确定，这时：

$$R(x,h,t) = f(h+t)(AS)_{x+h}\left[\frac{1}{m}\int_{t-m}^{t}\frac{S_{x+h+s}}{S_{x+h}}\mathrm{d}s\right] \tag{10-13}$$

这里 f 是一个固定的百分比，例如 2%。为了近似计算，类似于式(10-11)的推导，我们有：

$$R\left(x,h,k+\frac{1}{2}\right) = f\left(h+k+\frac{1}{2}\right)(AS)_{x+h}\frac{{}_{m}Z_{x+h+s}}{S_{x+h}} \tag{10-14}$$

有时候只考虑工作整年数，那么：

$$R\left(x,h,k+\frac{1}{2}\right) = f(h+k)(AS)_{x+h}\frac{{}_{m}Z_{x+h+s}}{S_{x+h}} \tag{10-15}$$

其他情形我们将通过例题来说明。

例【10-6】 在分段给付率计划中，年给付额由下式确定：

在第$k+1$年内退休的年给付额＝工作总年数×（第$k+1$年的标准收入水平H_k的1.25%＋最后3年平均年薪超过H_k部分的1.75%）

对现年30岁年薪为20 000元的加入者，给出其在63～64岁间退休的年给付额公式（这里假设最后3年平均年薪超过H_{33}）。

解：近似地把退休看做发生在63.5岁，那么：

$$R(30,0,33.5)=33.5\left[0.0125\,H_{33}+0.0175\left(20\,000\frac{{}_3Z_{63}}{S_{30}}-H_{33}\right)\right]$$

$$=33.5\left(350\frac{{}_3Z_{63}}{S_{30}}-0.005H_{33}\right)$$

例【10-7】 在扣除计划中，年给付额等于最后3年平均年薪的2%乘上工作总年数再减去社会保险所提供的最初年退休收入的50%。对30岁加入计划、现年40岁、年薪30 000元的加入者，设其在65岁退休，而退休时的社会保险年收入给付预计为P，求其养老金年给付额。

解：由题中所述方法和所给条件，有：

$$R(30,10,25)=35\left[0.02(30\,000)\frac{{}_3\widetilde{Z}_{65}}{S_{40}}\right]-0.5P$$

$$=21\,000\frac{{}_3\widetilde{Z}_{65}}{S_{40}}-0.5P$$

这里：

$${}_3\widetilde{Z}_{65}=\frac{S_{62}+S_{63}+S_{64}}{3}$$

三、年给付额由全期平均年薪决定的情形

在这种情形下，年给付额等于整个工作期平均年薪乘上工作年数再乘一个固定百分比f。事实上，这相当于计划加入者在整个工作期中的薪金总额乘上固定百分比f。但由于过去时期的薪金是已知的，未来时期的薪金是预测的，因此，年给付额应分两部分计算。我们把现年$x+h$岁的计划加入者过去的薪金总额记为$(TPS)_{x+h}$，相应的年给付额部分则为$f(TPS)_{x+h}$。

相应于未来工作期的年给付额部分可由下式给出：

$$f\int_0^t(ES)_{x+h+s}\mathrm{d}s=f\int_0^t(AS)_{x+h}\frac{S_{x+h+s}}{S_{x+h}}\mathrm{d}s$$

为了进行数值计算，设 S_{x+h+s} 是年龄的分段函数并在每个年龄内为常数，又设退休发生在年中，那么上式可写成：

$$f\frac{(AS)_{x+h}}{S_{x+h}}\left(\sum_{j=0}^{k-1}S_{x+h+j}+\frac{1}{2}S_{x+h+k}\right) \tag{10-16}$$

这里 $k=[t]$。

例【10-8】 一个平均年薪计划提供的年退休给付为整个工作期年薪总额的 2%。对现年 40 岁、年薪 25 000 元的加入者，已知其在 30 岁加入该计划，过去薪金总额为 200 000 元，求其在 67～68 岁间退休时的养老金年给付额。

解：设退休发生在年中，那么年给付额为：

$$R(30,10,27.5)=0.02\left(200\,000+25\,000\frac{\sum_{j=0}^{26}S_{40+j}+\frac{1}{2}S_{67}}{S_{40}}\right)$$

$$=4\,000+500\frac{\sum_{j=0}^{26}S_{40+j}+\frac{1}{2}S_{67}}{S_{40}}$$

第四节　养老金给付的精算现值

一、年老退休金给付的精算现值

养老金计划加入者从退休时开始受领年给付额为 $R(x,h,t)$ 的一个生存年金，这个年金在退休时的精算现值可表示为：

$$R(x,h,t)\,\bar{a}^{r}_{x+h+t}$$

上式相当于上一章中的保险给付额 B_{x+h+t}，于是我们可将现年 $x+h$ 岁的员工的年老退休给付的精算现值表示为积分形式：

$$\text{APV}=\int_{a-x-h}^{\beta-x-h}v^{t}\,{}_{t}p_{x+h}^{(\tau)}\mu_{x+h+t}^{(r)}R(x,h,t)\,\bar{a}_{x+h+t}\,\mathrm{d}t \tag{10-17}$$

这里 $x+h<\alpha$。将上面的积分划分为各年龄上的积分之和，得：

$$\text{APV}=\sum_{k=a-x-h}^{\beta-x-h-1}v^{k}\,{}_{k}p_{x+h}^{(\tau)}\int_{0}^{1}v^{s}\,{}_{s}p_{x+h+k}^{(\tau)}\mu_{x+h+k+s}^{(r)}R(x,h,k+s)\,\bar{a}_{x+h+k+s}\,\mathrm{d}s$$

为了实际计算，我们推导一个近似公式。设退休的发生在每一年龄内服从均匀分布，那么上式简化为：

$$\text{APV}=\sum_{k=a-x-h}^{\beta-x-h-1}v^{k}\,{}_{k}p_{x+h}^{(\tau)}q_{x+h+k}^{(r)}\int_{0}^{1}v^{s}R(x,h,k+s)\,\bar{a}_{x+h+k+s}\,\mathrm{d}s$$

再应用中点公式便得：

$$\mathrm{APV} \approx \sum_{k=a-x-h}^{\beta-x-h-1} v^{k+\frac{1}{2}}\ {}_k p_{x+h}^{(\tau)} q_{x+h+k}^{(r)} R\left(x, h, k+\frac{1}{2}\right) \bar{a}_{x+h+k+\frac{1}{2}} \tag{10-18}$$

这个公式为计算年老退休给付的精算现值的一般方法。

下面我们主要通过例题来求一些年老退休金的精算现值的计算式。

例【10-9】 给出例10-4中养老金计划的基本给付与补充给付的精算现值的计算式。

解:由式(10-18),基本给付的精算现值为:

$$180 \sum_{k=20}^{30} v^{k+\frac{1}{2}}\ {}_k p_{40}^{\tau} q_{40+k}^{(r)} \left(10+k+\frac{1}{2}\right) \bar{a}_{40+k+\frac{1}{2}}$$

补充给付的精算现值为:

$$120 \sum_{k=20}^{24} v^{k+\frac{1}{2}}\ {}_k p_{40}^{(\tau)}\ q_{40+k}^{(r)} \left(10+k+\frac{1}{2}\right) \bar{a}_{40+k+\frac{1}{2}:\overline{25-k-\frac{1}{2}}|}$$

例【10-10】 在叠加计划中,基本年给付额为最后 5 年平均年薪的1.5%乘上工作总年数;补充给付给付到 65 岁,给付额为最后 5 年平均年薪的 0.5%乘上工作总年数。对 30 岁加入计划、现年 45 岁、年薪 40 000 元的某企业雇员,求其养老金的精算现值。这里假设最低退休年龄为 60 岁,限定退休年龄为 70 岁,一些加入者直到满 70 岁才退休。

解:先求年给付额函数。对于基本给付,当 $15 \leqslant k \leqslant 24$ 时,有:

$$R_1\left(30, 15, k+\frac{1}{2}\right) = 600\left(15+k+\frac{1}{2}\right)\frac{{}_5 Z_{45+k}}{S_{45}}$$

当 $k=25$ 时,有:

$$R_1(30, 15, 25) = 24\ 000\, \frac{{}_5 \widetilde{Z}_{70}}{S_{45}}$$

这里,${}_5 \widetilde{Z}_{70} = \dfrac{S_{65}+S_{66}+S_{67}+S_{68}+S_{69}}{5}$。

对于补充给付,有:

$$R_2\left(30, 15, k+\frac{1}{2}\right) = 200\left(15+k+\frac{1}{2}\right)\frac{{}_5 Z_{45+k}}{S_{45}}$$

于是相应于基本给付与补充给付的精算现值分别为:

$$\sum_{k=15}^{24} v^{k+\frac{1}{2}}\ {}_k p_{45}^{(\tau)}\ q_{45+k}^{(r)} 600\left(15+k+\frac{1}{2}\right)\frac{{}_5 Z_{45+k}}{S_{45}} \bar{a}^{r}_{45+k+\frac{1}{2}}$$

$$+ v^{25}\ {}_{25} p_{45}^{(\tau)}\ 24\ 000\, \frac{{}_5 \widetilde{Z}_{70}}{S_{45}} \bar{a}^{r}_{70}$$

$$\sum_{k=15}^{19} v^{k+\frac{1}{2}}\ {}_kp_{45}^{(\tau)}\ q_{45+k}^{(r)} 200\left(15+k+\frac{1}{2}\right)\frac{{}_5\widetilde{Z}_{45+k}}{S_{45}}\bar{a}_{45+k+\frac{1}{2}:\overline{20-k-\frac{1}{2}}|}$$

两者之和即为该雇员养老金的精算现值。

在年给付额依赖于整个工作期平均年薪的情形下，相应于过去工作期那部分给付的精算现值为：

$$f(TPS)_{x+k}\sum_{k=\alpha-x-h}^{\beta-x-h-1} v^{k+\frac{1}{2}}\ {}_kp_{x+h}^{(\tau)}q_{x+h+k}^{(r)}\bar{a}_{x+h+k+\frac{1}{2}} \tag{10-19}$$

相应于未来工作期那部分给付的精算现值则是：

$$f\frac{(AS)_{x+h}}{S_{x+h}}\left[\sum_{k=\alpha-x-h}^{\beta-x-h-1} v^{k+\frac{1}{2}}\ {}_kp_{x+h}^{(\tau)}q_{x+h+k}^{(r)}\bar{a}_{x-h+k+\frac{1}{2}}\cdot\left(\sum_{j=0}^{k-1}S_{x+h+j}+\frac{1}{2}S_{x+h+k}\right)\right] \tag{10-20}$$

因为对 $k=0,1,2,\cdots,\alpha-x-h-1$，有 $q_{x+h+k}^{(r)}=0$，所以上式可改写成：

$$f\frac{(AS)_{x+h}}{S_{x+h}}\left[\sum_{k=0}^{\beta-x-h-1} v^{k+\frac{1}{2}}\ {}_kp_{x+h}^{(\tau)}q_{x+h+k}^{(r)}\bar{a}^{r}_{x+h+k+\frac{1}{2}}\cdot\left(\sum_{j=0}^{k-1}S_{x+h+j}+\frac{1}{2}S_{x+h+k}\right)\right] \tag{10-21}$$

交换对 k 与对 j 的求和顺序，得另一种表达式：

$$f\frac{(AS)_{x+h}}{S_{x+h}}\left[\sum_{j=0}^{\beta-x-h-1} S_{x+h+j}\left(\frac{1}{2}v^{j+\frac{1}{2}}\ {}_jp_{x+h}^{(r)}q_{x+h+j}^{(r)}\bar{a}^{r}_{x+h+j+\frac{1}{2}}\right.\right.$$
$$\left.\left.+\sum_{k=j+1}^{\beta-x-h-1} v^{k+\frac{1}{2}}\ {}_kp_{x+h}^{(\tau)}q_{x+h+k}^{(r)}\bar{a}_{x+h+k+\frac{1}{2}}\right)\right] \tag{10-22}$$

注意，当 $j=\beta-x-h-1$ 时，由于 ${}_kp_{x+h}^{(\tau)}=0$，内层和式为 0。

例【10-11】　根据本章附表，求例10-8中的计划加入者相应于未来工作期那部分给付的精算现值计算式。

解：由式(10-20)，得精算现值：

$$\frac{500}{S_{40}}\sum_{k=20}^{30} v^{k+\frac{1}{2}}\ {}_kp_{40}^{(r)}\ q_{40+k}^{(r)}\left(\sum_{j=0}^{k-1}S_{40+j}+\frac{1}{2}S_{40+k}\right)\bar{a}_{40+k+\frac{1}{2}}$$

而由式(10-22)，得：

$$\frac{500}{S_{40}}\left[\sum_{j=0}^{30}S_{40+j}\left(\frac{1}{2}v^{j+\frac{1}{2}}\ {}_jp_{40}^{(\tau)}\ q_{40+j}^{(r)}\bar{a}_{40+j+\frac{1}{2}}+\sum_{k=j+1}^{30}v^{k+\frac{1}{2}}\ {}_kp_{40}^{(\tau)}\ q_{40+k}^{(r)}\bar{a}_{40+k+\frac{1}{2}}\right)\right]$$

这里求和的范围由附表中 $\alpha=60,\beta=71$ 确定。因为当 $k<20$ 时，有 $q_{40+k}^{(r)}=0$，和式中有很多项为 0。

二、残废退休金给付及其精算现值

养老金的残废退休给付的估值过程类似于年老退休给付，即先确定年给付额,再求其精算现值。

残废退休金的年给付额通常由计划加入者在残废发生时的年薪来确定,但可能包含一个最低给付额的规定。残废退休金可能给付到一定年龄(例如65岁)便转为年老退休给付。下面我们将通过一种残废退休给付来说明估值过程:这种残废退休金的年给付额,等于计划加入者在残废发生时的年薪的一个固定百分比乘上其已经工作的年数,但最低年给付额等于这个年薪的固定百分比乘上10;计划加入者必须工作5年以上并在65岁以下残废时才能获得这项年金。设f为上述固定百分比,那么对于年龄为x岁的新加入者,其年给付额可表示如下:

$$R(x,0,t)=\begin{cases}0 & (0\leqslant t<5 \text{ 或 } t\geqslant 65-x)\\ 10f(ES)_{x+t}=10f(AS)_x\dfrac{S_{s+t}}{S_x} & (5\leqslant t<10)\\ tf(ES)_{x+t}=tf(AS)_x\dfrac{S_{x+t}}{S_x} & (10\leqslant t<65-x)\end{cases}$$

若残废退休金一直给付到死,即中间不能换成年老退休给付,那么其精算现值如下:

$$\int_5^{65-x} v^t\,{}_tp_x^{(\tau)}\mu_{x+t}^{(i)}R(x,0,t)\,\bar{a}_{x+t}^i\,\mathrm{d}t \tag{10-23}$$

上式可近似地写成:

$$\sum_{k=5}^{64-x} v^{k+\frac{1}{2}}\,{}_kp_x^{(\tau)}q_{x+k}^{(i)}R\left(x,0,k+\frac{1}{2}\right)\bar{a}_{x+k+\frac{1}{2}}^i \tag{10-24}$$

式(10-23)及式(10-24)与式(10-17)及式(10-18)的主要区别在于,式(10-23)和式(10-24)用的是残废终止力、残废退休概率和相应于残废者的年金精算现值因子。

例【10-12】 一个养老金计划提供的残废退休给付是最后年薪的50%,但不超过最后年薪的70%与从社会保险中获得的最初残废收入额之差。加入者必须工作3年以上并在65岁以前因残废而退休时才能获得这个给付。设在年龄y至$y+1$岁($30\leqslant y<65$)间因残废退休的预期最初社会保险残废收入为I_y,对年龄30岁、年薪15 000元的加入者,求其在养老金计划中的残废收入给付额的表达式。

解:当$k=0,1,2$时,$R\left(30,0,k+\dfrac{1}{2}\right)=0$

当$3\leqslant y<34$时,有:

$$R\left(30,0,k+\frac{1}{2}\right)=\min\left[7\ 500\frac{S_{30+k}}{S_{30}},10\ 500\frac{S_{30+k}}{S_{30}}-I_{30+k}\right]$$

如果等式右边小于0，则 $R\left(30,0,k+\frac{1}{2}\right)=0$，这时仅能获得由社会保险提供的给付。

第五节　撤出计划时的给付及缴纳金的退还

一、解约撤出计划时的给付及缴纳金的退还

在养老金计划中一般有两种类型的解约保障，其一是提供一个预期年金，其二是一次性退还缴纳金的积累值。

在加入计划一定年数后，加入者在解约时可以获得一个延期年金。作为一个例子，我们假设这个延期年金在60岁开始给付，年给付额为 f 乘上到解约时的工作年数和解约时的年薪。若必须工作10年后才能获得这个年金，那么年给付额为：

$$R(x,h,t)=\begin{cases}0 & (h+t<10)\\ f(h+t)(ES)_{x+h+t} & (10\leqslant h+t<60-x)\end{cases}$$

其精算现值近似地等于：

$$\sum_{k=l}^{59-x-h}v^{k+\frac{1}{2}}\ {}_kp_{x+h}^{(\tau)}q_{x+h+k}^{(w)}R\left(x,h,k+\frac{1}{2}\right)_{60-x-h-k-\frac{1}{2}|}\bar{a}_{x+h+k+\frac{1}{2}}^{r} \tag{10-25}$$

这里 $l=\max[10-h,0]$。式中使用 $\bar{a}^r$，表示这个延期年金在60岁时的精算现值是以年老退休者生命表为依据计算的，即假设年老退休者生命表适用于解约者。

我们用 $(ATPC)_{x+h}$ 表示现年 $x+h$ 岁的计划加入者按过去各年利率计算的已缴纳的缴纳金到计算期的积累值，并假设这个积累值以后能以年利率 j 积累，那么在 $x+h+t$ 岁解约时，相应这部分缴纳金的退还额由下式给出：

$$B(x,h,t)=(ATPC)_{x+h}(1+j)^t \tag{10-26}$$

其精算现值近似地等于：

$$(ATPC)_{x+h}\sum_{k=0}^{\phi-x-h-1}v^{k+\frac{1}{2}}\ {}_kp_{x+h}^{(\tau)}q_{x+h+k}^{(w)}(1+j)^{k+\frac{1}{2}} \tag{10-27}$$

这里 ϕ 是有资格获得即期或延期退休给付的年龄，$\phi>x+h$，并假设到年龄 ϕ 后不再有解约退还金。

x 岁时加入养老保险计划者，在 $x+h$ 岁时决定退出计划（即解约），如果采

取一次性退还缴纳金的积累值，则其退还金额应该是式(10-26)中当 $t=0$ 的值，即 $B(x,h,0)=(ATPC)_{x+h}$，这是已缴纳的缴纳金的实际积累值。如果解约者到了有资格获得预期年金给付的年龄，采取受领一个即期或延期生存年金，这个生存年金的精算现值应该等于一次性给付的退还金额。

计算期当年的缴纳金设为年薪的 $c\%$。在当年解约时平均约退还一半，即 $\frac{1}{2}(0.01c)(AS)_{x+h}$，在此后第 $k+1$ 年解约时平均约退还 $(0.01c)(AS)_{x+h}(1+j)^k$。因此，相应于这部分缴纳金到解约时的退还额的精算现值为：

$$(0.01c)(AS)_{x+h}\left[\frac{1}{2}v^{\frac{1}{2}}q_{x+h}^{(w)}+\sum_{k=1}^{\phi-x-h-1}v^{k+\frac{1}{2}}\ {}_kp_{x+h}^{(\tau)}q_{x+h+k}^{(w)}(1+j)^k\right] \tag{10-28}$$

若各年缴纳金的积累利率与估值所用的利率相同，即 $j=i$，则式(10-27)与式(10-28)中的计算可大为化简。这时式(10-27)简化为：

$$(ATPC)_{x+h}\sum_{k=0}^{\phi-x-h-1}{}_kp_{x+h}^{(\tau)}q_{x+h+k}^{(w)}=(ATPC)_{x+h}\frac{l_{x+h}^{(w)}-l_{\phi}^{(w)}}{l_{x+h}^{(\tau)}} \tag{10-29}$$

这里 $l_y^{(w)}$ 是年龄为 y 的 $l_y^{(\tau)}$ 个计划加入者将在未来解约的人数。式(10-28)则简化为：

$$\begin{aligned}&0.01c(AS)_{x+h}v^{\frac{1}{2}}\left[\frac{1}{2}q_{x+h}^{(w)}+\sum_{k=1}^{\phi-x-h-1}{}_kp_{x+h}^{(\tau)}q_{x+h+k}^{(w)}\right]\\&=0.01c(AS)_{x+h}v^{\frac{1}{2}}\frac{\frac{1}{2}[l_{x+h}^{(w)}-l_{x+h+1}^{(w)}]+l_{x+h+1}^{(w)}-l_{\phi}^{(w)}}{l_{x+h}^{(\tau)}}\\&=0.01c(AS)_{x+h}v^{\frac{1}{2}}\frac{\frac{1}{2}[l_{x+h}^{(w)}+l_{x+h+1}^{(w)}]-l_{\phi}^{(w)}}{l_{x+h}^{(\tau)}}\end{aligned} \tag{10-30}$$

此时，精算现值依据适当的多重减因表计算起来并不太难。

二、死亡撤出计划时的给付及缴纳金的退还

在养老保险计划中，加入者在退休前死亡的保障与解约保障相近，一般都采取一次性给付的形式，有时也采取继承年金的形式，即把死亡时缴纳金的积累值退还给死者的财产继承人。采取一次性给付的死亡退还与因解约采取一次性给付的退还缴纳金的情形基本一样，只需将减因由解约改为死亡，求和限中的最大可能解约年龄改为死亡给付的最大可能年龄即可。

继承年金是一种以参加养老保险计划者在退休前死亡为给付条件的、受领人为死者的财产继承人的生存年金。继承年金实际上是一种延期的生存年金，它与解约预期年金的不同之处在于其受领人变更了，因而继承年金的计算按受

领人的生存年金来处理。

附表：　　　　　　　养老金函数表例表

x	$l_x^{(\tau)}$	$q_x^{(d)}$	$q_x^{(w)}$	$q_x^{(i)}$	$q_x^{(r)}$	S_x
30	100 000	0. 001 0	0. 199 9	0	0	1. 00
31	79 910	0. 001 0	0. 179 9	0	0	1. 06
32	65 454	0. 001 1	0. 150 6	0	0	1. 13
33	55 524	0. 001 1	0. 102 7	0	0	1. 20
34	49 761	0. 001 2	0. 079 8		0	1. 28
35	45 730	0. 001 4	0. 058 9	0. 001 0	0	1. 36
36	42 927	0. 001 5	0. 044 9	0. 001 0	0	1. 44
37	40 893	0. 001 6	0. 035 0	0. 001 1	0	1. 54
38	39 352	0. 001 8	0. 030 0	0. 001 2	0	1. 63
39	38 053	0. 001 9	0. 026 0	0. 001 3	0	1. 74
40	36 943	0. 002 1	0. 022 0	0. 001 4	0	1. 85
41	36 000	0. 002 3	0. 020 0	0. 001 5	0	1. 96
42	35 143	0. 002 6	0. 018 0	0. 001 6	0	2. 09
43	34 363	0. 002 8	0. 016 0	0. 001 7	0	2. 22
44	33 656	0. 003 1	0. 015 0	0. 001 8	0	2. 36
45	32 989	0. 003 4	0. 014 0	0. 002 0	0	2. 51
46	32 349	0. 003 8	0. 013 0	0. 002 2	0	2. 67
47	31 734	0. 004 2	0. 013 0	0. 002 5	0	2. 84
48	31 109	0. 004 6	0. 012 0	0. 002 8	0	3. 02
49	30 506	0. 005 1	0. 011 0	0. 003 1	0	3. 21
50	29 919	0. 005 6	0. 010 0	0. 003 4	0	3. 41
51	29 350	0. 006 2	0. 010 0	0. 003 8	0	3. 63
52	28 763	0. 006 9	0. 009 0	0. 004 2	0	3. 86
53	28 185	0. 007 4	0. 008 9	0. 004 7	0	4. 10
54	27 593	0. 008 2	0. 007 9	0. 005 2	0	4. 35
55	27 006	0. 008 9	0. 007 9	0. 005 8	0	4. 62
56	26 396	0. 009 8	0. 006 9	0. 006 4	0	4. 91
57	25 786	0. 010 7	0. 006 9	0. 007 1	0	5. 21
58	25 149	0. 011 8	0. 005 9	0. 007 9	0	5. 53

续表

x	$l_x^{(\tau)}$	$q_x^{(d)}$	$q_x^{(w)}$	$q_x^{(i)}$	$q_x^{(r)}$	S_x
59	24 505	0.012 9	0.004 9	0.008 7	0	5.86
60	23 856	0.013 1	0	0	0.148 9	6.21
61	19 991	0.014 9	0	0	0.079 4	6.56
62	18 106	0.015 7	0	0	0.148 7	6.93
63	15 130	0.017 9	0	0	0.089 2	7.31
64	13 509	0.019 0	0	0	0.148 5	7.70
65	11 246	0.018 1	0	0	0.395 5	8.08
66	6 594	0.022 3	0	0	0.197 5	8.48
67	5 145	0.023 1	0	0	0.295 8	8.91
68	3 504	0.023 7	0	0	0.394 1	9.35
69	2 040	0.024 0	0	0	0.492 2	9.82
70	987	0.017 2	0	0	0.982 8	10.31

习　题

1. 假设对于年龄为 30 岁的新加入者，因考虑通货膨胀的影响及工作能力的提高，每年以 5% 的比率增加工资。另外，假设在 40 岁、50 岁和 60 岁时于原有工资上再增加 10%。

   (1)在上述假设下构造一个薪金比例函数 S_{30+k}；

   (2)若开始年薪为 12 000 元，缴纳金按各年年薪的 10% 缴纳，求缴纳金精算现值的表达式。

2. 计划的资助者每年为每个计划加入者缴纳其年薪超过某一定额之部分的 10%。设此定额在这一年为 10 000 元并每年按 5% 增加，对现年 35 岁、年薪 25 000 元的加入者，求资助者为其缴纳之缴纳金的精算现值。

3. 年初正好 65 岁的年薪 50 000 元的养老金计划加入者，在其工作期间每年初缴付年薪的 2% 作为缴纳金。若 $i=0.06$，$S_{65+k}=(1.06)^k(k=1,2,\cdots)$，试根据本章附表计算当年及往后各年缴纳金在 65 岁时的精算现值。

4. 某雇员 30 岁时参加下述养老金计划：若他一直工作到退休年龄 70 岁，则他自退休后可得到一笔连续支付的年金，年金额为工作年限的 300 倍；若他在

70 岁前死亡，则在他死亡之时其受益人可立即得到 20 000 元；若他在 70 岁前因死亡之外的其他原因退保，则他可得到一笔从 70 岁开始连续支付的年金，年金额为工作年限的 300 倍，给出该养老金在此雇员 30 岁时的精算现值。

5. 设某养老金计划的薪水级别函数为线性函数，且 $S_{20}=1$，$(ES)_{45}=2\,(AS)_{25}$。求 $x\geqslant 20$ 时的 S_x。

6. 某公司准备为员工提供一个确定给付金计划或一个确定缴纳金计划。在正常的退休年龄 65 岁，确定给付金计划提供一个按月给付的退休年金，年给付额为最后 5 年平均年薪的 25%；在确定缴纳金计划中，公司在每年末将为每个加入者存入相当于其年薪 6% 的缴纳金，其年给付额由账户积累额除以年金精算现值因子 11.351 确定。给出：(1)某计划加入者在 1 月 1 日正好 x 岁，$x<60$；(2)年薪在 1 月 1 日是 25 000 元，以后每年将在 1 月 1 日加薪 5%。求：
(1)该计划加入者最后 5 年的平均年薪；
(2)到正常退休年龄时账户上的积累额；
(3)使两种计划年给付额最接近的年龄 x 岁。

7. 刚好在 60 岁退休的计划加入者有三种年给付额选择：
(1)工作 25 年以内每年 450 元 + 超过 25 年每年 350 元；
(2)工作年数 ×（退休前 3 年平均年薪的 1% + 退休前 3 年平均年薪超过 30 000元部分的 0.5%）；
(3)工作年数 ×（整个工作期平均年薪的 2% + 整个工作期平均年薪超过 20 000元部分的 1%）。
若某加入者正好在 30 岁时加入计划，起始年薪为10 000元，每年增加 5%，求其在 60 岁退休时能得到的最大年给付额。

8. 在一个扣除计划中，退休年给付额为最后 3 年平均年薪的 2% 乘上工作年数，减去最后 3 年平均年薪 25% 的社会保险年给付额的 35%。若年薪在每年末增加，年薪增长函数 $S_{40+k}=(1.05)^k$，求在 30 岁加入计划、现年 40 岁、年薪 40 000元的员工在 65 岁退休时的年给付额。

9. 一个 25 岁的新加入者，现在年薪是 12 000 元。当他在第 $k+1$ 年内退休时，一分段给付率计划为其提供的年收入为：
年收入 = 工作整年数 ×（最后 3 年平均年薪不超过 15 000$(1.04)^k$元部分的 1% + 最后 3 年平均年薪超过 15 000$(1.04)^k$元部分的 1.5%）
求给付额函数的表达式。

10. 一种扣除计划其扣除额为工作年数乘上社会保险收入的 2%，但不超过社会保险收入的 50%。在扣除之前,年给付额为工作年数乘上最后 3 年平均年薪的 2%。在下列情况下,对年薪为 30 000 元的 40 岁的新加入者,给出其给付额公式:

(1)恰好在 65 岁退休,预期的社会保险收入为 I_{65};

(2)在 68 ~ 69 岁之间退休,预期的社会保险收入为 $I_{68.5}$。

11. 现年 35 岁的雇员的年薪为 40 000 元,他参加了某养老金计划。其雇主于每年年中为其缴纳等于该雇员当年薪水超过 M 部分的 10% 的缴纳金,其中,M 在该雇员 35 岁时为 15 000 元,以后每年递增 5%,求雇主所付缴纳金在该雇员 35 岁时的精算现值。设 β 为退休年龄。

12. 一养老金计划在 65 岁前的给付额为工作年数乘最后 3 年平均年薪的 2%,65 岁后则为工作年数乘最后 3 年平均年薪的 1.33%。对于 30 岁时加入计划、现年 50 岁、现年薪 36 000 元的加入者,如果最低退休年龄为 55 岁,限定退休年龄为 68 岁,求其未来给付的精算现值。

13. 在上题中,如果确定给付额时最多只算 35 年工龄,那么未来给付的精算现值公式又如何?

14. 在第 12 题中,相应于 30 ~ 50 岁这段工作期的未来给付精算现值公式又如何?

15. 一全期平均计划提供的退休收入为加入者整个工作期薪金总额的 2%,最低退休年龄为 58 岁,限定年龄 68 岁。对 30 岁开始工作、现年 50 岁的加入者,若其过去总薪金为 400 000 元,而目前年薪为 36 000 元,写出下列表达式:

(1)恰在 65 岁退休时的给付额;

(2)在 65 ~ 66 岁之间退休时的平均给付额;

(3)相应于过去工作期的退休给付的精算现值;

(4)相应于未来工作期的退休给付的精算现值。

16. 某 45 岁的雇员有以下两种养老金计划可供选择:(1)确定缴纳金计划:缴纳金为每年薪水的 20%,于每年年初支付。缴纳金以 5% 的年实际利率积累。养老金自退休后于每月月初领取。(2)确定给付金计划:养老金于每月月初领取,年养老金额为最后两年平均薪水的 40%。设该雇员于 65 岁时退休,$\ddot{a}_{65}^{(12)} = 10$,$S_{45+k} = (1.05)^k (k \geqslant 0)$,$S_y$ 为分段函数,即 S_y 在每年中为常数。求计划(1)下和计划(2)下月养老金额之比。

17. 一年龄为 35 岁的加入者,其过去缴纳金的积累值为 5 000 元。如果继续参加计划,到 40 岁就有资格获得延期年金,假设缴纳金以每年 6% 的实际利率积累,求他在 40 岁前解约时应获退还的过去缴纳金的积累值的精算现值。

18. (1)把式(10-28)中相应于在当年解约的项 $0.01c(AS)_{x+h}\frac{1}{2}v^{\frac{1}{2}}q_{x+h}^{(w)}$ 改写成一个二重积分,其中一个变量为缴纳金缴纳时间(设为连续缴纳),另一个变量为解约时间,从前一时间到后一时间按年利率 j 计息。

(2)在多重减因模型中,假设解约服从均匀分布,求问题(1)中的二重积分值。

(3)令 $i=0.06$ 和 $j=0.04$,分别按式(10-28)中第一项和问题(2)中的积分进行计算,并比较其结果。

附表1 折现函数值表

n \ i	0. 01	0. 02	0. 03	0. 04	0. 05
1	0. 990 099	0. 980 392	0. 970 874	0. 961 538	0. 952 381
2	0. 980 296	0. 961 139	0. 942 596	0. 924 556	0. 907 029
3	0. 970 590	0. 942 322	0. 915 142	0. 888 996	0. 863 838
4	0. 960 980	0. 923 845	0. 888 487	0. 854 804	0. 822 702
5	0. 951 466	0. 905 731	0. 862 609	0. 821 927	0. 783 526
6	0. 942 045	0. 887 971	0. 837 484	0. 790 315	0. 746 215
7	0. 932 718	0. 870 560	0. 813 092	0. 759 918	0. 710 681
8	0. 923 486	0. 853 490	0. 789 409	0. 730 690	0. 676 839
9	0. 914 340	0. 836 755	0. 766 417	0. 702 587	0. 644 609
10	0. 905 287	0. 820 348	0. 744 094	0. 675 564	0. 613 913
11	0. 896 324	0. 804 263	0. 722 421	0. 649 581	0. 584 679
12	0. 887 449	0. 788 493	0. 701 380	0. 624 597	0. 556 837
13	0. 878 663	0. 773 033	0. 680 951	0. 600 574	0. 530 321
14	0. 869 963	0. 757 875	0. 661 118	0. 577 475	0. 505 068
15	0. 861 349	0. 743 015	0. 641 862	0. 555 265	0. 481 017
16	0. 852 821	0. 728 446	0. 623 167	0. 533 908	0. 458 112
17	0. 844 377	0. 714 163	0. 605 016	0. 513 373	0. 436 297
18	0. 836 017	0. 700 159	0. 587 395	0. 493 628	0. 415 521

续表

n \ i	0.01	0.02	0.03	0.04	0.05
19	0.827 740	0.686 431	0.570 286	0.474 642	0.395 734
20	0.819 544	0.672 971	0.553 676	0.456 387	0.376 889
21	0.811 430	0.659 776	0.537 549	0.438 834	0.358 942
22	0.803 396	0.646 839	0.521 893	0.421 955	0.341 850
23	0.795 442	0.634 156	0.506 692	0.405 726	0.325 571
24	0.787 566	0.621 721	0.491 934	0.390 121	0.301 068
25	0.779 768	0.609 531	0.477 606	0.375 117	0.295 303
26	0.772 048	0.597 579	0.463 695	0.360 689	0.281 241
27	0.764 404	0.585 862	0.450 189	0.346 817	0.267 848
28	0.756 836	0.574 375	0.437 077	0.333 477	0.255 094
29	0.749 342	0.563 112	0.424 346	0.320 651	0.242 946
30	0.471 923	0.552 071	0.411 987	0.308 319	0.231 377
31	0.734 577	0.541 246	0.399 987	0.296 460	0.220 359
32	0.727 304	0.530 633	0.388 337	0.285 058	0.209 866
33	0.720 103	0.520 229	0.377 026	0.274 097	0.199 873
34	0.712 973	0.510 028	0.366 045	0.263 552	0.190 355
35	0.705 914	0.500 028	0.355 383	0.253 415	0.181 290
36	0.698 925	0.490 223	0.345 032	0.243 669	0.172 657
37	0.692 005	0.480 611	0.334 983	0.234 297	0.164 436
38	0.685 153	0.471 187	0.325 226	0.225 285	0.156 605
39	0.678 370	0.461 948	0.315 754	0.216 621	0.149 148
40	0.671 653	0.452 890	0.306 557	0.208 289	0.142 046

续表

n \ i	0.06	0.07	0.08	0.09	0.10
1	0.943 396	0.934 579	0.925 926	0.917 431	0.909 091
2	0.889 996	0.873 439	0.857 339	0.841 680	0.826 446
3	0.839 619	0.816 298	0.793 832	0.772 183	0.751 315
4	0.792 094	0.762 895	0.735 030	0.708 425	0.683 013
5	0.747 285	0.712 986	0.680 583	0.649 931	0.620 921
6	0.704 961	0.666 342	0.630 170	0.596 267	0.564 474
7	0.665 057	0.622 750	0.583 490	0.547 034	0.513 158
8	0.627 412	0.582 009	0.540 269	0.501 866	0.466 507
9	0.591 898	0.573 934	0.500 249	0.460 428	0.424 098
10	0.558 395	0.508 349	0.463 193	0.422 411	0.385 543
11	0.526 788	0.475 093	0.428 883	0.387 533	0.350 494
12	0.496 969	0.444 012	0.397 114	0.355 535	0.318 631
13	0.468 839	0.414 964	0.367 698	0.326 179	0.289 664
14	0.442 301	0.387 817	0.340 461	0.299 246	0.263 331
15	0.417 265	0.362 446	0.315 242	0.274 538	0.239 392
16	0.393 646	0.338 735	0.291 980	0.251 870	0.217 629
17	0.371 364	0.316 574	0.270 269	0.231 073	0.197 845
18	0.350 344	0.295 864	0.250 249	0.211 994	0.179 859
19	0.330 513	0.276 508	0.231 712	0.194 490	0.163 508
20	0.311 805	0.258 419	0.214 548	0.178 431	0.148 644
21	0.294 155	0.241 513	0.198 656	0.163 698	0.135 131
22	0.277 505	0.225 713	0.183 941	0.150 182	0.122 846

续表

n \ i	0. 06	0. 07	0. 08	0. 09	0. 10
23	0. 261 797	0. 210 947	0. 170 315	0. 137 781	0. 111 678
24	0. 246 979	0. 197 147	0. 157 699	0. 126 405	0. 101 526
25	0. 232 999	0. 184 249	0. 146 018	0. 115 968	0. 092 296
26	0. 219 810	0. 172 195	0. 135 202	0. 106 393	0. 0 83 908
27	0. 207 368	0. 160 930	0. 125 187	0. 097 608	0. 076 278
28	0. 195 630	0. 150 402	0. 115 914	0. 089 548	0. 069 343
29	0. 184 557	0. 140 563	0. 107 328	0. 082 155	0. 063 039
30	0. 174 110	0. 131 367	0. 099 377	0. 075 371	0. 057 309
31	0. 164 255	0. 122 773	0. 092 016	0. 069 148	0. 052 099
32	0. 154 957	0. 114 741	0. 085 200	0. 063 438	0. 047 362
33	0. 146 186	0. 107 235	0. 078 889	0. 058 200	0. 043 057
34	0. 137 912	0. 100 219	0. 073 045	0. 053 395	0. 039 143
35	0. 130 105	0. 093 663	0. 067 635	0. 048 986	0. 035 584
36	0. 122 741	0. 087 535	0. 062 625	0. 044 941	0. 032 349
37	0. 115 793	0. 081 809	0. 057 986	0. 041 231	0. 029 408
38	0. 109 239	0. 076 457	0. 053 690	0. 037 826	0. 026 735
39	0. 103 056	0. 071 455	0. 049 713	0. 034 703	0. 024 304
40	0. 097 222	0. 066 780	0. 046 031	0. 031 838	0. 022 095

附表 2 $a_{\overline{n}|}$——期末付年金现值表

n \ i	0.01	0.02	0.03	0.04	0.05
1	0.990 099	0.980 392	0.970 874	0.961 538	0.952 381
2	1.970 395	1.941 561	1.913 470	1.886 095	1.859 410
3	2.940 985	2.883 883	2.828 611	2.775 091	2.723 248
4	3.901 996	3.807 729	3.717 098	3.629 895	3.545 951
5	4.853 431	4.713 460	4.579 707	4.451 822	4.329 477
6	5.795 476	5.601 432	5.417 191	5.242 137	5.075 692
7	6.728 195	6.741 991	6.230 283	6.002 055	5.786 373
8	7.651 678	7.325 491	7.091 692	6.732 745	6.463 213
9	8.566 018	8.162 237	7.786 109	7.735 332	7.107 822
10	9.471 305	8.982 585	8.530 203	8.110 896	7.721 735
11	10.637 628	9.786 848	9.252 624	8.760 477	8.306 414
12	11.255 077	10.575 341	9.954 004	9.385 074	8.863 252
13	12.133 740	11.348 374	10.634 955	9.985 648	9.393 573
14	13.003 703	12.106 249	11.296 073	10.563 123	9.898 641
15	13.865 053	12.849 264	11.937 935	11.118 387	10.379 658
16	14.717 874	13.577 709	12.561 102	11.652 296	10.837 770
17	15.562 251	14.291 872	13.166 118	12.165 669	11.274 066

续表

n \ i	0.01	0.02	0.03	0.04	0.05
18	16. 398 269	14. 992 031	13. 753 513	12. 659 297	11. 698 587
19	17. 226 008	15. 678 462	14. 323 799	13. 133 939	12. 085 321
20	18. 045 553	16. 351 433	14. 877 475	13. 590 326	12. 462 210
21	18. 856 983	17. 011 209	15. 415 024	14. 029 160	12. 821 153
22	19. 660 379	17. 658 048	15. 936 917	14. 451 115	13. 163 003
23	20. 455 821	18. 292 204	16. 433 608	14. 856 842	13. 488 574
24	21. 243 387	18. 913 926	16. 935 542	15. 246 963	13. 798 642
25	22. 023 156	19. 523 456	17. 413 148	15. 622 080	14. 093 945
26	22. 795 204	20. 121 036	17. 876 842	15. 982 769	14. 375 185
27	23. 599 608	20. 706 898	18. 327 031	16. 329 586	14. 643 034
28	24. 316 443	21. 281 272	18. 764 108	16. 663 063	14. 898 127
29	25. 065 785	21. 844 385	19. 188 455	16. 983 715	15. 141 074
30	25. 807 708	22. 396 456	19. 600 441	17. 292 033	15. 372 451
31	26. 542 285	22. 937 702	20. 000 428	17. 588 494	15. 592 811
32	27. 269 589	23. 468 335	20. 388 766	17. 873 551	15. 802 677
33	27. 989 693	23. 988 564	20. 765 792	18. 147 646	16. 002 549
34	28. 702 666	24. 498 592	21. 131 837	18. 411 198	16. 192 904
35	29. 408 580	24. 998 619	21. 487 220	18. 664 613	16. 374 194
36	30. 107 505	25. 488 842	21. 832 252	18. 908 282	16. 546 852
37	30. 799 510	25. 969 453	22. 167 235	19. 142 579	16. 711 287
38	31. 484 663	26. 440 641	22. 492 462	19. 367 864	16. 867 893
39	32. 163 033	26. 902 589	22. 808 215	19. 584 485	17. 017 041
40	32. 834 686	27. 355 479	23. 114 772	19. 792 774	17. 159 086

续表

n \ i	0.06	0.07	0.08	0.09	0.10
1	0. 943 396	0. 934 579	0. 925 926	0. 917 431	0. 909 091
2	1. 833 393	1. 808 018	1. 783 265	1. 759 111	1. 735 537
3	2. 673 012	2. 624 316	2. 577 097	2. 531 295	2. 486 852
4	3. 465 106	3. 387 211	3. 312 127	3. 239 720	3. 169 856
5	4. 212 364	4. 100 197	3. 992 710	3. 889 651	3. 790 787
6	4. 917 324	4. 766 540	4. 622 880	4. 485 919	4. 355 261
7	5. 582 381	5. 389 289	5. 206 370	5. 032 953	4. 868 419
8	6. 209 794	5. 971 299	5. 746 639	5. 534 819	5. 334 926
9	6. 801 692	6. 515 232	6. 246 888	5. 995 247	5. 795 024
10	7. 360 087	7. 023 582	6. 710 081	6. 417 658	6. 144 567
11	7. 886 875	7. 498 674	7. 138 964	6. 805 191	6. 495 061
12	8. 383 844	7. 942 686	7. 536 078	7. 160 725	6. 813 692
13	8. 852 683	8. 357 651	7. 903 776	7. 486 904	7. 103 356
14	9. 259 984	8. 745 468	8. 244 237	7. 786 150	7. 366 687
15	9. 712 249	9. 107 914	8. 559 479	8. 060 688	7. 606 080
16	10. 105 895	9. 446 649	8. 851 369	8. 312 558	7. 823 709
17	10. 477 260	9. 763 223	9. 121 638	8. 543 631	8. 021 553
18	10. 827 603	10. 059 087	9. 371 887	8. 755 625	8. 201 421
19	11. 158 116	10. 335 595	9. 603 599	8. 590 115	8. 364 920
20	11. 469 921	10. 594 014	9. 818 147	9. 128 546	8. 513 564
21	11. 764 077	10. 835 527	10. 016 803	9. 292 244	8. 648 694

续表

n \ i	0.06	0.07	0.08	0.09	0.10
22	12.041 582	11.061 240	10.200 744	9.442 425	8.771 540
23	12.303 379	11.272 187	10.371 059	9.580 207	8.883 218
24	12.550 358	11.469 334	10.528 758	9.706 612	8.984 744
25	12.783 356	11.653 583	10.674 776	9.822 580	9.077 040
26	13.003 166	11.825 779	10.809 978	9.928 972	9.160 945
27	13.210 534	11.986 709	10.935 165	10.026 580	9.237 223
28	13.406 164	12.137 111	11.051 078	10.116 128	9.306 567
29	13.590 721	12.277 674	11.158 406	10.198 283	9.369 606
30	13.764 831	12.409 041	11.257 783	10.273 654	9.426 914
31	13.929 086	12.531 814	11.349 799	10.342 802	9.479 013
32	14.084 043	12.646 555	11.434 999	10.406 240	9.526 376
33	14.230 230	12.753 790	11.513 888	10.464 441	9.569 432
34	14.368 141	12.854 009	11.586 934	10.517 835	9.608 575
35	14.498 246	12.947 672	11.654 568	10.566 821	9.644 159
36	14.620 987	13.035 208	11.717 193	10.611 763	9.676 508
37	14.736 780	13.117 017	11.775 179	10.652 993	9.705 917
38	14.846 019	13.193 473	11.828 869	10.690 820	9.732 651
39	14.949 075	13.264 928	11.878 582	10.725 523	9.756 956
40	15.046 297	13.331 709	11.924 613	10.757 360	9.779 051

附表 3 名义利率、名义贴现率、利息力表

i	0. 01	0. 02	0. 03	0. 04	0. 05
$i^{(2)}$	0. 009 975	0. 019 900	0. 029 778	0. 039 607	0. 049 390
$i^{(4)}$	0. 009 962	0. 019 851	0. 029 668	0. 039 413	0. 049 088
$i^{(12)}$	0. 009 954	0. 019 818	0. 029 595	0. 039 284	0. 048 889
δ	0. 009 950	0. 019 802	0. 029 558	0. 039 220	0. 048 790
$d^{(2)}$	0. 009 925	0. 019 704	0. 029 341	0. 038 838	0. 048 199
$d^{(4)}$	0. 009 937	0. 019 753	0. 029 449	0. 039 029	0. 048 493
$d^{(12)}$	0. 009 946	0. 019 786	0. 029 552	0. 039 156	0. 048 691
d	0. 009 900	0. 019 607	0. 029 126	0. 038 461	0. 047 619
i	0. 06	0. 07	0. 08	0. 09	0. 10
$i^{(2)}$	0. 059 126	0. 068 816	0. 078 460	0. 088 061	0. 097 617
$i^{(4)}$	0. 058 695	0. 068 234	0. 077 706	0. 087 112	0. 096 454
$i^{(12)}$	0. 058 410	0. 067 849	0. 077 208	0. 086 487	0. 095 689
δ	0. 058 268	0. 067 658	0. 076 961	0. 086 177	0. 095 310
$d^{(2)}$	0. 057 428	0. 066 527	0. 075 499	0. 084 347	0. 093 074
$d^{(4)}$	0. 057 846	0. 067 089	0. 076 225	0. 085 256	0. 094 183
$d^{(12)}$	0. 058 127	0. 067 468	0. 076 714	0. 085 868	0. 094 932
d	0. 056 603	0. 065 420	0. 074 074	0. 082 568	0. 090 909

附表 4 中国人寿保险业经验生命表

（基数表）(2000~2003 年)　　　　（l_x 的单位：万人）

	男性、非年金(CL1)		女性、非年金(CL2)		男性、年金(CL3)		女性、年金(CL4)	
	l_x	q_x	l_x	q_x	l_x	q_x	l_x	q_x
0	1000	0.000722	1000	0.000661	1000	0.000627	1000	0.000575
1	999.27800	0.000603	999.33900	0.000536	999.37300	0.000525	999.42500	0.000466
2	998.67544	0.000499	998.80335	0.000424	998.84833	0.000434	998.95927	0.000369
3	998.17710	0.000416	998.37986	0.000333	998.41483	0.000362	998.59065	0.000290
4	997.76185	0.000358	998.04740	0.000267	998.05340	0.000311	998.30106	0.000232
5	997.40466	0.000323	997.78092	0.000224	997.74301	0.000281	998.06945	0.000195
6	997.08249	0.000309	997.55742	0.000201	997.46264	0.000269	997.87483	0.000175
7	996.77440	0.000308	997.35691	0.000189	997.19432	0.000268	997.70020	0.000164
8	996.46739	0.000311	997.16841	0.000181	996.92708	0.000270	997.53658	0.000158
9	996.15749	0.000312	996.98792	0.000175	996.65791	0.000271	997.37897	0.000152
10	995.84669	0.000312	996.81345	0.000169	996.38781	0.000272	997.22737	0.000147
11	995.53598	0.000312	996.64499	0.000165	996.11679	0.000271	997.08078	0.000143
12	995.22538	0.000313	996.48054	0.000165	995.84685	0.000272	996.93819	0.000143
13	994.91387	0.000320	996.31612	0.000169	995.57598	0.000278	996.79563	0.000147

续表

	男性、非年金(*CL*1)		女性、非年金(*CL*2)		男性、年金(*CL*3)		女性、年金(*CL*4)	
	l_x	q_x	l_x	q_x	l_x	q_x	l_x	q_x
14	994.59550	0.000336	996.14775	0.000179	995.29921	0.000292	996.64910	0.000156
15	994.26131	0.000364	995.96943	0.000192	995.00858	0.000316	996.49362	0.000167
16	993.89940	0.000404	995.77821	0.000208	994.69416	0.000351	996.32721	0.000181
17	993.49787	0.000455	995.57109	0.000226	994.34502	0.000396	996.14687	0.000196
18	993.04583	0.000513	995.34609	0.000245	993.95126	0.000446	995.95163	0.000213
19	992.53639	0.000572	995.10223	0.000264	993.50796	0.000497	995.73949	0.000230
20	991.96866	0.000621	994.83952	0.000283	993.01418	0.000540	995.51047	0.000246
21	991.35265	0.000661	994.55798	0.000300	992.47795	0.000575	995.26558	0.000261
22	990.69737	0.000692	994.25961	0.000315	991.90728	0.000601	995.00581	0.000274
23	990.01180	0.000716	993.94642	0.000328	991.31114	0.000623	994.73318	0.000285
24	989.30295	0.000738	993.62041	0.000338	990.69356	0.000643	994.44968	0.000293
25	988.57285	0.000759	993.28456	0.000347	990.05654	0.000660	994.15831	0.000301
26	987.82252	0.000779	992.93989	0.000355	989.40310	0.000676	993.85907	0.000308
27	987.05301	0.000795	992.58740	0.000362	988.73427	0.000693	993.55296	0.000316
28	986.26830	0.000815	992.22808	0.000372	988.04907	0.000712	993.23900	0.000325
29	985.46449	0.000842	991.85898	0.000386	987.34558	0.000734	992.91619	0.000337
30	984.63473	0.000881	991.47612	0.000406	986.62087	0.000759	992.58158	0.000351
31	983.76727	0.000932	991.07358	0.000432	985.87203	0.000788	992.23318	0.000366
32	982.85040	0.000994	990.64543	0.000465	985.09516	0.000820	991.87003	0.000384
33	981.87344	0.001055	990.18478	0.000496	984.28738	0.000855	991.48915	0.000402

续表

	男性、非年金(CL1)		女性、非年金(CL2)		男性、年金(CL3)		女性、年金(CL4)	
	l_x	q_x	l_x	q_x	l_x	q_x	l_x	q_x
34	980.83757	0.001121	989.69365	0.000528	983.44582	0.000893	991.09057	0.000421
35	979.73805	0.001194	989.17109	0.000563	982.56760	0.000936	990.67332	0.000441
36	978.56824	0.001275	988.61419	0.000601	981.64792	0.000985	990.23643	0.000464
37	977.32057	0.001367	988.02003	0.000646	980.68099	0.001043	989.77696	0.000493
38	975.98457	0.001472	987.38177	0.000699	979.65814	0.001111	989.28900	0.000528
39	974.54792	0.001589	986.69159	0.000761	978.56974	0.001189	988.76666	0.000569
40	972.99936	0.001715	985.94072	0.000828	977.40622	0.001275	988.20405	0.000615
41	971.33067	0.001845	985.12436	0.000897	976.16003	0.001366	987.59631	0.000664
42	969.53856	0.001978	984.24071	0.000966	974.82659	0.001461	986.94054	0.000714
43	967.62082	0.002113	983.28993	0.001033	973.40237	0.001560	986.23587	0.000763
44	965.57623	0.002255	982.27419	0.001103	971.88387	0.001665	985.48337	0.000815
45	963.39886	0.002413	981.19074	0.001181	970.26568	0.001783	984.68020	0.000873
46	961.07418	0.002595	980.03196	0.001274	968.53569	0.001918	983.82057	0.000942
47	958.58019	0.002805	978.78339	0.001389	966.67804	0.002055	982.89381	0.001014
48	955.89137	0.003042	977.42386	0.001527	964.69152	0.002238	981.89716	0.001123
49	952.98355	0.003299	975.93134	0.001690	962.53254	0.002446	980.79449	0.001251
50	949.83966	0.003570	974.28201	0.001873	960.17819	0.002666	979.56752	0.001393
51	946.44873	0.003847	972.45718	0.002074	957.61835	0.002880	978.20298	0.001548
52	942.80774	0.004132	970.44031	0.002295	954.86041	0.003085	976.68872	0.001714
53	938.91206	0.004434	968.21315	0.002546	951.91467	0.003300	975.01468	0.001893

续表

	男性、非年金(*CL*1)		女性、非年金(*CL*2)		男性、年金(*CL*3)		女性、年金(*CL*4)	
	l_x	q_x	l_x	q_x	l_x	q_x	l_x	q_x
54	934.74893	0.004778	965.74808	0.002836	948.77335	0.003545	973.16897	0.002093
55	930.28270	0.005203	963.00922	0.003178	945.40995	0.003838	971.13213	0.002318
56	925.44243	0.005744	959.94877	0.003577	941.78146	0.004207	968.88105	0.002607
57	920.12669	0.006427	956.51504	0.004036	937.81939	0.004676	966.35517	0.002979
58	914.21304	0.007260	952.65454	0.004556	933.43414	0.005275	963.47640	0.003410
59	907.57585	0.008229	948.31425	0.005133	928.51028	0.006039	960.19095	0.003816
60	900.10741	0.009313	943.44655	0.005768	922.90301	0.006989	956.52686	0.004272
61	891.72471	0.010490	938.00475	0.006465	916.45284	0.007867	952.44057	0.004781
62	882.37052	0.011747	931.94055	0.007235	909.24310	0.008725	947.88696	0.005351
63	872.00531	0.013091	925.19796	0.008094	901.30996	0.009677	942.81481	0.005988
64	860.58989	0.014542	917.70941	0.009059	892.58798	0.010731	937.16924	0.006701
65	848.07519	0.016134	909.39588	0.010148	883.00962	0.011900	930.88927	0.007499
66	834.39235	0.017905	900.16733	0.011376	872.50180	0.013229	923.90853	0.008408
67	819.45255	0.019886	889.92702	0.012760	860.95948	0.014705	916.14031	0.009438
68	803.15692	0.022103	878.57156	0.014316	848.29907	0.016344	907.49377	0.010592
69	785.40474	0.024571	865.99393	0.016066	834.43447	0.018164	897.88160	0.011886
70	766.10656	0.027309	852.08087	0.018033	819.27780	0.020184	887.20938	0.013337
71	745.18496	0.030340	836.71529	0.020241	802.74150	0.022425	875.37667	0.014964
72	722.57605	0.033684	819.77934	0.022715	784.74002	0.024911	862.27753	0.016787
73	698.23679	0.037371	801.15805	0.025479	765.19136	0.027668	847.80248	0.018829

续表

	男性、非年金(CL1)		女性、非年金(CL2)		男性、年金(CL3)		女性、年金(CL4)	
	l_x	q_x	l_x	q_x	l_x	q_x	l_x	q_x
74	672.14299	0.041430	780.74534	0.028561	744.02005	0.030647	831.83920	0.021117
75	644.29610	0.045902	758.44648	0.031989	721.21806	0.033939	814.27326	0.023702
76	614.72162	0.050829	734.18453	0.035796	696.74064	0.037577	794.97335	0.026491
77	583.47594	0.056262	707.90366	0.040026	670.55922	0.041594	773.91371	0.029602
78	550.64841	0.062257	679.56911	0.044726	642.66798	0.046028	751.00432	0.033070
79	516.36670	0.068871	649.17470	0.049954	613.08726	0.050920	726.16861	0.036935
80	480.80401	0.076187	616.74583	0.055774	581.86886	0.056312	699.34757	0.041241
81	444.17299	0.084224	582.34745	0.062253	549.10266	0.062253	670.50578	0.046033
82	406.76296	0.093071	546.09457	0.069494	514.91937	0.068791	639.64038	0.051365
83	368.90513	0.102800	508.14428	0.077511	479.49755	0.075983	606.78525	0.057291
84	330.98168	0.113489	468.75751	0.086415	443.06389	0.083883	572.02192	0.063872
85	293.41890	0.125221	428.24983	0.096294	405.89836	0.092554	535.48574	0.071174
86	256.67669	0.138080	387.01194	0.107243	368.33084	0.102059	497.37307	0.079267
87	221.23478	0.152157	345.50762	0.119364	330.73937	0.112464	457.94780	0.088225
88	187.57236	0.167543	304.26644	0.132763	293.54309	0.123836	417.54536	0.098129
89	156.14592	0.184333	263.87112	0.147553	257.19189	0.136246	376.57205	0.109061
90	127.36307	0.202621	224.93614	0.163850	222.15052	0.149763	335.50273	0.121107
91	101.55664	0.222500	188.08036	0.181775	188.88060	0.164456	294.87100	0.134355
92	78.960288	0.244059	153.89205	0.201447	157.81805	0.180392	255.25360	0.148896
93	59.689319	0.267383	122.89096	0.222987	129.34894	0.197631	217.24736	0.164816

续表

	男性、非年金(*CL*1)		女性、非年金(*CL*2)		男性、年金(*CL*3)		女性、年金(*CL*4)	
	l_x	q_x	l_x	q_x	l_x	q_x	l_x	q_x
94	43.729410	0.292544	95.487872	0.246507	103.78558	0.216228	181.44152	0.182201
95	30.936634	0.319604	71.949443	0.272115	81.344228	0.236229	148.38270	0.201129
96	21.049162	0.348606	52.370920	0.299903	62.128363	0.257666	118.53863	0.221667
97	13.711298	0.379572	36.664724	0.329942	46.119996	0.280553	92.262529	0.243870
98	8.5068730	0.412495	24.567492	0.362281	33.180893	0.304887	69.762466	0.267773
99	4.9978304	0.447334	15.667156	0.396933	23.064470	0.330638	51.081961	0.293385
100	2.7621309	0.484010	9.4483449	0.433869	15.438480	0.357746	36.095280	0.320685
101	1.4252319	0.522397	5.3490010	0.473008	9.9154253	0.386119	24.520065	0.349615
102	0.6806951	0.562317	2.8188807	0.514211	6.0868912	0.415626	15.947483	0.380069
103	0.2979287	0.603539	1.3693812	0.557269	3.5570210	0.446094	9.8863388	0.411894
104	0.1181171	0.645770	0.6062675	0.601896	1.97025530	0.477308	5.8142152	0.444879
105	0.0418406	1	0.2413575	1	1.0298367	1	3.2275930	1

附表 5　中国人寿保险业经验生命表

（2000~2003 年）男性、非年金（CL1）换算函数表（利率 2%）

Age	Dx	Nx	Cx	Mx	Sx	Rx
0	1000.000000	39408.993081	0.707843	227.274645	1175785.062794	16354.384007
1	979.684314	38408.993081	0.579166	226.566802	1136376.069713	16127.109361
2	959.895651	37429.308768	0.469596	225.987636	1097967.076632	15900.542559
3	940.604572	36469.413116	0.383619	225.518040	1060537.767864	15674.554923
4	921.777726	35528.808545	0.323526	225.134421	1024068.354748	15449.036883
5	903.380127	34607.030819	0.286070	224.810895	988539.546203	15223.902462
6	885.380721	33703.650692	0.268218	224.524825	953932.515384	14999.091567
7	867.752096	32818.269972	0.262027	224.256606	920228.864691	14774.566743
8	850.475322	31950.517876	0.259312	223.994579	887410.594720	14550.310136
9	833.540024	31100.042554	0.254965	223.735268	855460.076844	14326.315557
10	816.941136	30266.502530	0.249888	223.480302	824360.034290	14102.580289
11	800.672795	29449.561394	0.244912	223.230415	794093.531759	13879.099987
12	784.728417	28648.888599	0.240804	222.985503	764643.970365	13655.869572
13	769.100781	27864.160183	0.241287	222.744699	735995.081766	13432.884069
14	753.779087	27095.059402	0.248304	222.503412	708130.921584	13210.139371

续表

Age	*Dx*	*Nx*	*Cx*	*Mx*	*Sx*	*Rx*
15	738.750801	26341.280315	0.263633	222.255109	681035.862182	12987.635958
16	724.001859	25602.529513	0.286762	221.991476	654694.581868	12765.380849
17	709.518982	24878.527655	0.316501	221.704715	629092.052354	12543.389373
18	695.290344	24169.008672	0.349690	221.388213	604213.524700	12321.684659
19	681.307510	23473.718328	0.382067	221.038523	580044.516027	12100.296445
20	667.566473	22792.410818	0.406430	220.656457	556570.797699	11879.257922
21	654.070504	22124.844345	0.423863	220.250027	533778.386881	11658.601465
22	640.821729	21470.773841	0.434754	219.826163	511653.542536	11438.351438
23	627.821843	20829.952112	0.440706	219.391410	490182.768695	11218.525275
24	615.070905	20202.130269	0.445022	218.950703	469352.816583	10999.133865
25	602.565669	19587.059364	0.448380	218.505681	449150.686314	10780.183162
26	590.302276	18984.493695	0.450829	218.057302	429563.626950	10561.677481
27	578.276893	18394.191419	0.450716	217.606473	410579.133254	10343.620179
28	566.487414	17815.914526	0.452635	217.155757	392184.941835	10126.013706
29	554.927184	17249.427112	0.458087	216.703122	374369.027309	9908.857949
30	543.588171	16694.499928	0.469511	216.245036	357119.600197	9692.154826
31	532.460069	16150.911757	0.486522	215.775525	340425.100269	9475.909791
32	521.533153	15618.451688	0.508239	215.289002	324274.188512	9260.134266
33	510.798774	15096.918535	0.528326	214.780763	308655.736824	9044.845264
34	500.254785	14586.119762	0.549790	214.252437	293558.818289	8830.064501
35	489.896078	14085.864976	0.573467	213.702647	278972.698527	8615.812064
36	479.716806	13595.968898	0.599646	213.129180	264886.833551	8402.109417

续表

Age	Dx	Nx	Cx	Mx	Sx	Rx
37	469.710948	13116.252093	0.629505	212.529534	251290.864652	8188.980237
38	459.871425	12646.541144	0.663658	211.900030	238174.612560	7976.450702
39	450.190680	12186.669720	0.701326	211.236372	225528.071415	7764.550672
40	440.662086	11736.479039	0.740917	210.535046	213341.401695	7553.314300
41	431.280735	11295.816954	0.780111	209.794129	201604.922656	7342.779255
42	422.044140	10864.536218	0.818435	209.014018	190309.105702	7132.985126
43	412.950330	10442.492079	0.855455	208.195583	179444.569484	6923.971108
44	403.997810	10029.541749	0.893152	207.340128	169002.077405	6715.775525
45	395.183132	9625.543939	0.934879	206.446976	158972.535656	6508.435397
46	386.499564	9230.360807	0.983300	205.512097	149346.991717	6301.988421
47	377.937841	8843.861244	1.039329	204.528797	140116.630910	6096.476324
48	369.487966	8465.923403	1.101944	203.489467	131272.769666	5891.947527
49	361.141160	8096.435438	1.168044	202.387524	122806.846263	5688.458060
50	352.891917	7735.294278	1.235122	201.219480	114710.410825	5486.070536
51	344.737346	7382.402361	1.300201	199.984358	106975.116547	5284.851056
52	336.677590	7037.665015	1.363874	198.684158	99592.714187	5084.866697
53	328.712194	6700.987425	1.428931	197.320284	92555.049172	4886.182540
54	320.837925	6372.275231	1.502905	195.891352	85854.061747	4688.862256
55	313.044080	6051.437306	1.596832	194.388447	79481.786515	4492.970904
56	305.309129	5738.393226	1.719309	192.791615	73430.349209	4298.582457
57	297.603366	5433.084096	1.875193	191.072306	67691.955984	4105.790842
58	289.892813	5135.480730	2.063355	189.197113	62258.871887	3914.718536

续表

Age	Dx	Nx	Cx	Mx	Sx	Rx
59	282.145286	4845.587917	2.276249	187.133758	57123.391157	3725.521423
60	274.336777	4563.442631	2.504802	184.857509	52277.803240	3538.387666
61	266.452822	4289.105854	2.740284	182.352707	47714.360609	3353.530156
62	258.487972	4022.653033	2.976920	179.612423	43425.254755	3171.177449
63	250.442661	3764.165060	3.214260	176.635503	39402.601722	2991.565027
64	242.317761	3513.722400	3.454691	173.421243	35638.436662	2814.929524
65	234.111741	3271.404639	3.703097	169.966552	32124.714262	2641.508281
66	225.818218	3037.292898	3.963995	166.263455	28853.309624	2471.541729
67	217.426414	2811.474680	4.238962	162.299460	25816.016726	2305.278274
68	208.924189	2594.048266	4.527305	158.060497	23004.542046	2142.978814
69	200.300331	2385.124077	4.825078	153.533192	20410.493780	1984.918316
70	191.547796	2184.823746	5.128411	148.708114	18025.369704	1831.385124
71	182.663546	1993.275950	5.433345	143.579704	15840.545958	1682.677010
72	173.648563	1810.612404	5.734488	138.146359	13847.270008	1539.097306
73	164.509201	1636.963841	6.027327	132.411870	12036.657604	1400.950947
74	155.256203	1472.454641	6.306142	126.384543	10399.693762	1268.539077
75	145.905822	1317.198438	6.566048	120.078402	8927.239121	1142.154534
76	136.478876	1171.292616	6.801063	113.512354	7610.040683	1022.076132
77	127.001756	1034.813740	7.005267	106.711290	6438.748068	908.563778
78	117.506258	907.811984	7.172144	99.706023	5403.934328	801.852488
79	108.030069	790.305727	7.294254	92.533879	4496.122343	702.146465

续表

Age	*Dx*	*Nx*	*Cx*	*Mx*	*Sx*	*Rx*
80	98.617579	682.275657	7.366056	85.239625	3705.816617	609.612586
81	89.317844	583.658078	7.375202	77.873568	3023.540960	524.372962
82	80.191312	494.340234	7.317143	70.498366	2439.882881	446.499393
83	71.301791	414.148922	7.186102	63.181224	1945.542647	376.001027
84	62.717614	342.847131	6.978195	55.995122	1531.393725	312.819803
85	54.509662	280.129517	6.691916	49.016926	1188.546594	256.824682
86	46.748929	225.619855	6.328522	42.325010	908.417077	207.807756
87	39.503761	178.870926	5.892916	35.996488	682.797222	165.482746
88	32.836262	139.367165	5.393614	30.103573	503.926296	129.486257
89	26.798800	106.530902	4.843042	24.709959	364.559131	99.382684
90	21.430291	79.732102	4.257085	19.866917	258.028229	74.672725
91	16.753004	58.301811	3.654454	15.609831	178.296127	54.805808
92	12.770060	41.548806	3.055537	11.955377	119.994316	39.195977
93	9.464129	28.778747	2.480929	8.899840	78.445510	27.240600
94	6.797629	19.314618	1.949613	6.418911	49.666763	18.340760
95	4.714729	12.516989	1.477300	4.469298	30.352145	11.921848
96	3.144983	7.802260	1.074863	2.991998	17.835157	7.452551
97	2.008454	4.657276	0.747405	1.917135	10.032897	4.460553
98	1.221668	2.648822	0.494051	1.169730	5.375621	2.543418
99	0.703663	1.427155	0.308600	0.675679	2.726798	1.373688
100	0.381265	0.723492	0.180918	0.367079	1.299644	0.698009

续表

Age	Dx	Nx	Cx	Mx	Sx	Rx
101	0.192872	0.342227	0.098780	0.186161	0.576152	0.330930
102	0.090310	0.149355	0.049787	0.087381	0.233925	0.144768
103	0.038752	0.059045	0.022930	0.037594	0.084570	0.057387
104	0.015062	0.020293	0.009536	0.014665	0.025524	0.019793
105	0.005231	0.005231	0.005128	0.005128	0.005231	0.005128

（2000～2003 年）女性、非年金（*CL2*）换算函数表（利率 2%）

Age	*Dx*	*Nx*	*Cx*	*Mx*	*Sx*	*Rx*
0	1000.000000	40424.011696	0.648039	207.372320	1246311.268611	15986.535841
1	979.744118	39424.011696	0.514846	206.724280	1205887.256915	15779.163521
2	960.018603	38444.267578	0.399067	206.209435	1166463.245219	15572.439241
3	940.795642	37484.248975	0.307142	205.810368	1128018.977641	15366.229806
4	922.041527	36543.453333	0.241358	205.503226	1090534.728666	15160.419438
5	903.720923	35621.411807	0.198464	205.261868	1053991.275332	14954.916212
6	885.802441	34717.690884	0.174555	205.063404	1018369.863525	14749.654344
7	868.259210	33831.888443	0.160883	204.888849	983652.172641	14544.590940
8	851.073636	32963.629233	0.151024	204.727965	949820.284198	14339.702092
9	834.234894	32112.555596	0.143129	204.576941	916856.654965	14134.974127
10	817.734219	31278.320702	0.135487	204.433813	884744.099369	13930.397185
11	801.564727	30460.586483	0.129665	204.298326	853465.778667	13725.963372
12	785.718107	29659.021756	0.127101	204.168661	823005.192183	13521.665047
13	770.184768	28873.303649	0.127609	204.041559	793346.170427	13317.496386
14	754.955497	28103.118881	0.132487	203.913950	764472.866777	13113.454827
15	740.019961	27348.163385	0.139298	203.781463	736369.747896	12909.540877
16	725.370467	26608.143424	0.147919	203.642165	709021.584511	12705.759414
17	710.999598	25882.772957	0.157535	203.494246	682413.441087	12502.117249
18	696.900895	25171.773358	0.167393	203.336711	656530.668131	12298.623003
19	683.068778	24474.872464	0.176794	203.169318	631358.894772	12095.286292
20	669.498479	23791.803685	0.185753	202.992524	606884.022309	11892.116973
21	656.185304	23122.305207	0.192996	202.806771	583092.218623	11689.124450

续表

Age	Dx	Nx	Cx	Mx	Sx	Rx
22	643.125930	22466.119902	0.198612	202.613775	559969.913416	11486.317679
23	630.317005	21822.993972	0.202690	202.415163	537503.793514	11283.703903
24	617.755158	21192.676967	0.204707	202.212473	515680.799542	11081.288741
25	605.437605	20574.921809	0.205967	202.007766	494488.122575	10879.076268
26	593.360312	19969.484204	0.206513	201.801798	473913.200766	10677.068502
27	581.519283	19376.123892	0.206382	201.595285	453943.716563	10475.266704
28	569.910562	18794.604608	0.207850	201.388903	434567.592671	10273.671419
29	558.527995	18224.694046	0.211365	201.181053	415772.988063	10072.282516
30	547.365102	17666.166051	0.217873	200.969689	397548.294016	9871.101462
31	536.414580	17118.800949	0.227187	200.751816	379882.127965	9670.131774
32	525.669459	16582.386370	0.239643	200.524629	362763.327016	9469.379958
33	515.122572	16056.716910	0.250491	200.284985	346180.940646	9268.855329
34	504.771638	15541.594338	0.261294	200.034494	330124.223736	9068.570344
35	494.612862	15036.822700	0.273007	199.773201	314582.629398	8868.535849
36	484.641563	14542.209839	0.285558	199.500194	299545.806698	8668.762649
37	474.853229	14057.568275	0.300740	199.214635	285003.596859	8469.262455
38	465.241641	13582.715046	0.318827	198.913895	270946.028583	8270.047819
39	455.800429	13117.473405	0.340063	198.595068	257363.313537	8071.133924
40	446.523102	12661.672977	0.362472	198.255005	244245.840132	7872.538857
41	437.405276	12215.149874	0.384659	197.892533	231584.167155	7674.283852
42	428.444042	11777.744599	0.405762	197.507874	219369.017281	7476.391319
43	419.637417	11349.300556	0.424986	197.102112	207591.272682	7278.883445

续表

Age	Dx	Nx	Cx	Mx	Sx	Rx
44	410.984247	10929.663139	0.444427	196.677126	196241.972126	7081.781333
45	402.481305	10518.678892	0.466010	196.232699	185312.308986	6885.104206
46	394.123504	10116.197587	0.492268	195.766689	174793.630094	6688.871507
47	385.903325	9722.074083	0.525510	195.274421	164677.432506	6493.104818
48	377.811083	9336.170758	0.565605	194.748912	154955.358423	6297.830397
49	369.837417	8958.359675	0.612770	194.183306	145619.187665	6103.081486
50	361.972933	8588.522258	0.664682	193.570536	136660.827990	5908.898180
51	354.210743	8226.549324	0.720229	192.905855	128072.305732	5715.327643
52	346.545206	7872.338581	0.779727	192.185626	119845.756408	5522.421789
53	338.970475	7525.793375	0.846097	191.405899	111973.417827	5330.236163
54	331.477899	7186.822900	0.921639	190.559802	104447.624452	5138.830263
55	324.056693	6855.345001	1.009659	189.638164	97260.801552	4948.270461
56	316.692982	6531.288308	1.110599	188.628505	90405.456551	4758.632297
57	309.372716	6214.595326	1.224145	187.517906	83874.168244	4570.003792
58	302.082439	5905.222610	1.349302	186.293761	77659.572918	4382.485886
59	294.809953	5603.140170	1.483588	184.944459	71754.350308	4196.192125
60	287.545778	5308.330218	1.626043	183.460871	66151.210138	4011.247666
61	280.281582	5020.784440	1.776491	181.834828	60842.879920	3827.786794
62	273.009374	4740.502858	1.936493	180.058338	55822.095480	3645.951966
63	265.719756	4467.493484	2.108564	178.121845	51081.592622	3465.893629
64	258.401000	4201.773728	2.294956	176.013280	46614.099138	3287.771784
65	251.039359	3943.372727	2.497596	173.718325	42412.325410	3111.758504

续表

Age	*Dx*	*Nx*	*Cx*	*Mx*	*Sx*	*Rx*
66	243.619423	3692.333369	2.717073	171.220729	38468.952683	2938.040179
67	236.125498	3448.713946	2.953884	168.503656	34776.619314	2766.819450
68	228.541703	3212.588448	3.207650	165.549772	31327.905368	2598.315794
69	220.852843	2984.046745	3.478649	162.342122	28115.316920	2432.766021
70	213.043746	2763.193902	3.766488	158.863474	25131.270175	2270.423899
71	205.099930	2550.150156	4.070027	155.096986	22368.076273	2111.560425
72	197.008335	2345.050226	4.387298	151.026958	19817.926117	1956.463440
73	188.758128	2148.041891	4.715067	146.639660	17472.875891	1805.436481
74	180.341922	1959.283762	5.049751	141.924593	15324.834000	1658.796821
75	171.756055	1778.941841	5.386573	136.874842	13365.550238	1516.872228
76	163.001716	1607.185786	5.720401	131.488269	11586.608397	1379.997386
77	154.085203	1444.184070	6.046485	125.767868	9979.422611	1248.509116
78	145.017440	1290.098867	6.358873	119.721383	8535.238542	1122.741248
79	135.815088	1145.081427	6.651477	113.362511	7245.139675	1003.019865
80	126.500570	1009.266340	6.917101	106.711033	6100.058248	889.657354
81	117.103065	882.765770	7.147076	99.793933	5090.791908	782.946321
82	107.659851	765.662705	7.335013	92.646857	4208.026138	683.152388
83	98.213860	658.002853	7.463387	85.311844	3442.363433	590.505531
84	88.824712	559.788993	7.525282	77.848457	2784.360580	505.193687
85	79.557769	470.964281	7.510721	70.323175	2224.571587	427.345231
86	70.487091	391.406512	7.411027	62.812454	1753.607306	357.022055
87	61.693965	320.919421	7.219645	55.401427	1362.200794	294.209602

续表

Age	Dx	Nx	Cx	Mx	Sx	Rx
88	53.264634	259.225457	6.932914	48.181782	1041.281372	238.808175
89	45.287315	205.960823	6.551254	41.248867	782.055916	190.626393
90	37.848074	160.673508	6.079811	34.697613	576.095093	149.377526
91	31.026144	122.825434	5.529194	28.617802	415.421585	114.679913
92	24.888595	91.799290	4.915424	23.088609	292.596151	86.062110
93	19.485159	66.910694	4.259742	18.173185	200.796862	62.973501
94	14.843355	47.425535	3.537246	13.913442	133.886167	44.800316
95	10.965063	32.582181	2.925253	10.326196	86.460632	30.886874
96	7.824808	21.617118	2.300670	7.400943	53.878451	20.560678
97	5.370711	13.792309	1.737277	5.100273	32.261333	13.159734
98	3.528125	8.421599	1.253111	3.362996	18.469024	8.059461
99	2.205836	4.893474	0.858401	2.109885	10.047425	4.696465
100	1.304183	2.687638	0.554750	1.251484	5.153951	2.586580
101	0.723861	1.383455	0.335679	0.696735	2.466314	1.335096
102	0.373989	0.659593	0.188539	0.361056	1.082859	0.638361
103	0.178118	0.285604	0.097313	0.172517	0.423265	0.277305
104	0.077312	0.107487	0.045621	0.075204	0.137661	0.104787
105	0.030175	0.030175	0.029583	0.029583	0.030175	0.029583

(2000~2003 年)男性、年金(*CL3*)换算函数表(利率 2%)

Age	*Dx*	*Nx*	*Cx*	*Mx*	*Sx*	*Rx*
0	1000.000000	40077.005195	0.614706	214.176369	1225838.451096	16040.957134
1	979.777451	39077.005195	0.504297	213.561663	1185761.445901	15826.780766
2	960.061831	38097.227744	0.408497	213.057366	1146684.440706	15613.219103
3	940.828593	37137.165913	0.333902	212.648869	1108587.212962	15400.161737
4	922.047071	36196.337320	0.281134	212.314967	1071450.047049	15187.512868
5	903.686583	35274.290249	0.248957	212.033833	1035253.709729	14975.197902
6	885.718281	34370.603666	0.233586	211.784876	999979.419480	14763.164069
7	868.117670	33484.885385	0.228094	211.551290	965608.815813	14551.379193
8	850.867661	32616.767715	0.225230	211.323196	932123.930428	14339.827903
9	833.958752	31765.900055	0.221571	211.097966	899507.162713	14128.504707
10	817.385048	30931.941303	0.217969	210.876395	867741.262658	13917.406741
11	801.139921	30114.556255	0.212852	210.658425	836809.321355	13706.530346
12	785.218443	29313.416334	0.209392	210.445574	806694.765100	13495.871921
13	769.612611	28528.197891	0.209757	210.236182	777381.348766	13285.426347
14	754.312411	27758.585280	0.215940	210.026425	748853.150874	13075.190165
15	739.306031	27004.272869	0.229040	209.810484	721094.565594	12865.163740
16	724.580794	26264.966839	0.249341	209.581445	694090.292725	12655.353256
17	710.123987	25540.386044	0.275695	209.332104	667825.325886	12445.771811
18	695.924292	24830.262057	0.304296	209.056408	642284.939842	12236.439708
19	681.974421	24134.337766	0.332295	208.752112	617454.677784	12027.383299
20	668.270078	23452.363345	0.353790	208.419817	593320.340019	11818.631187
21	654.812953	22784.093266	0.369135	208.066027	569867.976674	11610.211371

续表

Age	Dx	Nx	Cx	Mx	Sx	Rx
22	641.604349	22129.280313	0.378043	207.696892	547083.883408	11402.145344
23	628.645828	21487.675964	0.383967	207.318848	524954.603095	11194.448452
24	615.935472	20859.030136	0.388281	206.934881	503466.927131	10987.129604
25	603.470025	20243.094663	0.390481	206.546601	482607.896995	10780.194722
26	591.246799	19639.624638	0.391846	206.156120	462364.802332	10573.648122
27	579.261879	19048.377839	0.393557	205.764274	442725.177694	10367.492002
28	567.510245	18469.115960	0.396144	205.370717	423676.799855	10161.727728
29	555.986449	17901.605715	0.400092	204.974572	405207.683895	9956.357011
30	544.684662	17345.619266	0.405309	204.574480	387306.078180	9751.382439
31	533.599261	16800.934604	0.412232	204.169171	369960.458914	9546.807959
32	522.724299	16267.335343	0.420229	203.756939	353159.524310	9342.638788
33	512.054573	15744.611044	0.429222	203.336710	336892.188967	9138.881849
34	501.585065	15232.556471	0.439133	202.907487	321147.577923	8935.545139
35	491.310931	14730.971406	0.450850	202.468355	305915.021452	8732.637652
36	481.226534	14239.660474	0.464714	202.017505	291184.050046	8530.169297
37	471.326005	13758.433941	0.481954	201.552791	276944.389572	8328.151792
38	461.602365	13287.107935	0.502785	201.070837	263185.955631	8126.599002
39	452.048554	12825.505570	0.526947	200.568052	249898.847696	7925.528165
40	442.657910	12373.457017	0.553322	200.041106	237073.342125	7724.960112
41	433.425021	11930.799107	0.580450	199.487783	224699.885109	7524.919007
42	424.346041	11497.374086	0.607813	198.907334	212769.086002	7325.431224
43	415.417717	11073.028045	0.635345	198.299520	201271.711915	7126.523890

续表

Age	*Dx*	*Nx*	*Cx*	*Mx*	*Sx*	*Rx*
44	406.636927	10657.610328	0.663775	197.664176	190198.683870	6928.224370
45	397.999879	10250.973401	0.695719	197.000401	179541.073542	6730.560194
46	389.500240	9852.973522	0.732413	196.304681	169290.100141	6533.559794
47	381.130568	9463.473282	0.767866	195.572268	159437.126619	6337.255113
48	372.889553	9082.342714	0.818164	194.804402	149973.653337	6141.682845
49	364.759830	8709.453161	0.874708	193.986238	140891.310623	5946.878443
50	356.732968	8344.693331	0.932402	193.111530	132181.857462	5752.892204
51	348.805802	7987.960363	0.984863	192.179128	123837.164131	5559.780674
52	340.981609	7639.154562	1.031302	191.194265	115849.203768	5367.601546
53	333.264393	7298.172953	1.078208	190.162962	108210.049206	5176.407282
54	325.651588	6964.908560	1.131799	189.084754	100911.876253	4986.244320
55	318.134464	6639.256971	1.197059	187.952955	93946.967693	4797.159566
56	310.699475	6321.122507	1.281483	186.755896	87307.710722	4609.206611
57	303.325845	6010.423032	1.390541	185.474413	80986.588215	4422.450714
58	295.987739	5707.097187	1.530721	184.083872	74976.165182	4236.976301
59	288.653337	5411.109449	1.708998	182.553151	69269.067995	4052.892429
60	281.284470	5122.456112	1.927350	180.844154	63857.958547	3870.339278
61	273.841738	4841.171642	2.112072	178.916804	58735.502435	3689.495124
62	266.360220	4567.329904	2.278424	176.804732	53894.330793	3510.578320
63	258.859047	4300.969684	2.455862	174.526308	49327.000888	3333.773588
64	251.327517	4042.110637	2.644113	172.070446	45026.031205	3159.247280
65	243.755413	3790.783120	2.843813	169.426333	40983.920568	2987.176834

续表

Age	*Dx*	*Nx*	*Cx*	*Mx*	*Sx*	*Rx*
66	236.132082	3547.027706	3.062541	166.582520	37193.137448	2817.750502
67	228.439501	3310.895624	3.293336	163.519979	33646.109742	2651.167982
68	220.666959	3082.456123	3.535864	160.226643	30335.214118	2487.648003
69	212.804292	2861.789164	3.789585	156.690779	27252.757995	2327.421360
70	204.842074	2648.984872	4.053463	152.901194	24390.968831	2170.730581
71	196.772099	2444.142798	4.326092	148.847731	21741.983959	2017.829387
72	188.587730	2247.370699	4.605793	144.521638	19297.841161	1868.981656
73	180.284139	2058.782968	4.890296	139.915845	17050.470463	1724.460018
74	171.858860	1878.498829	5.163685	135.025550	14991.687494	1584.544173
75	163.325394	1706.639970	5.434412	129.861865	13113.188665	1449.518623
76	154.688523	1543.314576	5.698756	124.427452	11406.548695	1319.656758
77	145.956659	1388.626053	5.951884	118.728697	9863.234119	1195.229306
78	137.142880	1242.669395	6.188640	112.776813	8474.608066	1076.500609
79	128.265164	1105.526515	6.403198	106.588174	7231.938671	963.723796
80	119.346963	977.261351	6.588888	100.184975	6126.412157	857.135622
81	110.417938	857.914388	6.739067	93.596087	5149.150806	756.950647
82	101.513814	747.496450	6.846311	86.857021	4291.236418	663.354559
83	92.677036	645.982636	6.903803	80.010710	3543.739968	576.497539
84	83.956036	553.305600	6.904396	73.106907	2897.757332	496.486829
85	75.405443	469.349564	6.842231	66.202511	2344.451732	423.379922
86	67.084674	393.944121	6.712348	59.360280	1875.102168	357.177412
87	59.056941	326.859446	6.511549	52.647932	1481.158047	297.817132

续表

Age	*Dx*	*Nx*	*Cx*	*Mx*	*Sx*	*Rx*
88	51.387413	267.802506	6.238835	46.136383	1154.298601	245.169200
89	44.140981	216.415093	5.896110	39.897548	886.496095	199.032817
90	37.379362	172.274112	5.488280	34.001438	670.081002	159.135268
91	31.158154	134.894750	5.023672	28.513158	497.806891	125.133830
92	25.523538	103.736596	4.513963	23.489487	362.912141	96.620672
93	20.509113	78.213059	3.973761	18.975524	259.175545	73.131185
94	16.133212	57.703945	3.420051	15.001763	180.962486	54.155661
95	12.396824	41.570733	2.871068	11.581711	123.258541	39.153899
96	9.282681	29.173909	2.344933	8.710643	81.687808	27.572187
97	6.755735	19.891228	1.858178	6.365711	52.513899	18.861544
98	4.765091	13.135493	1.424328	4.507533	32.622671	12.495833
99	3.247330	8.370402	1.052638	3.083205	19.487178	7.988300
100	2.131019	5.123072	0.747415	2.030567	11.116776	4.905096
101	1.341819	2.992052	0.507943	1.283151	5.993704	2.874529
102	0.807566	1.650233	0.329064	0.775208	3.001652	1.591377
103	0.462667	0.842667	0.202346	0.446144	1.351418	0.816169
104	0.251249	0.380000	0.117572	0.243798	0.508751	0.370025
105	0.128751	0.128751	0.126226	0.126226	0.128751	0.126226

（2000~2003 年）女性、年金（*CL4*）换算函数表（利率 2%）

Age	*Dx*	*Nx*	*Cx*	*Mx*	*Sx*	*Rx*
0	1000.000000	40988.911192	0.563725	196.295859	1291122.240034	15672.788838
1	979.828431	39988.911192	0.447647	195.732133	1250133.328842	15476.492979
2	960.168462	39009.082760	0.347355	195.284486	1210144.417650	15280.760845
3	940.994274	38048.914298	0.267538	194.937131	1171135.334890	15085.476359
4	922.275869	37107.920024	0.209773	194.669594	1133086.420592	14890.539228
5	903.982256	36185.644155	0.172820	194.459821	1095978.500568	14695.869634
6	886.084293	35281.661899	0.152024	194.287001	1059792.856413	14501.409813
7	868.558067	34395.577606	0.139651	194.134977	1024511.194514	14307.122812
8	851.387866	33527.019539	0.131882	193.995326	990115.616908	14112.987835
9	834.562105	32675.631673	0.124366	193.863445	956588.597369	13918.992509
10	818.073776	31841.069568	0.117899	193.739079	923912.965696	13725.129064
11	801.915215	31022.995792	0.112425	193.621180	892071.896128	13531.389986
12	786.078962	30221.080577	0.110205	193.508754	861048.900336	13337.768806
13	770.555444	29435.001616	0.111051	193.398549	830827.819759	13144.260052
14	755.335463	28664.446172	0.115522	193.287498	801392.818143	12950.861503
15	740.409441	27909.110709	0.121224	193.171977	772728.371971	12757.574004
16	725.770385	27168.701268	0.128789	193.050753	744819.261262	12564.402028
17	711.410805	26442.930883	0.136702	192.921964	717650.559994	12371.351275
18	697.324871	25731.520078	0.145618	192.785262	691207.629111	12178.429311
19	683.506216	25034.195207	0.154124	192.639644	665476.109033	11985.644049
20	669.950010	24350.688991	0.161576	192.485520	640441.913826	11793.004406
21	656.652159	23680.738981	0.168026	192.323944	616091.224836	11600.518886

续表

Age	Dx	Nx	Cx	Mx	Sx	Rx
22	643.608601	23024.086822	0.172891	192.155918	592410.485855	11408.194942
23	630.815933	22380.478221	0.176257	191.983027	569386.399033	11216.039025
24	618.270736	21749.662288	0.177601	191.806770	547005.920812	11024.055998
25	605.970179	21131.391552	0.178821	191.629168	525256.258523	10832.249228
26	593.909590	20525.421373	0.179337	191.450348	504124.866971	10640.620060
27	582.084967	19931.511783	0.180332	191.271010	483599.445598	10449.169712
28	570.491204	19349.426816	0.181774	191.090678	463667.933815	10257.898702
29	559.123328	18778.935612	0.184730	190.908904	444318.506999	10066.808024
30	547.975395	18219.812285	0.188568	190.724174	425539.571387	9875.899120
31	537.042212	17671.836890	0.192703	190.535606	407319.759102	9685.174946
32	526.319269	17134.794678	0.198144	190.342902	389647.922212	9494.639341
33	515.801139	16608.475409	0.203286	190.144759	372513.127534	9304.296438
34	505.484105	16092.674270	0.208636	189.941472	355904.652125	9114.151679
35	495.364016	15587.190165	0.214172	189.732836	339811.977855	8924.210207
36	485.436824	15091.826149	0.220826	189.518664	324224.787690	8734.477371
37	475.697629	14606.389325	0.229921	189.297838	309132.961541	8544.958706
38	466.140304	14130.691696	0.241296	189.067918	294526.572217	8355.660868
39	456.759002	13664.551392	0.254800	188.826621	280395.880521	8166.592951
40	447.548143	13207.792391	0.269845	188.571822	266731.329128	7977.766329
41	438.502844	12760.244248	0.285457	188.301976	253523.536738	7789.194508
42	429.619292	12321.741404	0.300734	188.016520	240763.292490	7600.892531
43	420.894651	11892.122111	0.314846	187.715786	228441.551087	7412.876012

续表

Age	*Dx*	*Nx*	*Cx*	*Mx*	*Sx*	*Rx*
44	412.326969	11471.227460	0.329457	187.400940	216549.428975	7225.160226
45	403.912669	11058.900491	0.345702	187.071483	205078.201515	7037.759285
46	395.647111	10654.987822	0.365392	186.725781	194019.301023	6850.687802
47	387.523933	10259.340711	0.385244	186.360390	183364.313201	6663.962021
48	379.540180	9871.816778	0.417866	185.975145	173104.972490	6477.601631
49	371.680349	9492.276598	0.455855	185.557279	163233.155712	6291.626486
50	363.936644	9120.596249	0.497023	185.101424	153740.879114	6106.069207
51	356.303609	8756.659604	0.540743	184.604401	144620.282865	5920.967783
52	348.776520	8400.355996	0.586081	184.063657	135863.623261	5736.363383
53	341.351684	8051.579476	0.633509	183.477576	127463.267265	5552.299725
54	334.025005	7710.227792	0.685406	182.844068	119411.687789	5368.822149
55	326.790089	7376.202787	0.742646	182.158661	111701.459997	5185.978082
56	319.639793	7049.412699	0.816962	181.416015	104325.257210	5003.819420
57	312.555385	6729.772906	0.912846	180.599053	97275.844511	4822.403405
58	305.514002	6417.217521	1.021375	179.686208	90546.071606	4641.804352
59	298.502156	6111.703519	1.116749	178.664832	84128.854085	4462.118145
60	291.532424	5813.201362	1.221006	177.548083	78017.150566	4283.453312
61	284.595095	5521.668939	1.333970	176.327077	72203.949204	4105.905229
62	277.680829	5237.073844	1.456735	174.993107	66682.280265	3929.578152
63	270.779372	4959.393014	1.589634	173.536372	61445.206421	3754.585045
64	263.880338	4688.613643	1.733590	171.946737	56485.813406	3581.048674
65	256.972624	4424.733304	1.889253	170.213147	51797.199764	3409.101936

续表

Age	Dx	Nx	Cx	Mx	Sx	Rx
66	250.044692	4167.760681	2.061153	168.323894	47372.466460	3238.888789
67	243.080702	3917.715989	2.249211	166.262742	43204.705779	3070.564895
68	236.065203	3674.635287	2.451375	164.013530	39286.989790	2904.302153
69	228.985098	3438.570084	2.668350	161.562155	35612.354503	2740.288623
70	221.826844	3209.584986	2.900495	158.893805	32173.784419	2578.726468
71	214.576803	2987.758142	3.147968	155.993310	28964.199433	2419.832663
72	207.221447	2773.181339	3.410418	152.845343	25976.441291	2263.839352
73	199.747864	2565.959891	3.687306	149.434924	23203.259953	2110.994010
74	192.143932	2366.212028	3.977945	145.747618	20637.300061	1961.559085
75	184.398460	2174.068095	4.284914	141.769674	18271.088034	1815.811467
76	176.497890	1989.669636	4.583927	137.484760	16097.019938	1674.041794
77	168.453220	1813.171746	4.888777	132.900832	14107.350303	1536.557034
78	160.261439	1644.718526	5.195927	128.012056	12294.178557	1403.656202
79	151.923130	1484.457088	5.501256	122.816129	10649.460030	1275.644146
80	143.442990	1332.533957	5.799738	117.314873	9165.002943	1152.828017
81	134.830644	1189.090968	6.084960	111.515135	7832.468985	1035.513144
82	126.101946	1054.260323	6.350222	105.430175	6643.378018	923.998009
83	117.279137	928.158377	6.587293	99.079953	5589.117695	818.567834
84	108.392253	810.879239	6.787480	92.492660	4660.959318	719.487880
85	99.479434	702.486986	6.941519	85.705180	3850.080079	626.995220
86	90.587338	603.007552	7.039791	78.763661	3147.593092	541.290040
87	81.771325	512.420213	7.072819	71.723870	2544.585541	462.526379

续表

Age	*Dx*	*Nx*	*Cx*	*Mx*	*Sx*	*Rx*
88	73.095147	430.648888	7.032111	64.651051	2032.165327	390.802509
89	64.629798	357.553741	6.910383	57.618940	1601.516439	326.151458
90	56.452164	292.923943	6.702698	50.708557	1243.962698	268.532518
91	48.642561	236.471779	6.407227	44.005859	951.038755	217.823961
92	41.281558	187.829219	6.026136	37.598632	714.566976	173.818102
93	34.445980	146.547661	5.565930	31.572496	526.737757	136.219469
94	28.204638	112.101681	5.038150	26.006566	380.190097	104.646973
95	22.613456	83.897043	4.459041	20.968416	268.088416	78.640407
96	17.711014	61.283587	3.848968	16.509375	184.191373	57.671991
97	13.514771	43.572573	3.231223	12.660407	122.907786	41.162616
98	10.018553	30.057802	2.630096	9.429184	79.335213	28.502209
99	7.192015	20.039249	2.068656	6.799088	49.277412	19.073025
100	4.982339	12.847234	1.566433	4.730432	29.238163	12.273937
101	3.318213	7.864896	1.137350	3.163999	16.390928	7.543505
102	2.115800	4.546683	0.788382	2.026649	8.526032	4.379506
103	1.285931	2.430883	0.519282	1.238267	3.979350	2.352856
104	0.741435	1.144951	0.323381	0.718985	1.548467	1.114589
105	0.403516	0.403516	0.395604	0.395604	0.403516	0.395604

（2000~2003 年）男性、非年金（$CL1$）换算函数表（利率 4%）

Age	*Dx*	*Nx*	*Cx*	*Mx*	*Sx*	*Rx*
0	1000.000000	24418.953719	0.694231	60.809472	535238.965193	3832.839673
1	960.844231	23418.953719	0.557105	60.115242	510820.011474	3772.030200
2	923.331579	22458.109488	0.443022	59.558137	487401.057756	3711.914959
3	887.375804	21534.777909	0.354950	59.115115	464942.948268	3652.356822
4	852.891015	20647.402105	0.293591	58.760165	443408.170359	3593.241707
5	819.793923	19794.511090	0.254609	58.466573	422760.768253	3534.481542
6	788.008779	18974.717167	0.234130	58.211964	402966.257163	3476.014969
7	757.466619	18186.708389	0.224327	57.977835	383991.539996	3417.803004
8	728.108961	17429.241770	0.217733	57.753508	365804.831607	3359.825169
9	699.887038	16701.132809	0.209966	57.535776	348375.589838	3302.071661
10	672.758339	16001.245771	0.201828	57.325810	331674.457029	3244.535886
11	646.681191	15328.487432	0.194004	57.123982	315673.211258	3187.210076
12	621.614833	14681.806241	0.187082	56.929978	300344.723826	3130.086094
13	597.519488	14060.191408	0.183852	56.742896	285662.917584	3073.156116
14	574.354117	13462.671920	0.185561	56.559043	271602.726176	3016.413221
15	552.078014	12888.317803	0.193227	56.373483	258140.054256	2959.854177
16	530.651017	12336.239789	0.206138	56.180255	245251.736454	2903.480695
17	510.035225	11805.588772	0.223140	55.974118	232915.496665	2847.300439
18	490.195345	11295.553548	0.241798	55.750978	221109.907892	2791.326321
19	471.099879	10805.358203	0.259105	55.509179	209814.354344	2735.575344
20	452.721548	10334.258324	0.270327	55.250074	199008.996141	2680.066164
21	435.038854	9881.536775	0.276501	54.979747	188674.737818	2624.816090

续表

Age	Dx	Nx	Cx	Mx	Sx	Rx
22	418.030090	9446.497921	0.278151	54.703247	178793.201042	2569.836343
23	401.673859	9028.467831	0.276537	54.425096	169346.703121	2515.133096
24	385.948327	8626.793973	0.273875	54.148559	160318.235290	2460.708000
25	370.830286	8240.845646	0.270635	53.874684	151691.441317	2406.559441
26	356.296948	7870.015360	0.266880	53.604049	143450.595671	2352.684757
27	342.326339	7513.718412	0.261682	53.337169	135580.580312	2299.080708
28	328.898259	7171.392073	0.257742	53.075487	128066.861899	2245.743539
29	315.990584	6842.493814	0.255831	52.817745	120895.469826	2192.668052
30	303.581269	6526.503231	0.257168	52.561914	114052.976012	2139.850307
31	291.647898	6222.921962	0.261361	52.304745	107526.472781	2087.288393
32	280.169310	5931.274064	0.257777	52.043384	101303.550819	2034.983648
33	269.125790	5651.104755	0.273007	51.775607	95372.276755	1982.940264
34	258.501790	5381.978965	0.278635	51.502599	89721.172000	1931.164657
35	248.280779	5123.477175	0.285045	51.223964	84339.193035	1879.662058
36	238.446473	4875.196396	0.292326	50.938919	79215.715860	1828.438094
37	228.983128	4636.749923	0.300981	50.646593	74340.519464	1777.499175
38	219.875104	4407.766795	0.311208	50.345612	69703.769541	1726.852582
39	211.107161	4187.891691	0.322547	50.034404	65296.002746	1676.506970
40	202.665108	3976.784530	0.334203	49.711857	61108.111054	1626.472566
41	194.536093	3774.119422	0.345115	49.377654	57131.326525	1576.760709
42	186.708822	3579.583329	0.355106	49.032540	53357.207103	1527.383055
43	179.172607	3392.874507	0.364030	48.677434	49777.623774	1478.350516

续表

Age	Dx	Nx	Cx	Mx	Sx	Rx
44	171.917323	3213.701900	0.372763	48.313403	46384.749267	1429.673082
45	164.932355	3041.784577	0.382675	47.940640	43171.047367	1381.359679
46	158.206128	2876.852223	0.394755	47.557965	40129.262790	1333.419038
47	151.726522	2718.646095	0.409224	47.163211	37252.410567	1285.861073
48	145.481663	2566.919572	0.425534	46.753987	34533.764473	1238.697862
49	139.460680	2421.437910	0.442385	46.328453	31966.844900	1191.943875
50	133.654423	2281.977229	0.458795	45.886068	29545.406990	1145.615422
51	128.055073	2148.322807	0.473681	45.427273	27263.429761	1099.729355
52	122.656198	2020.267734	0.487323	44.953592	25115.106954	1054.302081
53	117.451329	1897.611536	0.500749	44.466270	23094.839221	1009.348489
54	112.433221	1780.160207	0.516544	43.965521	21197.227685	964.882219
55	107.592322	1667.726986	0.538272	43.448977	19417.067478	920.916698
56	102.915884	1560.134664	0.568412	42.910705	17749.340492	877.467722
57	98.389168	1457.218780	0.608026	42.342292	16189.205828	934.557017
58	93.996943	1358.829611	0.656171	41.734266	14731.987048	792.214725
59	89.725505	1264.832668	0.709953	41.078095	13373.157437	750.480459
60	85.564571	1175.107162	0.766214	40.368142	12108.324769	709.402364
61	81.507412	1089.542591	0.822128	39.601928	10933.217607	669.034222
62	77.550384	1008.035179	0.875947	38.779800	9843.675016	629.432294
63	73.691730	930.484795	0.927595	37.903854	8835.639837	590.652494
64	69.929838	856.793065	0.977807	36.976259	7905.155042	552.748640
65	66.262422	786.863226	1.027960	35.998452	7048.361977	515.772381

续表

Age	Dx	Nx	Cx	Mx	Sx	Rx
66	62.685908	720.600804	1.079222	34.970492	6261.498751	479.773929
67	59.195689	657.914897	1.131890	33.891270	5540.897946	444.803437
68	55.787042	598.719208	1.185636	32.759380	4882.983050	410.912168
69	52.455751	542.932166	1.239318	31.573744	4284.263842	378.152788
70	49.198904	490.476415	1.291897	30.334427	3741.331675	346.579043
71	46.014742	441.277511	1.342392	29.042530	3250.855260	316.244617
72	42.902552	395.262769	1.389548	27.700138	2809.577749	287.202087
73	39.862907	352.360217	1.432420	26.310591	2414.314979	259.501949
74	36.897298	312.497310	1.469861	24.878171	2061.954762	233.191358
75	34.008310	275.600013	1.501009	23.408310	1749.457452	208.313187
76	31.199289	241.591702	1.524835	21.907301	1473.857439	184.904877
77	28.474481	210.392413	1.540415	20.382466	1232.265737	162.997577
78	25.838894	181.917931	1.546781	18.842051	1021.873325	142.615111
79	23.298310	156.079037	1.542863	17.295270	839.955393	123.773060
80	20.859358	132.780727	1.528088	15.752407	683.876357	106.477790
81	18.528986	111.921369	1.500563	14.224318	551.095630	90.725383
82	16.315770	93.392383	1.460120	12.723756	439.174261	76.501065
83	14.228120	77.076612	1.406395	11.263635	345.781879	63.777309
84	12.274490	62.848492	1.339442	9.857240	268.705266	52.513674
85	10.462952	50.574002	1.259790	8.517798	205.856775	42.656434
86	8.800741	40.111050	1.168468	7.258009	155.282773	34.138635
87	7.293784	31.310308	1.067116	6.089541	115.171723	26.880627

续表

Age	*Dx*	*Nx*	*Cx*	*Mx*	*Sx*	*Rx*
88	5.946138	24.016525	0.957917	5.022425	83.861415	20.791086
89	4.759523	18.070387	0.843593	4.064508	59.844890	15.768660
90	3.732871	13.310864	0.727267	3.220915	41.774504	11.704152
91	2.862032	9.577992	0.612310	2.493647	28.463640	8.483237
92	2.139644	6.715961	0.502115	1.881338	18.885648	5.989590
93	1.555235	4.576317	0.399849	1.379223	12.169687	4.108252
94	1.095569	3.021082	0.308175	0.979374	7.593370	2.729029
95	0.745257	1.925513	0.229026	0.671198	4.572289	1.749655
96	0.487567	1.180256	0.163431	0.442172	2.646776	1.078457
97	0.305383	0.692689	0.111457	0.278741	1.466520	0.636284
98	0.182181	0.387306	0.072258	0.167284	0.773831	0.357543
99	0.102916	0.205125	0.044267	0.095026	0.386525	0.190259
100	0.054690	0.102210	0.025453	0.050759	0.181400	0.095233
101	0.027134	0.047520	0.013630	0.025307	0.079190	0.044474
102	0.012461	0.020385	0.006738	0.011677	0.031670	0.019167
103	0.005244	0.007924	0.003043	0.004939	0.011285	0.007490
104	0.001999	0.002680	0.001241	0.001896	0.003361	0.002551
105	0.000681	0.000681	0.000655	0.000655	0.000681	0.000655

（2000～2003 年）女性、非年金（*CL2*）换算函数表（利率 4%）

Age	*Dx*	*Nx*	*Cx*	*Mx*	*Sx*	*Rx*
0	1000.000000	24707.067651	0.635577	49.728167	553061.809880	
1	960.902885	23707.067651	0.495235	49.092590	528354.742228	3385.731412
2	923.449847	22746.164767	0.376483	48.597356	504647.674577	3336.638822
3	887.556062	21822.714920	0.284189	48.220872	481901.509810	3288.041466
4	853.135101	20935.158858	0.219026	47.936684	460078.794890	3239.820593
5	820.103187	20082.023757	0.176638	47.717658	439143.636031	3191.883910
6	788.384119	19261.920570	0.152370	47.541020	419061.612274	3144.166252
7	757.909282	18473.536451	0.137735	47.388650	399799.691704	3096.625232
8	728.621190	17715.627169	0.126808	47.250914	381326.155253	3049.236582
9	700.470490	16987.005979	0.117868	47.124106	363610.528084	3001.985668
10	673.411450	16286.535489	0.109429	47.006239	346623.522105	2954.861562
11	647.401580	15613.124039	0.102713	46.896809	330336.986616	2907.855323
12	622.398806	14965.722459	0.098746	46.794096	314723.862577	2860.958514
13	598.361645	14343.323653	0.097234	46.695350	299758.140117	2814.164418
14	575.250502	13744.962008	0.099009	46.598117	285414.816465	2767.469067
15	553.026473	13169.711507	0.102097	46.499107	271669.854456	2720.870951
16	531.654127	12616.685034	0.106331	46.397010	258500.142950	2674.371843
17	511.099560	12085.030907	0.111066	46.290679	245883.457916	2627.974833
18	491.330819	11573.931347	0.115746	46.179613	233798.427009	2581.684154
19	472.317734	11082.600528	0.119896	46.063867	222224.495663	2535.504541
20	454.031771	10610.282794	0.123549	45.943971	211141.895135	2489.440674
21	436.445461	10156.251023	0.125898	45.820422	200531.612341	2443.496702

续表

Age	Dx	Nx	Cx	Mx	Sx	Rx
22	419.533200	9719.805562	0.127070	45.694524	190375.361317	2397.676280
23	403.270237	9300.272362	0.127185	45.567454	180655.555756	2351.981756
24	387.632658	8897.002125	0.125981	45.440269	171355.283393	2306.414302
25	372.597729	8509.369466	0.124319	45.314288	162458.281269	2260.974033
26	358.142729	8136.771737	0.122251	45.189970	153948.911802	2215.659745
27	344.245758	7778.629008	0.119824	45.067719	145812.140065	2170.469775
28	330.885712	7434.383250	0.118355	44.947895	138033.511057	2125.402056
29	318.040984	7103.497538	0.118042	44.829540	130599.127807	2080.454161
30	305.690596	6785.456555	0.119337	44.711498	123495.630269	2035.624621
31	293.813928	6479.765959	0.122046	44.592161	116710.173714	1990.913123
32	282.391347	6185.952030	0.126262	44.470115	110230.407756	1946.320963
33	271.403880	5903.560683	0.129439	44.343853	104044.455725	1901.850848
34	260.835830	5632.156804	0.132424	44.214415	98140.895042	1857.506994
35	250.671259	5371.320974	0.135700	44.081990	92508.738238	1813.292580
36	240.894356	5120.649715	0.139209	43.946290	87137.417265	1769.210589
37	231.489980	4879.755359	0.143791	43.807081	82016.767550	1725.264299
38	222.442728	4648.265379	0.149507	43.663290	77137.012191	1681.457218
39	213.737731	4425.822651	0.156398	43.513783	72488.746812	1637.793928
40	205.360651	4212.084920	0.163499	43.357385	68062.924161	1594.280144
41	197.298666	4006.724269	0.170170	43.193886	63850.839241	1550.922760
42	189.540085	3809.425603	0.176054	43.023716	59844.114972	1507.728874
43	182.074028	3619.885518	0.180849	42.847662	56034.689369	1464.705158

续表

Age	Dx	Nx	Cx	Mx	Sx	Rx
44	174.890333	3437.811490	0.185485	42.666814	52414.803851	1421.857495
45	167.978297	3262.921157	0.190752	42.481329	48976.992361	1379.190682
46	161.326841	3094.942860	0.197625	42.290577	45714.071204	1336.709352
47	154.924337	2933.616020	0.206913	42.092951	42619.128344	1294.418776
48	148.758795	2778.691683	0.218418	41.886038	39685.512324	1252.325824
49	142.818885	2629.932888	0.232081	41.667620	36906.820642	1210.439786
50	137.093770	2487.114002	0.246901	41.435539	34276.887754	1168.772166
51	131.574032	2350.020232	0.262389	41.188639	31789.773752	1127.336626
52	126.251104	2218.446200	0.278602	40.926250	29439.753520	1086.147987
53	121.116690	2092.195096	0.296503	40.647648	27221.307320	1045.221738
54	116.161853	1971.078406	0.316764	40.351145	25129.112224	1004.574090
55	111.377325	1854.916553	0.340343	40.034380	23158.033818	964.222945
56	106.753238	1743.539229	0.367170	39.694037	21303.117264	924.188565
57	102.280175	1636.785991	0.396926	39.326867	19559.578036	884.494528
58	97.949396	1534.505816	0.429094	38.929942	17922.792045	845.167661
59	93.753018	1436.556420	0.462725	38.500848	16388.286229	806.237719
60	89.684407	1342.803402	0.497404	38.038123	14951.729808	767.736871
61	85.737604	1253.118995	0.532975	37.540719	13608.926406	729.698748
62	81.907029	1167.381391	0.569805	37.007745	12355.807411	692.158029
63	78.186953	1085.474363	0.608505	36.437939	11188.426020	655.150285
64	74.571258	1007.287409	0.649559	35.829434	10102.951657	618.712346
65	71.053574	932.716151	0.693319	35.179876	9095.664248	582.882911

续表

Age	Dx	Nx	Cx	Mx	Sx	Rx
66	67.627425	861.662578	0.739740	34.486557	8162.948097	547.703035
67	64.286630	794.035153	0.788748	33.746817	7301.285519	513.216479
68	61.025320	729.748522	0.840037	32.958069	6507.250367	479.469662
69	57.838155	668.723202	0.893488	32.118032	5777.501844	446.511593
70	54.720123	610.885047	0.948815	31.224544	5108.778642	414.393560
71	51.666687	556.164924	1.005563	30.275729	4497.893596	383.169016
72	48.673944	504.498237	1.063104	29.270166	3941.728672	352.893288
73	45.738765	455.824293	1.120556	28.207061	3437.230435	323.623122
74	42.859026	410.085528	1.177016	27.086506	2981.406143	295.416061
75	40.033586	367.226502	1.231379	25.909490	2571.320615	268.329555
76	37.262453	327.192916	1.282545	24.678110	2204.094113	242.420066
77	34.546737	289.930463	1.329584	23.395565	1876.901197	217.741955
78	31.888432	255.383726	1.371387	22.065981	1586.970734	194.346390
79	29.290567	223.495294	1.406905	20.694594	1331.587008	172.280409
80	26.757102	194.204727	1.434953	19.287690	1108.091714	151.585815
81	24.293030	167.447624	1.454148	17.852737	913.886987	132.298125
82	21.904535	143.154594	1.463686	16.398589	746.439363	114.445388
83	19.598367	121.250059	1.460662	14.934903	603.284769	98.046799
84	17.383921	101.651692	1.444453	13.474240	482.034710	83.111896
85	15.270855	84.267772	1.413934	12.029787	380.383017	69.637656
86	13.269580	68.996917	1.368336	10.615853	296.115246	57.607869
87	11.390876	55.727337	1.307366	9.247516	227.118329	46.992016

续表

Age	*Dx*	*Nx*	*Cx*	*Mx*	*Sx*	*Rx*
88	9.645399	44.336461	1.231300	7.940151	171.390992	37.744500
89	8.043122	34.691062	1.141141	6.708850	127.054531	29.804349
90	6.592630	26.647940	1.038656	5.567709	92.363469	23.095499
91	5.300411	20.055310	0.926425	4.529053	65.715529	17.527790
92	4.170124	14.754899	0.807749	3.602628	45.660219	12.998736
93	3.201986	10.584775	0.686540	2.794879	30.905321	9.396109
94	2.392293	7.382789	0.567035	2.108339	20.320546	6.601230
95	1.733246	4.990496	0.453502	1.541304	12.937757	4.492890
96	1.213081	3.257250	0.349814	1.087802	7.947260	2.951587
97	0.816610	2.044170	0.259071	0.737988	4.690010	1.863785
98	0.526131	1.227560	0.183276	0.478917	2.645840	1.125797
99	0.322619	0.701430	0.123133	0.295641	1.418280	0.646880
100	0.187078	0.378811	0.078045	0.172508	0.716850	0.351240
101	0.101837	0.191733	0.046317	0.094463	0.338040	0.178732
102	0.051603	0.089896	0.025514	0.048146	0.146306	0.084269
103	0.024104	0.038293	0.012916	0.022631	0.056410	0.036124
104	0.010261	0.014189	0.005939	0.009715	0.018117	0.013492
105	0.003928	0.003928	0.003777	0.003777	0.003928	0.003777

（2000~2003 年）男性、年金（*CL3*）换算函数表（利率 4%）

Age	*Dx*	*Nx*	*Cx*	*Mx*	*Sx*	*Rx*
0	1000.000000	24587.836155	0.602885	54.313994	546762.595541	3558.505558
1	960.935577	23587.836155	0.485088	53.711109	522174.759386	3504.191564
2	923.491429	22626.900578	0.385380	53.226022	498586.923231	3450.480454
3	887.587147	21703.409150	0.308949	52.840642	475960.022652	3397.254432
4	853.140232	20815.822002	0.255122	52.531693	454256.613503	3344.413791
5	820.072024	19962.681771	0.221577	52.276571	433440.791500	3291.882098
6	788.309215	19142.609747	0.203899	52.054994	413478.109729	3239.605526
7	757.785731	18354.300532	0.195276	51.851095	394335.499983	3187.550532
8	728.444850	17596.514801	0.189115	51.655819	375981.199451	3135.699437
9	700.238625	16868.069951	0.182466	51.466704	358384.684650	3084.043618
10	673.123904	16167.831325	0.176048	51.284238	341516.614700	3032.576914
11	647.058476	15494.707421	0.168609	51.108190	325348.783374	2981.292676
12	622.003003	14847.648946	0.162678	50.939582	309854.075953	2930.184486
13	597.917132	14225.645943	0.159828	50.776904	295006.427008	2879.244904
14	574.760492	13627.728811	0.161375	50.617076	280780.781065	2828.468000
15	552.492944	13052.968319	0.167873	50.455701	267153.052254	2777.850924
16	531.075343	12500.475375	0.179238	50.287828	254100.083935	2727.395223
17	510.470130	11969.400032	0.194371	50.108590	241599.608560	2677.107395
18	490.642292	11458.929902	0.210410	49.914219	229630.208528	2626.998805
19	471.561025	10968.287610	0.225352	49.703809	218171.278626	2577.084586
20	453.198710	10496.726586	0.235315	49.478457	207202.991015	2527.380777
21	435.532676	10043.527875	0.240799	49.243142	196706.264429	2477.902320

续表

Age	*Dx*	*Nx*	*Cx*	*Mx*	*Sx*	*Rx*
22	418.540620	9607.995199	0.241868	49.002343	186662.736554	2428.659178
23	402.201036	9189.454580	0.240934	48.760475	177054.741355	2379.656835
24	386.490831	8787.253544	0.238955	48.519541	167865.286775	2330.896360
25	371.386844	8400.762713	0.235688	48.280586	159078.033231	2282.376819
26	356.867047	8029.375869	0.231964	48.044898	150677.270518	2234.096234
27	342.909427	7672.508823	0.228496	47.812934	142647.894649	2186.051336
28	329.492107	7329.599395	0.225575	47.584438	134975.385827	2138.238402
29	316.593758	7000.107288	0.223442	47.358862	127645.786432	2090.653964
30	304.193633	6683.513530	0.222003	47.135420	120645.679143	2043.295102
31	292.271875	6379.319897	0.221452	46.913417	113962.165613	1996.159681
32	280.809197	6087.048022	0.221407	46.691965	107582.845716	1949.246264
33	269.787436	5806.238825	0.221796	46.470558	101495.797693	1902.554299
34	259.189200	5536.451389	0.222554	46.248762	95689.558868	1856.083741
35	248.997831	5277.262190	0.224098	46.026208	90153.107479	1809.834979
36	239.196893	5028.264359	0.226547	45.802110	84875.845289	1763.808771
37	229.770465	4789.067466	0.230433	45.575563	79847.580930	1718.006661
38	220.702706	4559.297001	0.235770	45.345129	75058.513464	1672.431099
39	211.978371	4338.594295	0.242348	45.109360	70499.216463	1627.085969
40	203.583008	4126.615924	0.249585	44.867011	66160.622168	1581.976610
41	195.503308	3923.032915	0.256786	44.617426	62034.006244	1537.109598
42	187.727164	3727.529608	0.263721	44.360640	58110.973329	1492.492172
43	180.243167	3539.802444	0.270365	44.096920	54383.443721	1448.131532

续表

Age	*Dx*	*Nx*	*Cx*	*Mx*	*Sx*	*Rx*
44	173.040373	3359.559277	0.277031	43.826555	50843.641277	1404.034612
45	166.107943	3186.518904	0.284779	43.549524	47484.082000	1360.208057
46	159.434397	3020.410960	0.294034	43.264745	44297.563096	1316.658534
47	153.008271	2860.976563	0.302338	42.970711	41277.152136	1273.393789
48	146.820999	2707.968293	0.315947	42.668372	38416.175572	1230.423078
49	140.858090	2561.147294	0.331287	42.352425	35708.207280	1187.754706
50	135.109184	2420.289204	0.346347	42.021137	33147.059986	1145.402281
51	129.566329	2285.180020	0.358799	41.674790	30726.770783	1103.381144
52	124.224210	2155.613690	0.368492	41.315991	28441.590763	1061.706353
53	119.077864	2031.389480	0.377843	40.947499	26285.977073	1020.390362
54	114.120103	1912.311617	0.388996	40.569656	24254.587592	979.442863
55	109.341872	1798.191514	0.403514	40.180660	22342.275976	938.873207
56	104.732902	1688.849642	0.423665	39.777146	20544.084462	898.692547
57	100.281049	1584.116740	0.450879	39.353482	18855.234820	858.915401
58	95.973206	1483.835691	0.486787	38.902603	17271.118080	819.561919
59	91.795142	1387.862485	0.533030	38.415816	15787.282389	780.659316
60	87.731530	1296.067343	0.589573	37.882786	14399.419904	742.243501
61	83.767667	1208.335813	0.633654	37.293213	13103.352561	704.360715
62	79.912180	1124.568146	0.670417	36.659559	11895.016748	667.067502
63	76.168218	1044.655966	0.708731	35.989142	10770.448602	630.407943
64	72.529940	968.487748	0.748383	35.280411	9725.792636	594.418801
65	68.991944	895.957808	0.789427	34.532028	8757.304888	559.138389

续表

Age	Dx	Nx	Cx	Mx	Sx	Rx
66	65.548980	826.965865	0.833796	33.742601	7861.347079	524.606362
67	62.194070	761.416884	0.879388	32.908805	7034.381215	490.863761
68	58.922602	699.222814	0.925991	32.029417	6272.964330	457.954956
69	55.730357	640.300212	0.973352	31.103426	5573.741516	425.925539
70	52.613529	584.569856	1.021107	30.130073	4933.441304	394.822113
71	49.568825	531.956326	1.068828	29.108966	4348.871448	364.692040
72	46.593504	482.387501	1.116049	28.040138	3816.915122	335.583073
73	43.685397	435.793997	1.162200	26.924090	3334.527621	307.542935
74	40.842990	392.108600	1.203572	25.761890	2898.733624	280.618845
75	38.068534	351.265610	1.242315	24.558318	2506.625024	254.856955
76	35.362044	313.197076	1.277692	23.316002	2155.359414	230.298637
77	32.724273	277.835032	1.308782	22.038311	1842.162337	206.982635
78	30.156865	245.110759	1.334673	20.729528	1564.327305	184.944324
79	27.662313	214.953894	1.354389	19.394855	1319.216546	164.214796
80	25.243988	187.291581	1.366865	18.040466	1104.262652	144.819941
81	22.906201	162.047593	1.371134	16.673601	916.971071	126.779475
82	20.654059	139.141392	1.366167	15.302467	754.923478	110.105874
83	18.493505	118.487333	1.351146	13.936300	615.782086	94.803407
84	16.431070	99.993828	1.325276	12.585154	497.294753	80.867107
85	14.473830	83.562758	1.288087	11.259877	397.300924	68.281953
86	12.629057	69.088928	1.239335	9.971790	313.738166	57.022076
87	10.903988	56.459872	1.179141	8.732455	244.649238	47.050286

续表

Age	D_x	N_x	C_x	M_x	S_x	R_x
88	9.305463	45.555884	1.108030	7.553314	188.189366	38.317831
89	7.839531	36.250420	1.027024	6.445284	142.633482	30.764517
90	6.510987	28.410889	0.937601	5.418260	106.383062	24.319233
91	5.322963	21.899903	0.841724	4.480659	77.972172	18.900973
92	4.276510	16.576940	0.741777	3.638935	56.072269	14.420314
93	3.370251	12.300430	0.640448	2.897158	39.495330	10.781379
94	2.600178	8.930179	0.540607	2.256710	27.194900	7.884221
95	1.959564	6.330000	0.445102	1.716103	18.264721	5.627511
96	1.439095	4.370436	0.356544	1.271001	11.934721	3.911408
97	1.027201	2.931342	0.277100	0.914457	7.564285	2.640408
98	0.710593	1.904141	0.208318	0.637357	4.632943	1.725951
99	0.474945	1.193548	0.150995	0.429039	2.728803	1.088594
100	0.305683	0.718603	0.105151	0.278044	1.535255	0.659555
101	0.188775	0.412921	0.070086	0.172893	0.816651	0.381511
102	0.111428	0.224146	0.044531	0.102807	0.403730	0.208618
103	0.062611	0.112718	0.026856	0.058276	0.179584	0.105811
104	0.033347	0.050107	0.015305	0.031420	0.066866	0.047535
105	0.016760	0.016760	0.016115	0.016115	0.016760	0.016115

（2000~2003 年）女性、年金（*CL4*）换算函数表（利率 4%）

Age	*Dx*	*Nx*	*Cx*	*Mx*	*Sx*	*Rx*
0	1000.000000	24837.755710	0.552885	44.701703	562586.902465	3199.797923
1	960.985577	23837.755710	0.430595	44.148819	537749.146755	3155.096220
2	923.593998	22876.770133	0.327698	43.718223	513911.391044	3110.947401
3	887.743453	21953.176136	0.247544	43.390525	491034.620911	3067.229178
4	853.351931	21065.432682	0.190363	43.142981	469081.444775	3023.838652
5	820.340339	20212.080752	0.153814	42.952618	448016.012093	2980.695671
6	788.634974	19391.740412	0.132703	42.798804	427803.931341	2937.743053
7	758.170157	18603.105438	0.119558	42.666101	408412.190929	2894.944249
8	728.890208	17844.935282	0.110735	42.546544	389809.085491	2852.278147
9	700.745234	17116.045073	0.102417	42.435808	371964.150209	2809.731604
10	673.691078	16415.299839	0.095224	42.333392	354848.105136	2767.295795
11	647.684659	15741.608761	0.089057	42.238168	338432.805297	2724.962403
12	622.684654	15093.924102	0.085619	42.149112	322691.196536	2682.724235
13	598.649625	14471.239448	0.084617	42.063492	307597.272435	2640.575123
14	575.540023	13872.589823	0.086331	41.978876	293126.032987	2598.511631
15	553.317537	13297.049800	0.088850	41.892545	279253.443164	2556.532755
16	531.947243	12743.732263	0.092579	41.803695	265956.393364	2514.640211
17	511.395155	12211.785020	0.096378	41.711115	253212.661101	2472.836516
18	491.629732	11700.389865	0.100690	41.614737	241000.876081	2431.125401
19	472.620206	11208.760134	0.104522	41.514047	229300.486215	2389.510664
20	454.337984	10736.139927	0.107468	41.409526	218091.726082	2347.996616
21	436.755978	10281.801943	0.109609	41.302057	207355.586155	2306.587091

续表

Age	Dx	Nx	Cx	Mx	Sx	Rx
22	419.848062	9845.045965	0.110614	41.192448	197073.784212	2265.285033
23	403.589446	9425.197902	0.110599	41.081835	187228.738247	2224.092585
24	387.956176	9021.608456	0.109299	40.971235	177803.540345	2183.010751
25	372.925486	8633.652280	0.107933	40.861936	168781.931889	2142.039515
26	358.474264	8260.726795	0.106164	40.754003	160148.279609	2101.177579
27	344.580629	7902.252530	0.104699	40.647840	151887.552814	2060.423576
28	331.222829	7557.671901	0.103507	40.543140	143985.300284	2019.775736
29	318.379982	7226.449073	0.103167	40.439633	136427.628383	1979.232596
30	306.031431	6908.069091	0.103286	40.336466	129201.179311	1938.792963
31	294.157705	6602.037660	0.103521	40.233180	122293.110220	1898.456498
32	282.740427	6307.879955	0.104396	40.129659	115691.072560	1858.223318
33	271.761398	6025.139528	0.105046	40.025263	109383.192605	1818.093659
34	261.203991	5753.378130	0.105737	39.920216	103358.053076	1778.068396
35	251.051946	5492.174140	0.106456	39.814479	97604.674946	1738.148180
36	241.289646	5241.122194	0.107652	39.708023	92112.500807	1698.333701
37	231.901623	4999.832548	0.109930	39.600371	86871.378613	1658.625678
38	222.872399	4767.930925	0.113151	39.490441	81871.546066	1619.025307
39	214.187233	4545.058526	0.117185	39.377290	77103.615141	1579.534866
40	205.832078	4330.871292	0.121718	39.260105	72558.556615	1540.157576
41	197.793741	4125.039214	0.126284	39.138387	68227.685323	1500.897471
42	190.060006	3927.245473	0.130484	39.012103	64102.646109	1461.759084
43	182.619522	3737.185467	0.133980	38.881620	60175.400635	1422.746981

续表

Age	*Dx*	*Nx*	*Cx*	*Mx*	*Sx*	*Rx*
44	175.461715	3554.565945	0.137501	38.747640	56438.215168	1383.865361
45	168.575686	3379.104230	0.141506	38.610139	52883.649223	1345.117721
46	161.950500	3210.528544	0.146690	38.468633	49504.544994	1306.507582
47	155.574945	3048.578044	0.151686	38.321943	46294.016450	1268.038950
48	149.439607	2893.003099	0.161366	38.170257	43245.438406	1229.717007
49	143.530564	2743.563492	0.172651	38.008891	40352.435307	1191.546749
50	137.837507	2600.032928	0.184623	37.836241	37608.871815	1153.537858
51	132.351442	2462.195421	0.197000	37.651618	35008.838887	1115.701618
52	127.064002	2329.843979	0.209411	37.454618	32546.643466	1078.050000
53	121.967513	2202.779978	0.222004	37.245207	30216.799487	1040.595382
54	117.054451	2080.812464	0.235572	37.023202	28014.019509	1003.350176
55	112.316784	1963.758014	0.250337	36.787630	25933.207045	966.326973
56	107.746571	1851.441229	0.270092	36.537293	23969.449031	929.539343
57	103.332381	1743.694658	0.295988	36.267202	22118.007802	893.002050
58	99.062071	1640.362277	0.324809	35.971214	20374.313144	856.734848
59	94.927182	1541.300206	0.348310	35.646405	18733.950867	820.763634
60	90.927827	1446.373024	0.373504	35.298095	17192.650661	785.117230
61	87.057099	1355.445198	0.400212	34.924591	15746.277637	749.819135
62	83.308538	1268.388099	0.428638	34.524380	14390.832439	714.894543
63	79.675725	1185.079561	0.458748	34.095741	13122.444341	680.370163
64	76.152525	1105.403837	0.490671	33.636993	11937.364780	646.274422
65	72.732911	1029.251311	0.524446	33.146322	10831.960943	612.637429

续表

Age	Dx	Nx	Cx	Mx	Sx	Rx
66	69.411045	956.518400	0.561162	32.621876	9802.709632	579.491107
67	66.180228	887.107356	0.600586	32.060714	8846.191231	546.869231
68	63.034249	820.927128	0.641980	31.460128	7959.083876	514.808517
69	59.967875	757.892879	0.685364	30.818149	7138.156748	483.348389
70	56.976055	697.925004	0.730663	30.132785	6380.263869	452.530240
71	54.054005	640.948949	0.777754	29.402122	5682.338865	422.397454
72	51.197251	586.894944	0.826393	28.624368	5041.389916	392.995332
73	48.401733	535.697694	0.876304	27.797976	4454.494971	364.370964
74	45.663824	487.295961	0.927195	26.921672	3918.797278	336.572988
75	42.980328	441.632137	0.979538	25.994476	3431.501317	309.651317
76	40.347700	398.651809	1.027741	25.014938	2989.869180	283.656840
77	37.768124	358.304109	1.075012	23.987197	2591.217372	258.641902
78	35.240493	320.535985	1.120580	22.912185	2232.913263	234.654705
79	32.764509	285.295492	1.163613	21.791606	1912.377278	211.742520
80	30.340723	252.530983	1.203156	20.627993	1627.081786	189.950914
81	27.970617	222.190260	1.238049	19.424837	1374.550803	169.322921
82	25.656774	194.219643	1.267173	18.186788	1152.360543	149.898084
83	23.402802	168.562869	1.289202	16.919615	958.140900	131.711296
84	21.213492	145.160067	1.302835	15.630413	789.578031	114.791681
85	19.094754	123.946575	1.306779	14.327578	644.417964	99.161269
86	17.053561	104.851821	1.299793	13.020799	520.471389	84.833691
87	15.097862	87.798259	1.280778	11.721006	415.619568	71.812891

续表

Age	*Dx*	*Nx*	*Cx*	*Mx*	*Sx*	*Rx*
88	13.236398	72.700397	1.248918	10.440228	327.821308	60.091885
89	11.478388	59.464000	1.203697	9.191311	255.120911	49.651657
90	9.833215	47.985612	1.145068	7.987614	195.656912	40.460346
91	8.309946	38.152397	1.073541	6.842546	147.671300	32.472732
92	6.916791	29.842452	0.990272	5.769005	109.518902	25.630186
93	5.660489	22.925661	0.897057	4.778733	79.676450	19.861182
94	4.545721	17.265171	0.796380	3.881676	56.750790	15.082449
95	3.574506	12.719450	0.691285	3.085296	39.485618	11.200773
96	2.745740	9.144944	0.585231	2.394011	26.766168	8.115476
97	2.054904	6.399205	0.481855	1.808780	17.621223	5.721466
98	1.494014	4.344301	0.384670	1.326925	11.222018	3.912685
99	1.051882	2.850288	0.296737	0.942255	6.877717	2.585760
100	0.714688	1.798406	0.220375	0.645519	4.027429	1.643505
101	0.466825	1.083718	0.156932	0.425144	2.229024	0.997986
102	0.291939	0.616893	0.106689	0.268212	1.145306	0.572842
103	0.174021	0.324954	0.068921	0.161523	0.528413	0.304630
104	0.098407	0.150933	0.042095	0.092601	0.203459	0.143108
105	0.052526	0.052526	0.050506	0.050506	0.052526	0.050506

习题参考答案

第一章

1. (1)$\frac{x}{110}$, $0\leqslant x\leqslant 110$；$\frac{1}{110}$, $0\leqslant x\leqslant 110$；$\frac{t}{110-x}$, $0\leqslant t\leqslant 110-x$；$\frac{1}{110-x}$, $0\leqslant t\leqslant 110-x$

   (2)$\frac{110-x}{2}$　(3)$\frac{3}{8}$　(4)$\frac{5}{8}$　(5)$\frac{1}{80}$　(6)0　(7)$\frac{2}{8}$　(8)$\frac{8}{11}$

2. (1)q_{40}　(2)${}_{20}q_{40}$　(3)p_{40}　(4)${}_{20}p_{40}$　(5)${}_{20|}q_{40}$　(6)${}_{20|10}q_{40}$

3. (1)$\frac{(100-x)^{\frac{1}{2}}}{}$, $1-\frac{(100-x)^{\frac{1}{2}}}{10}$, $\frac{1}{20(100-x)^{\frac{1}{2}}}$

   (2)$\frac{(100-x-t)^{\frac{1}{2}}}{(100-x)^{\frac{1}{2}}}$, $1-\frac{(100-x-t)^{\frac{1}{2}}}{(100-x)^{\frac{1}{2}}}$, $\frac{1}{2(100-x-t)^{\frac{1}{2}}(100-x)^{\frac{1}{2}}}$

   (3)0.9928, 0.0072, 0.01015

   (4)0.8944, 0.1056, 0.0944

4. (1)0.1688, 0.7907

   (2)0.9770, 0.9508, 0.9290

9. (1)0.05048　(2)0.08391　(3)0.92509

   (3)0.001715　(4)0.988253　(6)0.001695

10. (1)303050, 0.003289

    (2)0.047468, 6020　(3)4218

14. 0.072066

15. 0.048628

16. $\frac{1}{3(w-x)}$, $\frac{3}{4}(w-x)$

第二章

1. 32 577.8 元,21 000 元

2. 41. 729 元

3. 0. 1, 0. 097 6, 0. 094 1, 0. 094 9

9. $5\ddot{a}_{\overline{10|}} + 8_{10|}\ddot{a}_{\overline{10|}} + 12_{20|}\ddot{a}_{\overline{10|}}$

10. $12\ddot{s}_{\overline{10|}} + 8(1+i)^{10}\ddot{s}_{\overline{10|}} + 5(1+i)^{20}\ddot{s}_{\overline{10|}}$

11. 0. 083

12. 3

21. 100 096. 88 元

22. 4 989. 30 元

23. 17 361. 2 元

24. 10 382 元

25. 0. 148 6

27. 29 月末

28. $1000[(1+i)^{30} - (1+i)^{10}]$

29. $n = \dfrac{\ln 3}{\ln(1+i)}$

30. $m = \dfrac{\ln 3 - \ln 2}{\ln(1+i)}$; $n = \dfrac{\ln 2}{\ln(1+i)}$

34. $(100^4 - a_{\overline{14|}} + a_{\overline{14|}})/i$

35. 144. 513 8

36. 91. 1523, 165. 1097

37. 8. 07(万元), 13. 30(万元); 7. 82(万元), 12. 89(万元); 7. 87(万元), 12. 97(万元)。

第三章

1. (1)0. 384 55, 0. 0 636 743, (2)0. 293 928, 0. 105 881

2. 0. 05, 0. 5

3. 9. 826 1, 7. 497 2, 11. 137 62

4. (1)0. 367 16, 0. 171 71, 0. 231 11, 0. 402 82
   (2)16. 324 14, 1. 274 14, 0. 739 4

6. (1)0. 370 82, 0. 173 42, 0. 404 53
   (2)16. 486 84, 1. 286 84, 0. 746 77

7. (1)0. 477 77, 0. 284 34, 0. 508 13
   (2)0. 245 29, 0. 167 564, 0. 270 489
   (3)0. 017 026, 0. 086 715, 0. 0122 93

10. (1)2 325.35(元),(2)2 371.55(元)
(3)3 793.29(元),(4)3 804.80(元)

11. 229.92(元)

12. 2 379.88(元)

13. 2 094.84(元)

14. 52.35(元)

15. 351 072.55(元)

16. 269 885.66(元),404 828.48(元)

17. 94 621.87(元)

18. (1)4717.86(元) (2)4788.05(元)
(3)4 803.76(元) (4)4 811.60(元)

19. (1)21 196.05(元) (2)20 885.33(元)
(3)20817.03(元) (4)20783.11(元)

第四章

1. (1)15.528 3, 39.424 253; (2)13.955 8, 219.537 7

2. (1)0.035 (2)0.65 (3)0.483 75

3. (1)18.8 (2)2.56 (3)9.9

4. 149068.25(元), 159068.25(元)

5. (1)35.347 024 (2)36.347 024
(3)163.526 734 (4)185.754 295
(5)919.607 755 (6)19.714 594

6. 335.42(元)

7. (1)67 934.66(元) (2)64 881.74(元)
(3)89 567.90(元) (4)84 567.90(元)
(5)41 032.58(元) (6)38 720.10(元)
(7)47 963.70(元) (8)44 717.01(元)

8. 3 751.53(元)

9. 6 391.78(元)

10. 70 739.77(元)

11. 154 049.85(元)

12. 130 652.32(元)

13. (1)15.444 173 5, 15.448 491 6 (2)15.527 857 2, 15.531 825
(3)14.972 296 3, 14.970 324 2 (4)15.041 255, 15.044 646

14. (1)9. 592 740 5 (2)9. 430 406
(3)9. 349 239 (4)9. 295 27
15. (1)8. 206 517 (2)8. 090 893
(3)8. 033 081 (4)7. 994 539

第五章

1. 0. 018 3； 0. 016 4； 0. 009 3； 0. 009 4
3. 0. 0412
4. 14. 78
5. 0. 008
8. 0. 014;0. 049
9. 0. 0376
10. $\dfrac{v(1-q_x)(P_x+d)}{1-P_x-d}-d$
11. 16 941. 16 元;1 496. 85 元;3 677. 43 元
12. 13 813. 34 元;16 431. 18 元
13. 4 240. 97 元;185. 79 元;504. 26 元
14. 77. 36 元;38. 68 元
15. 297. 96 元
16. $\dfrac{10000M_{40}-\ddot{a}_{\overline{40}|}\cdot{}_{10}q_{40}\cdot D_{40}}{2.2(N_{40}-N_{50})}$
17. 21. 31 元;52. 22 元。
18. 21. 73 元;53. 26 元。
19. 95. 95 元
20. 899. 64 元

第六章

6. 0. 001508
7. 0. 585； 0. 585； 0. 600
8. 0. 10
9. 0. 02407
10. 0. 048 9
11. 0. 033
12. 0. 02

13. 0. 064； 0. 022

14. $\frac{b(c+ec+1)}{2}$

15. 410. 15 元;1 275. 17 元;2 019. 16 元

16. 0. 033 1

17. 0. 113 0

18. 0. 083

19. 0. 2

20. 0. 025 44； 0. 016 01； 0. 007 26

第七章

1. 0. 046

2. $\frac{A+0.02}{\ddot{a}}$, $\frac{A+0.036+0.25P_x^{\alpha}}{\ddot{a}}$

3. (1)0. 083 5, 0. 085 4 (2)0. 085 4, 0. 085 4

4. 0. 073 8, 0. 075 9

5. 0. 469 4

6. 0. 646 0

第八章

1. (1) ${}_np_x{}_np_y$ (2) ${}_np_x+{}_np_y-2{}_np_x{}_np_y$ (3) ${}_np_x+{}_np_y-{}_np_x{}_np_y$
(4) $1-{}_np_x{}_np_y$ (5) $1-{}_np_x-{}_np_y+{}_np_x{}_np_y$ (6) $1-{}_np_x{}_np_y$

3. 2/9

4. (1)2/3 (2)18. 06 (3)160. 11

5. $\mu_{xx}\mathring{e}_{xx}-1$

8. 531/2000

9. (1) $\bar{a}_{25:\overline{25|}}+\bar{a}_{30:\overline{20|}}-\bar{a}_{25:30:\overline{20|}}$ (2) ${}_{20|}a_{30}-{}_{25|}a_{25}-{}_{25|}a_{25:30}$

10. (1)29/30 (2)36. 94 (3)182. 33 (4)82. 95

11. $${}_{20}q_{40}\ {}_{20}p_{50}\ {}_{5}q_{70}+{}_{20}p_{40}\ {}_{20}p_{50}\int_0^5 {}_tq_{60}\ {}_tp_{70}\mu_{70+t}\mathrm{d}t$$
$$+{}_{30}q_{50}\ {}_{30}p_{40}\ {}_{5}q_{70}+{}_{30}p_{50}\ {}_{30}p_{40}\int_0^5 {}_tq_{80}\ {}_tp_{70}\mu_{70+t}\mathrm{d}t$$

12. 1/2

13. 每年末给付 1 元给付 n 年,此后给付到 (x) 和 (y) 至少一人死亡为止。

14. 给付额为 1 元的保险,若 (x) 在 n 年内死亡则到第 n 年末给付;若 (x) 在

n 年后死亡则在(x)死亡后立即给付。

15. $\bar{a}_{45} + {}_{10|}\bar{a}_{30} - \bar{a}_{30:45}$

16. $\bar{a}_{25:\overline{25|}} + \bar{a}_{30:\overline{20|}} - \bar{a}_{\overline{(25:30)}:\overline{20|}}$

17. ${}_{20}a_{30} + {}_{25|}a_{25} - {}_{25|}a_{25:30}$

18. $\frac{1}{6}\ddot{a}_{xy:\overline{n|}} + \frac{1}{2}\ddot{a}_{y:\overline{n|}} + \frac{1}{3}\ddot{a}_{x:\overline{n|}}$

20. ${}_{5|}\bar{a}_{55} + {}_{20|}\bar{a}_{40} - {}_{5|10}\bar{a}_{40:55} - {}_{20|}\bar{a}_{40:55}$

21. (1)$\ddot{a}_x^{(m)} + p(\ddot{a}_y^{(m)} - \ddot{a}_{xy}^{(m)})$　(2)$\ddot{a}_x^{(m)} / [\ddot{a}_x^{(m)} + p(\ddot{a}_y^{(m)} - \ddot{a}_{xy}^{(m)})]$

22. 51

23. 20.13

24. 7.075 349

27. $w = \frac{3}{5}x + \frac{2}{5}y$

28. 1/3

29. $\bar{A}_{50} - \bar{A}^1_{\overline{(50:20)}:\overline{20|}}$

30. $\bar{A}^1_{x:\overline{n|}} - \bar{A}^1_{xy} + {}_nE_x\bar{A}_{\overset{1}{x+n}:y}$

31. 1/12

32. (1)0.275 5　(2)$\frac{1}{4}\bar{A}_{40:50} + 0.001\,5a_{40:50}$

33. 1/3, 52.68

37. 0.384 6

38. (1)0.028 57　(2)0.428 6

第九章

1. (1)$e^{-t}\mu_x^{(\tau)} \cdot \mu_x^{(j)}$　(2)$\mu_x^{(j)} / \mu_x^{(\tau)}$　(3)$e^{-t}\mu_x^{(\tau)} \cdot \mu_x^{(\tau)}$

2. (1)$j(50-t)^2/50^3$　(2)$3(50-t)^2/50^3$　(3)$j/3$　(4)$j/3$

3. 0.15

4. $\frac{r_1}{r_1 + r_2}$

5. (1)$\left(\frac{100-x-t}{100-x}\right)^{\frac{m}{2}}$　(2)$\frac{j}{m+1} \cdot \frac{1}{100-x-t} \cdot \left(\frac{100-x-t}{100-x}\right)^{\frac{m}{2}}$

(3)$\frac{m}{2} \cdot \frac{1}{100-x-t} \cdot \left(\frac{100-x-t}{100-x}\right)^{\frac{m}{2}}$　(4)$\frac{6}{m(m+1)}$

6. 0.23

7. (1)均值 = 302.4　方差 = 210.95
   (2)均值 = 231　　方差 = 177.64

8. $l_x^{(\tau)} = (a - x)e^{-x}$　　$d_x^{(1)} = e^{-x}(1 - e^{-1})$
   $d_x^{(2)} = (a - x - 1)e^{-x} - (a - x - 2)e^{-x-1}$

9. $1\ 000\left[\dfrac{a - x^2}{a}\right]e^{-cx}$

10. (1) $-{}_tp_x^{(\tau)}[\mu_{x+t}^{(\tau)} - \mu_x^{(\tau)}]$　　(2) ${}_tp_x^{(\tau)}\mu_{x+t}^{(\tau)} + {}_tq_x^{(j)}\mu_x^{(\tau)} - \mu_x^{(j)}$
    (3) ${}_tp_x^{(\tau)}\mu_{x+t}^{(j)}$

11. (1) $1 - e^{-c}$　　(2) c　　(3) $c\int_0^1 {}_tp_x^{(\tau)}\,dt$　　12. 0.059 2

13. (1) 0.090 9　　(2) 0.090 6

14. 0.020 2

15. 0.002 01

16. 0.022 1

20. 0.015

21. $S/7$

22. 862 0 元

第十章

1. (1)取 $S_{30} = 1$,那么:

$$S_{30+k} = \begin{cases} (1.05)^k & (0 \leqslant k < 10) \\ (1.1)(1.05)^k & (10 \leqslant k < 20) \\ (1.1)^2(1.05)^k & (20 \leqslant k < 30) \\ (1.1)^3(1.05)^k & (k \geqslant 30) \end{cases}$$

   (2) $1\ 200\sum_{k=0}^{\beta-31} v^{k+\frac{1}{2}}\ {}_{k+\frac{1}{2}}p_{30}^{(\tau)}\, S_{30+k}$

2. $0.1\sum_{k=0}^{\beta-36} v^{k+\frac{1}{2}}\ {}_{k+\frac{1}{2}}p_{35}^{(\tau)}[25\ 000(S_{35+k}/S_{35}) - 10\ 000(1.05)^k]$

3. 2 624.58

4. $20\ 000\int_0^{40} v^t\ {}_tp_{30}^{(\tau)}\mu_{30}^{(d)}(t)\,dt$

$$+ 300\int_0^{40} v^t\ {}_tp_{30}^{(\tau)}\mu_{30}^{(w)}(t)\ t_{40-t|}\bar{a}_{30+t}\,dt + 12\ 000v^{40}\ {}_{40}p_{30}^{(\tau)}\bar{a}_{70}$$

5. $S_x = -\dfrac{1}{3} + \dfrac{1}{15}x$

6. (1)$5\,000(1.05)^{64-x}\ddot{a}_{\overline{5}|0.05}$　　(2)$1\,500(65-x)(1.05)^{64-x}$　　(3)22

7. 13 931

8. 75 312

9. 设 $12\,000({}_3Z_{25+k}/S_{25}) < 15\,000(1.04)^k, k \leqslant a$,那么:

$$R(25,0,k) = 120k({}_3Z_{25+k}/S_{25}), k \leqslant a$$

$$R(25,0,k) = k[180({}_3Z_{25+k}/S_{25}) - 75(1.04)^k], k > a$$

$$R(40,0,25) = 15\,000({}_3\widetilde{Z}_{65}/S_{40}) - 0.50I_{65}$$

10. (1)其中,${}_3\widetilde{Z}_{65} = \frac{1}{3}(S_{62}+S_{63}+S_{64})$

(2)$R\left(40,0,28\frac{1}{2}\right) = 17\,100({}_3\widetilde{Z}_{68}/S_{40}) - 0.50I_{68\frac{1}{2}}$

11. $0.1\sum_{k=0}^{\beta-36} v^{k+\frac{1}{2}}\ {}_{k+\frac{1}{2}}p_{35}^{(\tau)}\left[40\,000\frac{S_{35+k}}{S_{35}} - 15\,000(1.05)^k\right]$

12. 这里 $\alpha = 55, \beta = 68$

$$\sum_{k=0}^{17} v^{k+\frac{1}{2}}\ {}_kp_{50}^{(\tau)}q_{50+k}^{(r)}\left(20+k+\frac{1}{2}\right)({}_3Z_{50+k}/S_{50})480\bar{a}^r_{50+k-\frac{1}{2}} +$$

$$\sum_{k=5}^{14} v^{k+\frac{1}{2}}\ {}_kp_{50}^{(\tau)}q_{50+k}^{(r)}\left(20+k+\frac{1}{2}\right)({}_3Z_{50+k}/S_{50})240\bar{a}_{(50+k-\frac{1}{2}):\overline{15-k-\frac{1}{2}}|}$$

13. 第一个和式的最后三项变为:

$$\sum_{k=15}^{17} v^{k+\frac{1}{2}}\ {}_kp_{50}^{(\tau)}q_{50+k}^{(r)}({}_3Z_{50+k}/S_{50})(16\,800)\bar{a}^r_{50+k+\frac{1}{2}}$$

14. 在 12 题的答案中用 20 取代$\left(20+k+\frac{1}{2}\right)$

15. (1) $R(30,20,15) = 8\,000 + 720\sum_{j=0}^{14} S_{50+j}/S_{50}$

(2)$R\left(30,20,15\frac{1}{2}\right) = 8\,000 + 720\left[\sum_{j=0}^{14} S_{50+j} + \frac{1}{2}S_{65}\right]\Big/ S_{50}$

(3)$8\,000\sum_{k=8}^{17} v^{k+\frac{1}{2}}\ {}_kp_{50}^{(\tau)}q_{50+k}^{(\tau)}\bar{a}^r_{50+k+\frac{1}{2}}$

(4) $\sum_{k=0}^{17} k^{k+\frac{1}{2}}\ {}_kp_{50}^{(\tau)}q_{50+k}^{(\tau)}720\left[\left(\sum_{j=0}^{k-1} S_{50+j} + \frac{1}{2}S_{50+k}\right)\Big/ S_{50}\right]\bar{a}^r_{50+k+\frac{1}{2}}$

或

$$\frac{720}{S_{50}}\left[\sum_{j=0}^{17} S_{50+j}\left(\frac{1}{2}v^{k+\frac{1}{2}}\ {}_jp_{50}^{(\tau)}q_{50+j}^{(r)}\bar{a}^r_{50+j+\frac{1}{2}} + \sum_{k=j+1}^{17} v^{k+\frac{1}{2}}\ {}_kp_{50}^{(\tau)}q_{50+k}^{(r)}\bar{a}^r_{50+k+\frac{1}{2}}\right)\right]$$

16. 1.075 6

17. $5\ 000\sum_{k=0}^{4}v^{k+\frac{1}{2}}\ {}_{k}p_{35}^{(\tau)}\ q_{35+h}^{(w)}(1.06)^{k+\frac{1}{2}}$

18. (1)$0.01c(AS)_{x+h}\int_0^1 v^t\ {}_{t}p_{x+h}^{(\tau)}\mu_{x+h+t}^{(\omega)}\int_0^t(1+j)^{t-s}\mathrm{d}s\mathrm{d}t$

(2)$0.01c(AS)_{x+h}q_{x+h}^{(\omega)}$

$\frac{1}{\ln(1+j)}\left[\frac{1-(1+j)/(1+i)}{\ln(1+i)-\ln(1+j)}-\frac{1-1/(1+i)}{\ln(1+i)}\right]$

(3)0.485 642 9,0.487 303 9,两者乘上$0.01c(AS)_{x+h}q_{x+h}^{(\omega)}$

参考文献

1. 卢仿先,曾庆五编著. 寿险精算数学. 天津:南开大学出版社,2001

2. 李秀芳编著. 寿险精算实务. 天津:南开大学出版社,2001

3. 刘占国主编. 利息理论. 天津:南开大学出版社,2001

4. 李秀芳,曾庆五主编. 保险精算(第二版). 北京:中国金融出版社,2005

5. 王晓军,江星,刘文卿编著. 保险精算学. 北京:中国人民大学出版社,1994

6. 雷雨编著. 寿险精算学. 北京:北京大学出版社,1998

7. 孟生旺,袁卫编著. 利息理论及其应用. 北京:中国人民大学出版社,1999

8. 王晓军主编. 社会保障精算原理. 北京:中国人民大学出版社,2002

9. 刘冬娇主编. 人身保险. 北京:中国金融出版社,2001

10. John E. Tiller, Denise Fagerberg Tiller. Life, Health and Annuity Reinsurance (second edition), ACTEX Publications, Inc. ,1995

11. Newton L. Bowers. Actuarial Mathematics. The Society of Actuaries, 1986

12. Mark S. Dorfman, Saul W. Adelman. Life Insurance (second edition). Dearbom, Financial Publishing, Inc. , 1992